# CRONICAS DE UNA FAMILIA CRISTERA
## Familia De la Torre Uribarren

Defensores de la Fe' - Una familia dedicada al servicio de Dios y a la defensa de la libertad.

*San Marcos 8:34 "El que quiera venir en pos de mi, niéguese a sí mismo, tome su cruz y sígame"*
*San Mateo 20:20-28 "El Hijo del hombre no vino a ser servido, sino a servir en rescate por muchos"*

*Jose Luis De la Torre, CPM Tempe, Arizona USA 2014*

*Primera Edición*

Copyright 2014 Jose L. De la Torre, C.P.M.
All rights reserved under Pan-American and International Copyright Convention. For information about International copyright relationship, write top Registration of Copyrights and request circular R38A. This information may not be reproduced in any form or by any means, electronic or mechanical, inclusive photography or photocopying, or information storage and retrieval systems now known or hereafter invented. without written permission of the author.

Jose L. De la Torre, C.P.M. DLT Consultants
1929 East Krista Way
Tempe, Arizona 85284-1758

ISBN - 13 978-0692318393
ISBN - 10 0692318399

Tempe Arizona 22 de Octubre de 2014

   Diseño de portada: Daniel De la Torre

# INDICE

Prologo. ............................................................................................... 7

Capítulo I ........................................................................................... 10

    Historia de los acontecimientos ................................................. 10

        Lugar y época política de los hechos en México...................... 11

        Elementos de análisis del movimiento Cristero en México ....... 23

        Algunas Batallas ...................................................................... 26

        Tácticas militares del ejército federal. ..................................... 27

        Los arreglos del Gobierno y la Iglesia. ..................................... 33

        Reacción Natural...................................................................... 35

        Levantamiento en el estado de Sonora................................... 36

Capítulo II .......................................................................................... 40

    La sucesión de la familia De la Torre Uribarren ........................... 40

        La Cuna Familiar...................................................................... 40

    La Familia ..................................................................................... 45

    María ............................................................................................ 57

        Fidel Muro Relato de su vida. ................................................. 58

        Ignacio... .................................................................................. 100

    Francisco... ................................................................................... 101

    Alfonso... ...................................................................................... 102

    Luis................................................................................................ 103

    Edmundo... ................................................................................... 104

Carlos ............................................................................................ 105

Benjamin... ................................................................................. 106

## CAPITULO III ............................................................................. 107

Cristeros de Sonora. ................................................................. 107

    Carta Episcopal ..................................................................... 110

    Convocatoria ........................................................................ 137

Seudónimos Cristeros ................................................................. 141

    ORACIÓN DE UN CRISTERO ................................................. 146

La Blanca Señora ........................................................................ 153

    Nombramiento militar ......................................................... 154

Batalla de Suaqui y mi aprensión según Carlos ..................... 158

Hermano Mártir .......................................................................... 171

General Luis Ibarra relata la tragedia de " Agua Fría" ........... 173

Descripción de los hechos por el Sr. Roberto Thompson ...... 178

Acontecimientos según María hermana ................................. 180

Certificación del General Luis Ibarra ....................................... 187

Posible Asistencia del viejo mundo ............................................... 204

Muerte del General Luis Ibarra .................................................. 228

Homenaje a Alfonso por Relatos de Luis ................................. 230

## CAPI ULO IV ............................................................................... 233

Después de la persecución ........................................................ 233

Incansable Siervo de Cristo ....................................................... 234

Asociaciones Católicas ............................................................... 236

- Escuelas Católicas en Nogales .................................................. 242
- El nacimiento de un nuevo Templo ............................................ 245
- Nogales ofrece un templo a su Reina ......................................... 249
- Una Nueva Parroquia ................................................................. 258
- Reconstrucción del Templo ........................................................ 260
- Nombramiento de Vicario General ............................................. 264
- Cincuenta Años de Sacerdocio .................................................. 269
- Acta de Defunción ...................................................................... 275
- Declaraciones de los Malhechores ............................................ 275
- Declaración según el acta del Ministerio Publico ...................... 276

Luis De la Torre ................................................................................ 286

Carlos De la Torre S.J. ..................................................................... 288
- Votos religiosos .......................................................................... 290
- Teología en Oña y Bogotá ......................................................... 296
- Sacerdote para siempre ............................................................. 299
- Culminación ............................................................................... 299
- Ubicando su trabajo ................................................................... 301
- CIAS el norte de México ............................................................ 302
- Atención pastoral a colaboradores ............................................ 306
- Innovador dinámico y excelente compañero ............................ 308
- Promoviendo la provincia jesuita .............................................. 311
- Promoviendo a la sociedad ....................................................... 314
- Cajas Populares ......................................................................... 315

Obreros Guadalupanos .................................................................. 316

Casa Iñigo ....................................................................................... 317

Escuela Técnica Industrial ........................................................... 320

Movimiento Estudiantil ................................................................ 326

Actividades marginales al CIAS .................................................. 327

Un pie en León y otro en Torreón .............................................. 328

"Hoy será mi encuentro con el Señor" ...................................... 331

Benjamin ............................................................................................. 336

CAPÍTULO V ....................................................................................... 338

Causa y efecto ............................................................................... 338

El secreto de la familia ................................................................ 339

Padres de familia y Sacerdotes ................................................. 340

Fórmula de acción ........................................................................ 340

APENDICE I ......................................................................................... 342

Eximo, Sr. Jose J. Manriquez y Zarate ....................................... 342

   - Eulalio López ........................................................................... 342

APENDICE II ........................................................................................ 347

FOTOGRAFIAS Y DOCUMENTOS ............................................... 347

EPILOGO .............................................................................................. 368

## Prologo.

Escribir sobre la familia De la Torre Uribarren ha sido una tarea difícil y de gran responsabilidad, porque requiere, primero; una disposición especial para documentar los resultados de entrevistas personales a familiares, amistades y conocidos además de la investigación de documentos y manuscritos de muy lejanos tiempos y muchas veces no de muy fácil consulta segundo: el ordenamiento riguroso y veraz de los entroncamientos de los hechos dispersos a través de los años de cada uno de los miembros de la familia procurando no incursionar en discriminación de ningún índole ya que cada miembro de la familia contribuyó grandemente a la realización de este compendio. En diversos lugares del mundo; Roma, España, Colombia, EL Salvador, Nicaragua, Estados Unidos de Norte América y en particular México, en los estados de Aguascalientes, San Luis Potosí, Tamaulipas, Coahuila y Sonora quedaron vestigios de la contribución de los miembros de la familia los cuales son representativos del arduo trabajo y sacrificio hecho al dejar un ejemplo de vida para la humanidad. En el norte, en Coahuila y Sonora, se sigue recordando con gusto y añoranza la familia De la Torre Uribarren y a pesar del tiempo transcurrido la memoria y sus obras van superando la prueba del tiempo. Se puede decir que dejaron un legado y sendero a seguir para la humanidad con su ejemplo de una ardua honestidad y disciplina siendo todos ellos un testimonio de nuestra Fé.

Se establece primero dentro de este trabajo, un marco de referencia geográfico e histórico que comprende los tiempos de la división de territorios y la formación y separación del estado de Aguascalientes y de Zacatecas. Además el levantamiento velico de los cristeros en la defensa de sus principio y valores religiosos a través de México con el gesto heroico en la prevención del implanta miento de una doctrina comunista, así asentando el cuadro en que se vino desarrollando el crecimiento de la familia. Los que tuvimos la oportunidad de conocer y tratar a los miembros de la familia De la Torre Uribarren, hemos echado de menos la magia de sus personas, su dinamismo, orientación, creatividad y consejo a lo largo de las últimas décadas del siglo XIX y principios del siglo XX. Ante sobre todo el deterioro creciente de la base social, ante los cambios ambivalentes de México bajo la influencia europea y norte americana, ante la deplorable situación de pobreza de la mayoría de la población, especialmente con el influjo de centro americanos y mismos mexicanos buscando una estabilidad económica en el norte del país y muchas veces destrozando sus vidas al querer cruzar al norte a un país en donde no se les acepta.

De algo podemos estar seguros: los miembros de la familia De la Torre Uribarren no se hubieran quedado con los brazos cruzados, ni con la boca callada tampoco se hubieran refugiado en la postura cómoda de la inacción. El reto urgente del trabajo los hubiera lanzado a la acción inmediata, acción que ellos sabían contagiar a sus colaboradores.

Continuo luego con un relato de la formación de la familia. El relatar la vida de mis abuelos de mi padre, tíos, y amistades es una honra y es recordar la historia de sus vida de constante lucha para elevarse a Cristo y servir a Dios en toda plenitud; de una vida de honestidad, amor al prójimo y una ferviente devoción y homenaje constante a María Santísima de Guadalupe, de una vida abundante de amor por sus semejantes y de un deseo perenne de servicio y entrega sin egoísmos ni condiciones absolutamente desinteresada, un patriotismo ejemplar y un heroísmo para defender su fe, su religión y el servicio a Dios en México.

Recordarlos; sus personas, sus figuras y sus obras, es replantear su ejemplo y valentía a la actual generación, los retos y las causas que ellos defendieron dejando un marcado testimonio y que en el presente, nos deben impulsar a proyectos concretos de acción social para el servicio a Dios que se requiere, tanto más ahora que como antes.

Los datos y relatos recopilados y mencionados en el texto, han sido la investigación cuidadosa sobre los documentos celosamente custodiados por nuestra tía María quién aportó en gran parte a través de su hijo adoptivo Rafael y de mis hermanas Guadalupe y Patricia. Estos son los documentos que hoy están en los archivos especiales de la Universidad de Arizona, otras son vivencias de mi trato personal con ellos a lo largo de los años, tanto en Nogales Sonora, Aguascalientes, y en Torreón Coahuila. Muchos detalles los proporcionaron mis tíos Carlos De la Torre s.j., Francisco De la Torre s.j., nuestro padre Luis De la Torre y finalmente de la tía María De la Torre, quien fue la que dono las valiosas cartas, fotos y documentos sobre la niñez y juventud de todos ellos. Todos estos documentos originales y fotografías forman parte del expediente

Colección Especial M20 de la Familia De la Torre localizados en la biblioteca de la Universidad de Arizona.

Con la finalidad de que el lector tenga un acercamiento vivido con los acontecimientos que en este compendio se desea recrear, a lo largo del mismo, se reproducen gran cantidad de fragmentos de diarios, cartas y de algunas libretas de apuntes de los miembros de la familia, así como de la correspondencia con familiares, clérigos, militares y amigos. En ningún caso los documentos han sido modificados y esperamos que se pueda entender así como interpretar dependiendo de su contenido durante su lectura. Cabe señalar que como anteriormente se ha dicho gran parte del contenido de este relato es la transcripción tal cual de los documentos originales para conservar su pleno significado.

Así pues dedico esta recopilación de datos, epopeyas y aportación histórica, a la memoria de una familia unida por Dios. Una familia de padres de familia ejemplares, de ciudadanos honestos, de Jesuitas, de Sacerdotes Diocesanos, de Apóstoles Sociales y de buenos amigos. Y para muchos, de gran compañeros con quien colaboraron y convivieron a lo largo de los años en un apostolado social dejando una gran contribución a nuestra sociedad. El camino recorrido alienta nuevos proyectos que serán eficaces, si el compromiso social es auténtico y lo nutre el mismo espíritu que le dio vida y sostuvo a los hermanos De la Torre Uribarren, hasta su muerte.

Este documento es una recopilación de datos y documentos de la familia.

José Luis De la Torre, CPM

Tempe, Arizona 15 de Noviembre de 2014

# Capítulo I

## Historia de los acontecimientos

Recuerdo perfectamente durante mi infancia que nuestro padre nos platicaba de su experiencia y de los acontecimientos de su vida, así como también cuando nos reuníamos los hermanos y hacíamos veladas musicales donde el nos platicaba hechos de su historia. Nosotros, yo en lo personal y estando presente dentro del convivio y dentro del juego la charla y la broma en ocasiones solía preguntar, como es típico de los jóvenes interesados en el pasado de la familia, y en los personajes de quien se quiere saber más; sobre abuelos, tíos y demás conocidos de la familia. Entusiasmado, por mucho tiempo me mantenía sumergido en tan interesante conversación al escuchar a mi padre contestar mis preguntas que le hacía con mucho interés así como las preguntas y las inquietudes de algunos de mis hermanos como; ¿de dónde proviene el apellido De la Torre? ¿por qué se dice que la familia proviene de España?, y ¿Por qué dicen que mi bisabuelo y tíos fueron Cristeros?  alguno más preguntando ¿Qué es un Cristero?. Las respuestas, aunque contestadas de muy buen modo, fueron cortas y precisas por lo que me despertó la inquietud de conocer más a fondo sobre la historia de la familia.

Durante mi juventud, me toco la gran oportunidad y bendición de poder convivir con tres grandes hombres; mi padre Luis, y mis tíos Ignacio y Carlos. Durante mi niñez, y juventud, en mis vacaciones de verano, le serví a mi tío Ignacio de acolito, monaguillo y algunas veces de chofer durante sus viajes de misión. Cabe decir, que su ejemplo y consejos estarán conmigo para el resto de mi vida. Después, al cursar mis estudios superiores fui privilegiado de vivir en la casa de los Jesuitas, donde mi tío Carlos era el superior, y atender el colegio de la misma orden, fundado por mi tío. Además de algunas labores impuestas para ayudar al mantenimiento de la casa y el colegio, otra de mis tareas era servirle a mi tío Carlos como chofer en sus viajes de apostolado social (siempre y cuando no perdiera mis estudios). Durante esos incansables y divertido viajes manteníamos platicas y conversaciones relacionadas con la historia de la familia dándome así más información y a la vez, claridad a mis inquietudes. Mi tío Carlos llego a dar razón y seña del árbol genealógico de la familia, lo cual él tenía muy bien documentado, así como detalles sobre la experiencia de sus hermanos. Por lo tanto basado en las narraciones de mi padre, de mis tíos, y documentos de algunas décadas creados por mis abuelos, podré comunicar al lector la historia de sus vidas desde su principio para que puedan crear una clara imagen de la familia De la Torre y tener mejor idea de los lo sucedido.

## Lugar y época política de los hechos en México

Para tener una mejor idea es bueno hacer un breve relato de la época en que acontecieron los hechos y lo que paso en la comarca. En el año de 1617, Aguascalientes, siendo este el nombre del estado de donde proceden y vivieron nuestros abuelos, había sido señalado geográficamente como parte de Lagos de Moreno y se le dio la clasificación de alcaldía. Durante el tiempo de la colonia y hasta después de la independencia, Aguascalientes frecuentemente fue sujeto a batallas juridiciales entre los estados vecinos de Jalisco y la delegación de Zacatecas. En el año de 1804, la región fue una sub delegación de Zacatecas. Llegando a ser Aguascalientes una entidad política independiente como estado en Junio 22, de 1821.

Pocos años después, debido a la independencia política del estado de Aguascalientes y una entidad separada de Zacatecas, en el año de 1835, el gobierno del partido de Zacatecas se reveló en contra del gobierno nacional en represalia de la perdida de la alcaldía. Pero pronto las fuerzas federales bajo el mando del General Antonio López de Santa Ana entraron a Zacatecas para desbaratar las protestas. Entonces en Mayo 11, 1835, la fuerza militar de Zacatecas que estaba bajo el comando del General Don Francisco García, fue derrotado en lo que hoy se conoce como la batalla de Guadalupe, por las fuerzas del General Santa Ana. Tan pronto como los militares de Santa Ana obtuvieron la Victoria, escudriñaron a la ciudad de Zacatecas junto con las minas de plata localizadas en Fresnillo.

Además de haber tomado las minas de plata de Zacatecas, el General Santa Ana instigo un castigo político en contra del estado de Zacatecas por su amotinamiento e inmediatamente después en menos de dos semanas, en Mayo 23, 1835, el congreso Mexicano declaró la formación del territorio de Aguascalientes, separando así el territorio de Zacatecas y asentando el proceso para eventualmente formar el estado soberano de Aguascalientes. Este marco de referencia es importante porque en esta época de los 1800 bajo infinidad de problemas y revueltas políticas y en el mismo territorio de conflictos bélicos y políticos es donde unos años después en 1878 nace Don Ignacio De la Torre Uribarren en el poblado de Guadalupe Zacatecas, siendo el uno de los nietos de Don Juan Diego De la Torre proveniente de Segovia España.

Durante esta época desde 1876 a 1911 Porfirio Diaz gobernó la nación Mexicana estableciendo un ambiente de paz y serenidad, durando esto hasta que fue derrocado de su poder en año de 1911. Época que fue llamada el Porfiriato.

Desde la supuesta paz porfiriana, los católicos se agruparon socialmente, imitando a los católicos franceses. En Francia se desarrollo un estilo de unión social religiosa lo cual les dio muy buen resultado, y para establecer esto en México el padre Bernardo Bregón, el Lic. Miguel Palomar Vizcarra y don Luis de la Mora copiaron el formato Francés implementándolo dentro de la población Católica Mexicana así fundaron en 1907 el Partido Acción Liberal Popular, que el día 3 de mayo de 1911 cambió a Partido Católico Nacional. De éste emanaron la Liga Nacional de Estudiantes Católicos y la Unión de Damas Católicas. El 2 de febrero de 1913 el arzobispo José Mora y del Río inauguró el Centro de Estudiantes Católicos patrocinado en su mayor parte por Don Felipe Ruiz de Chávez.

Luego me pregunte ¿Don Felipe Ruiz de Chávez? ¡Si es mi bisabuelo!, ¿y qué tiene que ver el con todo esto?; me respondió mi padre diciendo, ¡Me da gusto que hagas esa pregunta!. Don Felipe Ruiz de Chávez Montañés, nació en Aguascalientes el año de 1849 y murió en 1936, siendo abuelo de nuestra madre Carmen Mercedes Ruiz de Chávez. Don Felipe fue un empresario y político, gobernador interino de Aguascalientes. En el año de 1885 tuvo la oportunidad de adquirir la antigua tenería de Francisco Ricalde que con maquinaria moderna en aquellos tiempos, llego a ser la más importante de la entidad. Poco después en el año de 1895 Don Felipe llega a formar parte activa en la formación del grupo que después de los años llega a ser "La Liga Nacional de la Defensa de la Libertad". Don Felipe fue Diputado Local y suplente, del Presidente Municipal y el 5 de septiembre de 1897 fue nombrado Gobernador interino de Aguascalientes. Sin embargo en febrero de 1911 por orden del congreso local y sin consultar a Francisco I. Madero quien, ante la renuncia de Alejandro Vázquez del Mercado, había nombrado a Alberto Fuentes Dávila gobernador Provisional y Presidente de la Cámara Agrícola Nacional de Aguascalientes, se le destituyó de su posición por considerar a Don Felipe Ruiz de Chávez un enemigo de la revolución, ya que él auspiciaba los movimientos sociales Católicos.

Siguieron los cambios y ambiciones políticas presentándose a través de los años varios sucesores del poder como; Victoriano Huerta, Francisco Carvajal, Venustiano Carranza, Adolfo de la Huerta, Álvaro Obregón quien fue uno de los primeros presidentes antirreligiosos estableciendo cambios en la constitución Mexicana; los artículos 3ro y 130 separando la Iglesia de el gobierno y finalmente después de su periodo llega a gobernar Plutarco Elías Calles.

Por más de una década el poder absoluto en México sin importar títulos había sido Plutarco Elías Calles. Los dirigentes políticos y gobernadores le llamaban con mucho temor "El Jefe Máximo", tanto que en el extranjero a unos cuantos metros de la frontera con México existía un cartelón que decía "Rusia en el Rio Grande" y "La frontera Bolchevique". Calles fue clasificado como una combinación de un Hitler y Stalin quien prácticamente demostró lo peor de estos dos diabólicos enemigos de la iglesia. Debe así ser notado que después de la reciente caída de Calles, no cambió en ninguna forma temporal o permanente las practicas anti-cristianas con Portes Gil y Cárdenas, siendo las nuevas cabezas del partido revolucionario, quienes fueron más consistentes con las ideas comunistas.

Felipe Ruiz de Chávez
Gobernador Interino de Aguascalientes
1891 - 1911

Pero circunstancialmente mientras en México se empezaba a formar el centro de estudiantes católicos, en el otro lado del atlántico en el continente europeo, Paris Francia se forma una nueva Asociación Católica de la Juventud Francesa, y en ella se basó el Presbítero Bregón para agrupar a las ligas de jóvenes católicos mexicanos, y fundar una organización más amplia y con mayores objetivos. Se denominó Asociación Católica de la Juventud Mexicana (A.C.J.M.); sus filas se integraron en principio con la unión de las congregaciones Marianas y de la Liga de estudiantes católicos, y el 12 de agosto de 1913 se declaró fundada oficialmente la A.C.J.M.

La A.C.J.M. estaba destinada a ser el dolor de cabeza y el enemigo más odiado de los gobiernos demagogos hacedores y defensores de la Constitución Anticatólica de 1917. En junio de 1918 en un Congreso Federal de acejotemeros, se nombró presidente general de la A.C.J.M. a René Capistrán Garza, teniendo el Padre Bregón el título de Asistente General. En 1919 Capistrán fue apresado por el gobierno, debido a las publicaciones en favor del catolicismo que redactaba. Los acejotemeros se organizaron para localizarlo, visitarlo, apoyarlo y seguir todo el proceso que eventualmente se le hiciera. Fue liberado en agosto del mismo año.

En esa misma temporada se dio comienzo a la creación de la Confederación Regional Obrera Mexicana (CROM) lo cual no fue de una manera fortuita ni espontánea. Cuando México protagonizaba la conclusión de uno de los episodios históricos más difíciles y homicidas como lo fue la Revolución Mexicana se vivía un desajuste social, político y económico, pero sobretodo se respiraba la injusticia social en todos los ámbitos y se ensañaba más con los trabajadores. Asimismo se presentaba una serie de conflictos entre sindicatos incipientes de la época que no tenían un verdadero espíritu acometedor para atraer beneficios a sus miembros los cuales fracasaron en su intento de unificar las demandas sociales y económicas de los trabajadores. Uno de los antecedentes más claros de la organización se registra en febrero de 1916 en el estado de Veracruz, durante un congreso convocado por la Federación de Sindicatos del Distrito Federal en donde se acordó la formación de un organismo sindical llamado Confederación del Trabajo de la Región Mexicana (CTRM).

El 13 de Octubre de 1917 en Tampico, Tamaulipas, se llevó a cabo otro congreso al que acudieron delegados de todas las organizaciones de importancia, donde ya coincidieron en exigir el respeto al derecho de libre asociación, por lo que formalmente convocaron a la realización de CTRM para formar una organización nacional del cual fueron participes los miembros de la ACJM entre los fundadores Sr. Anastasio Cueto y Ríos quien representaba a la clase obrera de electricistas, después el 1 de Mayo de 1918 en la ciudad de Saltillo, Coahuila, con la asistencia de más de 100 organizaciones obreras, inician los trabajos para fundar la Confederación Regional Obrera Mexicana que se constituye 11 días después, el 12 de mayo. Entre las principales resoluciones que exigía la nueva central obrera era la reglamentación del Artículo 123 Constitucional y la existencia de dos clases sociales: explotados y explotadores, donde los primeros tenían el derecho a establecer una lucha de clases ante tal situación injusta. Respecto al termino Regional, existe la versión de que se adoptó porque los anarquistas y socialistas pensaban que la CROM podrida ser una sección de una central internacional. Es también oportuno identificar que Anastasio Cueto Ríos fue quien integro al General Luis Ibarra en la defensa de LNDL estando efectivo en el centro del país.

Al iniciarse la implementación de los nuevos decretos establecidos en los cambios y modificaciones de la constitución Mexicana auspiciados por el gobierno de Álvaro Obregón en contra de los Católicos, los acejotemeros tuvieron que lidiar con los sabuesos del gobierno, con quienes tuvieron choques tras el atentado de 1921 contra el Arzobispado de México. Se organizaron guardias en la Basílica de Guadalupe a principios de año, durante la vigilancia unos meses y luego se suspendió, lo que aprovecharía Obregón para lanzar el atentado contra la Virgen del Tepeyac... quedando incólume el ayate del milagro, siendo a la vez burla y desafío para los anticatólicos.

Grupo de A.C.J.M 1924.

En Morelia hubo choques violentos. Tocaba a los acejotemeros quitar las banderas rojinegras que los comunistas tuvieron la sacrílega insolencia de izar en las catedrales de Morelia y Guadalajara. Mientras el diputado Plutarco Elías Calles atendía la conferencia anarquista en Ginebra Suiza, en Guadalajara el 26 de marzo de 1922, comunistas del Sindicato de Habitantes Revolucionarios atacaron a los fieles que salían de participar en misa en la iglesia de San Francisco, muriendo a balazos seis miembros de la Confederación Nacional Católica del Trabajo. Anacleto González

Flores y la A.C.J.M. enviaron una vigorosa protesta y demanda de justicia al presidente Obregón, pero éste ¡que no nos extrañe!, hizo oídos sordos a las demandas del pueblo. Álvaro Obregón dejo el poder en 1924.

Con motivo del Congreso Eucarístico Nacional (1924), se reunieron en convención las 4 principales organizaciones católicas del país: la A.C.J.M., la Unión de Damas Católicas, la Confederación Nacional Católica del Trabajo y la Orden de los Caballeros de Colón. En la A.C.J.M. fue electo como nuevo presidente general el Lic. Octavio Elizalde. Asimismo tocó a los acejotemeros vigilar y proteger el Congreso Eucarístico, proclamando por las calles la majestad de Cristo Rey y de María de Guadalupe, entusiastas manifestaciones que respondían al berrinche de Obregón de denunciar ante la autoridad judicial a "todo el Congreso".

En el año de 1924 tomado el cargo de presidente de la nación Plutarco Elías Calles trata de implementar las ordenes que se le dieron durante su estancia en Ginebra. Una orden tomada dentro del congreso de anarquistas en Ginebra Suiza en el año de 1922, Lenin dio órdenes a Plutarco Elías Calles de exterminar cualquier vestigio religioso en México ya que había sido México el punto escogido para introducir y establecer el comunismo en todas las Américas[1].

El verdadero reto llegó con Calles, el más obstinado anticatólico que ha tenido poder en México sólo comparable quizás a Juárez, y luego del intento de cisma del "patriarca" Pérez, el Lic. Palomar Vizcarra llamó la atención sobre lo que era, a todas luces, el primer acto de un plan bien meditado de la Revolución contra la fe católica, y se puso de acuerdo con René Capistrán y Luis G. Bustos para organizar un proyecto defensivo más concreto.

El 14 de marzo de 1925 quedaba constituida la Liga Nacional de Defensa Religiosa, que sería la encargada de dirigir, coordinar y ejecutar la resistencia católica ante los atentados retardatarios del gobierno callista. El primer presidente de la Liga fue el Lic. Rafael Ceniceros Villarreal. La Liga Nacional de la Defensa Religiosa era constituida por la mayoría de las

---

[1] *Notas tomadas del libro "América Peligra" página 396*

organizaciones católicas; Caballeros de Colon, Damas Católicas, Asociación Católica de Jóvenes Mexicanos, Vanguardias, etc.

Llegado el momento más serio para el problema religioso: La Liga de Defensa Religiosa, las asociaciones de damas católicas y los Caballeros de Colón, se propusieron coordinar una intensísima campaña con el fin de que el Gobierno cambiara de conducta y se solucionara cuanto antes este problema. El Gobierno, por su parte, tomó una actitud enérgica para combatir al clero. Tanto los partidarios de la Iglesia como del Gobierno, publicaron una gran cantidad de manifiestos, proyectos, hojas volantes, etc.

Durante la presidencia de Calles y el colapso de su propósito de exterminar cualquier vestigio religioso, siguió la convulsión social Mexicana que costó la vida a cientos de compatriotas y que, desde 1926 a 1929, dio lugar al maximato de Plutarco Elías Calles enlutando a la Iglesia Católica con la persecución que provocó el levantamiento cristero, primero en el centro de México y después en el norte en Sonora. Obispos desterrados, sacerdotes perseguidos, mártires sacrificados, inocentes acribillados, católicos humillados simplemente por el hecho de creer y practicar la fe que caracteriza la idiosincrasia de nuestro pueblo Mexicano. Valores y tradiciones enraizadas en la esencia misma de nuestra cultura centenaria perdían horizonte por imposiciones arbitrarias de los dirigentes que sentaban las bases del sistema político que aún perdura. Las convicciones de muchos católicos los impulsaron a la defensa de su fe y tradiciones, aun arriesgando su vida.

En el norte de México, en Sonora los enfrentamientos entre el gobierno y los indios Yaquis venían de treinta (30) a cuarenta (40) años atrás por las constantes expropiaciones de sus tierras en el valle del Yaqui. En el mismo año en Mayo de 1926, el gobierno trataba de arreglar invasiones de tierra propiedad de estadounidenses, lo que tensaba aun más las relaciones con los Estados Unidos[2]. En Agosto la jefatura de operaciones militares de Sonora habían enviado un contingente de tropas a la población de Cajeme, en virtud de que se habían presentado robos y asaltos cometidos

---

[2] *Historia de la Revolución Mexicana 1924-1928, Colegio d México por Jean Meyer*

por algunos miembros de la tribu Yaqui[3]. El 13 de Septiembre, Obregón viajaba por tren de regreso a Sonora con una escolta de 150 efectivos. En el mismo tren viajaba el Excmo. Sr. Juan Navarrete y Guerrero disfrazado de campesino y Juan Rivera, secretario del general Luis Matus, jefe de las tribus Yaqui, acompañado de una escolta de 50 hombres. Pero se quedaron en Hermosillo a conferenciar con el gobernador del estado Alejo Bay. Por esta demora, los indios Yaqui detuvieron el paso del tren en el poblado de Vicam, en donde estuvo sitiado un día, hasta que tuvieron noticias de Rivera y su escolta[4]. Eran aproximadamente mil (1000) indios Yaqui, armados y hostiles, pero no agresivos. Al llegar el general Manzo con un batallón de federales, los indios Yaqui se retiraron sin combatir[5]. El día 17 las tropas del general Francisco Manzo iniciaron un combate contra los indios Yaqui, quienes se encontraban, según Obregón, en franca rebeldía en las cercanías de "El Oro" región del rio Yaqui. Amaro ordeno de inmediato la movilización de contingentes para realizar una campaña de exterminación de Yaquis. Según las declaraciones hechas por Obregón a la prensa nacional, el conflicto estaba dirigido por los enemigos del gobierno y encabezados por Adolfo de la Huerta, que según Obregón, se encontró en la cartera del general Luis Matus cartas de Adolfo de la Huerta fechadas el 24 de Junio, con programa de asalto al tren e iniciar el levantamiento Yaqui[6]. Amaro se trasladó a Nogales para organizar la campaña, reuniéndose con Manzo y Obregón para la movilización militar; el plan era poner un cordón militar alrededor de la sierra y hacer operaciones de bombardeo aéreo junto con avances de infantería. Se inicio el movimiento de trenes con pertrecho, desembarcados en Guaymas; se adquirieron ocho aeroplanos de combate de los EU, y se hicieron relevos de tropas por unidades provenientes de otras partes del país. Entre Septiembre y Octubre, aproximadamente la quinta parte del ejército Mexicano se encontraba en Sonora. En Diciembre las tropas existentes en Sonora ascendían a 15,000 hombres[7].

---

[3] *Periódico "El Universal" Agosto 1, 1925*
[4] *Periódico "El Universal" Septiembre 14, 1926*
[5] *Informe de embajada EU, c.35, exp. 707 ff12-13*
[6] *Periódico "El Universal" Diciembre 5, 1926*
[7] *Informe de embajada EU, c.35, exp 726, f6*

Los prisioneros Yaqui pasaron a ser parte del contingente del general Francisco Urbalejo, jefe del Estado de México. En enero se precisó que su rendición incondicional se aceptaba siempre y cuando los Yaquis pasaran a formar parte de las filas del ejército, ya que así podía disponer de 5000 hombres de tropa para las operaciones contra los rebeldes Católicos, que representaban un nuevo y mayor peligro. La ofensiva final dio comienzo el 2 de Abril de 1927 con cuatro columnas comandadas por los generales Heliodoro Charis, Lucas González, Antonio Ruiz Zertuche y J. Félix Lara con el fin de penetrar las sierras en donde se encontraban la mayoría de los Yaquis. Estos organizados en guerrillas y favorecidos por su gran conocimiento de la región, se aprovechaban de que los federales en ocasiones permanecían inactivos debido a las crecientes de los ríos y arroyos que les incomunicaban a sus campamentos; no obstante, los pilotos podían localizar los campamentos de los rebeldes. El 23 de Junio de 1927 gran parte de los indios Yaqui estaban muertos y los demás derrotados, por lo que no era necesario los contingentes federales que estaban operando en Sonora y la secretaría de guerra podía disponer de 2,000 soldados para trasladar y combatir a los Cristeros[8].

Desde 1925 se había iniciado una confrontación directa entre el gobierno y la Iglesia Católica. Tanto Amaro como Calles y Jose Álvarez, entonces Jefe de Estado Mayor del presidente, la verían como uno de los principales obstáculos para llevar a cabo la reforma agraria y laboral, y modernizar la educación y servicios sociales. Por lo que Calles estaba

---

[8] *Periódico "El Universal"* 23 de Junio 1927

decidido en nulificar la influencia de la Iglesia Católica en la vida nacional y se propuso hacer cumplir los artículos anti clericales de la Constitución. En Febrero de 1925 había lanzado una provocación contra la Iglesia con la creación de la Iglesia Católica Apostólica Mexicana, independiente de Roma, apoyada por varios grupos anticlericales en donde la revolución mexicana era la autora principal. Con esto se buscaba usar el nacionalismo extremo para ampliar sus fuerzas sociales y políticas, confiando su alianza con los grupos populares que integraban el movimiento. En reacción los Católicos se unieron a la Liga Nacional para la Defensa de la Libertad Religiosa ya establecida desde el año 1895, y, a mediados de 1926 el gobierno reglamentó las clausulas de la constitución que regulaban su relación con la Iglesia. A partir de Agosto de 1926, empezaron brotes de violencia espontánea.

La siguiente es la réplica de copia a papel carbón de la carta abierta a Calles por Anastasio Cueto el día 26 de Julio de 1926.[9] que mi padre Luis conservaba.

Anastasio Cueto y Ríos, quien en la época de la Persecución Religiosa en México fue miembro de la CROM, asociación en esos momentos pro-comunista, creada por el mismo gobierno y la revolución y siendo en aquellos tiempos el principal apoyo paramilitar del llamado Gobierno de México.

*México, a 26 de Julio de 1926*
*Anastasio Cueto y Ríos,*
*Mecánico Electricista*
*Ex miembro de la C.R.O.M.*

*Carta abierta al camarada Plutarco Elías Calles, con motivo de sus declaraciones.*
*Camarada:*
*Te creía con más valor civil para afrontar la responsabilidad de tus actos; pero que todo un masonsote condecorado, todo un revolucionario sostenido por ametralladoras fusiles yaquis, todo un líder respaldado por miles cronistas serviles sindicalizadas se disculpe con anciano Prelado indefenso se desahoga con grupo de inermes católicos, le verdad, me ha decepcionado y te ha hecho descender al papel de cobarde. Si cuentas con fuerza bruta y con el oro masónico, ¿Por qué dices la verdad?.. y la verdad que consta al mundo entero es esta. Haz vendido tu alma al diablo, y a la masonería tu libertad y tu dignidad de hombre, quedando como vil instrumento de esa secta maldita.*

---

[9] *Originales donados a los archivos de Universidad de Arizona MS420*

Disculpas tu conducta con las declaraciones, falsas o verdaderas del Prelado, en Febrero de este año; ¿Mas que dices del cobarde atentado en la Parroquia de la Soledad el año pasado? ¿Qué de la cínica protección al desgraciado cismático de Pérez?.. ¿Qué más de la constitución fraguada para acabar con el catolicismo en nuestra patria? ¿Qué de la protección llena al camarada Obregón para dejarte la Presidencia?.

No, farsante, la misión diabólica tuya y de los tuyos es la de perseguidores de la Iglesia, Desdichados.... Y por eso te condecoraron los hermanos del mandil. Te lamentas de los efectos del boicot; Hipócrita, y no te lamentas de los desastrosos resultados en la industria en el comercio, en la agricultura, etc. etc. con las huelgas de tus sindicalizados, apoyados por la fuerza bruta, empleando instituciones de los Bomberos y el Ejercito que deben servir solo para el bien público.

Lo que sucede es que están por el estupendo fracaso de su cacareada revolución redentora; porque fracaso ha sido su agrarismo, fracaso ha sido su banco, fracaso ha sido su sisma y más todavía, fracaso criminal el lema de su revolución "SUFRAGIO EFECTIVO NO REELECCION"., con lo cual embarcaron a los imbéciles y derramaron tanta sangre. Nos tachas por ultimo de cobardes, cuando ya te he dicho cien veces que los católicos sabemos como todos ustedes como se mata, como se roba, incendia etc. etc. pero esos procedimientos nos están vendados y se los dejamos a ustedes patentados como están por todas las revolucionarios del mundo en todos los lugares y en todas las épocas. Por lo demás, se necesita más valor para dominarse y contener el odio, la ira y la venganza que inspira la conducta de ustedes que para dar rienda suelta a esas innobles pasiones.

A Dios camarada, hasta otra epístola, salud........
Firma. .. A. Cueto y Ríos

En este México y en este tiempo de sufrimiento nace, crece y se forma la familia De la Torre Uribarren una familia de apóstoles sociales, ciudadanos ejemplares, y mártires de quienes ocuparan en esta sencilla reseña de sus vidas, de sus obras y sus amistades. El ambiente que se respiraba en estas primeras décadas del siglo pasado, era de cambio violento la ambición de poder, camuflada de interés social se anteponía al ejercicio libre de derechos fundamentales de ciudadanos o grupos que se vieron marginados o perseguidos.

Unidad de la fuerza aérea Mexicana

A la inquietud suscitada por la educación socialista impuesta por el artículo 3° constitucional en 1936, se sumaba la sacudida económico social de la expropiación petrolera y el valor agrario que tomo auge a partir de este sexenio. Sin probar su eficacia, se imponía por la fuerza, una nueva estructura educativa, agraria, económica, social y política. El totalitarismo socialismo capitalista casi perfecto.

Así estando la Iglesia, desconocida por el Estado desde mediados del siglo anterior, en muchas ocasiones vivía en catacumbas o era perseguida abiertamente no solo por las autoridades político-militares del sistema, sino por las logias masónicas, grupos protestantes o corifeos del congreso de la nación o de los congresos de los estados de la Republica. Desde 1917, por decreto presidencial la educación oficial, en su totalidad, era laica y en ocasiones, antirreligiosa[10]. La ausencia de valores éticos y la falta de contrapeso cívico y político aseguraban el predominio y monopolio del sistema político mexicano. Esto, como es natural, afectó intereses de las clases alta y media de la sociedad y atropelló las creencias religiosas de los mexicanos. Los valores y tradiciones de la gran mayoría de las familias mexicanas se vieron amenazados. La inseguridad, los abusos y la persecución, sentaron sus bases en buena parte del horizonte del país.

## Elementos de análisis del movimiento Cristero en México

Elementos de análisis y discernimiento del Movimiento Cristero. La Lucha armada en sí: 1926-1929

Aun esporádicos, pero ya con cierta continuidad. Se trataron más de un mil posibilidades para evitar la violencia siendo el 3 de Julio de 1926 cuando los Obispos; Excelentísimo Sr. Pascual Diaz Ibarrote y Excelentísimo Sr. Leopoldo Ruiz Flores se reunieron en el Palacio Nacional de México en una audiencia con el Presidente Plutarco Elías Calles en donde después de pedir y exponer múltiples posibilidades de paz, Plutarco Elías Calles les dio solamente dos opciones a seguir: "se acatan a las ordenes del gobierno o, se levantan en armas para derrocarme y elegir a un nuevo presidente que esté de acuerdo con sus ideales, que yo estoy muy bien preparado para enfrentar cualesquier movimiento[11]". Fue

---

[10] *Artículos No. 3, 5, 27, y 130 de la Constitución Mexicana.*
[11] *Archivo de los presidentes de la Republica*

la noche del 3 de agosto de 1926, un mes más tarde después de la reunión con el presidente cuando el Excelentísimo Sr. Pascual Diaz Ibarrote ordenó estuvo dispuesto al cierre de los templos en represalia a las ordenes de Calles. Muchos cristianos comprometidos se quedaron al principio "custodiando" sus templos como en el caso del Santuario de Guadalupe. Se rumoro que un tal general Muñoz quiso ocupar el Santuario, los fieles se dispusieron a impedírselo. Surgió la lucha y vino la masacre. Hasta el amanecer se exigió liberar a niños y mujeres. El Cuartel de Guadalajara se llenó de los primeros prisioneros de Cristo Rey y Santísima María de Guadalupe. Seguidamente brotaron varios levantamientos en Jalisco, Nayarit (con muchos huicholes fervorosos), en Colima y en Michoacán. Después se extenderían a otros Estados cristeros natos como Guanajuato, Zacatecas, Durango, parte del Estado de México, y en Guerrero. Una geografía de La Cristiandad y su lucha armada nos daría la dimensión de esta gesta. Precisaremos algo de esas zonas cristeras. Jalisco desmintió al "turco" Calles, y lo sorprendió con la hombría de sus hombres y la valentía de sus mujercitas con los ejemplos de los primeros Cristeros en Tlajomulco, Ameca, Cocula, Ciudad Guzmán, Ayutla, Atengo; con su fidelidad al Santuario de la Santísima Virgen de la Natividad, y Tecolotlán, tierra de mártires, por citar unos cuantos sitios. El "Gallinero..." de Jalisco (frase irónica de Calles) le tapó la boca al "turco". Empezaban los levantamientos más en serio. La postura de los obispos fue difícil.

Los Obispos reconocieron la licitud de la vía armada, pero se abstuvieron de apoyarla directamente. Su carta pastoral del 12 de septiembre de 1926 es difícil de interpretar en ese inicio de la lucha armada. Entresacamos unas líneas. "...Si por vergonzosa cobardía desertáis de las filas... o cesáis en el combate, humanamente hablando, estamos perdidos y México dejará de ser un pueblo católico. Imitad a todos los verdaderos amantes de las libertades patrias, que en todas las épocas de la historia han sabido mantenerse firmes en la brecha, hasta vencer o morir; imitad la constancia de los primeros cristianos que murieron y lograron que su sangre fuese semilla de nuevos cristianos..." Palabra de obispos recios y fuertes de espíritu.

Era el 12 de septiembre de 1926, apenas. Y la verdad histórica es que nuestros hermanos y hermanas cristeros la cumplieron al pie de la letra, y en su espíritu. Hay que consignar, que algunos sacerdotes se portaron bastante pasivos y abandonaron sus parroquias y se refugiaron en las grandes ciudades y hasta en el extranjero. No así nuestros Santos Mártires. Ellos sí cumplieron esa carta episcopal.

Ya para los primeros meses de l927 se habían dado enfrentamientos armados desde Hermosillo, Sonora hasta Cd. Campeche, y en Mérida, Yucatán, y también en Tuxtla Gutiérrez, Chiapas, y en Villahermosa, Tabasco. En Tampico y en Colima por supuesto. Y en una zona más circunscrita, con copiosa lluvia de escaramuzas, desde Torreón, Coahuila. hasta Chilpancingo en Guerrero. Pero la zona, corazón de la Cristiana, se concentró y desbordó a la vez en Durango con su bravo obispo cristero, en Zacatecas y sus agrestes cañones, con sus mártires de Nochistlán. Y en Jalisco y sus zonas de Los Altos, colindante con Guanajuato, y en el Sur por Tecolotlán, y claro que en Colima y las estribaciones del Volcán y del Nevado. Y en la zona de Michoacán desde Sahuayo, Cotija y San José de Gracia, baluartes indomables, hasta Coalcomán, caliente y heroico. Y la parte de Guerrero por Chilpancingo y Chilapa; todavía Acapulco se dio el "cristiano lujo" de tener por obispo a Mons. José del Pilar Quezada, mártir sobreviviente de su ahorcamiento. Además debemos añadir los territorios del Estado de México alrededor del Distrito Federal dentro de este círculo más preciso. Sin embargo, hay que aclarar que la Cristiada, en sus batallas, persecuciones y enfrentamientos se efectuaron en las sierras en zonas rurales de barrancas y cañones. Y en el aspecto de manifestaciones, igualmente contestatarias, se vivió más en las grandes ciudades, por ejemplo en los sepelios de sus dirigentes y mártires: Anacleto, Gómez Loza, P. M. Agustín Pro etc.; en Zacatecas, en Guadalajara, en León, en Morelia, en Chilpancingo, Sonora y en el D.F. esto en l927. Para mediados de l927 todavía la Guerra puede polarizarse en cuatro zonas entre mayo y noviembre.

También S. S. Pío XI escribió en esos inicios del Levantamiento:

"¡Oh espectáculo hermosísimo, dado al mundo, a los ángeles y a los hombres! ¡Oh gozo que debe ser celebrado con alabanza eterna...! Las madres de familia y los jóvenes que han sido encarcelados, llevados por las calles rodeados de soldados, encerrados en cárceles inmundas, tratados duramente, llenos de penas y de culpas calumniosas. Más aún, venerables hermanos, entre aquellos adolescentes y jóvenes hay algunos, y no puedo contener las lágrimas en recordarlos, que llevando en las manos el Rosario y aclamando a Cristo Rey, sufrieron espontáneamente la muerte..."

Carta profética escrita apenas, decíamos, en el inicio de la Lucha. ¡Qué no hubiera podido escribir al final de l929! En esos tiempos vendría la amarga anima llena de paternal pastoral emoción.

Hasta aquí reflejos tan sólo de los primeros levantamientos y su ambiente.

La Geografía de las Campañas, enfrentamientos y manifestaciones de fe a través de los tres años de guerra verdadera. La Cristiandad fue, a juicio de mucha gente que creció con el siglo XX y en las zonas donde se dio, una verdadera Revolución armada contra el Gobierno federal callista y contra su fuerte ejército que mandaba el Gral. Joaquín Amaro, estratega de fama. La estrategia de "guerrillas" múltiples exigía la táctica bélica, pero hubo reales batallas planteadas en cuanto tal. Y esa Guerra, dispareja por la fuerza armada de las partes, fue equilibrada y muy pareja en triunfos muy notorios de ambas partes, y en sus momentos, favorable al Movimiento cristero en los primeros meses de l929.

## Algunas Batallas.

• Las batallas importantes de Jalisco en Atemajac de Brizuela (de las Tablas), en Cocula, en Autlán, en Unión de Tula, en Ayutla, en Mascota y en Ameca. Ruta bien conocida en la geografía cristera. Zona de la Sierra de Quila que sería testigo de la muerte del mártir de Tecolotlán, hoy San José Ma. Robles.

• El centro bélico y cívico de Huejuquilla el Alto y el de Colotlán, zona norte de Jalisco, bravía en su empuje hacia Jerez y Zacatecas, incluyendo la parte sur hacia Jalapa, Zacatecas y a Calvillo, Aguascalientes, y tangencialmente a territorio de Aguascalientes con conexión hacia Encarnación de Díaz, y los rumbos de San Juan de los Lagos y del mero Lagos de Moreno y sus Santuarios.

• Una tercera zona de actividad bélica en esos meses del 27, se dio desde Sahuayo, Michoacán, desde Cotija hacia Los Reyes (los del Evangelio) y la tierra baja caliente de Tepalcatepec, y desde el fuerte centro de

Coalcomán hacia Apatzingán. ¡Qué Sierra y qué bosques! Territorio de recia resistencia y organización cívica gubernamental.

• Enfrentamientos cristeros en Sonora entre algunas la de Suaqui que dejo huella en los habitantes de Suaqui, en donde se lanzaron grupos de Cristeros Sonorenses en la defensa del culto y de sus bienes y la seguridad al grito de "Viva Cristo Rey", "Abajo el mal Gobierno" y "Muera el Socialismo" en donde grupos de amplia fuerza lucharon contra el gobierno.

## Tácticas militares del ejército federal.

Por su lado, el Ejército federal casi siempre estuvo acuartelado en las grandes poblaciones, y contraatacó en l927 en una forma radial:

• Desde Guadalajara, vía Volcán de Colima y la misma Ciudad de Colima, hacia Coalcomán, Michoacán de gran importancia bélica como ya anotábamos.

• Y también desde Guadalajara, con un rodeo por Tepic y la zona Huichol (cristera en serio) hacia Durango, donde confluyeron las tropas salidas desde Zacatecas hacia el mismo Durango. Otro paisaje agreste.

• Y desde el acuartelamiento de la zona militar tapatía, a través de Lagos de Moreno, en convoy muy completo, atacaban los reductos cristeros de la Sierra Gorda queretana (que no hemos citado), a la cual quisieron cercar desde San Luis Potosí y desde Guanajuato y aun desde la Ciudad De México. ¿Por qué tanta saña contra aquellas misiones heroicas y su serranía y barrancas indomables? Sería el compartir el espíritu del Siervo de Dios Fraile Margil de Jesús desde su convento queretano de la Santa Cruz lo que sostenía as loa cristeros.

• Desde México D.F. el Ejército federal, en l927, todavía, se lanzó hacia Acapulco vía Iguala y Chilpancingo, y vía Puebla, rumbo a Veracruz, "radios" de estrategia militar federal. Pero hacía sus movimientos con cambio de tropa a las grandes ciudades, y no tanto en enfrentamiento franco con los grupos (no gavillas) cristeros que generalmente los vencieron y los burlaron, no tanto en este l927 sino en l929. Era una toma de zonas centrales para privar de parque y avituallamiento a los cristeros sostenidos con plan "hormiga" por el pueblo cristiano: Niños y mujeres heroicos y bien organizadas para llevar "comida y balas". Y así se sacrificaron por todas partes.

• El Ejército Federal era de infantería y de artilleros generalmente, y bien pertrechados y muy numerosos: miles. La tropa cristera, si a tropa llegaba en muchas partes, era un formidable conjunto de Caballería montada y formada por jinetes y tiradores de leyenda.

El año de 1928 fue el año de las ofensivas federales más decididas. En Enero una gran movilización de tropas se dio desde Manzanillo hacia Guadalajara, para desde ahí, abrirse en pinzas como de alacrán hacia zonas cristeras, exceptuando el sur no sabemos por qué razón, sino hacia Los Altos. Ataques que duraron hasta septiembre, y hacia los Cañones del Norte: Colotlán y Huejuquilla el Alto, enclaves cristeros de primera fuerza.

También se movilizó el Ejército desde Zacatecas hacia Jerez y Temastián, el Santuario del Señor de los Rayos.

Y todavía salieron tropas de "guachos" federales, desde México, otra vez para la indomable Sierra Gorda queretana y hacia Morelia, Michoacán, para contactar a las tropas movilizadas desde Zamora para el dominio de la Sierra del Tigre en San José de Gracia y Teocuitatlán, región bien organizada por jefes, como los hermanos Sánchez Díaz, D. León y D. Felipe, de tan limpia trayectoria cristera al parejo del P. Federico González en San José. Pero no adelantemos protagonistas.

Todas estas movilizaciones federales en busca de las legendarias "columnas" cristeras de caballería, "los cristos..." que decían los soldados de leva. ¡Qué honor el apelativo...! ¡Y qué columnas alineadas para el combate en los llanos zacatecanos. Valparaíso, Zacatecas, por ejemplo, fue un centro vital de resistencia y de gobierno cristero, al igual que Huejuquilla el Alto y que Coalcomán, ya citados.

Al enfrentarse generales de carrera militar: Enrique Goroztieta al frente de las fuerzas cristeras, y Joaquín Amaro con el Ejército Federal, y el Gral. Cedillo dirigiendo las tropas agraristas enroladas. Claro que guerra regional y rural, pero guerra de batallas y movilización de tropas y de toma de poblaciones. Hasta de "cañones" cristeros, bien caseros, pero cañones. Ya citaremos a los protagonistas más protagónicos..."

El recio y prometedor triunfo del inicio de l929.

La visión geográfica de La Cristiandad en l929 la podemos obtener citando, y situando en un mapa imaginario y real a la vez, las "Plazas" bajo dominio militar y aun gobierno administrativo formal de los Cristeros, y a las ciudades bajo la férula gobiernista con grandes cuarteles, muchas veces en antiguos edificios religiosos, vieja costumbre revolucionaria.

- En Nayarit eran plaza cristera: Acaponeta, Tuxpan y Compostela, y obviamente la zona de las huestes huicholas. El gobierno se acuartelaba en Tepic, capital.

- En la zona norte de Jalisco, y sus colindancias con Zacatecas, el dominio cristero era muy recio en la plaza de Valparaíso, y en Huejuquilla el Alto y Colotlán, verdaderos fortines. En esa zona se dio la dura batalla del Tesorero. Por allá, sólo Jerez y Zacatecas eran del gobierno. En Colotlán también se dio decisivo combate.

Y aquí nos permitimos una digresión ilustrativa de esta reseña bélica: Hay que decirlo para todas las Campañas. A pesar de los muchos muertos cristeros, las bajas de soldados de leva de los regimientos de línea, federales y agraristas, fueron mucho más en número, no tal vez en heroísmo. Eso no lo soportaban ni el Gral. Amaro tan "duro de pelar" y tan buen estratega revolucionario, ni el Gral. Cedillo. Los Cristeros fueron un dolor de cabeza que se convirtió en "migraña" muchos días. ¡Y cómo se escurrían...! Si no, no hubieran existido figuras legendarias como "el Catorce", Victoriano Ramírez, y su émulo Aureliano. Por cierto que al Catorce, lo mandó fusilar el Padre Aristeo Pedroza con una decisión drástica de disciplina militar. Muchos de los jefes cristeros fueron, a lo José Ma. Morelos, estrategas que sí merecieron sus galones y nombramientos. Tan es así que por poner un solo caso ejemplar, años después D. Lázaro Cárdenas ya presidente le ratificaba su grado de Coronel cristero en el Ejército Nacional a D. David Sánchez Díaz, hombre de pura cepa y cristiano a toda prueba en los encuentros de la Sierra del Tigre, San José de Gracia y Teocuitatlán, cuando ya años después D. David fungía como presidente municipal de San José de Gracia, baluarte cristero por años con el P. David González. Don David declinó el ofrecimiento con honor de hombre cristiano y de fe. ¡Cuántas de estas anécdotas podríamos narrar y clasificar! El P. Joaquín Cardozo, S.J. legendario jesuita, rescató las vidas de muchos mártires. Nobleza obliga. Últimamente la Sra. Celina Vásquez Parada ha logrado una seria recopilación de "testimonios cristeros".

• Volviendo a nuestras Plazas en su ubicación geográfica, y a Zacatecas en concreto, Jalapa era plaza cristera, y Calvillo, Aguascalientes., también. La capital de Aguascalientes era plaza del gobierno. Ahí se dio formal batalla ya en l929.

• Las Plazas de los Altos de Jalisco demuestran el dominio cristero de l929. Desde Encarnación de Díaz, Lagos de Moreno, y sus respectivos territorios. San Juan con su basílica venerable, San Julián con su Santo Cristo; Jalostotitlán, San Miguel el Alto; Arandas con la iglesia de la Santísima Virgen de Guadalupe y sus mártires. Tepatitlán era plaza crucial al igual que Atotonilco el Alto. Plazas todas de mártires a lo Vargas, a lo Huerta Gutiérrez, a lo Magaña, a lo Gómez Loza por citar apellidos consagrados de "Siervos de Dios" a lo González Flores del "maestro" Anacleto. Pero Plazas también de nuestros Santos ya canonizados a lo Romo, por citar a San Toribio. Ya los nombraremos en los Protagonistas.

• Por su parte, el Gobierno se concentraba acuartelado en Guanajuato, en La Barca y en Ocotlán, y en el mismo Chapala. Y en Sahuayo y Zamora dizque para dominar esas regiones de héroes. Y desde esos cuarteles tomó Zacapu y Morelia por supuesto, centros vitales para La Cristiandad en Michoacán donde las plazas cristeras eran Ario, Uruapan, Los Reyes y Cotija y sus pueblos intermedios de Tinguindín, Jaconá y su Virgen de la Esperanza. Por eso el Gobierno se hizo fuerte en Apatzingán para ser contrapeso al bastión cristero de Coalcomán, Michoacán. Más al sur, zona indómita. Estamos en l929, ni antes ni después; la cronología es importante en el desarrollo de la Guerra.

• Y así como la belicosa Coalcomán era indomable, los cristeros del Volcán de Colima y los de Tecomán escribieron páginas de resistencia aunque los federales estuvieran en Manzanillo y la capital, Colima. En esa zona del sur de Michoacán entre Apatzingán y Coalcomán, y las colindancias con Jalisco se dio la batalla de Tepalcatepec por la plaza cristera tan importante que ahí se asentaba.

• En Jalisco, en l929, Zapopan, Tlaquepaque y Tonalá eran plazas cristeras aunque Guadalajara acuartelara a los federales gobiernistas, así como

Ameca y Cocula, lugar de batalla estratégica, y Atemajac de las Tablas fueron plazas cristeras como Unión de Tula, Autlán y Chúmela en la costa. El gobierno se concentró en Sayula y Cd. Guzmán para detener a los cristeros bravos de Tapalpa y de Zacoalco de Torres. Cada región, cada pueblo, tiene su huella de la lucha Cristera.

Y hay que decirlo, también de ex cristeros, si es que lo fueron de verdad algún día, ya que algunos se acostumbraron a las armas y a los abusos y desprestigiaron posteriormente la Gesta noble de la Cristiana. Hubo en sus filas anteriores revolucionarios "de la bola", y otros excelentes soldados revolucionarios de carrera militar. Opinamos que Jean Meyer los confunde con lo que llamó "la Segunda" después de los "Arreglos". Lo tendremos que ver.

Muchas Plazas se repiten en la crónica anual, pero eso prueba su importancia bélica y estratégica, y su resistencia.

Tres años de lucha encarnizada con rasgos de crueldad y de nobleza, de heroísmo y de conveniencias ocultas: 1927, lo vimos a través de zonas geográficas; 1928, a través de las ofensivas federales, y 1929 a través de las Plazas fuertes de los dos bandos.

La rebelión político-militar del Gral. Gonzalo Escobar y del Gral. Manzo se quiso incrustar y aliar con el Movimiento cristero. Goroztieta, el general de carrera que dirigía a los Cristeros, se planteó la alternativa pues sentía la falta de parque ya en marzo de 1929, pero la decisión negativa fue definitiva. No se aceptó ningún trato y Escobar fue totalmente derrotado y muerto. Ya Calles fungía como Secretario de la Defensa, pues Portes Gil había tomado posesión de la presidencia como presidente interino a raíz del asesinato, por León Toral y otras balas de grueso calibre, de Álvaro Obregón, presidente reelecto. Sucesos importantes acaecidos durante los años de la Cristiana, pero no directamente conectados con el Movimiento.

Fue también importante el martirio del P. Miguel Agustín Pro Juárez, de la Compañía de Jesús, un 27 de noviembre de 1927, beatificado ya, a quien se le imputó su complicidad en un atentado a Obregón en el bosque de Chapultepec. El P. Pro es una figura emérita por su entereza y su misma proclamación de fe cristiana: ¡Viva Cristo Rey! Merece un estudio especial y hay biografías excelentes de su vida y martirio. Mas no fue un "cristero" estrictamente tal, sino un mártir por Cristo Rey.

Fusilamiento del Rev. Miguel Agustín Pro S.J.

Calles y Obregón toman la rápida decisión de hacer un escarmiento con toda esa "gentuza"; siendo así como se dirigía y llamaba al pueblo, el patio estaba lleno de periodistas y algunos diplomáticos invitados al espectáculo que Calles quería dar al mundo entero, para demostrar los motivos de su odio contra la Iglesia Católica. Al llegar el Padre Pro se coloca en el lugar que le indican, de frente al pelotón, con una serenidad impresionante. El mayor le hace la pregunta habitual ¿su último deseo?, el Padre Pro responde - ¡Que me permitan rezar! Luego se postro de rodillas, cruzo los brazos sobre el pecho y ofreció a Dios su vida. Terminando su ofrecimiento a Dios, el Padre Pro beso el crucifijo que tenía en su mano y se puso de pie. Rehusó ser vendado y se volvió de cara a los soldados. Luego extendió los brazos en forma de cruz, apretando en una mano el rosario y en la otra el crucifijo, hizo seña de que ya estaba listo para el sacrificio. A las 10 horas con 38 minutos se oyó una descarga de fusiles haciendo estremecer a los espectadores, el Padre cayo con los brazos extendidos. Un soldado se acerca y le da un tiro de gracia en la sien.

## Los arreglos del Gobierno y la Iglesia.

De marzo a mayo de l929 todos los autores coinciden en los triunfos cristeros y en la desesperación del Gral. Amaro. Enrique Goroztieta y D. Jesús Degollado Guisar, con D. José Gutiérrez, jefes máximos militares de las tropas cristeras, eran triunfadores en verdad. Los tendremos que citar otra vez en los Protagonistas, pero la muerte de Goroztieta en el Valle, Jalisco, en junio de l929, y la falta real de municiones y sobre todo los antecedentes previos a "Los Arreglos" con el Gobierno de Portes Gil de parte del Episcopado Mexicano, frenaron la dinámica de la vía armada.

Del 12 al 21 de junio de l929 la Guerra Cristera menguó por decisión episcopal y terminó como había empezado, a raíz de otra decisión episcopal: supresión de Cultos en l926, arreglos en l929 el presidente interino Emilio Portes Gil citó a los Obispos Pascual Diaz Ibarrote y Leopoldo Ruiz Flores quienes permanecieron en el exilio todos estos años en el extranjero. Llegaron al palacio nacional el 21 de Julio de 1929 en donde llegaron a un acuerdo de paz con la ayuda del cónsul americano Dwight Whitney Morrow, quien ayudó a convencer a los obispos a que aceptaran los arreglos. No se le consultó a ningún miembro de la Liga Nacional de la Defensa Religiosa ni a los generales Cristeros, solamente se dio la orden de los Obispos al pueblo Católico. La orden se acató. La amnistía prometida por los federales no se cumplió. Se habla de 50,000 Cristeros en pie de lucha en ese momento; catorce mil se presentaron por su salvoconducto; los demás se dispersaron y otros sintiéndose traicionados quedando renuentes nunca tomaron su amnistía. A muchos se les ejecutó sin órdenes formales. Se contabilizan 250,000 muertos entre civiles y militares combatientes, y de 40,000 soldados federales fallecidos, más oficiales y jefes. Costo durísimo para México. Muchos cristeros depusieron sus armas bajo la orden de los obispos de dejar las armas; a unos se les respetó, a otros se les asesinó arteramente. Hay que consignarlo. Nunca hubo un texto preciso reglamentario de Los Arreglos y el "memorando" solamente una petición de la iglesia a los cristeros de dejar las armas lo cual abnegadamente muchos lo hicieron simplemente por obediencia. Otros, incomunicados o poco resentidos, no acataron "Los Arreglos"; acostumbrados a la guerra y sus desmanes, se mantuvieron en pie de guerrillas, como ya hemos indicado. Tal vez se pueda hablar de un final con la amnistía más formal del Gral. Lázaro Cárdenas, años después y la muerte del coronel Lauro Rocha y la rendición de sus antiguos cristeros de Coalcomán, Michoacán, a quienes se les reconocieron sus grados si se daban de alta en el ejército federal o en las "defensas rurales". Táctica sagaz de Cárdenas.

Dwight Whitney Morrow cónsul de los USA en México

Otro suceso que debilitó la vía armada al firmarse Los Arreglos, fue la muerte por orden de la Secretaría de Guerra (Calles), del Gral. P. Aristeo Pedroza, impertérrito en la lucha, jefe de la recia Brigada de los Altos de Jalisco, el 2 de julio de l929. Y también la muerte de otros Jefes cristeros, generales y coroneles, "carnicería selectiva", la califica bien Jean Meyer.

En noviembre 13 del año 1932 el diario "El Debate" de la Ciudad de México publicó un artículo indicando que el Obispo de Guadalajara Excelentísimo Señor Francisco Orozco y Jiménez ordena el registro del clero en el sentido de que se determinen los sacerdotes que deben ejercer su ministerio, así como los templos en los que deben ejercer reanudando el culto religioso en el estado de Jalisco. Igualmente se supo que la mayoría de las iglesias, entre ellas la catedral, han sido entregadas a las comisiones vecinales nombradas al efecto, y que las que no se abren aun, serían en breve. La sociedad católica de Guadalajara que se había intranquilizado con el cierre general decretado anteriormente, entro en cierta calma, con la reapertura de los templos y la correspondiente reanudación del culto religioso.

Plutarco Elías Calles

La Persecución religiosa, hay que aclararlo, no cesó, y prosiguió muy fuertemente, con otras tácticas y reacciones, al menos hasta 1935, ya entrado el Cardenismo, y bajo otros aspectos igualmente persecutorios durante todo ese sexenio. Hubo muchos incidentes en esos años próximos todavía sangrientos, pero ya no son de La Cristiandad en cuanto tal. Una foto histórica en que se ve al P. Federico González a la entrada de San José de Gracia al lado del Gral. Lázaro Cárdenas, ya presidente, podría augurar la "suspensión de la aplicación de la legislación anticlerical" que el mismo Cárdenas ordenó en 1938 en plan "de reconciliación nacional..." Pero hay que notar que no se derogó esa Legislación sino tan sólo se suspendió en su aplicación arbitraria y cruenta. Ni siquiera en tiempos de D. Manuel Ávila Camacho que había participado de cerca en el Conflicto Cristero. Bueno! No adelantemos nuestro tiempo historiado.

## Reacción Natural

Como es natural, a esta acción respondió una reacción, sobre todo de personas o instituciones más sensibles, directamente afectadas por la acción persecutoria del gobierno. La Iglesia y sus organizaciones pastorales, pasaron de la tradicional tolerancia del statu quo oficial, tan antiguo como la separación Iglesia Estado, a la franca persecución, lo que provocó el levantamiento de la Liga Nacional Defensora de la Libertad Religiosa que involucro a miles de compatriotas católicos en la revolución cristera dirigida, en su primera etapa, por el general Enrique Goroztieta. Miles de católicos y cientos de sacerdotes derramaron su sangre o se desterraron por motivos religiosos, a partir de 1926.

# Levantamiento en el estado de Sonora

Como antes mencionado, los defectuosos arreglos religiosos de 1929 entre el presidente interino Emilio Portes Gil y la jerarquía de la Iglesia Católica, en una reunión clandestina sin tomar en cuenta a los generales Cristeros o a la Liga Nacional Defensora sobre los acordados arreglos entre dos obispos dejaron oportunidades para los que tenían el poder político en sus manos para provocar un segundo levantamiento cristero en diversos estados de la republica. En el levantamiento de Sonora es en donde nuestra familia De la Torre Uribarren regresa a ser parte activa de la insurgencia religiosa, a mediados de los años treinta, como se verá más adelante.

Al declararse la crisis económica mundial, el gobierno de Rodolfo Elías Calles Chacón[12] combate el desempleo por medio de construcción de infraestructura social que proporciona empleos. Así, en septiembre de 1932 es inaugurada en Magdalena la carretera entre Nogales y Guaymas, proyecto en que trabajó Alfonso De la Torre.

En lo educativo, el proyecto cultural nacionalista había despegado con las Misiones Culturales vasconcelistas[13], dirigidas por Rafael Ramírez, aunque es en la educación superior, precisamente en la ciudad de Nogales, en donde se funda, en septiembre de 1930, la primera escuela secundaria federal afuera de la Cd. de México, como parte de ese afán educativo.

El Prof. Alfonso Acosta Villalvazo, quien había sido alumno de Rafael Ramírez y pertenecía al grupo fundador de la secundaria, se cambió en 1931 a Tamaulipas debido a que en Nogales "el medio era hostil". Por eso no le tocó la radicalización nacionalsocialista sonorense que promovía entonces el Gobernador Rodolfo Elías Calles. Bajo éste, el verano de 1933 todos los maestros de Sonora tuvieron que asistir a Hermosillo a unos cursos de adoctrinación política socialista, al fin de los cuales se formó la Federación de Agrupaciones de Maestros Socialistas de Sonora (de tendencia comunista), para que se impartiera mejor la educación socialista.

---

[12] *Hijo de Plutarco Elías Calles*
[13] *Jose Vasconcelos – Secretario de Educación Publica 1920*

Al año siguiente el gobernador ordenaba nuevamente la expulsión de todos los sacerdotes y el cierre de los templos en Sonora, y en septiembre fueron quemadas en los hornos de la Cervecería de Sonora, en Hermosillo, la imagen de San Francisco Xavier de Magdalena, y otras imágenes religiosas. Este fue el primer paso en el proyecto para sustituir con el Estado al papel espiritual de la Iglesia en una transferencia de la sacralidad hacia una religión secular con rituales cívicos.

El Obispo de Sonora, Juan Navarrete, en vez de partir al exilio, decidió entonces esconderse en Sonora, mientras que el gobernador Calles ordenó sustituir la misa dominical por domingos culturales en los que se presentaban obras de teatro que atacaban a la Iglesia, así como poemas y parodias antirreligiosas.

En septiembre de 1934 había tomado posesión de la Presidencia de la República Lázaro Cárdenas, aunque en Sonora todavía seguían los callistas en el poder. El verano de 1935, los maestros organizados, los obreros y campesinos del Estado le daban el apoyo al candidato callista a gobernador, Ramón Ramos.

En junio, el Inspector de Educación creaba el Comité de Depuración. El cual tenía como función el interrogar a los maestros de Sonora sobre sus simpatías ideológicas y despedir a los que no siguieran la ideología socialista comunista.

En junio de 1935 se dio el rompimiento entre el Presidente Cárdenas y Calles. En octubre, en el sur del Estado los indios Mayos se rebelaron contra el gobernador Ramos; y en el Distrito de Moctezuma, Luis Ibarra Encinas, un veterano de las guerras cristeras de Jalisco se levantó también bajo el grito de ¡Viva Cristo Rey! Mientras tanto, en la sierra de Sonora, en Granados y Sahuaripa fueron muertos los Presidentes Municipales por el mismo pueblo por haber encarcelado a los recién ordenados sacerdotes en el exilio de la sierra. Se decía entonces que la base de operaciones de Ibarra estaba en el escondite[14] del obispo Navarrete, y cuando fueron enviadas tropas a descubrirlo, el obispo tuvo que huir a esconderse cerca de Nacozari.

---

[14] *Llamado "Los Ciriales" o "El Rincón de Guadalupe" localizado en la sierra de Sonora 29º 4' 57.54" Norte 108º 52' 2.44" Oeste*

Al mismo tiempo, en el norte los ganaderos se levantaron en dos frentes en oposición contra el gobierno de Ramos. En el Distrito de Altar, el ranchero Pablo Rebeil junto con Juan E. Caballero se alzaron, matando al presidente de Altar e instalando a Caballero para sucederle. Depusieron a los concejos municipales de Pitiquito, Caborca y Oquitoa, y obligaron al de Atil a adherirse a su movimiento. Apoderándose de la puerta fronteriza de Sonoita la cual se utilizo por mucho tiempo por los Cristeros para poder proveer parque y víveres para las fuerzas Cristeras.

Por otro lado, Jesús María Suárez Arvizu también se levantó en el Distrito de Magdalena con unos 50 hombres y atacó el 14 de octubre a Santa Ana, matando al recién electo presidente municipal junto con el comisario de policía; sus fuerzas quemaron después los puentes del ferrocarril cerca de Magdalena para evitar la llegada de tropas y luego se dirigieron hacia la cuenca del río Santa Cruz, en donde fueron alcanzados por las fuerzas del gobierno en El Saucito, situado a 10 km. al este de San Lázaro, y desbaratados allí.

Una prueba de que el movimiento de los rancheros en el norte de Sonora no tuvo banderas religiosas sino meramente de conservación de los fueros ganaderos lo prueba el hecho de que Suárez declinó, en una junta que tuvo con el Obispo Navarrete, unirse al movimiento Cristero del General Ibarra, así como tampoco se adhirió al plan Cristero de Cerro Gordo. Además, tanto Rebeil como Suárez proclamaron durante su revuelta ser cardenistas opuestos al gobierno de Ramos. Se dijo entonces que quien había financiado este movimiento armado de los ganaderos con la ayuda del extranjero y auspiciada por el Obispo Jose de Jesús Manríquez y Zarate en conjunto con el ex gobernador Francisco Suárez Elías, quien también tenía ranchos ganaderos en el río Cocóspera, cerca de la región donde Suárez realizara su campaña. Por su parte, durante la revuelta, el Presidente Cárdenas envió a un hombre de confianza suyo, el Gral. Beteta, a platicar con los rebeldes y éstos le pidieron que no se aplicaran los criterios ejidales en los ranchos ganaderos. De esta solicitud es de donde surgirá después el concepto de los coeficientes de agostadero junto con los desacuerdos religiosos.

El 13 de diciembre llegaba a México el ex presidente Calles y 3 días después el Presidente Cárdenas depuso al Gobernador Ramos, siendo nombrado en su lugar el Gral. Jesús Gutiérrez Cásares, quien se encargó de purgar a los callistas de Sonora. Esta fue la manera como el presidente Cárdenas aprovechó, si no instigó, la rebelión de los inconformes con el callismo en Sonora para lograr erradicar a éste del Estado. El 9 de abril de 1936, el ex presidente Calles era enviado al exilio, y con su partida quedaba definitivamente erradicada su influencia política en México.

Eran tiempos difíciles; los caudillos revolucionarios más audaces como antes mencionado en este primer capítulo imponían sus reglas y ajustaban cuentas con los posibles rivales el solo hecho de tener el apellido "De la Torre" constaba que fuese orden de aprensión y pena de muerte. Álvaro Obregón y Plutarco Elías Calles habían preparado, un plan de exterminación religiosa a sangre y fuego, dentro del sistema político comunista Mexicano. Conculcadas libertades tan esenciales como las de la ley educación laica, muchos esferas sociales protestaron y reaccionaron en defensa de sus derechos. Cerradas las puertas del dialogo, surgieron los levantamientos que ya antes mencionamos, los destierros, los triunfos, las derrotas, los heroísmos y las traiciones.

# Capítulo II

## La sucesión de la familia De la Torre Uribarren

### La Cuna Familiar

Después de haber pasado brevemente por el recorrido histórico de esos tiempos es preciso que nos enfoquemos en la familia. Ya mencionado los hechos y manteniendo presente los movimientos religiosos, políticos y militares de aquellos tiempos podremos ver el envolvimiento de la familia De la Torre.

Doña María Uribarren Velasco nació en Guanajuato el día 3 de Noviembre de 1878, nieta de Don Diego Velasco. Don Ignacio De la Torre Berumen nació en Zacatecas el día 13 de Enero de 1878, nieto del Licenciado Don Diego De la Torre (Diego De la Torre, hermano de Juan De la Torre conquistador, quien vino a la nueva España el 27 de Marzo de 1536, nombrado segundo gobernador de la Nueva Galicia por el rey Carlos V). Doña María y Don Ignacio, originarios de Guanajuato y Zacatecas en plena paz octaviana del Porfiriato, contrajeron matrimonio, el 2 de diciembre de 1899, en Guadalupe, Zacatecas, de donde fuera originario Ignacio.
María, aunque nacida en Guanajuato, creció y se formó en la ciudad de Guadalupe en el estado de Zacatecas, en donde conoció a Ignacio. Viviendo en la misma comarca y conociendo a todas las familias de la localidad, María como buena católica y dedicada a la formación religiosa llego a ser amiga íntima de la madre del Rev. Miguel Agustín Pro s.j., a quién llamaba con todo cariño "Doña Pepa Juárez". Doña Pepa y María tuvieron la oportunidad de trabajar juntas en la educación y formación religiosa de la parroquia a que ellas pertenecían y quienes juntas participaron en el Congreso Nacional Católico en la ciudad de México. Don Ignacio, esposo y padre responsable, se dedicó al negocio como comerciante, para afrontar los gastos del hogar. María, buena esposa y madre, consagró su vida a educar y formar a la numerosa familia de nueve, con ocho sobrevivientes, con que Dios bendijo este hogar cristiano.

Así fueron llegando los hijos: Mayo 22 de 1900 nace María (hija única); Diciembre 17 de 1901, nace Ignacio, primogénito de la familia; en el año de 1903 nace Francisco (quien murió muy pequeño a la edad de un año), el cuarto miembro de la familia nace en Septiembre 8 de 1905 a quien llamaron Jose Natividad Francisco; después el día 21 de Enero de 1906 nace Alfonso; en Abril 15 de 1910 nace Luis; en Enero 13 de 1912 nace Edmundo; luego, en Abril 14 de 1914 nace Carlos y finalmente en Abril 17 de 1918 nace Benjamín.

María Uribarren Velasco e Ignacio De la Torre Berumen

A la manera tradicional de las familias de finales del siglo XIX, los hijos fueron alegrando el ambiente doméstico, dándole sentido al trabajo del jefe de familia quien fuera creando fervientes Católicos. La mesa se servía tres veces al día y otras tantas quedaba limpia por el insaciable apetito de aquella camada que hacía honor a las habilidades culinarias de las damas del hogar; Doña María madre y María hija quien desde muy chica atendió a las necesidades de sus padres y hermanos menores. Una familia como tantas otras, pero con una jerarquía de sorprendentes valores y tradiciones bien definidos y fundamentados por sus padres. Valores que ubica a cada miembro en la escala que le corresponde. La integración y la unión familiar fueron el fruto natural de estos valores personales y valores familiares. En este ambiente interno se desarrolló la familia De la Torre Uribarren, enriquecidas las realidades humanas con el ingrediente de los valores religiosos y trascendentales, típicos de los dos troncos familiares transmitidos a sus hijos y descendientes pese la dura situación política vivida en esos tiempos.

El 1ro de Junio de 1895, don Ignacio a la edad de 17 años junto con otras amistades, entre ellos Don Felipe Ruiz de Chávez, se reunió para apoyar y formar parte en el nacimiento de la organización del grupo católico LNDL en donde Ignacio llegase a ser uno de los principales cabecillas de la organización.

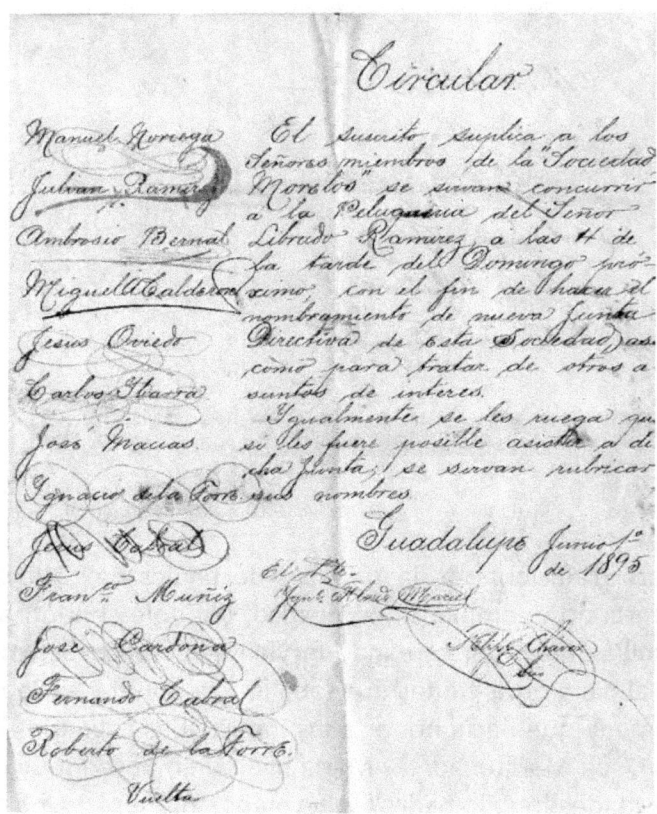

Circular citatorio para la reunión Junio 1ro 1895

Después de su matrimonio en Guadalupe, Zacatecas en 1899, los recién casados, Don Ignacio y Doña María se trasladaron a la hacienda Cañada Honda (unos cuantos kilómetros al este de la capital de Aguascalientes, hoy incluida dentro del municipio de la misma ciudad), lo que hoy se conoce como Hacienda Ojo Caliente.

Don Ignacio fue huérfano de padre a muy corta edad por lo que muy joven tuvo que luchar con la vida para sostener a su hermano Roberto, a su hermana Andrea, y a su Madre Doña Martina Berumen de De la Torre, a quien siempre profesó, obediencia, veneración y cariño. Ya casado trabajó como tenedor de libros de la hacienda, estaba muy jovencito, pues se casó de solo 21 años de edad, ahí en la hacienda Cañada Honda murió el segundo barón de nombre Francisco como ya antes habíamos mencionado, solamente a un año de edad; por eso se le llamó Jose Natividad Francisco al tercer barón[15] de la familia. En el año de 1905, dejando la hacienda la familia se traslado a Aguascalientes... una vez estando establecidos en Aguascalientes Don Ignacio se dedicó al comercio, siendo sus tiendas las primeras en tener "ropa hecha" a diferentes medidas y tallas, cosa que antes no se acostumbraba. Don Ignacio era listo para los negocios, sin vicios y muy activo tenía en Aguascalientes siete tiendas de abastos, ropa y dos haciendas y dos ranchos. En 1910 estalló la Revolución y México se enfrascó en una guerra agresora tiñéndose en sangre los campos del país. Como consecuencia de la revolución Mexicana y dicho movimiento social y levantamiento políticos, Don Ignacio perdió todas sus posesiones, tiendas, haciendas, terrenos y fortuna quedando así prácticamente en la miseria.

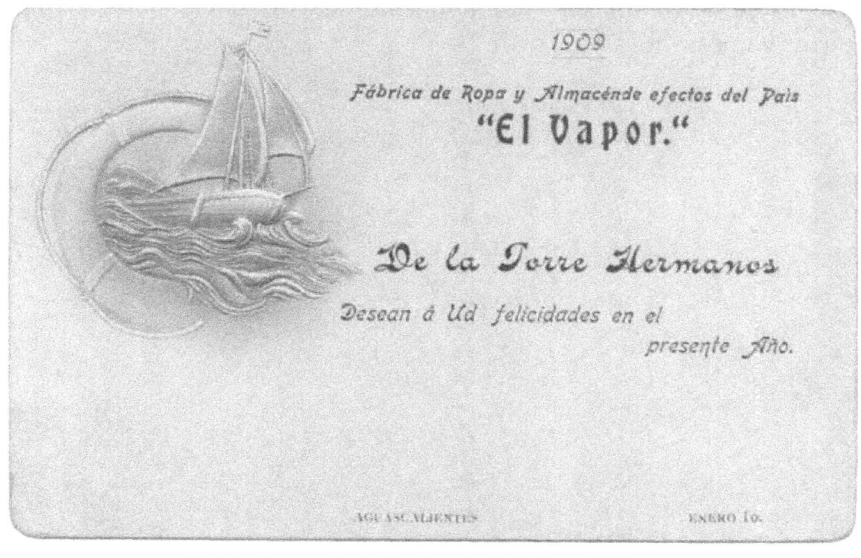

Tarjeta de negocio de Don Ignacio De la Torre 1909

---

[15] *A quien conocimos como Rev. Francisco Dela Torre S.J.*

Platicaba el padre Francisco De la Torre s.j. *"Cuando nuestra casa de la calle Sorpresa fue tirada sin consideración alguna, el entonces gobernador del Estado, don Alberto Fuentes D., a petición de mi madre, le cedió la casa del señor don Gabriel Arellano Valle, incautada arbitrariamente por el gobierno. Al no sentirse bien en esta casa, la familia se traslado, primero, a la calle Allende, luego, a la calle Conde No. 11."*

Una vez rota en 1911 la engañosa paz del Porfiriato, la tragedia de la Revolución Mexicana cambió el horizonte de la familia De la Torre y del país, imponiendo su violencia y la inseguridad tanto en la familia como en el país. De la noche a la mañana desapareció la paz, la unión física de los esposos y de los hijos, la seguridad del trabajo de Don Ignacio. La madre de Don Ignacio Doña Martina fallece el día 1 de Enero de 1920, el trato familiar alrededor de la mesa y la alegría de las veladas domésticas, desaparecen. Don Ignacio nunca pudo recuperar lo que se había perdido de sus propiedades, ranchos, haciendas, y tiendas ya que la Revolución había impuesto sus propias reglas y deplorables consecuencias... para el país y para la familia De la Torre Uribarren. Así en este ambiente revolucionario y en este México convulsionado ambiente, nacieron y crecieron los miembros de aquella familia provinciana de arraigados y fuertes valores morales.

## La Familia

De izquierda a derecha; Carlos, Edmundo, Luis, Alfonso, Francisco, María, Ignacio faltando Benjamin el más chico de la familia.

La familia radicó en Guadalupe Zacatecas de 1899 a 1905 en ese entonces un pueblo chico localizado en el costado este del estado en donde nacieron los tres primeros miembros de la familia. Luego se mudaron a la ciudad de Aguascalientes en donde vivieron de 1905 a 1922, ahí nació el resto de la familia los últimos tres hijos. En Aguascalientes crecieron y cursaron sus estudios primarios la mayor parte de los miembros de la familia ya que los más chicos dieron comienzo a sus estudios en la ciudad de San Luis en el estado de Potosí.

Ya habiendo perdido todas sus propiedades y pertenencias por motivos políticos de la revolución y por la necesidad de mantener a la familia de ocho hijos cada uno con diferentes necesidades, Don Ignacio se mudo a Tampico Tamaulipas buscando el modo de dar sustento a su familia a su familia allí en Tampico es donde consiguió trabajo en una compañía petrolera[16], le acompañaba su hijo Ignacio quien trabajo como contador

---

[16] *U.S.Mex Oil Corporation Tampico Branch – James C. Mc Intyre gerente regional.*

en el banco Laudar de Londres sucursal local. En cuanto llegó a la ciudad de Tampico, Don Ignacio se incorporó de nuevo a la ya formada Liga Nacional de la Defensa de la Libertad Religiosa a la cual pertenecía.

Poco después, debido a las distancias y para estar más cerca de Don Ignacio, consiguen vivienda en San Luis Potosí mudándose ahí el día 22 de septiembre de 1922 donde vivieron cinco años en la calle General Mariano Arista No.37.

Todavía estando la familia en San Luis Potosí, se desato la persecución religiosa iniciada por el entonces presidente Calles en el año de 1926. Álvaro Obregón y Plutarco Elías Calles preparaban, a sangre y fuego, el sistema político Mexicano con transgredidas libertades tan esenciales como las de la fe y educación. Muchos sectores protestaron y reaccionaron en defensa de sus derechos y libertad humana. Cerradas las puertas de un diálogo, surgieron los levantamientos, los destierros, los triunfos, las derrotas, los heroísmos y las traiciones.

Con visión cristiana, Doña María y Don Ignacio "no querían en su familia ni doctores ni ricos, lo que quería era ciudadanos honestos y buenos cristianos". Por eso Doña María le pidió al buen amigo recién ordenado Obispo y asignado al estado de Sonora, Señor Obispo Juan Navarrete y Guerrero,[17] que les recibiera a sus hijos en su "seminarito" llamado así despectivamente porque naturalmente, estaba en condiciones de miseria, un seminario que apenas había sido fundado. El señor obispo Juan Navarrete contestó a Doña María diciendo "Mándemelos inmediatamente y la felicitó por su sentido cristiano". Así fue como por ganancias de la persecución religiosa en México, entraron los hermanos De la Torre por primera vez al estado de Sonora; primero fueron enviados Francisco y Luis. Los primeros meses de estar en el estado de Sonora no se le facilitaba a Luis ni a Francisco el poder comunicarse ya que no estaban acostumbrados a los modismos de lenguaje que se utilizaban en este estado. Luis entonces tomó el cuidado de hacer una libreta de apuntes para poder descifrar sus conversaciones e hizo una lista de palabras con su significado al lenguaje español.

---

[17] *Juan Navarrete y Guerrero ordenado obispo en Enero 24 de 1919 por Santo Padre Benedicto XV, y asignado a Sonora Junio 8 de 1919*

*2 hojas del extenso vocabulario y traducciones de Sonorense al Español por Luis De la Torre Uribarren a la edad de 12 años*

Francisco, primero se fue el 20 de Enero de 1921 con el Sr. Navarrete a trabajar como contador de la diócesis de Hermosillo y Luis como estudiante. Francisco no quería comprometerse y entrar al seminario Diocesano por tener su visión en la Compañía de Jesús y quería primero observar. Mientras Ignacio, aun con la responsabilidad de su trabajo en Tampico y diferentes compromisos con organizaciones como la ACJM y los Caballeros de Colón, en cuanto pudo entregar su trabajo dejándolo en orden y que le aceptaran su renuncia a los Caballeros de Colón, ingresó al seminario de Sonora. En ése entonces, Alfonso y Edmundo ya pertenecían a la asociación de la ACJM y Alfonso fungía como presidente local del grupo de San Luis Potosí siendo ahí en donde Edmundo conoció al joven Fidel Muro quien fuese recomendado a ingresar al grupo, por el Obispo de la Mora. Edmundo siendo un joven vivaracho inquieto y amiguero entabló buena amistad con el joven Fidel llevándolo a casa por motivos relacionados a la organización de ACJM. Fidel tuvo la oportunidad de conocer a su hermana María, quedando plenamente enamorado de ella y al poco tiempo llego a ser el único pretendiente cortejándola. Doña María con el celo de madre no estaba de acuerdo con la relación del noviazgo de Fidel y María, por ser el joven Fidel de familia de otro nivel social y asiéndole, como toda buena suegra, la vida imposible a su hija María. Fué tanta la obsesión de Doña María por desbaratar ese noviazgo que llegó a tachar a su hija de indecente por haber visto a Fidel tomándole de la mano.

Don Ignacio continuaba trabajando en Tampico Tamaulipas en las empresas petroleras para sostener la familia, y viajaba constantemente a San Luis para estar con ellos. Mientras tanto en casa, en San Luis Potosí, Doña María quedó solamente en compañía de María hija, Edmundo, Carlos y Benjamin y desde luego también con la compañía de la inseparable tía Andrea (hermana de Don Ignacio quien acompañaba a Doña María).. Estando solos, María hija el 11 de Marzo de 1921 deja sus estudios secundarios para dedicarles el tiempo a sus hermanos a su madre, y ayudar con la tía Andrea pero conservando sus clases de música (piano) pagadas por su hermano Francisco. El día 14 de Agosto de 1921 Francisco acompaña al Sr. Obispo Navarrete a Navojoa para bendecir su templo y luego salen rumbo a Álamos en donde permanecen un mes asistiendo al Sr. Navarrete en su trabajo pastoral.

Francisco toma la decisión de ingresar a las órdenes religiosas de la Compañía de Jesús el 28 de Noviembre de 1922 y el 19 de Mayo de 1923 sale rumbo a Isleta Texas.

Francisco, estando ya establecido en Hermosillo envió un mensaje verbal a su casa con el Señor Ruiz de Chávez, amistad y conocido de la familia por muchos año; el mensaje de Francisco para su papa fue relacionado al comportamiento e inquietud de su hermano Alfonso, diciendo *"sería conveniente que se considerara enviar a Alfonso al seminario del Sr. Navarrete para que haga compañía a Luis y también que se haga hombre"*, pero el mensaje fue mal interpretado; no se supo cual fue la causa de la confusión, si fue un mal entendido del Sr. Ruiz de Chávez o un mal entendido de Doña María, pero se dio a entender que era un hecho y que se enviara a Alfonso a Magdalena, así inmediatamente se hicieron arreglos para enviar a Alfonso. Él aun estaba trabajando en Tampico ayudando a su padre Ignacio, aunque se sentía demasiado incomodo viviendo en Tampico, además no le agradaba el clima y la humedad, lo describe así: *"no he podido hace nada para la bilis, porque ni tengo paciencia, ni calma ni ganas. Creo que ningún remedio me haga efecto. Estoy viendo que realmente me hace mal el clima de Tampico, desde que estoy aquí no he podido estar bien. Ya no aguanto tanta lata si puedo liquido el negocio y me voy a Sonora o a cualquier otra parte "*. quien iba a pensar que el mismo ya había pensado irse a Sonora sin saber que los tramites ya estaba en marcha para su cambio.

Desde Tampico, Don Ignacio, siendo un católico ferviente, y ya formando parte esencial de la Liga Nacional Defensora de la Libertad ayudaba a los cristeros y a las organizaciones de la Iglesias de Tamaulipas y San Luis Potosí organizando las campañas, imprimiendo volantas, publicaciones, organizando motines, etc. En la carta de Alfonso a su madre del día 19 de Marzo de 1926 indica como su padre Don Ignacio y él fueron aprendidos por repartir y distribuir volantas a favor de la Liga Nacional y Defensa de la Religión en donde estuvo detenido tres días en la cárcel municipal de Tampico, pero al no encontrarle crimen alguno de que acusarle se le dejo en libertad, Alfonso lo describe diciendo; *"!Ya mi papa les contó que nos metieron a la cárcel! Pero no sé si les dio pormenores. Por si o por no, yo se los voy a dar. Pues el caso que se recibió de México una protesta escrita para que la reimprimiéramos, de pronto andando este grupo sin un centavo y con la pesada consignación casi pensamos no imprimirlas; pero luego los de Árbol Grande nos dijeron que nos ayudaban y ya con eso nos animamos y fuimos a ver al Sr. Obispo con el objeto de que si le parecía o de que fuera un inconveniente, pero resulta que se le hicieron muy buenas las tales protestas y hasta nos ayudo para mandarlas imprimir. Mandamos imprimir treinta mil volantes. Eso fue el día 8 y allí nos dijeron que estarían para el miércoles por la tarde. Con este motivo se fijo el miércoles por la noche para la repartición de los volantes. Desde el lunes hasta el miércoles en la tarde estuve recogiendo las hojas que se iban imprimiendo y las iba mandando a diferentes partes de Tamaulipas con cartas a los consignatarios diciéndoles que la consigna era repartirlos el miércoles por la noche en todo Tamaulipas. A Ciudad Victoria se mandaron cosa de dos mil quinientos es muy chico el pueblito y de seguro que se repartieron, pero en la imprenta nos dijeron que las hojas faltantes no estarían listas hasta el día jueves por la noche, un monto de unas quince mil hojas. Así es que a mi modo de ver de Ciudad Victoria vino la orden de aprensión, fue donde se dio el aviso de que nos dieran un susto. Aquí en Tampico ni siquiera se empezaban a repartir y ya estaba más al tanto las autoridades. Nos envalentonamos y sin figurar que tuviese ese término nos arriesgamos. Así pues nos reunimos 20 repartidores, nos señalamos nuestro barrio, todos con ayudantes, y nos propusimos a repartir de las afueras hacia el centro de la ciudad, hacia la plaza y todos a la misma hora quedando fijada para ello a las 6:30. Con todo orden y puntualidad dio principio el reparto a la hora fijada y después de llenar todos los barrios de la población con nuestro volante, a eso de las 7:15 de la noche ya estaban todos los repartidores en la plaza que habíamos llegado cada quien por nuestro rumbo. El objeto principal de ello era de repartí en la serenata que los jueves hay en la plaza. Pero ya no logramos el intento, Luis Dávila y yo nos fuimos a Palacio y les repartimos a todo los guardias y echamos por la ventana y fuimos a toparnos en la mera puerta de la cárcel con dos de la reserva que ya traían cogidos a dos y ahí nos cogieron a nosotros. Estos cuatro fuimos los primeros que entramos al juzgado, ¿seria? pues estaba un pobre cara de borracho que no sabía ni escribir. Por más de cuatro veces nos pidió a cada uno el nombre y lo escribía en distintas hojas sueltas de papel que rompía y luego tiraba hasta que por fin creo no le quedo ninguna con nuestros nombres. A mí me pregunto que donde trabajaba y le dije que era contador de Carpenter y Remasen y no supo de que se trataba, de manera que no escribió nada y mejor me pregunto otras cosas no poca fue la impresión que me hizo a mi todo aquello, púes no sé si fuimos por fin delante de un juez, o delante de un tinterillo o delante de un cualquiera que por estar ausentes los jueces se hizo cargo de la situación para meternos en miedo con las formalidades que duras penas quería darle al hecho. Resultado que a unos les preguntaba su nombre. A otros se le olvidaba eso y les pregunta de donde eran, a otros que donde trabajaban; y como digo varias veces, rompiendo las hojas que escribía para coger nuevas. Despúes ahí mismo nos sacaron todo lo que traíamos: papeles, bolsa de dinero en donde, yo traía treinta pesos en oro y algo más en plata, las navajas los papeles, en fin nos dejaron limpios. En estas operaciones estaban cuando entró la segunda remesa, entre los cales venia mi papá y Pancho Sierra. Mi papa ni tuvo tiempo de repartir, al salir del rosario no sé quien le dio unas cuantas y quería el irse a repartir cuando lo aprendió el jefe de Policía en Persona. Sucedió que andaba en la plaza en su automóvil y Pancho Sierra se acerco y le echó un volante para adentro del coche. A ellos creo que les hicieron la misma diversión que a nosotros. Yo ya no supe pues cuando ellos entraban ya nos despachaban a los cuatro primeros a la cárcel. Yo me les opuse, diciéndoles que no iba a la cárcel si no me llevaban a declarar ante un juez competente para tomar declaraciones en forma y juzgar el caso. No más me contestaron: Ya mañana ira ante un juez competente"*

Quedando así Don Ignacio y Alfonso etiquetados para siempre por las fuerzas federales como uno de los caudillos esenciales del movimiento agresor a la causa comunista que se quería imponer de cualquier modo. Desde luego ya vigilados y monitoreados constantemente por las autoridades federales tenían siempre que cuidarse y a actuar con cautela. En la casa de San Luis Potosí, María continuaba operando y desarrollando las reuniones Cristero-militares en su casa, desde luego haciéndolo verse como reuniones de amistades para poder eludir a las fuerzas federales. Después, para reintegrar a la familia, y sin dejar la casa de San Luis, doña María se dio el modo de poder vivir en las dos ciudades por temporadas trasladándose a Tampico en el año de 1926 y estableciendo así un segundo domicilio. Llegando a ser así Don Ignacio y Doña María un gran instrumento para el movimiento de la LNDL permitiendo que las reuniones de coordinación y planeación de la Liga fueran en su casa. Una vez libre y regularizada la situación en Tampico, se envió a Alfonso a Sonora al colegio de Magdalena, siendo esto una sorpresa para el joven Obispo ya que no esperaba al joven Alfonso. El Sr. Navarrete sorprendido por los acontecimientos reprendió a Francisco por la incorrecta información enviada, pero Francisco le dio detalles al Sr. Obispo explicando su punto de vista y aclaro la situación sobre el mal entendido y así mismo envió una carta a sus padres dando todo detalle. Sin embargo, a pesar de las circunstancias el Sr. Obispo acepto al Joven Alfonso y le dio ingreso al recién formado seminario de Sonora.

Platicaba el Padre Francisco S.J.: *"mi madre estaba en San Luis con mis hermanos chicos. En casa de mi madre se tenían las juntas militares de los Cristeros, razón por la cual se le llamaban a mi madre 'doña Josefa Ortiz de Domínguez'. En esos tiempos de guerra y persecución"*.

En una de las múltiples ocasiones los dirigentes de la Liga Nacional de la Defensa le encomendaron a Doña María llevar unos datos y documentos al general Jose María Gutiérrez, general Cristero. Doña María para poder desempeñar su encomienda, se hizo acompañar de su hijo Edmundo, quien entonces fuese el barón de más edad viviendo en ese entonces en casa. Don Ignacio aunque estaba en casa en esa temporada había acudido al templo para conversar con el Obispo de la Mora, él sabía que no podría llevar los documentos por estar vigilado, Carlos y Benjamín se habían quedado en casa al cuidado de su hermana María. Horas después el mismo día por la tarde ya después de haber entregado los documentos al general Gutiérrez, y habiendo llegado a casa Doña María noto desde el balcón de la casa un gran movimiento de vehículos militares y gran abundancia de soldados algo solamente visto cuando el gobierno se preparaba para dar un ataque. Era el general Nelson[18] y sus tropas que en poco tiempo tenían la casa y el acceso de vía bloqueado completamente. "Los federales habían descubierto el complot Cristero" y sabían que estaba operado directamente desde la residencia de la familia De la Torre y sin duda alguna ya buscaban a Don Ignacio quien ya había sido identificado anteriormente como uno de los jefes de los caudillos. Sin esperar ni un momento Doña María envió a su hijo Carlos, de apenas la escasa edad de 12 años de edad, *"¡corre y da aviso a tu padre que la casa esta sitiada y que está en peligro!"* Carlos sin titubear un solo momento salió a dar aviso a su padre para ponerlo sobre al tanto de los acontecimientos y del eminente peligro que estaba enfrente de su casa,

---

[18] *General Nelson, jefe de armas del área de Tampico*

Carlos, se lanzó de inmediato y audazmente a la calle entre los automóviles militares eludiendo a los torpes verdugos del operativo militar que inmediatamente lo quisieron seguir a toda prisa sin poderle dar alcance al ágil muchacho, así la audacia del joven Carlos y la savia intuición de Doña María salvaron a Don Ignacio. Una vez consiente Don Ignacio del latente peligro por el oportuno aviso, ese día y la noche ya no regresó a su casa, y permaneció escondido bajo el cuidado del Sr. Obispo de la Mora dentro de la curia mientras se calmaba la tempestad. Al darse cuenta el general Nelson de lo ocurrido, le implementó a Doña María una amonestación quedando detenida en su propio domicilio por tiempo indefinido. Además, el General Nelson ordenó un saqueo completo en el domicilio buscando evidencias para poder incriminarles, pero después del saqueo de donde los federales no encontraran ninguna documentación o evidencia que les pudiese delatar o incriminar, las fuerzas federales se retiraron de la casa quedando Doña María detenida en domicilio. Ya pasado el alboroto y curiosidad del vecindario, Don Ignacio regresó a su casa aludiendo a las autoridades federales que estaba haciendo guardia frente a la residencia, viendo que Doña María había quedado prisionera en su propio domicilio, y al darse cuenta de que tanto la casa de San Luis Potosí como la de Tampico Tamaulipas estaban constantemente vigiladas por el gobierno federal y que a Don Ignacio le buscaban por tierra y mar, teniendo en cuenta el eminente peligro de saber que constantemente estaban vigilados, Ignacio y María tomaron la decisión de trasladarse inmediatamente al extranjero pidiendo asilo político a los Estados Unidos de Norte América.

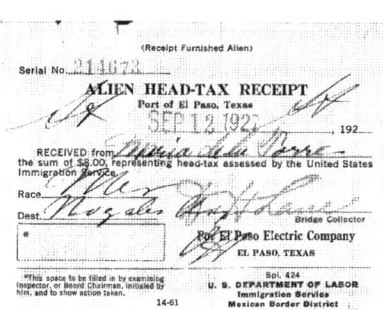

Obispo Miguel de la Mora

Don Ignacio quien era el más buscado tomó la iniciativa saliendo el primero con rumbo a Nogales Arizona dejando a Edmundo encargado de la familia por ser el barón entonces de la familia. Se tomó entonces la determinación de escoger la ciudad de Nogales con rumbo El Paso Texas por el hecho de que tres de los hijos Ignacio, Alfonso y Luis ya estaban en Sonora, y Francisco estaba en Isleta Texas en el seminario de los Jesuitas, buena razón para en el camino pasar y saludar a su hijo Francisco. Días después Doña María consiguió un salvo conducto y decidió salir con el resto de la familia y trasladarse a Nogales Arizona, también con visa de asilo político. Durante el proceso de documentación de migración y aduanas, permanecieron en Tampico unos tres meses más donde María tuvo que terminar con su pretendiente, Fidel Muro, ya que ella estaría refugiándose en los EUA. Pocos días después, fueron a San Luis Potosí Edmundo, Carlos, y Benjamín con la ayuda de su hermano Francisco a quitar la casa, y así es como ellos emigraron temporalmente a los Estados Unidos de Norte América usando el puerto fronterizo de Ciudad Juárez Chihuahua con El Paso Texas el día 12 de Septiembre de 1927 para establecerse en la ciudad de Nogales Arizona y así estar más cercanos al resto de la familia.

Padre Francisco S.J. *"En ese mismo año de 1927, salimos para Nogales, Arizona, el 27 de septiembre, donde mi padre ya nos esperaba con mi hermano Edmundo que, a pesar de su corta edad, también tuvo que escaparse. Y mis otros hermanos, Ignacio, Alfonso y Luis ya tenían siete años al lado del ilustrísimo señor Obispo Juan Navarrete, en el Colegio Apostólico de San Francisco Javier, en Magdalena, Sonora, donde a la vez tenía su pequeño seminario en el que hacía ya su carrera sacerdotal mi hermano Ignacio".*

Ya en el destierro voluntario en Nogales, Arizona, escogido así para estar más cerca del resto de la familia, Don Ignacio y su familia estaban relativamente seguros y podían dedicarse al trabajo, en paz. Esta paz delicada fue abriendo los medios de comunicación desde Nogales Arizona, para un intercambio cada vez más frecuente de los miembros de la familia De la Torre Uribarren con Nogales, Imuris, Magdalena, Santa Ana, Hermosillo y Guaymas Sonora, en donde Alfonso junto con Luis después de haber dejado el seminario empezaron a trabajar y a organizar algunos negocios. A esta etapa de la vida de los hermanos pequeños se refería Doña María, cuando se decía que Carlos *"era alocado, pachanguero, guasón, le gustaban las muchachas".* Le daba por quitarle las novias a su hermano Alfonso. Decía Don Ignacio: *"Este muchacho está loco",* pero Doña María respondía con claridad y segura diciendo *"Está loco por fuera, no por dentro".* Francisco decía *"Todo lo que traía puesto se lo quitaba a nuestros hermanos: corbatas, pantalones, chamarras etc..."* El pronóstico de Don Ignacio tenía alguna base, pero la intuición de la madre María, que distinguía el futuro por la conciencia y sentimientos de sus hijos a quienes conocía perfectamente bien, terminaron por darle la razón aunque nunca pudo Doña María poder presenciar la ordenación de su hijo Carlos.

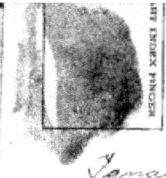

Visa de migración temporal a los Estados Unidos

En este enlace tan difícil de décadas de sufrimiento y arduas penas, Don Ignacio y María, sin duda alguna que con la ayuda del Obispo Juan Navarrete quien prácticamente termino de educar a los muchachos, estuvieron a la altura de las ideas y valores religiosos de sus principios educando y transfiriendo los valores familiares de integridad y de amor a Dios. Hijos que no defraudaron los anhelos y testimonio de sus padres y propósito del Sr. Obispo, como lo demuestra el camino que siguió cada uno de los ocho integrantes de la familia De la Torre Uribarren de quienes dedicamos estas notas de sus vidas.

María y Luis De la Torre Uribarren

Izquierda Benjamin De la Torre Uribarren edad de 4 años a la derecha Manuel De la Torre Castañeda

# María

María De la Torre Uribarren

María hija única, mayor de la familia, nació el día 22 de Mayo de 1900 y en enero 15 de 1901 fue presentada ante el registro civil de Guadalupe Zacatecas. María fue el soporte de su madre y confidente de sus hermanos. María de muy temprana edad cursó sus estudios primarios, en una escuelita particular de la señorita Cholita, profesora retirada por su avanzada edad, pero que no podía vivir sin los niños y en su casa tenía un grupo selecto de estudiantes y en donde aprendió a tocar el piano, pero debido a los problemas ya relatados anteriormente se vió obligada a interrumpir sus educación superior para atender las necesidades del hogar ya que fue el único apoyo para su madre y sus hermanos menores. Durante su estancia en el hogar, fué el mejor conducto de comunicación entre los hermanos y foco de la familia durante la ausencia y enfermedad de Doña María. El joven Fidel Muro, conocido por medio de su hermano Edmundo y la ACJM fue su pretendiente a quién se vió obligada a terminar por su traslado a los Estados Unidos de Norte América y a la tremenda presión de Doña María al oponerse a ese noviazgo, ya que Fidel pertenecía a otro nivel social, del cual Donna María no estaba del todo conforme. Fidel como se verá en seguida fue muy activo por la defensa de sus principios, formando parte de la Liga Nacional de la Defensa de la Libertad Religiosa y defendiendo a Dios. Un hombre honesto e integro, aunque nada de eso le sirvió para que Doña María aprobase el noviazgo. A razón de su dedicación en la defensa de la religión, Fidel fué fusilado, y María al saber el destino de su novio y tener vigente su inevitable traslado al extranjero decidió guardarlo en su corazón y nunca se casó. Ya viviendo en la ciudad de Nogales Arizona, como mujer soltera, se dedicó al cuidado de sus padres y de sus hermanos sirviendo así mismo como contacto y coordinadora principal en la correspondencia dentro de la familia y del movimiento Cristero de Sonora ,por lo que debemos, gracias a éste acto el poder tener la constancia de todas los originales y copias de cartas, fotografías y documentos que nos permiten realizar éste relato. María para no quedarse sola después de la muerte de sus padres optó por adoptar a un barón quien lleva el nombre de Rafael De la Torre Uribarren. Rafael, el mismo quien entregó todos los documentos y fotografías a la Universidad de Arizona los que se encuentran bajo Archivos Especiales MS420 Familia De la Torre. Como es de admirarse, María siendo la mayor de la familia sobrevivió a todos sus hermanos con excepción de Benjamín.

## Fidel Muro Relato de su vida.

Me tomo la libertad de publicar los siguientes datos correspondientes al joven Fidel Muro por la sencilla razón de haber sido el pretendiente de mi tía María, quien celosamente le guardo un lugar muy especial en su vida y de no haber sido fusilado por el gobierno federal Fidel hubiese sido parte de la familia y como tal se le toma en cuenta como parte de esta.

Datos correspondientes al joven Fidel Muro, a la edad de 25 años novio y prometido de María De la Torre Uribarren.

Corrían los años de 1922 a 1924. En Tlalpan, en la casa noviciado de los PP. Misioneros del Espíritu Santo estaba un jovencito de origen humilde pero escogido por Dios para que andado el tiempo fuera uno de nuestros más grandes mártires Mexicanos, uno de los héroes que enaltecieron nuestra patria dando su vida por instalar en México el reinado d Cristo Rey. Su nombre es Fidel Muro. Diecinueve años tenía cuando en Abril de 1922 ingreso por disposición admirable de la Divina Providencia, en aquella casa de probación. Su historia hasta aquellos momentos y durante su estancia en Tlalpan puede resumirse así:

Fidel Muro

Nació el día de San Fidel Mártir, el 23 de Marzo, de 1903, en la ciudad de Zacatecas, tercero último de la familia. Sus padres fueron gente humilde, trabajadora, cristiana y buena mujer su madre; carpintero de oficio, un tanto descreído y parrandero su padre.

Ya la edad de 12 años le ayudaba a su padre de quien aprendió a la perfección el oficio de carpintero y ebanista. Mas no siempre recibió de él, junto con las enseñanzas del oficio, ejemplos de edificación debido a las costumbres poco morigeradas de aquel artesano antes tuvo que ser en algunas ocasiones y cuando ya contaba más de catorce años, su compañero en francachelas y fandangos. Después platicaba el joven que todo esto lo hacía obligado por su padre y contra su propia inclinación, solo llevado por las circunstancias, pues no hallaba en la disposición del mundo más tristeza y vaciedad.

Durante esos años, de los quince a los dieciocho de su edad, se dio algo al vino y a los despilfarros sin que llegara nunca a ser mujeriego, pues cierta nobleza innata de corazón lo mantenía dentro de límites más o menos ordenados; así por ejemplo: nunca supo bailar porque nunca quiso aprender. Entonces tuvo solamente una novia a quien llego a querer con todo el brío de su pasión juvenil; pero a pesar de sus ruegos y a pesar de su insistencia, la novia dejando a Fidel desconsolado se fue de religiosa a un convento.

Ya puede observarse que la hasta entonces llevada no era ni con mucho la vida más propia para inspirar en el joven carpintero anhelos de otra mejor; y sin embargo aún muy elevada espiro como hacía tiempo su hermana, la mayor de los tres de la familia, que era religiosa de las "Hijas del Sagrado Corazón de

Jesús y de Santa María de Guadalupe"[19]. Dios había puesto Sus ojos benignísimos en aquella familia; mas el caso de Fidel fue debido a un curioso incidente que marco para el joven obrero el principio de una vida de orden y fecundidad.

Pues sucedió que una vez el Ilustrísimo Sr. Miguel de la Mora, obispo entonces de de Zacatecas, llamo para no sé qué trabajo de carpintería en el obispado al Sr. Muro y a su hijo; mas los dos se negaron abiertamente a ir, no por motivos de conveniencia, sino por la única razón de tratarse del obispo, pues imbuidos en esa aversión tonta que procede de la ignorancia, no quería tener tratos con gentes clericales. Pero al fin Fidel acepto el trabajo, mas por curiosidad que por otro móvil, y todo fue uno: observar de cerca al Ilustrísimo Sr. de la Mora y prenderse de esa bondad y dulzura que lo caracterizaban. Por eso desde entonces el Ilustrísimo Sr. de la Mora se constituyo en el protector de Fidel y este emprendió la obra de su propia regeneración fascinado por la santidad del Obispo.

Así fue que en abril de 1922, Fidel ingreso a la casa de oración del Espíritu Santo, permaneció en esa casa 2 años 4 meses, su conducta fue muy buena, según se ve por las cartas que a su salida, le dieron los superiores. Esa casa en donde aquel obrerito, deseoso de una vida mejor y sintiéndose llamado a la benemérita orden de los Padres Misioneros del Espíritu Santo vino a parar a la casa de formación que dichos padres tienen en Tlalpan, donde el estudio y los ejercicios de piedad ayudados poderosamente por un temperamento ardiente iban formando en él la imagen del hombre que sobrepuja a los mediocres.

Estatura regular, más bien baja, fuerte musculatura, facciones de rostro gruesas; noble y generoso hasta el extremo; piadoso y enriquecido con esa virtud que es la más bella entre todas las virtudes: la sencillez sin afectaciones y sin boberías; despierto de ingenio. Una persona que lo trató íntimamente, años después de su permanencia en aquel noviciado, dijo dé el textualmente estas palabras: "Era de un carácter impulsivo e impetuoso; pero al mismo tiempo era muy noble y leal, al grado de que ante una reflexión serena y clara, cedía con la docilidad de un niños. Frente a un deber reconocido tomaba resoluciones inflexibles como el acero; su inteligencia era clara aunque poco cultivada; de un dominio perfecto de sí mismo"

Tal es el retrato físico-moral de Fidel: cualidades excelentes pero aún faltas del exquisito cultivo que les da la educación metódica. Su conducta fue siempre

---

[19] *Orden de religiosas Mexicanas*

irreprochable como lo atestiguan las cartas que al separarse de aquella vida recibió de manos de los superiores. Estos lo querían mucho, él se mostraba agradecido haciéndose cada día más digno de su cariño y sin embargo no se confirmaba plenamente su vocación sacerdotal no obstante que ya habían transcurrido más de dos años desde su ingreso al noviciado de Tlalpan. Duro esta incertidumbre hasta que un caso chusco le llevó por otros caminos a cumplir la misión que le estaba reservada.

Se violentaba mucho Fidel con uno de sus compañeros que lo molestaba pertinazmente y como por sistema en cuantas ocasiones se ofrecían; pues bien, en una de ellas estallo la violencia reprimida y le asestó tal bofetada que arrojo al suelo a su verdugo y compañero. Inmediatamente se fue a la presencia del Rev. P. Superior, que lo era el P. Félix Rougier de santa memoria, y confundido confeso hasta dónde lo había llevado su exasperación. El suceso día oportunidad para que ambos trataran largamente sobre el punto aún dudoso de la vocación de Fidel y convinieron al fin en que éste debería desistir de las intenciones albergadas hasta entonces, por parecerles con satisfactoria claridad que no era aquél el destino señalado por Dios para el joven carpintero.

Separase Fidel de aquella casa, los superiores le entregaron cartas testificando su buena conducta y partió para la ciudad de S. Luis Potosí para vivir al lado del Ilmo. Sr. Obispo de la Mora quien había sido trasladado de Zacatecas a aquella diócesis. Sin duda los dos años cuarenta días pasados en el noviciado de Tlalpan fueron para Fidel la preparación otorgada por Jesucristo N. S. Para el cumplimiento de los planes divinos en aquella alma generosa; pues toda su vida, por otra parte ya muy corta, recordó Fidel, lleno de cariño y veneración, los consejos de sus superiores y su permanencia en aquella casa. Cuando corriendo el tiempo se vio envuelto en circunstancias muy difíciles, acudía todas las veces que le era posible a sus antiguos superiores para recibir su prudente dirección y, como él mismo lo reconocía, allí en aquella casa fue donde tomaron cuerpo y arraigaron los sanos principios que aprendió de su buena madre cuando era niño, principios que aprendió de su buena madre, principios que después fructificaron en una vida de trabajo altamente cristiana la cual observó hasta el fin de su existencia.

Al llegar a S. Luis monto un taller completo de carpintería con dinero que el Ilmo. Sr. Obispo le prestó y como el joven Muro era ebanista muy hábil, muy trabajador y muy formal, a los pocos meses de haberse instalado pudo ya restituir al Ilmo. Sr. los fondos que de él había recibido y hasta intento un serio mejoramiento de su taller: introdujo empleados, se hizo de catálogos y comenzó a juntar dinero para realizar una de sus mayores ilusiones, la compra de maquinarias. Sin embargo otras cosas muy distintas, fueron las que Dios le señaló.

México latía con el espíritu de la primitiva Iglesia. Cada Nerón suscitaba playados de espíritus gigantes que surgían de entre el vulgo para repetir en la historia de la humanidad la lección eterna de Jesucristo: "y las puertas del infierno no prevalecerán contra ella"[20] En cada provincia un tirano, para cada tirano una mesnada, un atropello en cada orden y todo girando en órbita de odio y salvajismo alrededor del máximo tirano Plutarco Elías Calles cuyo nombre y fracaso archivará la historia para irrisión de nuevos perseguidores.

El de turno en S. Luis Potosí era Saturnino Cedillo quien hacía y deshacía a su capricho desde el puesto de Jefe de las Armas en la Zona Militar. Un tal Dr. Cano que según voz popular pasaba la vida embrutecido por la mariguana tenía bastante pué hacer con sus delirios para no ocuparse de gobernar el Estado de que era gobernador y por eso todos los poderes gravitaban en las bayonetas de Cedillo.

Llego el mes de abril de 1926 en que Fidel tuvo el primer contacto con el enemigo al verse inesperadamente inmiscuido en los sucesos primeros de S. Luis. Una mañana cundieron mas profusamente que la luz las noticias presagiosas de la hecatombe: que unos soldados entraron a caballo al templo de San José mientras se celebrara la Santa Misa, que hubo atropellos, desacatos, heridos y que sin dejar al sacerdote terminar la ceremonia fue clausurado el templo; que cosa parecida hicieron en la capilla llamaban del Seminario o de Nuestra Señora de Guadalupe, con el agravante de que no dieron al Padre Moctezuma de consumir y quedo el Santísimo Sacramento encerrado; más tarde logro sacarlo el Padre Antonio Rabagan, y luego llego otra tercera noticia que por estar el remedio más a las manos del pueblo creyente acudió mas su indignación; que los tiranos habían declarado prisionero as u propia casa del Sr. Obispo Miguel de la Mora.

Pero allá no llegaba esta última noticia a los rincones de la ciudad cuando el pueblo se apelotonaba a las puertas del Obispado para evitar ultrajes a su Padre y Pastor. Desde los contornos llegaban hombres ofreciendo el contingente de sus compañeros o sus peones para defender al Prelado; quien ofrecía cincuenta, quién veinte; quien setenta, cien, hombres cristianos y valientes...¡hubieran destronado a los verdugos!... Mas acaeció lo que siempre pasa: mientras los sátrapas culpan al Clero de autor de sediciones, éste es el

---

[20] *La Iglecia Catolica Romana*

primer elemento de la paz; el Ilmo. Sr. de la Mora suplicaba a las turbas por mediación del R. P. Antonio Rábago O.F.M. que lo dejara, que se retiraran a sus casas para evitar más muertes, pues éstas habían
comenzado ya.

Un cerco de federales estrechaba el obispado y a la multitud en varias cuadras a la redonda; trucks con ametralladoras instaladas en sus plataformas circulan la zona rondando en actitud amenazante en y haciendo de vez en cuando descargas para dispersar la aglomeración; en las alturas de los edificios otras ametralladoras "pregonaban las garantías para los pobres ciudadanos." Y mientras tanto la muchedumbre de gentes obstinadas en morir antes que ver a su Obispo injuriado no se despegó de él durante tres días y dos noches casi sin comer y sin dormir. Los mismos tres días que el Ilmo. Sr. Obispo con sus familiares y empleados permanecieron presos en su propia casa; sólo a Félix Vela, un mozo ya de edad, le permitían salir para hacer algunos mandados.

Cuentan que una mujer; de rodillas y con los brazos en cruz, recibió la descarga de una ametralladora; que un niño al gritar obstinadamente "¡Viva Cristo Rey:" fue acribillado a balazos; que a otra niña al asomarse a la puerta de su casa le tocó un tiro en la frente, etc. Un carnicero al ver que la ametralladora de uno de los camiones se disponía a tirar sobre la multitud, trepo al truck y de un hachazo partió en dos la cabeza del artillero; acto seguido, el valiente cayo allí mismo sobre el camión asesinado por las balas enemigas.

De entre los soldados hubo muchos muertos principalmente por desgracias acaecidas entre ellos mismos: unos que se caían de los camiones y se mataba, borrachos, pleitos, etc.

La calle que pasa por el frente del obispado desemboca en el jardín de S. Francisco y en aquella esquina hacia guardia un soldado. Se le acerca un capitán y ordenó:
"Apacigüe esa gente."
"No se puede mi capitán" respondió el guardia. Entonces el oficial arremetió contra él a bofetadas.
El agredido, iracundo, atravesó al capitán con la bayoneta que tenia al descubierto y echo a correr. Una parte del tumulto se abalanzo sobre el herido, al divisar el lance, y a golpes lo remato.

Sabido es que en semejantes conflictos los "grandes" no suelen ni siquiera asomarse al lugar del peligro. Pues de acuerdo con esa ley de "prudencia", Cedillo tuvo el inusitado valor de pasar a toda máquina de su automóvil y a varias cuadras de distancia del tumulto; pero a pesar de esas precauciones, los hombres que se hallaban en la bocacalle le apedrearon el automóvil.

No era cosa fácil reprimir la excitación popular. La viva fuerza se estrellaba ante el valor de los creyentes. Y Cedillo según platico el Ilmo. Sr Obispo lo llamaba por teléfono para conjurarlo a que retirara del obispado a "su gente"; mas el Obispo así le respondía:
"Yo no soy el que la tiene aquí, sino Ud.; concédale garantías y podrán retirarse"...

Fidel vivía en el mismo obispado y por eso se hallo presente a
todos estos acontecimientos. Pasaba las horas en la azotea acompañado de Ernesto Montalvo amigo suyo, muchacho muy cristiano y muy valiente. Se habían conseguido una pistola; y recatándose, tras de los pretiles, de los vigías federales que ocupaban las alturas de la ciudad, estaban dispuestos a operar con ella en defensa del pueblo o del Ilmo. Sr. en un momento dado. Este llegó: un coronel se presento dando órdenes a sus bestiales subalternos para atropellar el gentío y mientras lo hacia se puso a tiro de los muchachos. Ernesto Montalvo traía en aquel momento la pistola, le apunto con toda calma y disparó...; pero Dios no quiso que el proyectil hiciera blanco. A tres centímetros de la frente del militar, la bala fue a perforar el quepí y a botárselo a tierra.

El caso iba siendo cada vez ms serio y los despóticos perseguidores de la Iglesia no encontraban solución. Porque cuando un pueblo se yergue, "cuando al golpe del tirano" como dijera Jorge Gramlos pequeños se agigantan y las tímidas ovejas indomables se levantan, y en defensa del derecho se adelantan...", no queda al tirano otro recurso que barbotar en su derrota un nuevo "venciste, Galileo". Eso hizo Cedillo: dobló las manos y al tercer día tuvo que conceder la libertad al Ilmo. Sr. Obispo y garantías a los amotinados.

Acto seguido comenzaron los verdugos a desfogar su despecho con toda clase de represalias sobre la sociedad potosina. La cuenta de Fidel quedó saldada con una prisión de cinco días y su correspondiente dosis de cintarazos, que fue como un bautismo de dolor en la nueva carrera que como hombre, como mexicano y como católico iba a emprender en defensa de Jesucristo y sus derechos.

Al presenciar los atropellos cometidos a los indefensos ciudadanos, los ultrajes a nuestra santa religión, al entrever el mar de amarguras en que irremisiblemente habría de desembocar aquel torrente de barbarie que un puñado de miserables hacia cruzar por nuestro suelo, Fidel como muchos otros jóvenes cristianos sentía arder en sus venas la sangre aprestándose al rudo sacrificio. Pero... ¿qué hacer? Sus amigos y el mismo se sentían desorientados. Muy lejos estaba de imaginar que un suceso sin importancia, trivial en la vida de todos los jóvenes, habría de darle la orientación que él y sus amigos necesitaban.

Mas mientras éste llegaba apréciale estar solo con sus ardores de conquista, se creía pequeño, sentíase impotente. Pedía a Dios y esperaba como el soldado que aguarda una voz de mando para entrar en acción.

El suceso ya se avecinaba, era la voz de Dios.

Equivocadamente se ha dicho en varios escritos que la madre María Guadalupe Muro, hermana de Fidel, era religiosa del Espíritu. Santo. Pertenecía a una orden fundada en el Santuario de Ntra. Sra. de Guadalupe en Zacatecas por el Sr. Canónigo Anastasio Diaz; la congregación se denomina "Hijas del Sagrado Corazón de Jesús y de Sta. María de Guadalupe". Cuando fueron. arrojadas de su convento por los perseguidores acudieron a San Luis Potosí al lado del Ilmo. Sr. Obispo de la Mora. En esta forma vino a dar la madre Muro a San Luis. Era esta religiosa devotísima del Santísimo Sacramento, tenida en gran aprecio de santidad y muy probada de Nuestro Señor por dolorosas enfermedades.

En diciembre de 1926 llegó por segunda vez a aquella ciudad. Su hermano Fidel fue a recibirla a la estación contento de tenerla junto a sí, pero algo debió notar la religiosa en el semblante de Fidel que la hizo sospechar lo que en realidad había, pues al día siguiente le advirtió que al verlo en la estación le había parecido muy pensativo. El contestó con las siguientes palabras que están textualmente consignadas en las memorias de la religiosa:
"Es cierto lo que me dices, el verte sentí mucho gusto porque te tengo a mi lado y no me encuentro solo; pero al mismo tiempo sentí pesar al pensar lo que va a sufrir tu corazón por mi causa, pues te hago saber que soy de la Liga de Defensa Religiosa[21] y no es muy remoto que tenga que morir en el campo de batalla o fusilado. Sé lo que sufrirás porque me quieres mucho; pero mi deber es decírtelo pues se que no serás capaz de oponerte a ello por ser un fin tan noble".

Siguieron platicando sobre aquel tópico serenamente. Ella al oír sus primeras palabras abarcó todo el alcance de los futuros acontecimientos pero no se amedrento: "sentí que el corazón se me destrozó, mas viendo la causa tan justa, no le manifesté turbación sino que lo animé a seguir lo comenzado. Al

---

[21] *Liga Nacional de la Libertad Religiosa*

día siguiente en la Santa Misa lo ofrecí a Dios como víctima de su gloria, y yo me resolví a pasar por la prueba de perderlo en honor de la Sta. Religión[22]".

Trocados los pensamientos tristes que al ver a su hermana lo acongojaron, en alientos para la lucha, se dejó llevar Fidel en alas de las confidencias y expuso a la religiosa toda su manera de pensar, los pasos que tenia dados e iba a dar, desengaños e ilusiones, temores, sacrificios, cuanto encerraba en aquellos días aciagos su esforzado corazón.

Pertenecía a la Liga, lo había dicho, pero no al grupo de San Luis sino al de Tampico cuyo jefe regional era un buen católico llamado Don Sixto Rodríguez. El de San Luis parece que era en aquellos días un tal Juan Pérez de quien se tenían sospechas fundadas de andar en connivencias con el gobierno tirano. Si pues en el boicot y en otras actividades mucho se hizo en aquella ciudad, esto se debió al empuje de los católicos que a pesar de su jefe, se organizaban para la lucha, pues contaban con magníficos elementos como por ejemplo la Srta. Esther de Santiago, la Srta. María Azanza quien habrá de figurar repetidas veces ms adelante como gran bienhechora del joven mártir.

Mas ¿cómo fue que este vino a adherirse al movimiento del puerto de Tampico? Aquí del suceso antas mencionado: Seria por el mes de junio siguiente al de los acontecimientos del obispado cuando un día caminaba despreocupadamente Fidel por la Calle Arista entonces muy poco transitada. Tal vez venia de hacer alguna visita a la familia Azanza cuando al pasar frente a una casa de balcones bajos vio a una joven que trajinaba sacudiendo y acomodando los muebles de la sala. Era delgada, de aspecto distinguido, pelo largo y abundante, color castaño obscuro y mejillas sonrosadas. Al verla sintió un impulso de simpatía y a través de las rejas estuvo observándola largo rato.

No cayo ella en la cuenta de que era objeto de observación mientras iba y venía, en traje de casa, con el sacudidor en la mano; él ni supo quién era, ni volvió a verla aunque repetidas veces anduvo rondando la casa.

Pero un día al salir de una sesión de la A.C.J.M., se juntó con Edmundo De la Torre, jovencito recién incorporado al grupo acejotemero; Conversando amistosamente llegó hasta la casa del compañero y ....!grata sorpresa! Era la misma que él había rondado; donde un día estuvo viendo por la ventana a quien ya no podía olvidar.

---

[22] *Copia de memorias escritas por María Guadalupe Muro.*

Acepto el ofrecimiento y entró a la casa; fue presentado y conoció a la joven María que era hermana de Edmundo. Desde entonces estrechó mas la amistad con su amigo para poder introducirse en amistad con la familia, como fácilmente lo consiguió. El mismo no sabía el alcance del paso que estaba dando, mas las pasajeras relaciones que tuvo con la Srta. María algún tiempo después, no fueron más que el conducto del cual Dios se valió para introducirlo en la palestra!

Allí supo que en Tampico se preparaba un movimiento armado, que el Sr. Ignacio De la Torre, padre de María, trabajaba a las órdenes de la Liga en aquel puerto, allí conoció también a varios jóvenes que igualmente trabajaban por la Causa Santa, los cuales gustaban de ir a platicar con la Sra. María Uribarren de De la Torre, la esposa de D. Ignacio. Tanto ella los entusiasmaba con su ardiente conversación que por cariño la habían apodado "la Corregidora".

Así fue que para Diciembre de 1926 ya pudo Fidel anunciar a su hermana que pertenecía a la Liga y que no era caso remoto el tener que sucumbir en el campo de batalla o ante el paredón de los ajusticiados, como dos años más tarde habría de suceder. Ya para esa fecha, diciembre de 1926, había dado un paso de los que le eran característicos: enemigo de tomar las cosas a medias, cuando comenzó a trabajar con la Liga clausuró su taller, vendió cuanto tenía y el dinero lo invirtió todo en equipar a sus compañeros de campaña con los que realizó una hazaña heroica, como veremos más adelante. Al desprenderse de todo lo que el poseía fue por última vez a Tampico en donde ya se encontraba toda la familia De la Torre y depositó en las manos de la Srta. María lo que para él simbolizaba su bienestar terreno, sus ilusiones; un tratado de carpintería y el catálogo de maquinarías; "Guárdeme Ud. esos libros -le dijo- y si me matan consérvelos como un recuerdo mío".

Esta temporada fue toda de un continuo ir y venir, entrevistar
personajes, exponerse. Enérgico y desinteresado por temperamento y por virtud, su labor en la Liga y como acejotaemero fue siempre ejemplar. Es casi imposible y parecería cosa superfluos a los que han vivido aquella época y aquellas situaciones, el enumerar y relatar los incontables desaires, privaciones, peligros, etc. que tuvo que padecer en tales andanzas; sólo convendrá decir que todo lo arrostraba con imperturbable serenidad y dispuesto siempre a mayores pruebas, robusteciendo cada vez más su espíritu con aquella verdadera gimnasia de valor y de fe.

Todo estaba preparado. El movimiento se iniciaría en la madrugada del día primero de enero de 1927. El mismo René Capistrán Garza vendría a ponerse a la cabeza del movimiento que comprendería las fuerzas. combinadas de

Tamaulipas y S. Luis Potosí. Al frente del como jefe militar estaba el Gral. Ignacio Galván. Ya parecía llegar a todos los oídos el toque marcial de la liberación; era menester tan sólo esperar unos días... ¡Quién hubiera predicho el desastre que en tres horas acabó con los preparativos de largos meses!

La escena se desarrolla en un pueblito de S. Luis cercano a Río Verde. Una joven de clase humilde, cristiana, decente, habla con su novio que es un militar, ¿Qué hubo entre ellos? Algo solicitaba el novio y ella se lo negó; pero el caso fue que ardiendo en cólera se marcho el militar recalcando su despedida: "...ahorita mismo voy a dar parte de los cristeros quo Ud. tiene escondidos en esta casa" Una indiscreción de la joven acarreaba ahora sus consecuencias.

La amenaza precipitó los acontecimientos y antes de que fueran capturados en su escondite salieron de la casa los muchachos cristeros: Fidel Muro, Humberto Hernández, Jesús Posada, Jesús Castillo, Ernesto Montalvo y otros; juntaron a toda prisa los demás compañeros que tenían apalabrados, recogieron sus pertrechos de guerra insuficientes, insignificantes, casi ridículos y se internaron por el campo llenos de confianza en el poder divino que iría con ellos. Eran aquellos 14 hombres los restos del fracaso de Tampico. El desastre estaba consumado porque la historia se repite; aquellos abnegados católicos que anhelaban libertar a la Patria, gente pacífica y sincera, pusieron su confianza en el Gral. Ignacio Galván, revolucionario retirado, para que él los dirigiera militarmente como hombre más entendido en la materia; mas "no se llego el día en que se lanzara -así escribe una persona que vivió los sucesos- porque quería tener toda clase de elementos, según espera el que no tiene fe en la Providencia ni ideales que defender, y esta demora dio ocasión al desbarajuste de Tampico"...

Efectivamente el Gral. Galván a quien no por eso podemos tachar de males intenciones, transfirió la fecha del levantamiento por la razón dicha en las palabras citadas; y luego al acercarse el termino del nuevo plazo sucedió la hecatombe por todos temida: una mañana como a eso de las once comenzó la policía y la federación a sitiar las casas de todos los conspiradores y a capturarlos, entre ellos al jefe regional de la Liga Don Sixto Rodríguez; muy pocos fueron los que pudieron escapar como Fidel y los demás muchachos que se ocultaban en la casa de la Srta. novia del militar. Por eso en marzo de 1927 no quedaba más de todo aquel movimiento que los catorce cristeros de S. Luis. Fidel no era el jefe, sino Humberto Hernández, pero era de todos muy estimado y atendido; tal vez se hubiera evitado el nuevo desastre que les esperaba si hubiera sido el jefe, porque al parecer... tenía más malicia que el excelente joven Humberto.

Así pues, apenas el grupo de cristeros había salido al campo despoblado cuando un piquete de sesenta federales partió en su persecución. Evitaron los muchachos el encuentro no sin astucia pues hubiera sido desastroso en aquellos momentos; ya que de pronto no hubieran podido defenderse; solamente ocho iban armados y de las ocho armas algunas eran pistolas y otras no servían para disparar muchos tiros. Este era su ridículo armamento con el cual sin embargo humillaron al enemigo de la manera más asombrosa. Dios estaba con ellos.

Al rayar el sol en la mañana siguiente cuando los soldados regresaban pensando que su sola presencia habla pulverizado a los "fanáticos rebeldes" se encontraron con que los pulverizados los habían metido en una emboscada audazmente urdida. Los ocho cristeros semi-armados tenían por trinchera los peñascos en las altas crestas de un desfiladero, los seis restantes junto a ellos esperaban levantar el arma del que hubiere caído y los federales al cruzar por el fondo de la barranca escucharon con pavor las primeras detonaciones de los ocho guerrilleros. Cundió el desorden en sus filas y en medio de aquella desorganización los oficiales no podían controlar a los soldados. Creció la confusión cuando el capitán que mandaba el destacamento cayó entre los primeros traspasada la cabeza por una bala que le perforó la frente. Todavía quisieron resistir por algunos momentos, pero al cabo de un rato no pensaron más que en huir lanzando sus cabalgaduras a carrera desesperada por la única salida que el lugar les permitía. Pronto los que lograron escapar se perdieron de vista y entonces aparecieron distintamente en el fardo de la cañada muchos cadáveres tendidos por el suelo y varios caballos correteando en las cercanías.

Aquel triunfo los lleno de entusiasmo y al bajar de sus parapetos para levantar el campo contemplaron. con admiración que unos momentos les bastaron para obtener lo que largos preparativos no habían logrado conseguir: armas, parque, arneses de soldado, cabalgaduras... ¡todo magnifico, flamante! Ahora ya tenían para ellos y para equipar a nuevos luchadores.

Corrió Fidel a observar su principal víctima y allí lo halló confundido entre muchos otros cadáveres. Apenas había distinguido, entre los soldados que pasaban, al capitán, dirigió hacia él la puntería de su rifle y después de algunos disparos lo vio caer del caballo y quedar inmoble sobre la tierra. Ahora lo tenía allí enfrente, a sus pies, le sacó de los bolsillos un reloj y unas monedas y prosiguió con sus compañeros la revisión de todo el campo.

Volvieron triunfantes al pueblo de donde habían salido y las gentes los aclamaron con delirio. Prosiguiendo después su gira organizadora llegaron a una hacienda titulada "Las Rosas". El dueño aparento una cordial simpatía con el movimiento, los recibió con grandes agasajos, alabó mucho sus actividades bélicas prometiéndoles ayudarlos en todo y les sirvió un opíparo almuerzo en sus propias habitaciones.

Aquel agasajo, tal vez un tanto estrepitoso como suele ser todo lo fingido, hizo cruzar por la mente de Fidel una imagen siniestra y cuando más tarde vio partir a todo galope a un peón de la hacienda, el espectro de la traición se aferró a su pensamiento. Lo dijo a sus compañeros, lo repitió a su jefe Humberto, pero ni unos ni otro convinieron en la sospecha. La suspicacia no carecía de fundamento.

Habían terminado el almuerzo y conversaban de sobremesa. Desde su llegada a la hacienda habían transcurrido ya varias horas y cada minuto que la charla se prolongaba aumentaba la zozobra de su ánimo.

Al fin no resistió más y levantándose de la mesa salió de la casa para vigilar. No había pasado mucho tiempo cuando el fantasma fue una realidad: un poco retirado de la casa y a la orilla del rio observaba cuando de pronto una gruesa columna de federales apareció a pocos pasos de distancia; la hacienda estaba rodeada por los callistas que en aquel momento ocupaban las posiciones.

Grito Fidel a todo pulmón el grito de guerra "¡Viva Cristo Rey" y quiso correr a dar aviso y auxiliar a sus compañeros...!Era tarde! La hacienda estaba ya invadida y no pudo hacer más que tirarse entre las yerbas de la ribera bastante crecida en aquel lugar. ¿Cómo pudo ser quo los federales no lo descubrieran cuando hacía unos instantes lo habían oído grita de entre las yerbas? El caso fue que Fidel permaneció oculto hasta que los federales abandonaron la hacienda; pero mientras tanto se libraba en su interior un reñido combate.

Los movimientos precipitados en el exterior y los primeros balazos acompañados del fingido sobresalto del dueño hicieron palpar en un instante la cruda realidad a los sitiados que aún departían en sobremesa. Saltaron de sus sillas, se abalanzaron sobre las armas recargadas en las paredes y salieron al patio que encontraron ya amagado por los sitiadores. Se desataba entonces una rapidísima y desigual contienda. Los unos con todas las ventajas querían copar a los sitiados y estos por su parte con esfuerzos desesperados rompían en distintos puntos el cerco. Dos cayeron muertos en el patio: Humberto Hernández y Jesús Castillo quedaron prisioneros y los demás pudieron escaparse.

Ernesto Montalvo salió herido en una pierna. Otro muchacho obrero católico de Tampico salvo la bandera y llevándola liada en su cuerpo anduvo errante varios días hasta que hambriento, hecho girones y casi descalzo llegó a Zaragoza S. L. F. y la entregó al P. Bernardino Pérez O.F.M. cura párroco de aquel poblado. Más aventurada fue la fuga de Jesús Posada.

Era este un joven culto simpático de aspecto y trato, rico hacendado que había hecho estudios de aviador. Cristiano hasta la última fibra de su corazón se entrego a la lucha como todos en compañía de aquellos muchachos y un año después mereció el honor de ser fusilado por la Santa Causa en S. Luis de la Paz, Guanajuato, en compañía de otro muchacho. Su salida en aquella sorpresa de "Las Rosas" fue arriesgada porque tras el acudieron para perseguirlo buen numero de federales disparando continuamente sus armas sin que lograran hacer blanco, mientras el prófugo se empeñaba en tomar la cumbre de un cerrillo sin contestar el fuego que contra el hacían. Era que sólo contaba con tres cartuchos disponibles y los guardaba pera ocasión mas estratégica.

Al ser sorprendidos en la sobremesa él se había lanzado sobre el fusil más cercano, pero resulto que el calibre del arma era diverso del calibre de les cartuchos que el traía; por eso tuvo que resignarse al número de balas que llevaba el mismo rifle y sólo le quedaban tres. Llegó a un lugar prominente, puso su sombrero sobre unas grandes piedras y luego se arrastro sin, ser visto hacia un lado se parapeto en otras piedras y con toda serenidad se puso a apuntar a los soldados que cada vez más cerca se enseñaban contra el sombrero. Cuando el federal más atrevido se había acercado lo bastante, le hizo fuego y el soldado cayo retorciéndose entre maldiciones y gestos de dolor; momentos después se repitió la escena con otro que había seguido al primer soldado y luego, ya a mayor distancia, con un tercero. Y no insistieron más... ¿Iban a suponer que con el tercero caído terminaba el riesgo de nuevas réuntelas?; Y el fugitivo se escapo!

Terminada su obra se marcharon los genízaros cargando con los dos prisioneros y dejando abandonados, tirados en el patio, los cadáveres de los otros dos cristianos que murieron. Todavía les estaban reservadas otras atrocidades para los días siguientes a aquél funesto de la traición.

Los jóvenes cristeros casi todos desconocedores del terreno, aislados unos de otros sin que lograran juntarse, anduvieron ocultándose como Dios les daba a entender hasta encontrar un asilo seguro; pero de entre todos el que llevo la peor parte después de la dispersión fue sin duda Fidel que cayó en manos de los perseguidores.

Abandono el escondite cuando todo estalló en silencio y cautelosamente se dirigió a la casa de la hacienda. El cuadro de sangre y muerte que presentaban sus amigos lo lleno de pena; los muertos eran dos ¿Qué fin habrían tentado los demás? ¿Donde estarían en aquellos momentos? Llegó con reverencia a los cadáveres, hinco sus rodillas en el suelo y elevo a Dios los pensamientos por algunos instantes; mas como no había que perder ninguno, mojo su pañuelo en la sangre de los mártires y quiso guitar el anillo que uno de ellos tenía para llevarlo como un recuerdo y, si Dios lo permitía, para entregarlo a la madre del mártir; mas los dedos del cadáver estaban hinchados y no pudo sacarlo. Pronto partió sin ser visto a internarse de nuevo en el bosque.

Vagando desorientado hacia el rumbo que supuso le llevaría a San Luis dio con una choza y pidió de comer, luego disfrazándose con los harapos de un, viejito le dejó su indumentaria de cristero, guárdese unas cartas y un retrato que llevaba consigo y echo a caminar guiado por las señas del campesino.

Al fin topo con la carretera que lo conduciría a S. Luis, pero iba exhausto después de caminar varias jornadas. Más tranquilo por la orientación que el camino le ofrecía se tiro a corta distancia de él para descansar un rato quedo profundamente dormido. Buena falta le hacía el refocilar sus miembros por lo que ya habían padecido, pero más aun por lo que le esperaba:

La columna de callistas que atacó "Las Rosase' hizo alto en Rio Verde donde sin más trámites pasó por las armas a los dos prisioneros. Esto debió acontecer más o menos el día 14 de marzo víspera del día en que emprendieron las tropas su regreso a S. Luis.

Y quiso Dios que al principio de esta travesía dieran con Fidel mientras estaba dormido, pues unos golpes recios en los costados y unas voces resonaras lo trajeron al mundo de la realidad; era que el coronel y otros militares lo despertaban a puntapiés y a "interjecciones mexicanas". Se puso de pie; lo habían ya despojado del arma; lo esculcaron y salieron a relucir las cartas y el retrato. Por ellas fué identificado y comenzó entonces la escena tantas veces repetida en las historias de nuestros mártires: de parte de los jacobinos groseros interrogatorios, abuso de fuerza nacidos del despecho ante las gigantes figuras de los héroes; y de parte de éstos confesión paladina de su fe, hidalguía, nobleza y a veces hasta arrogancia.

Todo esto hubo, y enfurecidos los militares lo mandaron atar un árbol; mas como el "cristero" no por estar cosido al tronco del árbol cosía sus labios con silencio medroso, se acerco el coronel y haciendo lujo de valor contra un pobre hombre maniatado, desfogo su ira abofeteándolo.

-"¡Coronel!, grito el agredido- estos actos no son propios de un militar, no es valor ponerse contra un hombre indefenso; desáteme las manos y entonces veremos si lo hace lo que hizo."

Y ¡claro! la contestación fueron otras bofetadas.

Al fin se puso en movimiento la comitiva. Iban los soldados a caballo formando una doble fila; en medio del prisionero a pie, atadas las manos por la espalda y tirado a cabeza de silla por dos soldados uno de cada fila. Y este trotar del maniatado para ir al paso de los caballos se prolongó en una marcha de 22 leguas hasta llegar a la ciudad de S. Luis Potosí.

Eran las once de la noche cuando los sátrapas, con el humano trofeo de su casual victoria, llegaron a la ciudad. Fidel pedía y porfiaba que allí mismo antes de llegar lo fusilaran, pero fue conducido como lo traían hasta el frente de la Jefatura de Operaciones en la Ave. Centenario donde hizo alto el destacamento e inmediatamente internado en un calabozo. En aquella prisión permaneció desde el día siguiente al de la captura, 15 de marzo de 1927, hasta el 9 de junio en que Dios le concedió la libertad para pedirle después un acto más heroico que la misma muerte en la prisión. ¡Ochenta y seis días de calvario!

Aquella noche, a la misma hora de la llegada, como si el viaje pasado hubiera sido de recreo, lo sujetaron al primer tormento. Ataron sus dedos pulgares con alambres delgados prendidos del techo, soltaron su cuerpo para dejarlo al aire suspendido de las ataduras que al ponerse en tensión hendieron la carne levantando alrededor de los dedos túrdigas sangrientas hasta adherirse al hueso. Y como si fuera poco el dolor de aquella suspensión en que "parecía -contaba Fidel- que se iban a arrancar los dedos desde los tendones del brazo", los verdugos hicieron balancear el cuerpo con empellones y flagelaron sus espaldas desnudas con un sable.

Así le tuvieron cerca de una hora. Y en los días siguientes todas las tardes repetían el tormento para obligarlo a confesiones y denuncias que nunca pudieron arrancar. Investigaban sobre el movimiento armado, sobre la residencia del Ilmo. Sr. Obispo de la Mora y sobre otras personas entre ellas sobre la familia De la Torre, de quienes procedían las cartas que identificaron a Fidel.

Las heridas de los dedos supuraron y el infeliz no tenía más remedio que lavarlas al chorro de agua de una llave; pero esto para sentirlas reventar y abrirse nuevamente a cada nueva aplicación del tormento. Así fue aprestando de par en par todos los dedos de las manos, y cuando éstas estuvieron materialmente deformadas, también las axilas.

Cedillo en persona asistió a varios tormentos para interrogarlo; y una vez llegó a compadecerse de él al ver aquel pobre hombre que al terminar el tormento se acercaba vacilante a la llave para lavar las llagas. Le trajo una botella con tantito alcohol, pero el herido no la empleó en curar sus manos: -"los dedos -decía Fidel al platicar esta anécdota- era lo que menos me importaba"-. Sentía más necesidad de confortar su cuerpo agotado y agobiado por el sufrimiento, y por eso aquella vez, la única que le dieron alguna medicina, diluyó el alcohol en agua y se lo bebió.

Otra clase de tormentos eran las amenazas. Con motivo de algunos cristeros del Gral. Gallegos capturados en Guanajuato y que llevaban a S. Luis, donde nadie los conocía ni podía abrogar por ellos, para ser fusilados, amenazaban seriamente a Fidel de hacerlo correr la misma suerte. Al sacarlos en la madrugada para asesinarlos el jefe de la escolta decía a Fidel: "Mañana te toca a ti". Y al día siguiente muy temprano Fidel se ponía a rezar el santo rosario como una preparación a la muerte, pero ésta no le llegaba como a aquellos mártires ignorados a quienes veía salir de las mazmorras y no regresar. En otras ocasiones lo subían a un trucks con escolta, lo sacaban fuera de la ciudad y cuando él se imaginaba que ya había llegado su hora volvían a dejarlo en la prisión sin decirle palabra.

Y tanto probaron su fortaleza en distintos modos que el General Saturnido Cedillo admirando aquella inquebrantable resistencia le ofrecía un grado en el ejército y muy buen sueldo. Pero ¡todo Inútil! Tal vez por eso la furia de los verdugos fue aplacándose poco a poco hasta dejarlo en paz.

Mientras tanto algunos católicos distinguidos como el Sr. Ildefonso Azanza y su hija la Srta. María Azanza de quienes ya se hizo mención y se hare después como de especiales bienhechores de Fidel, movían influencias y trabajaban por obtener la libertad del reo; mas nada hubieran alcanzado sin el cambio de tiranuelos que en aquellos días se efectuó. Cedillo pasó a ser gobernador del Estado y cedió su puesto al Gral. de Brigada Francisco S. Carrera Torres.

Al comenzar a fungir como Jefe de las Operaciones Militares el General Carrera se sintió hasta generoso y concedió la libertad pedida; pero ésta obedecía a los buenos oficios del Sr. Ildefonso Azanza que ofreció su propia persona como fiadora del reo. Así salió caucionablemente libre Fidel el 9 de junio teniendo alim la ciudad por cárcel y la obligación de presentarse cada tercer día a la Jefatura de Operaciones.

¡Terminó con esa fecha una etapa de cruentas penalidades, pero tras pocos días de relativa calma, otras penas de género muy distinto habrían de amargar su corazón hasta el día que lo brindó generoso a Nuestro Señor!

¡Cuán duras son a veces para los ánimos ardientes las cadenas especiales circunstancias que los sujetan a una triste inacción, vergonzosa si no fuera a la vez meritoria! ¡Cuán lánguidos pasaban los días para aquellos luchadores de esfuerzo tenaz y desinteresada intención! Habían aspirado a una acción de conjunto y antes de brotar fue sofocada por las botas del callismo en el trance de Tampico; habían recogido los restos de aquella primera aspiración para oponerlos al enemigo como una simiente de victorias y no disfrutaban aun de la primera cuando el fracaso los derribó; habían ofrecido sus vidas, habían sacrificado sus porvenires, dejado sus familias; habían orado mucho; habían sufrido mucho cruenta e incruentamente; habían trabajado entre peligros, y siempre habían cosechado el desencanto de los fracasos, de las derrotas, de la traición.... Dios sabe porqué permite las cosas pero aquellos hombres no tuvieron como los de otras partes el consuelo de un triunfo, ni siquiera la satisfacción de ver consolidados sus esfuerzos en una organización concorde; antes por el contrario la disensión y desorganización más lamentable fue el enemigo que interiormente los minaba. Y todo ello debido a la carencia de lo que es el centro vital en cualquier organismo: un jefe; pues puede decirse con propiedad que nunca lo tuvieron.

Hasta septiembre 23 de 1927 en que fue asesinado el Gral. Ignacio Galván habían en una forma o en otra confiado en él. Era un revolucionario retirado en quien la Liga había invertido algunas cantidades para sustentarlo; lo tenía oculto el Sr. Fiacro Sánchez que también lo trabajaba moralmente para imprimirle el ideal. Cuando el fracaso habido en Tampico pasó a Estación Cárdenas, S.L.P. y un día, en la fecha dicha, resulto asesinado.

Vino después por jefe el Sr. Jacinto Loyola Núñez de quien diremos más adelante algunas cosas que acreditan su conducta ejemplar, pero revelan su ineptitud para la jefatura; fue mártir en S. Luis y mártires sus dos hermanos asesinados espeluznantemente en "Cuesta China" de Querétaro, mas su actuación como jefe dejó mucho que desear.

Aquel ambiente de desorganización por la carencia del jefe, fue el mar en que anegaron aquellos valientes y por eso esta etapa no encierra grandes acontecimientos o trabajos de conjunto sino más bien una serie ininterrumpida de dificultades internas por el estado violento de ánimos en que vivían. Aunque no hubiera otras fuentes para comprobarlo bastaría la correspondencia de esos días en donde abundan frases como estas:. "..excuso decirle que con esto la muerte del Gral. Galván vino un trastorno en mi casa (en el sentido figurado en que se redactaban las cartas en aquel tiempo "casa" significa la organización de aquel lugar), como nunca imaginado..." "Respecto a nuestra salud (estado de ánimo y actividades de los defensores) es la misma, únicamente hay síntomas de decaimiento un poco marcados por la misma situación respecto a nuestra casa", "No pueden desconsolarme más estas frases! )las que afirmaban que en otras partes estaban tan desorganizados como en S. Luis)". Los anteriores fragmentos de carta escritos por Ernesto Montalvo; el P. Pérez gran amigo y ayudador de ellos, el mismo que recibió la bandera en Zaragoza, me refiere la desorganización en estos términos: "...están tan desprestigiados que nada han sabido hacer digno de alabanza (para la fecha en que se escriben estas palabras ya era jefe el Sr. Loyola Núñez) y en vista de esto ya comenzaron a apararse ....", etc.....

Pasaban los días en un continuo esperar a poseer toda clase de elementos, pues esta era la norma impuesta por el Sr. Jacinto Loyola, hasta que unos cayeron en manos del enemigo y otros partieron a regiones donde podían encontrar la organización y el jefe que les faltaba. En resumen: la ineptitud del jefe legítimamente nombrado y su consiguiente desorganización fueron la característica de toda la última etapa de lucha en S. Luis. Fidel al principio de su liberación se había retraído de cooperar abiertamente a los trabajos de la Liga, como era prudente que lo hiciera, para guardar consideraciones debidas a su fiador; mas pasado un tiempo le notificaron en la Jefatura de Operaciones Militares que ya no era necesario cumplir el requisito de presentarse en ella cada tercer día y, viendo por esta contraorden que prácticamente se desentendían de él, se dio de lleno otra vez a tales trabajos; pues aunque mal organizados persistían en la idea de encabezar un levantamiento en aquella región.

Y un día, pocos después de haber salido de la cárcel, le aconteció una cosa muy significativa para explicarse los tristes desenlaces de la tragedia potosina. El protagonista de este acontecimiento era un hombre vulgar y sin conciencia que no sé cómo se hallaba enrolado entre los defensores desde el tiempo del primer complot en Tampico. ¿Sería este el futuro traidor? ¡Solo Dios lo sabrá! Pero bueno es que conste del mal proceder de este hombre para aliviar la responsabilidad de otros sobre quienes se han acumulado acusaciones quizá sin comprobado fundamento.

Andaban Ernesto Montalvo y Fidel juntos, tomaron un camión de pasajeros e incidentalmente se encontraron en él a Elpidio Abrego, el hombre en cuestión. Al verlos se desató en insultos contra ambos sin respeto a los demás pasajeros o consideración a los muchachos que hubieran querido pasar desapercibidos. Fidel y Ernesto sin hacerle frente para evitar que los descubriera trataron de bajarse inmediatamente, pero Abrego los siguió y entonces en plena calle sacó la pistola y con ella en mano los amenazó exigiéndoles que le obtuvieran el nombramiento de jefe del movimiento que se preparaba y $500.00 mensuales de sueldo.

Abrerro había sido Villista y estuvo en la sangrienta toma de Zacatecas allá por el año de 1914; en 1926 ya era de los obreros católicos de Tampico, se relacionó con los defensores y desde entonces comenzaron sus descolorías, exigencias y mala conducta. Estos quisieron eliminarlo pero no podían hacerlo del todo por el riesgo de empujarlo a la traición, más las cosas habían llegado a tanto que con motivo de la descabellada amenaza antes dicha, pensaron seriamente en asesinarlo. Fueron D. Belén Cárdenas y Fidel Muro a consultar el caso con una persona prudente de quien esperaban también su cooperación, pero ella los disuadió; he aquí como lo refiere: "...una tarde estuvo en casa D. Belén Cárdenas y (Fidel Muro) y platicó....las molestias y los disgustos que constantemente tenían con Abrevo..... lo consideraban ya como un espía y era para ellos una amenaza constante; no pudiendo tolerarlo más llegaron a pensar en asesinarlo, cosa de que los disuadimos porque no era un proceder cristiano"..
Esta dificultad venia a sumarse a las ya existentes en el grupo; y Fidel por su parte contaba con otros problemas: vivía solo, Porque su familia estaba en Zacatecas, su hermana religiosa no podía ofrecerle más que su cariño y consejo; su taller lo había malbaratado para lanzarse a la lucha desde la vez pasada y como en las circunstancias en que él vivía no era fácil encontrar trabajo estable, resultaba que la penuria en sus recursos pecuniarios era extrema, hasta en le alimentación. Cierto que en el Obispado encontraría siempre una benévola acogida y que la apreciable familia Azanza le brindaba una amistad sincera, pero sin duda temía abusar de sus bienhechores y las mas veces prefería sufrir resignado cuanto N. Señor le iba pidiendo.

Lo relata al detalle en sus memorias la Madre Guadalupe (Rev. Ca t. El paso, Tex. hno. 16,17 de 1929): "...trabajo con toda abnegación y del modo más desinteresado, sufrió hambres, fatigas, sacrificios, privaciones... Muchas veces le conocí grande necesidad de alimentos, pero lo vi resignado a sufrir en silencio porque veía que yo no podía remediarle su pena y él no tenía casa donde ir:

- ¿Por qué no vas al Obispado a tomar alguna cosa? -le dije. Y me contesto:
-No quiero comprometer en nada al Sr. de la Mora ni a le familia; así yo solo soy el culpable".

Entre sus actividades tuvo aventuras de todas clases con policías y gobiernistas. El que esto escribe recuerdo dos de ellas porque siendo todavía niño lo acompañaba en ambas ocasiones: una vez, y en ésta iba también mi hermano menor, atravesaba Fidel la avenida Centenario por la esquina que llaman de "la corriente" cuando el General Turrubiates pasaba en su coche; al mirarse mutuamente los dos previnieron la actitud según sus diversas intenciones. El Milite le echó encima el automóvil y gracias a una hábil carrera de Fidel en que saco casi arrastrando a sus pequeños acompañantes pudieron verse libres de ser los tres atropellados. Otra vez en Tampico regresaba de las Colonias, a donde había ido a arreglar un asunto de la Causa, y cuando iba entrando a la ciudad en el tranvía aparecen de pronto dos de la reservada que hacen señas a otros policías de abajo e intentan atraparlo. Pudo escaparse porque al dar una vuelta yendo el tranvía en marcha se arrojo Fidel afuera y obligó al niño a que también se arrojara. Incidentes como estos eran el pan de cada día, mas no se amedrentaba, antes por el contrario su espíritu se erguía varonil y recio cuando los peligros eran mayores.

Lo acosaban en cierta ocasión los enemigos; el riesgo de caer en sus manos era inminente, y nos cuenta su hermana religiosa que entonces le dijo estas palabras:
-"Ocúltate, ve el peligro que corres". Mas él como solía contesto:
-"Me siento violento cuando me esconden, porque si todos nos escondemos, entonces, ¿Quién luchara? Tenemos que resolvernos a morir unos para que los otros hagan alguna cosa"

Este holocausto que en él obedecía a una convicción bien arraigada, fue consumado y aceptado por Dios en días posteriores. Y tal vez para más purificar con el sufrimiento el corazón del futuro mártir, N. Señor le exigió un nuevo sacrificio: la renuncia a los anhelos de poseer próximamente por esposa a la Srta. María De la Torre con quien recientemente había establecido compromiso de matrimonio. Arrebatada por las mismas furias antirreligiosas del gobierno habría ella de salir como en destierro a nación extranjera para unirse con su padre, uno de los pocos milagrosamente escapados en la tragedia de Tampico. Por esta emigración y por algunos conflictos de familia se separo de ella el 18 de agosto de 1927 para no volverla a ver más sobre la tierra.
¡Era una de las muchas cargas que le imponía su puesto!

Considerando que eran muy pocos los que de veras se resolvían a trabajar con afán por la Santa Causa y que eran también muchas las defecciones, sentía en algunos momentos profundo desaliento. Lo comunicaba en largas conversaciones a su hermana y ésta en uno de esos abatimientos le llegó a decir:
-"Pues ya déjate de eso, puesto que en esta ciudad no hay quien tenga ánimo para trabajar por tan noble fin, sino unos cuantos; y todo lo que haces fracasa".
-Si luchando unos locos -replicó el joven- no hacemos nada.... ¿qué se hará si todos nos retiramos? Lay que hacer lo que se pueda.

"Otra vez -sigue contando la religiosa- con la muerte de uno de los jefes del cual se esperaba mucho, se entristeció hasta llorar conmigo. Y como yo también sentía el mismo desconsuelo vi que en esa ocasión a mí me tocaba animarlo en la confianza en Dios, y entonces le dije: -Confiemos en Dios; aunque todos mueran El no muere, y como suya es la Causa, suscitará nuevos hombres valientes y desinteresados como el que acaban de traicionar. Tal vez con esto quiere decirnos el buen Dios:, "A. fin de que sepa Israel que yo soy quien le ha salvado" y por eso quiera dejar unos pocos. Usé de toda mi energía para alentarlo y se separo animado a caminar lleno de confianza en Dios".

Suponemos que lo anterior se refiere al asesinato del Gral. Galván pues sobre ello escribe Fidel a un compañero las siguientes palabras: "Amigo, la situación por que atravesamos es triste..., digo que es triste por lo siguiente: el día 23 del presente[23] mataron al tío Nacho[24], y tú ya comprenderás cuánto lo habremos sentido, pues él era el maestro del taller (del movimiento)....."

Un motivo más de sufrimiento moral vino a herir su espíritu, precisamente en aquella temporada tan azarosa, con las noticias que llegaron de su familia, pues sus padres padecían gran falta de recursos pecuniarios. Y dice la Madre Guadalupe que cuantas veces conversaban sobre este tema, encareciéndole ella que él no trabajaba para remediar la necesidad, que se entristecía notablemente. Mas también de esta prueba que tocata lo íntimo del corazón salió avante su fidelidad a la Causa de Jesucristo. ¡Todo lo sacrificó gustoso: la paz, el amor, la familia, la vida, por consagrarse todo al triunfo de su Santa Religión; así lo sentía, así lo ejecutaba y as lo dejó escrito en el calabozo donde pasó las últimas horas de su existencia con estas sencillas y hermosas palabras:

---

[23] *Septiembre 27 de 1027*
[24] *Llamado así al General Ignacio Galván*

"POR CRISTO NACI,
POR CRISTO VIVO Y POR CRISTO
MORIRE"
:VIVA CRISTO REY!"
"Fidel Muro"

¡Hermoso compendio de su historia!!

Tomaron presa a la madre Guadalupe y entonces le escribió a su hermano un billete: "No te apures por mí ni tomes parte en cosa alguna que sea con el fin de libertarme porque si te descubren yo te complico; mejor déjame, al fin que a mí no me pueden guitar la vida puesto que soy mujer, y si te encarcelan a ti, no conviene porque tú puedes trabajar mucho en la Causa y yo de nada sirvo". La contestación fue esta: "Hermana: No creas que estoy triste porque estás presa; al contrario, tengo mucho gusto por ello porque los sufrimientos de las religiosas son muy aceptas a Dios y siquiera con esto nos ayudan". Cuando llegó a S. Luis el Sr. Jacinto Loyola Núñez, el jefe que más disturbios ocasione entre aquellos defensores, fue introducido a la ciudad por el joven Muro. El Sr. Loyola aspiraba a ser sacerdote, sus costumbres eran intachables y dos meses más tarde que Fidel, el 16 de octubre de 1928, fue fusilado en compañía de otros cuatro.

El 13 de diciembre de 1927 se presento en S. Luis venia en carácter de organizador; desecho el alojamiento que el joven Muro le había conseguido porque con él vivía una señorita que en todo se ajustaba a la moda. Rechazó también el otro que también le consiguió Fidel porque en aquella casa, al llegar las posadas, se dio un baile. Hasta que por fin otro de les miembros de la Liga le consiguió un tercer alojamiento al gusto del Sr. Loyola en casa de las Señoritas Aldana, parientes del mismo Sr. Loyola.

Este celebró una junta el 19 de diciembre con los principales miembros de la Liga a la que asistió Fidel. Y de esta reunión dice el Sr. Barquín y Ruiz en la semblanza de Jacinto Loyola: "quizá nunca en la historia de la crisis antirreligiosa de aquellos días hubo una reunión a la que asistieran tantas personas que figurarían luego entre las listas gloriosas en que se enumeran los mártires de Cristo Rey". Efectivamente, casi todos los que asistieron a aquella junta dieron después sus vidas por causa de la Religión.

Días más tarde el Comité Directivo de la Liga, desconocedor de la incapacidad para la jefatura del Sr. Loyola Núñez, le otorgo el nombramiento de Jefe de las Operaciones Militares en el Estado de S. Luis Potosí; mas el tal nombramiento sólo sirvió para agravar más las desavenencias ya existentes. Podremos conjeturar cuál sería el desesperante género de dificultades que, venidas de su mismo jefe y consolidadas por su nombramiento, tuvieron que afrontar Fidel y los demás del grupo con solo enumerar algunas de Las bases propuestas por el Sr. Loyola Núñez como indispensables para iniciar el levantamiento armado.

Estas eran las siguientes: "....primeramente debían pensar en ordenar sus almas....vigilar su conducta y enmendarla..."; "...instruir convenientemente en el manejo de las armas y ordenanza militar a los jóvenes del grupo..."; "....proveerse de suficientes municiones y elementos...",y una vez hecho todo lo anterior "dar parte a los jefes supremos de México pues sólo a ellos competía ordenar el cómo, dónde y en qué tiempo debería de darse el combate".

Con tales bases era imposible que aquellos luchadores pudieran entenderse con su jefe! Pues como el Sr. Barquín y Ruiz comenta:
!si todos los jefes cristeros hubieran pensado como Loyola Núñez, seguramente jamás se habría iniciado la magna Epopeya Católica, de 1926, que fue comenzada sin elementos materiales de guerra, espontáneamente, sin consultas al Comité Especial para cada combate -....lo que sería una insensatez - y sin exigir - lo que hubiera sido descabellado que cada futuro cristero fuera un santo.... Es que Jacinto no era un jefe militar ni por temperamento, ni por educación, ni por nada, y de allí precisamente no sólo el que no descollara, sino el que fracasara rotundamente desde el punto de vista militar...!

Ya se deja entender que ,con tal jefe no podía haber concordia ni unidad de acción entre los miembros de la Liga de aquel grupo: Y conectado con algunas de esas ideas. poco militares del Sr. Loyola viene un punto que hace a nuestra historia: En la semblanza de Fidel Muro escrita por el Sr. Barquín y Ruiz se afirma que la Srta. Carmen Aldana se disgusto al leer las notas biográficas que sobre su hermano escribió la madre Guadalupe Muro; y la razón del disgusto es porque dicha Srta. no puede soportar que se alabe tanto a Fidel. Mas no paró en esto todo, sino que movida tal vez por el partidarismo y parentesco con el Sr. Loyola Nañez, la Srta. Aldana se atrevió a lanzar una acusación injustificable sobre la gloriosa memoria del joven mártir Muro, amesurando que: "se mostraba muy adicto a la bebida y a las mujeres", e intenta probar, en una carta al Sr. Barquín y Ruiz, su aserto, apelando al testimonio de las "personas" que tuvieron la oportunidad de conocer a Fidel y tratarlo[25]".

---

[25] *Cfr. Semblanza de Fidel Muro por Barquín Ruiz*

El que escribe tuvo esa oportunidad y solemnemente testifica lo contrario pudiendo a la vez aducir otros muchos testimonios que desmentirían la acusación hecha por la Srta. Aldana.

Otra Srta. amiga de Fidel al saber de tal acusación escribió dándonos su testimonio y se expresa así: "Era piadoso, muy devoto de la Virgen de Guadalupe, se confesaba y comulgaba con mucha frecuencia, esto me consta. Y ahora paso a contar únicamente dos casos concretos para que pueda medirse su nivel moral...(se narran los casos a continuación, mas no sería prudente reproducirlos aquí. En ellos aparece evidente la integridad del joven Muro en esta materia). A pesar de cualquier contraria opinión... sostengo a los cuatro vientos que Fidel era un alma selecta....

La conducta de Fidel fue siempre correcta e irreprochable. "No era un santo" - dice la Srta. Aldana en su carta al Sr. Barquín; pues primeramente advirtamos que la santidad no siempre puede ser juzgada por el exterior y que en todo caso, sólo a la Sta. Iglesia compete el definirla; y en segundo lugar advirtamos también que para ser correcto y no "mostrarse muy adicto a la bebida y a las mujeres" no es precisamente necesario el ser un santo, sino que basta cumplir fielmente los deberes de cristiano, lo cual y mucho mas practicaba Fidel, pues como se ha dicho era piadoso y adornado de grandes virtudes. Sabido es que los héroes no se improvisan y por lo tanto que quien supo morir heroicamente, mucho de héroe debió tener en su vida.

Tal vez hubo ligereza en lanzar esa acusación que al fin y al cabo poco o nada probaría contra Muro, pues los santos no nacen sino se hacen; y así Sta. Magdalena, S. Pablo, S. Agustín, S. Dimas, etc., fueron grandes pecadores y hoy nos los propone la Iglesia como modelos de santidad. Además nadie se empeña en sostener que el joven Muro haya sido todo un santo antes de dar el paso santamente heroico que decidió su martirio y que a continuación se narrará.

19 de julio de 1928. En toda la casa reina la desolación: Don Ildefonso Azanza, el señor, ha sido hecho prisionero del gobierno tiránico; la Srta. María su hija también está en la cárcel. En un cuarto habitación dos se despiden: ella tiene inflamados los ojos por el llanto, solloza, es la Madre Guadalupe. A su lado Fidel la contempla, han terminado el desayuno y le comienza a decir con acento tranquilo:

"Varias personas me han aconsejado que no me presente. Pero lo hago por tres razones: primera, en honor de la Causa que defiendo; segunda, porque le di mi palabra a mi fiador de que en caso de compromiso yo lo salvaba luego presentándome; y la tercera, porque tú estás hospedada en la casa de mi fiador y sufrirás mucho al oír que la familia dijera que por mi causa estaban ellos sufriendo, y de seguro que tú sentirías pena y tristeza al ver mi cobardía. Además ahora puedo utilizar mi vida muriendo porque estoy tranquilo. Tal vez después del triunfo, con las ocasiones, me haga un criminal y me fusilen por eso y muera sin mérito de mi vida".

Había salido rumbo a México con asuntos de la Liga el 20 de junio y permanecía aún allá cuando en S. Luis exploto el volcán, tanto tiempo sofocado de las traiciones que muy pronto acabaría con el abnegado grupo de luchadores potosinos. "Un traidor -dice la religiosa en sus memorias- hizo varias denuncias" y a consecuencia de ellas fueron aprehendidas algunas personas entre las que se hallaban sin tener culpabilidad alguna el fiador de Fidel y su hija.

A México le llegó la noticia, partió al instante hacia S. Luis, al llegar hizo una confesión general de toda su vida, estuvo aquella mañana del 19 de julio despidiéndose de su hermana y a la una de la tarde, después de haber comido, fue y se presentó a los verdugos para salvar al Sr. Azanza su fiador y a su hija. Le habían antes dado la libertad por un acto generoso de su fiador, ahora correspondía él con su propia vida: ¡así proceden los hombres íntegros y no los degenerados

"Yo sentía -nos dice la madre Guadalupe relatando los acontecimientos de aquella mañana- que se me acababan las fuerzas al pensar que tal vez al otro día le quitaran la vida; pero traté de serenarme y le dije:
-"Hermano,,,,, ¿tienes miedo de que te fusilen?- y me contestó:
-"!No!;Que miedo voy a tener, estoy ya bien arreglado (refertase a la confesión general). Si llegando me fusilan, mío será el triunfo. A lo que le temo es a los tormentos, porque nos hacen cosas que de acordarme se me escalofría el cuerpo; pero en fin, Dios me ayudará".

Hubo un momento en que Fidel viendo que su hermana daba muestras de dolor le dijo:
-"Sólo tengo pesar por una cosa".
-" ¿Cuál es?
-"Porque no te veo tan alegre porque voy a morir como he visto a algunas familias de otros que mueren por la Causa. No sufras, hermana, porque esto me atormenta mucho".

-"Eso no quita nada -le explicó la religiosa-; una cosa es que sufra y otra es que no lo acepte. Llorar es permitido y aun sublime. Hermano, no creas que tú sólo vas a ser la víctima, somos dos. Tu vas a sufrir en el alma y en el cuerpo y yo moralmente voy a sacrificarme. Y cuando te maltraten acuérdate de mí y di : no sufro solo, mi hermana sufre conmigo; porque ten por seguro que no habrá ni un momento del día ni de la noche que no te acompañe. ¡Animo, hermano, los dos vamos a sufrir; y cuando ya estés en el cielo acuérdate de tus padres, de nuestro hermano y de mi. Si te fusilan, en esa hora haz intención de morir por la Santa Religión, por amor al Santísimo y en honor de Sta. María de Guadalupe".

Así pasaron la mañana conversando: ¡aquellas eran las últimas horas que juntos pasarían sobre la tierra!....: Mutuamente se consolaron y mutuamente se animaban al sacrificio. -"Le mandas este fistol a mi hermano; -le dijo Fidel desprendiéndoselo de la corbata- y a ti te dejo mi reloj. Si salgo, te lo recojo porque me lo dio mi hermano y si muero te lo dejo como un recuerdo". La religiosa a su vez tuvo cuidado de examinar que Fidel llevara escapulario y todo lo que le parecía útil para el caso. Al medio día comieron juntos y la extraña sobremesa duro pocos momentos hasta que al fin el de la separación había llegado. Se despidieron con cristiana emoción y el uno marchó decidido al holocausto, la otra, deshecha en llanto, fue a postrarse ante el sagrario. "sentía —vuelve a decir la madre Guadalupe - que se me acababa la vida; lo vi caminar un rato y se me nublaron los ojos de lágrimas y me fui con el Santísimo a entregarle la víctima y mi voluntad para aceptar el dolor. Sufrí mucho al pensar que por mi estado de religiosa no podía prestarle ningún auxilio en su prisión, ni siquiera un vaso de agua y que él, fuera de mi no tenía ni una sola persona de su familia que viera por él.... Se lo entregué a Dios N. S. y le supliqué que moviera los corazones en favor suyo".

Y mientras la religiosa lloraba y suplicaba al pie del Sagrario, Fidel había llegado ya a las oficinas de la Tiranía. Pidió hablar con el ogro mayor y lo condujeron ante él: exige el "reo" la libertad de su fiador. Y dicen que no fue sorpresa sino asombro lo que expresaba el verdugo al ver aparecer ante si al joven a quien tanto habían martirizado ellos mientras lo tuvieron en sus garras y al verlo comparecer, no atrapado por sus emisarios ¡bien lo hubiera querido!, sino libre y espontáneamente...

En adelante las cosas sucedieron como era de suponerse. El Sr. y la Srta. Azanza fueron puestos en libertad, pero sin haberles antes exigido una fuerte suma de dinero. Y los libertados generosamente se empeñaron en comprar también la libertad del joven Muro; por esta razón, a pesar del ultraje que se les hizo al exigirles dinero por lo que les habían robado: la libertad, entregaron nueva cantidad con la esperanza de salvar así la vida de Fidel. ¡Generosa, pero vana ilusión: La libertad del joven se esfumó entre fingidas promesas.

Inmediatamente partió para los Estados Unidos la familia Azanza.

¡En su patria un usurpador gobierno no concedía a los mexicanos decentes ni siquiera el beneficio del vivir....Y allá en el destierro murió la esposa y madre respectivamente de los dos libertados, Doña María Sánchez Gordoa de Azanza. Los sufrimientos, las penas anteriores la habían ya enfermado y fue a rendir su vida al extranjero porque en su patria ni morir en paz dejaban.

Fidel mientras tanto estaba recluido en la Penitenciaria. Este encarcelamiento tercero y último de su vida habría de ser breve; solo veinte y seis días, pero días impregnados de crueles sufrimientos.

Como la vez pasada, lo colgaron de los dedos de las manos y de los pies; lo atormentaron de muchas maneras. Entre otras, lo hicieron padecer hambre durante días y días en que lo privaban de alimento. En algunos de ellos un buen hombre le estuvo metiendo a la prisión ocultamente alguna cosa de comida; mas dieron los vigilantes con el secreto y cortaron por lo sano aquella burla llevándose al prisionero a un calabozo donde no le podría llegar más aquel auxilio.

Han quedado como velados por un misterio los tormentos que padeció Fidel en aquella época. Personas que algo pudieran decir de ello han esquivado al declararlos por temor a echar sobre sí la penosa consecuencia de las represalias gobiernistas.

Sólo se sabe que unos días antes de morir el mártir pedía siquiera una poca de agua para mitigar el ardor de la sed que lo abrasaba. Sus verdugos lo maltrataron y se ignora si al fin aliviarían su fiebre concediéndole algunos sorbos.

Cuando después del fusilamiento fue tendido su cuerpo por manos compasivas, aparecieron las espaldas del mártir horriblemente marcadas con señales de quemaduras eléctricas, y todo el cuerpo lacerado con pinchazos de sable o bayoneta.

Sin embargo, por testimonio de una compañera de sufrimientos que estaba presa también por la causa católica, tenemos noticia de que siempre se mostraba alegre y contento, excepción hecha de un solo día en que lo tuvieron declarando durante siete horas seguidas. Esa vez quedó pensativo y no salió de su celda en todo el resto del día.

"La misma compañera nos cuenta la madre Guadalupe le preguntó cómo iba el negocio de su libertad y él respondió que cada día empeoraba, pero que él estaba indiferente a que lo fusilaran o no, puesto que a eso se había resuelto desde que había abrazado la causa de la Liga; que sólo le pedía a Dios que le concediera morir antes que ser infiel a lo que había prometido".

Más de tres semanas habían ya transcurrido desde la varonil entrega de Fidel cuando un día, parece que fue el 14 de agosto, la Jefatura de Operaciones Militares recibió, según se dijo después, un anónimo en que eran denunciados algunos de los principales conspiradores. Estos eran seis y entre ellos tres menores de 22 años y dos que habían sido ya jefes cristeros: Fiacro Sánchez Serafín y José Belén Cárdenas de quien ya se hizo mención al tratar de Elpidio Abrego el presunto traidor.

Fueron todos seis aprehendidos por la policía especial de la Jefatura y por las fuerzas del Gral. Turrubiates, y desde ese momento el proceso de Fidel paso a hacer causa común con los últimamente aprehendidos.

Por la noche la tiranía declaró que se trataba de "agentes de los rebeldes" y de antemano predijo en los siguientes términos el asesinato que pensaba perpetuar;. "los siete individuos, basándonos en los documentos que obran en nuestro poder, serán sometidos a un consejo de guerra sumarísimo".

Algunos familiares de los acusados quisieron interponer un amparo, mas...¡pobre juez el que se hubiera atrevido a concederlo! No hubo uno solo que supiera cumplir con su deber. Llegada pues la media noche las siete víctimas comparecieron en la Jefatura de Operaciones ante la farsa que simulaba el consejo de guerra sumarísimo. A las tres y media de la madrugada terminó sentenciándolos, como era natural, a la pena de muerte.

Cansado de formulismos y dando Fidel un último testimonio de su fidelidad y heroísmo desafío la ira de los victimarios con esta cristiana y viril declaración tan en consonancia con, la fe y la grandeza que ilumino toda su vida; ante el pleno consejo de guerra que lo acusaba para condenarlo afirmo categóricamente su posición. "Se todo lo que me preguntan -dijo- pero hice juramento a Dios de no decir cosa alguna de los negocios de la Liga y muero fiel a mi promesa".

Estas palabras rubricaron su condenación.

Las sombras de aquella triste noche cedían a los primeros destellos de la aurora y aún la ciudad no despertaba al bullicio de todos los días cuando los siete hombres casi exhaustos de fuerzas físicas, sin haber dormido, sin haber comido, agobiados por todo el peso de las pasadas impresiones y sufrimientos, eran conducidos en trucks y entre gran aparato de guardias federales a la Penitenciaria del estado. ¡Siete víctimas que con su sangre iban a matizar los esplendores de aquel día 15 de agosto, día de la gloriosa Asunción de Nuestra Señora!

Llegados a la Penitenciaria (no al panteón del Suicito como equivocadamente se publico en "La Opinión" de los Ángeles, California. y algunos otros periódicos) fueron recluidos, encapillados por unos minutos, en la celda marcada con el número 5; después puestos ante el paredón, uno a uno fueron entregando sus hermosas almas, para ingresar, seguramente, en el coro de los mártires.

Tal gracia había pedido para su hermano la Madre Guadalupe, pues al saber que Fidel iba a ser sometido al juicio sumarísimo la víspera del día de la Asunción de Nuestra Señora, así rogo a la Virgen Bendita, según lo cuenta la religiosa en sus memorias: -"Madre mía, en honor de tu gloriosa Asunción y como una gracia de la misericordia de Dios, te ruego que si Fidel es acepto a la gloria de Dios y se salva con mérito, o te lo lleves al cielo o me lo des libre" "Ella quiso obrar como Soberana -prosigue la religiosa- y al toque del alba, en las primeras horas del día lo recogió".....

Próximos a morir solicitaron los reos como ultima gracia la de escribir una nota de despedida para sus familiares, les fue permitido hacerla y ésta en parte dice así: "somos inocentes, pero si nuestro delito es ser católicos declaramos que morimos por la fe de Dios" ... Luego comenzó la ejecución.

Nicolás Acosta y Fidel Muro paseaban en la celda mientras los demás permanecían sentados en el suelo; algunos fumaban sus cigarros, cuando a eso de las cinco de la mañana se oyeron los pasos de la escolta, les anunciaron que era llegada la hora y fueron conducidos al interior de la Penitenciaria siguiendo un largo corredor para llegar hasta el último de los patios. Un piquete de soldados del 77 Regimiento que formaban el cuadro dando frente hacia el paredón oriente, los esperaba ya.

Los sentenciados fueron colocándose uno a uno ante el paredón, los ojos de mirar sereno sin vendar, la frente inmaculada, el pensamiento en Dios. El teniente Antonio Gaona con la espada en la diestra dio las voces de mando y las descargas que al cerrar una vida terrena abrían eterna felicidad, se fueron sucediendo, asesinas estruendosas.

El primero fue Fiacro Sánchez Serafín, antiguo jefe cristero, cuya muerte tiene la particularidad de que en los mismos momentos en que el caía de espaldas, los brazos y piernas flexionados, chorreando de sangre por las heridas, su hijita mayor estaba haciendo su Primera Comunión en aquella misma ciudad.

En seguida avanzo Fidel a colocarse ante el cuadro, abril los brazos en forma de cruz, lanzó un sonoro grito de "¡Viva Cristo Rey!" y tras el estampido de los máuseres entregando su espíritu al Señor cayó hacia atrás a tierra en forma parecida al anterior. Luego le siguieron Dionisio Avalos, José Belén Cárdenas jefe cristero y el único de los siete que cayó de bruces, después Nicolás Acosta, Mauro Balderas y por ultimo Odilón Osorio.

Parece que a este ultimo lo habían separado del grupo y lo ejecutaron hasta unos momentos después. Era un joven culto, recién casado, que había sido presidente del grupo de la A.C.J.M. de Tampico y que al huir de aquel puerto cuando el fracaso mencionado paso a S. Luis bajo el pseudónimo de Adalberto Torres. Con este nombre lo registró la tiranía , y con él lo denominaron los periódicos al mencionar las ejecuciones.

Los cuerpos de Mauro Balderas y Odilón Osorio (Adalberto Torres), que fueron los últimos en la ejecución, cayeron encimados a los otros cadáveres. Y dice el diario "La Opinión" que apenas había sonado la última descarga de los fusiles cuando llegaron familiares de los ejecutados a recoger los cadáveres y que su llegada fue una escena conmovedora por las vivas muestras de dolor ante aquellos restos venerandos.

Mas es del todo punto cierto que el cadáver de Fidel permaneció tirado en el patio de la Penitenciaria toda la mañana hasta las tres de la tarde porque no hubo quien lo recogiera, pues su hermana la madre Guadalupe, además de verse cohibida para entrar en tales andanzas por el estado de su vida, se hallaba oficialmente prisionera en una casa particular.

A las tres de la tarde trasladaron el cadáver por cuenta de la misma tiranía al Hospital Civil. La Sra. Guadalupe Huerta de M. dueña de una botica y sincera amiga de la madre Guadalupe agenciaba sin conseguirlo la entrega del cadáver pues los doctores y practicantes se negaban a dejar salir el cuerpo sin haberle hecho antes la autopsia; y, según dijo la Sra. Elena de Soto, los mismos practicantes se repartieron entre si las medallas que llevaba al cuello el cadáver del mártir.

A todo esto había llegado ya la noche. Eran las ocho cuando al fin de tantas agencias inútiles logró la Sra. Guadalupe Huerta que la administradora del Hospital patrocinara su empeño; y en un automóvil particular saco clandestinamente el cuerpo como si se tratara de un enfermo o de un pasajero, sin dar lugar a los practicantes de que hicieran la autopsia.

Llegó con él a las puertas de la casa de Doña Elena de Soto quien caritativamente se había ofrecido a tenderlo, mas hubo vacilaciones en recibir el cuerpo de aquel pobre ajusticiado por temor de acarrear algún daño respecto al empleo del Sr. Soto, quien trabajaba con el gobierno y era algo así como policía de la reservada. Mas como la Sra. Huerta intentara llevar el cuerpo a su propia casa y allí velarlo sin solicitar más complicidades en arguella obra de misericordia, la Sra. de Soto se decidió al momento, recibió el cadáver y lo tendió sobre una mesa que pertenecía a los muebles del obispado y que ella ocultaba en su casa.

Fidel había tenido amistad con. la Sra. Elena de Boto y en la última etapa de su vida acudía a ella casi como un hijo acude a su madre; ella a su vez lo atendía con cariño y solicitud propios de la madre. Cuando el joven llego a México e iba a entregarse fue a despedirse de la que había hecho las veces de Madre para con él y le pidió la bendición porque ya iba a morir. Este hecho y algunos otros interesantes los narra la Srta. Esther Alba en una carta que escribió dos meses después de la muerte de Fidel: "........lo que te voy a contar me lo contó Elenita F. de Soto, no sé si la conocerán ustedes. es una persona muy buena.... El día que se fue a presentar dice Elenita que fue a verla y le dijo que acababa de hacer una confesión general, que había quedado muy contento y que iba con ella a pedirle la bendición porque creía que ya estaba cerca el día de su partida de este mundo, que él estaba dispuesto a recibir todo lo que Dios quisiera que sufriera; luego fue a despedirse de su hermana y después fué a presentarse. Lo acusaban...; por supuesto que a punta de martirios querían hacerlo que dijera, pero él como verdadero soldado de Cristo prefirió sufrir los martirios a que lo sometieron y hasta la misma muerte antes de manchar su conciencia denunciando a alguien. !Dichoso Fidel que fue uno de los elegidos para darle gloria a nuestro México y más aún por haberle ofrecido a N. S. su vida... Al dispararles, todos gritaron: ¡Viva Cristo Rey! Por acá los decir es son que Fidel ha sido uno de los más grandes mártires.... Cuando le avisaron a su hermana de Fidel, la madre Guadalupe dicen que se arrodilló y rezó el "Te Deum" y después se desahogó como era natural llorando......."

El cadáver no fue colocado inmediatamente en la caja mortuoria, sino como es dicho, tendido sobre una mesa, la misma que tiempo después soportaría el venerando cuerpo del Ilmo. Sr. Miguel de la Mora cuando éste murió, y la misma mesa que en el obispado había servido para consagrar sobre ella las arras y los santos óleos.

Una vez que el cuerpo estuvo allí tendido, comenzó a derramar abundante sangre de sus heridas, cosa que antes no había sucedido pues en la plancha del hospital no dejo absolutamente nada de sangre; y en cambio, a las 35 horas después de muerto, cuando aún lo tenían tendido sobre la mesa su sangre enteramente liquida y roja corría en mayor abundancia.

Las gentes que afluían para venerarlo mojaban en ella algodones, pañuelos, flores, etc. pero querían conservar reliquias de aquel soldado de Jesucristo que llamaban "el mártir Zacatecano".

También la hermana religiosa tuvo la dicha de venerar los restos del mártir a quien en vida tanto había amado y de quien tanto había sido amada.

Cuando la familia Azanza partió para los E. U. se refugió ella en casa de Doña. Juvencia Vda. de la Rosa. El gobierno tomo presas a las religiosas sus compañeras, mas a ella y a otras cinco que por sus graves enfermedades no podían ser llevadas a la cárcel las declaro oficialmente presas en aquella residencia particular. Así fue que cuando Fidel murió la religiosa se hallaba alojada en aquella casa y la noche del 15 sigilosamente fue a venerarlo.

Se arrojo sobre el pecho del mártir allí tendido apretándose a su corazón, anegada en llanto, repetía: "Mártir de Jesucristo, acuérdate que en el mundo has dejado una patria que sufre, a tus
padres y a mi"...

"Estaba enteramente flexible y de color bonito" -dice la Madre en su narración. Repetidas veces lo abrazó, lo acarició y besó sus manos y su frente "por última vez', y como decía ella. Cuando iban a colocar el cuerpo en la caja, la religiosa se retiro a su oficial prisión.

Tomaron algunas fotos del mártir y el 16 por la tarde con gran concurso de católicos tuvo lugar el sepelio en el panteón del Suicito, en 4a #167. En el registro del cementerio se dice: "muerto a consecuencia de heridas". En el primer aniversario de la muerte, la Srta. María Azanza honró los restos del mártir levantando una tumba en cuya parte superior se ve esculpida en mármol esta inscripción, que parece ser un eco de la estampada por él en el calabozo donde paso las últimas horas de su vida:

```
        A LA MEMORIA DEL SR. D. FIDEL MURO FUSILADO
           EN LA PENITENCIARIA DE S. LUIS POTOSI
                    EL 15 DE AGOSTO DE 1928
                     A LA EDAD DE 25 AÑOS.
         DESCANSE EN PAZ EL QUE SUPO OFRENDAR SU VIDA
              Y SU SANGRE POR SU DIOS Y POR SU PATRIA;
          QUE SU SANGRE Y LA DE SUS COMPANEROS QUE COMO
         EL CAYELON, AL SER ACEPTA A D. Y. S. NOS OBTENGA
                                LA
                       LIBERTAD QUE ANHELAMOS.
                   Luis Potosí, Agosto 15 de 1929.
                              R.I.P.
```

Las mismas manos amigas plantaron junto a la tumba de los mártires una palma que simbolizaba el triunfo de sus vidas. "A todos los fusilados por la causa de nuestra Santa Religión -escribe en una carta la madre Guadalupe- les pusieron una grande palma que se presenta majestuosa en aquel triste lugar. De esto el gobierno no ha dicho cosa alguna y de propósito fueron los enemigos a ver lo que habían hecho los hermanos de la Causa".

La palma ya no existe. Símbolo del martirio pudo también tenerse por símbolo de la muerte; tras el mártir, uno a uno, todos los seres a el más queridos han ido emprendiendo el mismo vuelo hacia Dios. Su madre, Doña Lucia de Muro, falleció a fines del año 31; Don Andrés Muro, su padre, paso los últimos años de su viudez, anciano, enfermo, pero ya regenerado dé sus antiguas liviandades, cerca de su hija religiosa y viviendo de la caridad y limosnas que algunas buenas personas le hacían; al fin murió en México al lado de su hijo Francisco en el año de 1939. Un mes antes que su padre, murió a madre Guadalupe en Aguascalientes el sábado santo mientras las campanas tocaban a gloria, coronando así hermosamente una vida llena de sufrimientos, de enfermedades, de edificación........

Quince años, desde aquellos gloriosos acontecimientos, han pasado y en la memoria de cuantos le conocimos vive intacto el recuerdo del Mártir

Zacatecano". Más aun: Dios ha querido dejarnos hasta hoy entre sus reliquias como un recuerdo vivo la sangre que del mártir se conserva aun roja, liquida, en un pomito de cristal. Lo tuvo primero la madre Guadalupe, mas por insinuación de un sacerdote depositó en manos del Ilmo. Sr. Obispo Miguel de la Mora aquella reliquia; a la muerte de éste, el mismo sacerdote devolvió la reliquia a la religiosa quien la envió a Zacatecas para que la conservaran sus padres. Con la muerte de los Sres. Muro y de la religiosa, la reliquia volvió al obispado, pues el Ilmo. Sr. Arzobispo Guillermo Trishler antes de irse a Monterrey recogió el frasquito de la sangre del mártir. Este último paradero de la reliquia lo conocemos por testimonio de la religiosa S.M. Estela G. Lávila - Aguascalientes, Julio 31 de 1943.

Sobre el proceso y la muerte del cabecilla cristero Fiacro Sánchez que fue fusilado junto con Fidel y cuya hijita en aquellos mismos momentos estaba haciendo la Primera Comunión, se cuenta que víctima del miedo y de una rencilla personal con el Sr. Loyola Núñez, hizo varias denuncias en sus declaraciones y
que ya para morir era tan agobiadora su postración nerviosa que dos de sus compañeros hubieron de ayudarle a bajar del camión y que fue también necesario que los soldados lo ataran y condujeran al lugar del fusilamiento, pues él no podía ni siquiera tenerse en pie.

Sera éste un asunto muy largo de tratar y en todo caso desconectado de nuestro presente empeño, mas vaya al menos una simple opinión personal.

El que esto escribe conoció al Sr. Sánchez y sinceramente confiesa que siente repugnancia en creer tales infamias de un hombre que, a pesar de todo, era valiente y era cristiano. Cometió ese cabecilla un reprobable acto de insubordinación a su jefe nombrado por la Liga, Jacinto Loyola Núñez, es cierto; pero esta falta es independiente de las acusaciones terribles que se le hacen sobre los últimos momentos de su vida e ilógicamente se deducirían éstas de aquélla.

Ignoro hasta qué punto estén fundadas dichas acusaciones, pero puede hacerse sobre ellas una observación; Si no tienen otro fundamento que el testimonio de la Srta. Carmen Aldana, parece lícito y aun del todo necesario dudar de tales atrocidades; pues ya hemos visto cuán ligeramente lanzó sobre la figura noble de Fidel un baldón injustificable. Y consta por sus propios escritos que la Srta. Aldana guardaba una mal disimulada aversión al joven Fidel Muro y ms aún al Sr. Fiacro Sánchez.

Quizá un estudio crítico histórico más detenido obligue a rectificar algunas apreciaciones sobre los acontecimientos de S. Luis Potosí, los cuales en verdad presentan un tanto inextricables.

He aquí párrafos de cartas que escriben dos personas a quienes se les ha preguntado sobre el particular:
La primera, aunque muy relacionada con los sujetos que intervinieron en los acontecimientos, no se hallaba en S. Luis en los dial del fusilamiento; mas escribe así en carta que tengo a la vista fechada el 24 de febrero de 1943: " lo que a Fiacro Sánchez se refiere....(opina que son falsas las acusaciones y aduce razones de sentido común) . En lo que se apoya al sentido común:

1. Los periódicos y los extras del día del fusilamiento no dicen absolutamente nada de esa comedia de miedo que le achacan a Fiacro, lo que hubiera sido cosa de mencionarse; y en cambio dan otros detalles de mínima importancia. Esos ridículos detalles resultaron hasta después de los periódicos; así también decían que a Fidel lo habían cogido embarcando cajas de parque en la estación Cárdenas S.L.P., yo creo que lanzaban esas calumnias para eludir responsabilidades y cubrir infamias.

2. A raíz de esto vio mi papá una protesta en un periódico católico en defensa del honor de Fiacro, no sólo reprochando la calumnia, sino manifestando que no sólo supo morir como un valiente sino que antes habló virilmente a sus verdugos.

La segunda persona compañera de la Madre Guadalupe y contestando a un largo cuestionario que se le dirigió dice así en el número 18: "supimos que todos los fusilados en esa fecha murieron sin defeccionar ni uno. Quiera N. Señor que las personas mejor informadas sobre este punto nos hagan conocer la verdad.

La vida de los héroes, vida es de fecunda inspiración.
No podremos mirar la tumba del MARTIR ZACATECANO si arde en nuestro pecho patriotismo y religión, sin sentir el toque de un grito misterioso que nos llama al cumplimiento del deber

¡Hacer Patria!: ¡Salvar la Patria por la Religión!:

¡Patria! ¡Patria!:tus hijos te juran exhalar en tus aras su aliento, si el clarín con su bélico acento los convoca a lidiar con valor.

¡Para ti las guirnaldas de oliva!

¡Un recuerdo para ellos de gloria!

¡Un laurel para ti de victoria!

¡Un sepulcro para ellos de honor!

(Himno. Nac.)

En el decimoquinto aniversario de la muerte de Fidel Muro como un homenaje de admiración y sincera amistad. Descanse en paz y ruegue por nuestra bendita Patria el que supo tan generosamente brindar su sangre por la Causa de Jesucristo nuestro Rey.

Firma Gerardo Cabo Roucher[26]
Agosto 15 de 1943.

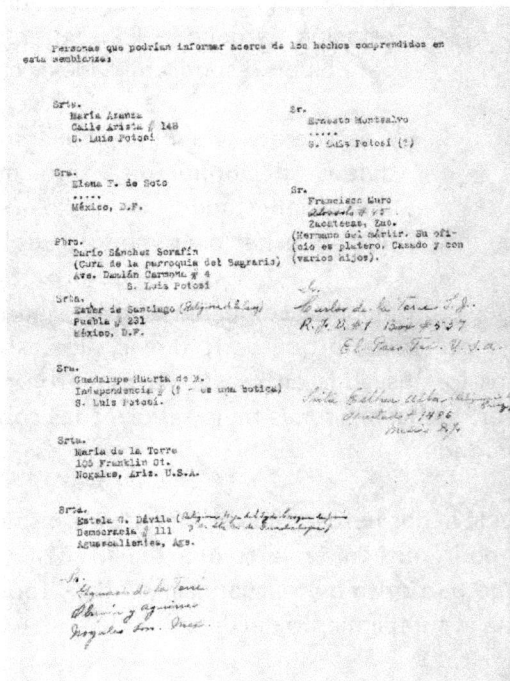

Notas de Sor Guadalupe Muro hermana de Fidel

---

[26] *Seudónimo utilizado por Rev. Carlos De la Torre, S.J.*

Escrito por María De la Torre

Editado por Rev. Carlos de la Torre S.J. (Seudónimo Gerardo Cabo Roucher) Agosto 15, 1943

Es de notarse que debido a la educación y nivel social de Fidel, no estuviese del todo conforme Doña María haciéndole la vida imposible a María hija por su noviazgo con Fidel, pero providencialmente se llega desenvolver el siguiente acontecimiento en la vida de María hija en donde deja ella un fragmento de una carta escrita en el año de 1928, al M. Reverendo Félix Rougier, la cual por motivos desconocidos nunca se le envió.

 Y dice así:


*"Obedeciendo a un impulso natural de mi corazón, me dirijo a Ud. respetuosamente pues creo que Ud. para mi es la persona más indicada de quien debo recibir concejo, por que se que conoce Ud. o tiñe antecedentes de los sucesos que voy a referirle y que no son pare mí otra cosa que los "caminos del Señor':*

*Recordara Ud. Fidel Muro, pues fue mi pretendiente en San Luis Potosí, y en un principio no me hizo ilusión alguna, ni me inspiro ningún cariño, mas en el corto tiempo que tuve de conocerlo y de tratarlo, se presentaron acontecimientos excepcionales e inesperados, de esos , que ponen en juego las cualidades*
*de la personas, y reconocí en el, un corazón generoso y cierta dignidad franqueza en sus acciones, que empezaron por hacérmelo simpático; pero era un muchacho sin ilustración y de condición más humilde que la mía. Que hacer..?*

*Se entablo entonces una lucha en mi corazón, y confié al tiempo la resolución de aquel problema poniéndole a el por condición, para corresponderle, que debía procurar su completa formación, mientras tanto yo tomaba el parecer de mis padres y de mi hermano mayor, con un año de plazo para resolver, dando tiempo también a ver en que quedaba lo de la persecución religiosa, por lo que Fidel desde un principio tomo con empeño la defensa de las libertades.*
*Así en esas condiciones transcurrieron unos cuantos meses y yo veía con satisfacción que Fidel se había compenetrado de aquella necesidad de formación y que cambiaba notablemente de día en día. ¿Qué me importaban a mi aquellos dos inconvenientes, si tenía cualidades superiores? Y me quería con*

un cariño grande y bien inspirado, y lo quise yo también a él, no con ese cariño alborotado con que se quiere a un novio, sino un cariño tranquilo, confiado, como con a un hermano. Pues se quiere no me garantizaban su lealtad y su sinceridad, toda aquella carencia de galanterías que no son otra cosa que el barniz de los hombres de salon.

Pero mi mama no veía las cosas bajo el mismo punto de vista, para ella era una verdadera pena, imaginar siquiera un posible matrimonio con aquel pobre carpintero de educación y posición social inferiores a
la mía y tuve que sufrir reproches y humillaciones, que amargaban aquel trato con Fidel que de otro modo tal vez hubiera sido más espontaneo, sereno y cariñoso; y por fin llego al extremo el disgusto de mi mama cuando se dio cuenta de que él me tomaba las manos y me las besaba …… y entonces se dudo de su honradez, y de la manera más dura se hicieron cargos a mi propia dignidad, y se me puso en esa terrible disyuntiva "o tu familia o el" que para mí era lo mismo que "o la tranquilidad de mis Padres y mi honor, o sacrificarlo a él" y opte por preferirlo primero[27] como mi primer deber.

!Y cuanto, cuanto me costó resolverme a cometer esa injusticia con él, pasando por encima de mis propios sentimientos y de mi cariño! !Y cuanto, cuanto me costo, pensar que con esas mismas manos que el tanto hubiera besado, iba a destrozar aquel corazón y aquella vida…….. ¡ También mi corazón iba a saltar en pedazos, por que iba a despedirse para siempre de lo que hubiera sido su ideal, su ilusión, pues
no había de venderlo por ningún título, ni por ningún dinero, si eso se necesita para casarse……!

Y se llego la hora de la última entrevista……. que presente la tengo todavía ……no sé de donde pude sacar serenidad para hacer lo que hice…. pero cuando se despidió para "siempre" para no volverlo a ver más, con aquella mirada de indecible amargura, estuve a punto de llamarlo, de pedirle perdón ….. Y luego que me quede sola le ofrecí a Dios aquel sacrificio …….. Sentía horror de aquel vacio en que acababa de hundirme y le pedí que llenara siempre mi vida y mi corazón, aunque fuera con aquella pena tan grande.
Y a la Virgen Santísima le encomendé a mi Fidel y le pedí que mejor se lo llevare al cielo. Por último pedí por la tranquilidad de mis padres y porque nunca se dieran cuenta de la pena que yo iba a llevar en el alma. Si, la tranquilidad de mis padres porque era la única recompensa que yo esperaba.

---

[27] "o tu familia" o el

*En esos días nos venimos pera Nogales Arizona, (Septiembre de 1927) y cuál sería mi deserción, cuando vi que aquel sacrificio había sido enteramente inútil, pues el ánimo de mi mama seguía sumamente excitado y al comunicárselo a mi papa, surgió un tejido de malas inteligencias y de allí perdí la consideración y la delicadeza, de que yo había sido objeto en su cariño; mis hermanos se hacían conjeturas; y yo sentía sobre de mi el peso inmenso de la humillación, de la vergüenza, el dolor de aquel amor perdido que cada día me hacia mas falta, el recuerdo de aquella honra. lastimada, en fin, la desorientación completa de mi objeto en la vida.*

*Y como aquella situación tomara cada vez mayores proporciones y los ánimos coda vez más se alteraran, mis condiciones eran ya casi desesperadas, perdí la confianza y la estimación a mis padres de quienes había esperado un proceder más prudente y mas cristiano, perdí la piedad por que todo me parecía hipocresía, sentí dentro de mí, despecho, odio, quise abandonar mi casa de cualquier manera y si hubiera podido quitarme la vida…..!!!!!*

*En esa violencia estaba, cuando recibí la noticia del fusilamiento de Fidel justamente al año, de aquella noche en que rogué a la Sma. Virgen "mejor llévatelo al cielo" y cuando en mi memoria revivía aquella escena……………………!!!!*
*No sé si la noticia o la coincidencia providencial de fechas, fue lo que más me impresiono, mas no con aquel dolor que agobia, sino con el que eleva, y sentí como trasformado mi corazón, y perdone las ofensas que había recibido en casa ……..porque por primera vez, sentí vergüenza de mi pequeñez ante tan alto ejemplo de generosidad y de nobleza.*

*Vi elevar y patente la protección de la Sma. Virgen que recogió nuestras lágrimas, que recogió nuestra pena, que oyó mis ruegos, pues se lo llevo al cielo en su día, 15 de Agosto. (1928)*
*Reconocí la providencia divina que con aquella muerte, me devolvía la vida moral perdida, pero con otros anhelos, con otros deseos que nunca había sentido; sentí el grito de la gracia que me llamaba……!!*

*En fin esa lección define mi ideal, me marca el camino, me hace luz; quiero pues dar a mi vida, una orientación digna así: "Completando su sacrificio dándome de lleno a Dios, siguiendo el mismo sendero que él me marcara con su sangre, es decir por medio de un sacrificio de mi misma".*
*Ahora tengo fe, como no esperar que Dios llene el vacio de mi alma como se lo pedí, concediéndome un ideal, si lo demás me lo ha concedido llevándose a Fidel al cielo y devolviéndoles también la tranquilidad a mis padres?*

*Inmediatamente después de esto, tuve oportunidad de hacer unos ejercicios espirituales y llevaba yo la Intima certidumbre de que Dios me iba a dar a entender algo y en realidad sentí mas intimo su llamamiento.*
*Estoy pues encantada de los caminos del Señor, de la delicadeza de su providencia y no quiero hacerme sorda a su voz, ni quiero perder la hora de la oportunidad."*

Firma
María De la Torre Uribarren

**En el sexto aniversario de la muerte de Fidel, María escribe una nota con fecha del 15 de Agosto de 1934 escribiendo así.**

*¿Que si hasta ese día me enamore de él, o hasta ese día supe cuanto lo quería ....? ¡No se! ironías del destino, pero cuando trataba de arrancar de mi corazón su amor, nuestras almas se unían más en la inmolación de un mismo sacrificio, y cuando mis labios pronunciaban el "Adiós para siempre" mi corazón respondía "Hasta el cielo"*
*Antes estimaba en el al corazón leal, franco, generoso y en ese momento aquilate al caballero, al cristiano ...... Y lo ame con esa locura, con esa desesperación, con que se ama el bien perdido, con que se ama lo imposible......*
*¡Tiránicas situaciones de la vida, cruel egoísmo que se obstinara en separarnos! Necio ¿que no adivinaba que ese desgarramiento era precisamente la purificación del amor? Y que constituía el afianzamiento de dos seres hasta lo entorno, porque ¿quien puede separara lo que Dios ha unido?*

*Y mi corazón no se había engañado, poco más tarde el entregaba heroicamente su vida y su sangre por la fe y por la patria, era realmente pues aquella su alma generosa superior como yo la había presentido.*

*¡Señor! Tu sabes que yo acepto tus disposiciones, por más que mi pobre arcilla choque, se estremezca caiga en culpables debilidades ¡De en medio de mi humana miseria, levántame, Señor! Y hazme digna*
*del inmenso sacrificio con el que me ha unido tu providencia a él, ¿pues no es acaso un continuo tormento la privación del cariño más grande y de los anhelos mas legítimos?*

*Y concédeme que un día viva completamente dedicada a Ti, en un ambiente saturado de tu amor, con el dulce recuerdo de aquel que con su cariño y su ejemplo, me hiciera sentir la inmensa necesidad de*
*¡DIOS......!*

Firma. María De la Torre Uribarren

De izquierda a derecha: Carlos, Edmundo, Don Ignacio y Luis. Nogales 1948

# Ignacio....

Ignacio el segundo miembro de la familia nació el 17 de Diciembre de 1901. Fue bautizado y registrado con el nombre de "José Ignacio De la Torre Uribarren" por el Fraile Diego de la Concepción Rangel O.F.M. en el histórico y venerable Convento de Santa María de Guadalupe, que fundara el incansable andariego y santo misionero Fraile Antonio Margil de Jesús O.F.M. y que dieron nombre al pueblecito, siendo los padrinos de bautismo el Sr. José Noriega y la Señora Guadalupe Villegas de Noriega. Ignacio, como mayor de la familia que era, aunque todavía un niño de escasos nueve años de edad, se vio precisado a ayudar a su padre Don Ignacio en el sostenimiento de la familia. Hizo sus primeros estudios en una escuelita particular de la señorita Cholita, la misma maestra de María su hermana. Después, siguió en el Colegio del Espíritu Santo, siendo las profesoras religiosas de esa misma Congregación.

Dada su extrema juventud hubo quienes quisieran desviarlo invitándolo al mal y hasta llego a ser tachado de poco hombre por huir de las incitaciones, teniendo en una ocasión en que mucho se le estrechaba, que recurrir a los puños como argumento contundente de su hombría entre quienes no entendían otro lenguaje, siendo en adelante respetado y dejado en paz con sus "beaterías," según llamaban a sus actos piadosos aquellos pobres jóvenes mundanos compañeros de trabajo.

Allí mismo en Tampico empezó a trabajar como Contador en el Banco Francés Lacoud, aunque para emplearlo fue necesario habilitarlo dada su corta edad. Y allí en ese Puerto se manifestó en toda su expresión su vocación de pastor de almas, empezando en ese entonces su vida de apostolado. Si desde niño soñaba en las misiones y en sus oraciones pedía a Dios la gracia de servirle como misionero, aquí tuvo la oportunidad de entrenarse, participando activamente en la A.C.J.M. dándose por entero a la juventud que hasta su muerte lo apasiono, ya que veía en los jóvenes el futuro del mundo, la esperanza de la Patria y de la Iglesia.

Francisco....

Cuarto hijo y tercer miembro sobreviviente de la familia, nació en la capital de Aguascalientes el 8 de Septiembre de 1905 registrado y bautizado con el nombre de Jose Natividad Francisco. Su primera Comunión y Confirmación el 8 de Septiembre de 1913

Francisco hizo sus primeros estudios en una escuelita particular de la señorita Cholita, profesora retirada por su avanzada edad, pero que no podía vivir sin los niños y en su casa tenía un grupito selecto. Después, siguió en el Colegio del Espíritu Santo. Las profesoras eran religiosas de esa Congregación en donde estudió música y aprendió a tocar el piano.

Salió el 20 de Enero de 1921 con rumbo a Hermosillo Sonora en compañía del Excmo. Sr. Obispo Juan Navarrete quien lo empleó como secretario, contralor de la Diócesis de Hermosillo. El 19 de Mayo de 1923 salió del Colegio Apostólico para ingresar a la Compañía de Jesús en el noviciado de Stockton Texas. Siempre efectuó conciertos de piano durante sus estudios y después durante su sacerdocio. Fue trasladado de Granada, Nicaragua a San Remo Italia el día 7 de Junio de 1936. Se consagró Sacerdote en Julio 26, 1939 en Roma Italia. Sacerdote, jesuita serio, dedicado en cuerpo y alma a la pastoral evangelizadora. Impartía ejercicios espirituales en el templo del Sagrado Corazón en Nogales, Arizona el día 16 de Julio de 1940 y el 26 de Julio en Tubac Arizona, ejercicios basados en Religión, Moralidad y la Oración.

Alfonso...

Alfonso, el cuarto hijo de la familia, nació en la ciudad de Aguascalientes el día 21 de Enero de 1908, al igual que sus hermanos curso su educación primaría con la señorita Cholita en donde además de su educación básica aprendió música. De joven para ayudar a su padre trabajo en la ciudad de Tampico como contador, después ingreso al Colegio Apostólico de Magdalena Sonora en donde cursó sus estudios superiores. Salió del seminario y fue prometido de la señorita Lupe Félix, después trabajo con el gobierno del estado de Sonora en la construcción de la carretera Nogales Guaymas. Promotor del movimiento Cristero de Sonora con el nombramiento de teniente coronel por el General Luis Ibarra, en donde después dio su vida heroicamente en Suaqui de Batuc, Sonora en 1935, por defender a sus compañeros de armas, a los que salvó. Considerado el primer mártir Sonorense.

Noviembre 4 de 1945 sus restos son depositados en el templo de Nuestra Señora de Guadalupe.

Luis....

Luis el quinto miembro de la familia, nació en la capital de Aguascalientes el 15 de Abril de 1910. Al igual que sus hermanos, cursó su educación primaria con la señorita Cholita en donde además de su educación básica aprendió música. Después ingresó al Colegio Apostólico de Magdalena Sonora en donde curso sus estudios superiores. Salió del seminario y en conjunto de su hermano Alfonso formaron una tenería en Navojoa Sonora, en donde curtían piel de res, después cambiaron la tenería a Guaymas. Ingresó al movimiento Cristero de Sonora con el nombramiento de Capitán 1ro. Padre de familia quien formó un hogar cristiano contrayendo matrimonio con Carmen Ruiz de Chávez el día 2 de Mayo de 1942. Estudió Ingeniería Eléctrica y le gustaba escribir llegando a ser director del periódico local de Nogales "el Baluarte". Fué creativo y le gustaba diseñar crear e inventar, creando diversos aparatos para limpiar la cebolla y zanahoria para una empresa de legumbres de Los Ángeles California, un sistema de gasificación de gasolina para estufas y su sueño fue transferir la intensidad de luz en música. Murió en el hospital del Socorro en Nogales Sonora por cáncer en el estómago el día 17 de Septiembre 1969.

# Edmundo...

Edmundo sexto miembro de la familia, nació en Aguascalientes el día 13 de Enero de 1912 al igual que sus hermanos cursó su educación primaria con la señorita Cholita en donde además de su educación básica aprendió música. A muy corta edad quedo al cargo y pendiente de la familia al quedarse solos debido a las condiciones políticas en que vivían; sus hermanos mas grandes estudiando fuera y su padre Ignacio exiliado en el extranjero. Con el tiempo, una vez mudados a Nogales Arizona ingresó al Colegio Apostólico de Magdalena Sonora en donde curso sus estudios superiores. Salió del seminario y se caso muy joven con la Señorita Josefina Borbón. No entró a la campaña Cristera porque ya estaba casado, pero asistió a la causa en cuanto le fuese posible facilitando su hogar como estación y resguardo a los cristeros peregrinos, representando al movimiento Cristero en convenciones y sosteniendo correspondencia y comunicaciones. Tuvo también una vida ejemplar. Fue propietario de una estación de gasolina y taller de reparación y distribuidor de los autos Ford, Mercury en Zacatecas y Aguascalientes. Falleció el día 19 de Enero de 1964.

Carlos..

Carlos el séptimo hijo de la familia, nació el 14 de abril de 1914, en Aguascalientes, Aguascalientes. Penúltimo vástago de esta familia, quien fuese bautizado por el entonces padre Juan Navarrete y Guerrero, recién ordenado sacerdote, en la parroquia de San José. Carlos, al igual que sus hermanos dio principio a sus primeros estudios en una escuelita particular de la señorita Cholita pero debido a los cambios de domicilio ingreso después al Colegio del Espíritu Santo. Carlos siguió sus estudios en San Luis Potosí, después en Tampico y una vez residiendo en Nogales Arizona ingresó al Colegio Apostólico de Sonora. Salió del seminario para ingresar al movimiento Cristero de Sonora con el cargo de capitán segundo. Fue prisionero de guerra en Sonora por varios meses y saliendo libre ingresó a la Compañía de Jesús en Isleta Texas. Ya ordenado sacerdote se estableció en la comarca de la Laguna en Torreón Coahuila formando el Centro de Investigación y Acción Social (CIAS), Las Cajas Populares de la Laguna, la Escuela Técnica de Torreón (ETIT) y Casa Ignito de Torreón. Carlos murió el día 25 de Diciembre de 1972.

En la familia De la Torre Uribarren, la jerarquía de autoridad estaba bien definida. Se reconocía, se estimaba y se respetaba. Carlos, tanto por familia como por formación en el seminario y militancia en el movimiento cristero, sabía acatar la disciplina y el principio de autoridad. En este sentido, sus 22 años de vida de familia fueron una buena preparación para aceptar el carisma de obediencia propio de la Compañía de Jesús.

# Benjamin...

Benjamin el octavo y último miembro de la familia, nació en la ciudad de Aguascalientes, Aguascalientes el día 17 de Abril de 1918. Siendo el menor y al igual que su hermano Carlos solamente cursó unos años con la profesora Cholita. Después continuó sus estudios en San Luis Potosí y posteriormente, ya radicando en Nogales Arizona en el Colegio Apostólico de Magdalena; mientras cursó sus estudios en Magdalena, se interesó por la química. Salió del seminario para trabajar en la industria del curtido de piel donde perfeccionó su talento llegando a curtir la piel de tiburón y muchas más. Benjamin fue un padre de familia ejemplar y organizador de la industria en Guaymas, Sonora, la cual se dedicaba a curtir pieles de tiburón que vendía en Ocean Leather en Nueva York. Ingeniero químico quien continuó con tenería de la familia. Benjamin no participó en el movimiento Cristero por ser menor de edad. Fué miembro y promotor del Movimiento Familiar Cristiano.

El día de su muerte aparecen infinidad de personas ajenas a la familia para darle un último adiós a Don Benjamin. Ana Guadalupe, hija menor de Benjamin, le pregunta a una señora ¿Cómo es que conoció usted a mi padre? La señora respetuosamente exclama ¿"que no sabe usted a cuantas personas nos ayudo Don Benjamin"?, él fue quien pagó por la educación de mis hijos y de muchas otras familias!

# CAPITULO III

## Cristeros de Sonora.

A largos rasgos preveré la siguiente información ya que se podrán describir detalles más adelante conforme pase cronológicamente los sucesos de la familia. Siendo Rev. Don Juan Navarrete y Guerrero, ordenado obispo y asignado a Sonora llego en tren a la ciudad de Nogales Sonora el día 8 de Julio de 1919. La estación de tren estaba localizada enfrente de la oficina nacional de ensayo minero y la jefatura de aduanas al costado norte del templo de la Purísima Concepción a unos pasos al sur de la garita internacional con los Estados Unidos de Norte América. El Sr. Navarrete fue recibido por el Rev. Martin Pórtela, Rev. Mateo Deyriux, y Rev. José María Pablos. El Obispo era muy joven, delgado y de costumbres muy quijotescas ya que no acostumbrava usar vestimentas apropiadas a su jerarquía eclesiástica, así es que de un principio no fue identificado y fácilmente fue confundido con el resto de los tripulantes del tren, cuando al descender del tren el Rev. Pórtela se le acerco y le pregunto ¿Y el Señor Obispo? – el luego respondió diciendo ¡Yo soy! añadiendo con su picardía típica ¡Qué poca cosa para un Obispo!, ¿verdad?

En este tiempo el estado de Sonora pasaba por una deficiencia moral viviendo una fría y opaca ceniza de la vieja reconocida y dolorosa indiferencia Sonorense en materia religiosa, después de muchos sacrificios el 12 de Octubre de 1921 consagro el seminario de Hermosillo y el 3 de Diciembre de 1921 abrió las puertas del Colegio Apostólico de San Francisco Javier en Magdalena. El colegio era al mismo tiempo, educación primaría, secundaria, colegio de música y escuela de comercio.

Fue entonces como anteriormente se había indicado es en ese año de 1922 que Doña María De la Torre le pide al joven Obispo que recibiera a sus hijos en su "seminarito" que, naturalmente, estaba en condiciones de miseria. Así fue como entraron al seminario de Sonora los hermanos De la Torre Uribarren. También ayudo mucho la cercanía del trato con el obispo y la familia, Doña María y Don Ignacio les distinguía con especial estima, por su compadrazgo y amistad desde los lejanos días de Aguascalientes. Así ingresaron al Colegio Apostólico; Ignacio, Alfonso, y Luis quienes estuvieron en algún momento estudiando en la ciudad de

Magdalena. Carlos ingresó después que sus padres se hubieran trasladado de Tampico y establecido en Nogales Arizona.

Mientras en México se da la orden de que los templos queden cerrados aconteciendo esto el 31 de julio de 1926. A la persecución religiosa de Plutarco Elías Calles, respondió un levantamiento cristero que duró tres años. Durante este tiempo el Sr. Navarrete fue expulsado de México estableciendo su seminario en la entonces llamada "casa verde", hoy "Academia Lourdes[28]". La casa verde eran barricas del ejército americano localizado en las afueras de la ciudad de Nogales Arizona al costado norte de la carretera 82 con rumbo al poblado de Patagonia. Las instalaciones fueron adquiridas por el Sr. Obispo Navarrete para establecer temporalmente los seminarios de Sinaloa y Sonora. Estos tiempos fueron de denuncias, destierros, inseguridad y martirios.

*Frente de segundo tercero y cuarto izquierda a derecha: Luis, Alfonso, Ignacio*

---

[28] Lourdes Academy 555 East Patagonia Hwy Nogales, Arizona 85621 "La Casa Verde"

Estando Luis en el colegio Apostólico de Magdalena a la corta edad de 15 años expresa su inquietud por la necesidad de defender los derechos de libertad y pelear en contra de los opresores, pero su duda interna también es el interés de terminar su educación religiosa y de ir a evangelizar a la población Mexicana que tanto lo necesita. El 5 de Abril de 1925 le escribe a su hermana María detallando su interés sobre la inquietud interna que no le deja tomar una clara solución.

Al frente de izquierda a derecha: Andrea, Don Ignacio, Sr. Obispo Juan Navarrete, Doña María, María
Atrás de izquierda a derecha: Benjamin, Edmundo, Alfonso, Ignacio, Francisco, Luis y Carlos


*Magdalena Sonora Abril 5 de 1925*
*Srta. Mara de la Torre*
*Querida hermana:*
*Pues todavía no nos han quitado el Colegio pero la orden está ya dada y el inspector de Escuelas que parece algo gente sensata le da vergüenza quitarlo nomás porque si pero pronto nos tendrás en Nogales muy pacíficos sin que nadie nos moleste.*
*Supe que estás enferma, pobre hermanita, tu cruz es pesada y sin consuelos pero piensa que lo haces por Dios y tu familia y aunque parezca que la familia no se da cuenta de tus sacrificios no te preocupe, que mi mamá, me ha dicho que tu sola la sostienes y que aprecia bien todos tus afanes. Miren, se los voy a decir claro, Uds. lo que tienen es harto exaltamiento de nervios que solo se les quita con el aire libre, las diversiones los paseos y sobre todo el hacerse un poco ......*

como yo ¡eh! un poco zorros, de lomo resbaladizo y verán cómo se componen las cosas: a ti que no te apene lo de Edmundo, a él que no se preocupe de lo que cree que le haces y a mi mamá que ni de Uds. de Mama Lita, y les aseguro que se les compone la situación y sobre todo que se distraigan que salgan que no piensen todo el día en sus cuitas. Tu trata a Edmundo con más cariño y no hagas muchas distinciones entre los tres chicos y si es posible a él con más cariño que a los demás. Y,,,, hasta más loca, para que consigas novio ¿sabes? Porque no me gustan las cotorras.

Yo ahora no hallo que hacer, de repente me dan ganas de salirme del seminario a defender mi religión y mi patria más prácticamente de promover un levantamiento de los católicos y darle al monigote ese de Calles su merecido con una onza de plomo en el corazón, pero luego pienso que deberás tú tienes razón soy un Niño todavía y qué puedo hacer, luego pienso que estoy todavía en preparación pero ahorita ya no es hora de preparación sino de la lucha y sin una cosa positiva y violenta no vamos a hacer nada los católicos porque al infeliz de Calles no le hacen las palabras sino los hechos y por otra parte quiero ser sacerdote para evangelizar a mi patria que mucho lo necesita pero me subleva tanto la sangre lo que están haciendo en Aguascalientes.....

Cuéntame tus penas como yo te cuento mis dudas que El Señor se digne dar la paz a la patria y al hogar.

Tu hermano que nunca olvida a su consentida

Firma; Luis De la Torre

Alfonso también expresa a su hermano Ignacio su descontento con los arreglos acordados entre el clero y el gobierno, además expresa inquietud por dejar el seminario. En Septiembre 17 de 1926 después de haber sido expulsado del país por el gobierno de Sonora, el Sr. Obispo Navarrete extiende una carta episcopal la cual dice así:

## Carta Episcopal

Juan Navarrete, por la gracia de Dios y de la Santa Sede, Obispo de Sonora, a nuestros venerables hermanos los sacerdotes y a todo el pueblo de la Diócesis, salud y bendición en el Señor.

Venerables Hermanos y Amados Hijos:

El 16 de los corrientes, viajando en el ferrocarril con rumbo a Nogales Arizona, donde debía tomar parte en la función de desagravio que nuestros hijos de Nogales habían organizado con motivo del aniversario de la proclamación de la Independencia Nacional, un individuo que se dijo ser esbirro del Gobernador del Estado nos intimó verbalmente y con amenaza de vencer
nuestra resistencia con la fuerza pública, la orden de abandonar el país, que venida del Presidente de la República nos comunicaba el referido Gobernador, sin que ni uno ni otro tuvieran a bien manifestarnos qué crimen hemos cometido que merezca semejante pena y ni siquiera nos dejaran una oportunidad para acudir a los recursos que las leyes no niegan a los más abyectos criminales para defender sus derechos de ciudadanos y de seres racionales.

Semejante orden, atentatoria en su fondo, ilegal en su origen y mucho más en su procedimiento, no puede tener valor ninguno ante la conciencia de cualquier hombre conocedor de sus obligaciones y derechos y por tanto al protestar contra el acto del Gobernador del Estado, que antes os hemos referido, por ser violatorio de nuestros derechos y de los de todos vosotros a quienes priva de nuestros servicios tanto espirituales corno materiales, declaramos *solemnemente no dar ningún valor a la orden en cuestión y estar dispuestos a volver a vuestro lado cuando el cumplimiento de nuestro deber así nos lo exija sin que nos espante la FUERZA BRUTA con que se pretenda arrebatarnos nuestro derecho, la que Dios Nuestro Señor nos dará licencia de eludir.*

*Os consta, venerables hermanos y amados hijos, que nuestra actuación en medio de vosotros ha estado absolutamente restringida al desempeño de nuestros deberes religiosos y al esfuerzo por ayudaros tanto intelectual corno moral y materialmente a llevar una vida pacífica, eficiente y digna por todos conceptos de un pueblo civilizado; pero por si os pudiera caber duda acerca de nuestra absoluta falta de méritos para el tratamiento de que hemos sido objeto por parte de la autoridad, PONEMOS A DIOS POR TESTIGO de que nuestra conciencia no nos acusa de la más insignificante falta en contra de las leyes que nos rigen tiránicas e injustas como son ellas. Por tanto, nos complacemos en pensar que la única razón que se ha tenido para tratarnos en forma tan inicua es el sagrado carácter de que estamos investidos y la misión de paz y amor que nos gloriamos en desempeñar.*

*Por nuestra parte nos sentimos felices y santamente orgullosos de haber sido hallados dignos de sufrir algo en confirmación de las doctrinas que hace ya siete años os venimos predicando, y lejos de albergar en nuestro Corazón odio y resentimiento con los que nos humillan y maltratan, les guardamos sincero agradecimiento y sólo sentimos hondamente que con su conducta hayan incurrido en las penas espirituales previstas en el Derecho.*

*Os exhortamos pues, venerables hermanos e hijos muy amados, a que nos secundéis en nuestra constante plegaria porque Dios Nuestro Señor mande días mejores a nuestra pobre Patria, porque mueva los entendimientos y los corazones al conocimiento y confesión de la verdad y a la aceptación de la caridad cristiana con Dios y con los prójimos, como único remedio eficaz para tantos males espirituales y temporales que actualmente nos aquejan.*
*Conservaos en caridad, amados hijos, haced el bien a los que nos hacen mal, huid de todo procedimiento de defensa que pueda redundar en derramamiento de sangre o en fomento de odios fratricidas; pero conservaos fieles a la verdad cristiana, a la Santa Iglesia Católica y a la pureza de costumbres que Dios nos ha impuesto como condición para merecer la felicidad en este mundo y en el otro.*

*En nuestro destierro no cesarán de levantarse nuestras manos al cielo ofreciendo las amargas lágrimas de nuestro ostracismo como víctima, por la conversión de nuestros Gobernantes, la tranquilidad de nuestras familias y la felicidad de nuestra Patria.*

*Dios haga caer sobre vosotros todas las bendiciones que de Él invocamos en el nombre del Padre, y del Hijo y del Espíritu Santo.*

*Dado en Nogales Arizona el día 17 de Septiembre de 1926.*

**Don Ignacio logra quedar a salvo cruzando la frontera de México con los Estados Unidos por el puerto de EL Paso Texas. Dejando al resto de la familia encargada a su hijo Edmundo, luego el día 9 de Febrero de 1927 envía una carta a su hijo Alfonso informando sobre la situación y pidiéndole que le informe a sus hermanos y al Sr. Obispo Navarrete:**

*Laredo Texas Febrero 9, 1927*
*Alfonso De la Torre*
*Nogales, Arizona*
*Mi querido hijito:*
Te extrañara que te escriba desde esta donde estoy desde el 17, vengo huyendo de la guerra, providencialmente escape de ser preso en Tampico donde estuve 14 días oculto tome el tren en Cecilia[29] el día 16 por la mañana, la familia quedo algo asegurada por el favor de Dios, Edmundo trabajando en la compañía en donde yo estaba y otras ayudas que les deje creo que puedan permanecer unos meces mientras mando por ellos. Estoy aquí arreglando mi pasaporte definitivo pues estoy provisionalmente por 8 días y luego pienso irme a esa haber si puedo trabajar allá en algo y primero por el Paso para saludar a Pancho. Avísale a Nacho y a Luis, salúdamelos y al Ilmo. Sr. Navarrete favor de comunicárselo de mi parte.
Recibe mi bendición y cariño.
*Firma Ignacio*

**Con la noticia de que Don Ignacio estaba en traslado a Nogales Arizona, Ignacio y Alfonso se apresuraron a contactar amistades para conseguir oportunidades de trabajo para su padre. Se le pudo conseguir el trabajo de contabilidad para la empresa M Karem Mercantil Co. en donde pudo dar comienzo a una nueva vida. En Marzo 15 del mismo año, una vez establecido envió una carta a su hijo Edmundo expresando su gratitud por la ayuda prestada en quedar al cargo de la familia.**

*Nogales, Arizona Marzo 15, 1927*
*Edmundo De la Torre*
*Tampico*

*Muy querido hijito:*
Por carta de Marica supe que en la Cía. Te pasaron al lugar de Trino y lo he sentido mucho porque tienes menos oportunidad de aprender, pero sin embargo si te empeñas allí al lado de Trino puedes aprender mecanografía, tu no desmayes de los reveces de la vida y sobre todo hijito fíjate que Dios te ha escogido para que me ayudes, dejándote sin pensarlo la carga de la familia y tal vez sea para ti mucho sacrificio, pero piensa que yo por acá estoy tan decaído de la situación que solo D.N.S. me sostiene. El trabajo que tengo es muy complicado y muy abrumador y solo gano $125.00 dólares de los que voy a pagar $30.00 de pieza y asistencia, luego $10.00 de Luis de sus estudios y $10.00 por lo menos de Andrea mas ropa lavada y gastos personales, me queda muy poco para abonar y traer a la familia, por tanto ya le escribí a tu mama haber que determinación tomamos, pero deseo saber que ayuda han tenido con las contabilidades si han cumplido los compañeros y si tú has podido con los libros de Flynn y a propósito le escribí en días pasados a Don Manuel Carrillo, empleado de la Cía. De luz para que el te dirija y no cobre nada, para que tenga la familia todo el sueldo y le apuren a reunir para venirse. Solo una carta he tenido de Marica y estoy ansioso de saber todo lo que pasa. Conque hijito, mucha abnegación y empeño en su trabajo y de buena voluntad portándose como los hombres, ya ve la necesidad que tengo de su sueldo por ahora. Y de medias como le ha ido? ¿ya pago a Don Roque?.

---

[29] Cecilia Tamaulipas, localizada al sur de Reynosa frontera con Hidalgo Texas

*Saludos a su mamacita y hermanitos y reciba mi grande cariño.*
*Mi bendición a todos*
*Firma "tu papa" Ignacio*
*"que Dios lo bendiga por sus sacrificios"*

Mientras tanto Ignacio cursaba sus estudios en el exilio en Nogales Arizona la casa Verde. Ahí en esa pobreza apartada, en el extranjero, en un suelo extraño y acompañado solo por sus compañeros de Seminario, el joven Ignacio recibió los órdenes de Ostiario y Lector, el 10 de Julio de 1928; Exorcista y Acolito el 1o de Agosto; Subdiácono, el 15 de Agosto; Diacono permanente, el 19 de Agosto. El 30 de Septiembre del mismo año, como ya queda dicho llego el día feliz que tanto había soñado, la culminación de sus estudios de seminarista, el triunfo de su vocación, el inicio de una nueva vida, su ordenación sacerdotal.

En secreto sin pompa alguna, arreglada la Capillita de madera con pocas flores y festones de papel encerado forjados con delicadeza por las manos de su única hermana, y acompañado de sus padres y hermanos recibió la unción sacerdotal haciendo probablemente en el fondo de su alma el propósito de una entrega completa y decidida, de buscar siempre y en todo la gloria de Dios y de honrar así mismo a la siempre Virgen María, particularmente bajo su advocación de Guadalupe, propósito que jamás desmintió, y que fué honrando día a día a través de su carrera sacerdotal hasta culminar en el sacrificio de su vida.
La semilla en él, sembrada por su obispo y maestro, el Sr. Navarrete, fructifica como fructifica la idea sembrada en el fértil campo del cerebro y así el 30 de Septiembre de 1928 es ordenado sacerdote.

En el año de 1929 con el supuesto tratado de paz el seminario se regresa a la ciudad de Magdalena el cual ya había sido establecido en Diciembre de 1921.

En septiembre de 1929 el Sr. Obispo Juan Navarrete junto con el recién ordenado joven Ignacio De la Torre y otros sacerdotes regresan a la Diócesis gozando de cierta y limitada libertad (tenían que pedir permiso para oficiar, no se podían reunir en ningún momento en asambleas, etc.) por orden de las autoridades civiles, hasta febrero de 1932 en que se dió orden de prisión para "Juan Navarrete" por lo que se vio obligado a ocultarse dentro los límites de la Diócesis de Sonora. Salió de México por la puerta fronteriza de Nogales Arizona en donde aún tenía su seminario de la Casa Verde en donde también estudiaban los seminaristas de Sinaloa, pero tan pronto llegó al seminario se disfrazó de campesino dejando su sotana y alza cuello detrás y regreso a Sonora a continuar con su deber y su apostolado junto con Ignacio. Pero, para poder funcionar dentro de los mismos malhechores fué necesario que se cambiaran de nombre que fuera con su imagen que también fué de mucha utilidad el hacerlo, porque descubrieron que tanto las autoridades en conjunto con la oficina de correo Mexicano les leían la correspondencia. Utilizando seudónimos podrían obtener algo de comunicación procurando no ser reconocidos, seudónimos que se utilizaron solamente para correspondencia ya que los seudónimos utilizados dentro del seminario por los mismos seminaristas ya podían haber sido reconocidos.

Sr. Obispo Juan Navarrete disfrazado de campesino.

Para el joven Alfonso era tanta su desesperación y congoja de estar enclaustrado en el seminario que naturalmente se hicieron más frecuentes cada vez los retos y salidas del reglamento de tal modo que se le formo un ambiente de antipatía dentro del personal del Colegio Apostólico en contra de Alfonso, como el padre Luis Barceló quien llego a quejarse algunas veces de que Alfonso no ayudaba en algunos trabajos que se le encomendaban para ayudar al colegio, como pintar puertas, cosas que, por lo general lo hacen los miembros apostólicos para el bien de la comunidad.

En vacaciones arreció la situación. Entonces el Sr. Obispo Navarrete viendo que Alfonso estaba violento y viendo que existía la oportunidad de que Don Ignacio mandase dinero para que Luis saliera del seminario, llamo a Alfonso y le dijo que lo ponía a elegir entre dos cosas: irse en lugar de su hermano Luis, y que podían quedar tan amigos como siempre, o continuar en el colegio, pero bajo la condición de que habría de portarse con el mismo recogimiento que les exige a los seminaristas, para que no alterara el orden ni diera mal ejemplo, aunque no tuviera intención alguna de hacerse sacerdote. Entonces su hermano Ignacio tomo cartas en el asunto, después de evaluar la situación y pensar en el futuro y repercusiones y convencido de que estaba haciendo lo correcto cumpliendo con su deber trato de convencerlo que se quedara en el colegio. Pasados los tres días que el Sr. Obispo Navarrete le diera a Alfonso para dar una repuesta, Alfonso finalmente elige quedarse, bajo las condiciones puestas.

Desde luego que Alfonso no cumplió, la situación continua igual que siempre entonces por última vez decide en dejar el colegio definitivamente diciéndole a el Sr. Obispo que los estudios que lleva son muy fundamentales y que él quiere estudiar algo más complejo y practico a la vez, que no estaba seguro si seguiría la carrera militar exponiendo su inconformidad con los hechos y la falta de acción de parte del clero, exigiendo y pidiendo justicia para los Católicos. Ignacio le escribe entonces a su padre Don Ignacio el 5 de Diciembre de 1934 dando explicación de los acontecimientos diciendo que el Sr. Navarrete recibió la carta de agradecimiento por haber tenido a Alfonso en el colegio y también que el Sr. Navarrete le pidió a Ignacio que le diese una carta extensa a Alfonso encomendándole formas de vida para que no se pierda ni pierda el tiempo precioso de su vida.

Alfonso entonces queda fuera del seminario pero viviendo dentro del Colegio Apostólico mientras consigue un albergue, desde luego que obedeciendo parcialmente las normas y reglas de disciplina impuestas y también trabajando parte del tiempo en la imprenta del colegio para pagar su estancia. Estando desligado de los compromisos del seminario se dedica a la aventura de iniciar negocios de varias índoles como; exploración de la minería, el comercio, curtido de pieles, y finalmente termino trabajando para el gobierno estatal en la construcción de la carretera desde Nogales a Guaymas y Santa Ana a Mexicali Baja California formulando los presupuestos de construcción, llevando las nominas de pago para los empleados y la contabilidad de la empresa.

Una vez fuera del seminario Luis y Alfonso encuentran en donde vivir en la ciudad de Guaymas, aunque Alfonso tenía que viajar y quedarse a dormir en los campamentos de construcción de caminos por temporadas, Luis se quedaba trabajando en la tenería en Guaymas.

Aunque bastante ocupado con sus nuevas y múltiples obligaciones seguía inquieto y sin un convencimiento absoluto por la situación actual de los arreglos del gobierno con la Iglesia y expreso todas sus inquietudes en una carta a su hermano Ignacio, en donde indica que los arreglos de 1929 fueron malos y solo disculpados con sutilezas filosóficas entre el hecho y el derecho. Que después de esos arreglos la Iglesia ha callado con su silencio implicando complicidad y envalentona a nuestros enemigos. Que la iglesia Mexicana ha defeccionado de la santa intransigencia apostólica, para salvar a sus príncipes; clérigos, curas, y obispos cuando deberían salvar antes a los principios, inhabilitado la independencia de la Iglesia. Sugiriendo también que el único remedio son las armas. Además afirma como caso concreto la actuación del Sr. Obispo Pascual Diaz afirmando que debe dejar escrúpulos para no estar con el Sr. Diaz

Continuaron ofreciendo el culto de la Santa Misa, comunión, confesiones, bautismos, bodas y todos los sacramentos a escondidas en casas particulares, siendo una de ellas la de Edmundo en la ciudad de Santa Ana Sonora en donde la gente ya sabía cómo llegar sin ser vistos por los soldados. Una vez más, la persecución en Sonora llego al extremo en 1931, siendo desterrados todos los sacerdotes, decomisadas todas las iglesias, escuelas, conventos y prohibidas todas manifestaciones de culto, incluyendo culto privado.

El Sr. Navarrete recibió nuevas órdenes de expulsión del país por segunda vez en el año de 1932 regresando al extranjero por solo unos cuantos días ya que toma la decisión de regresar a sus fieles y así disfrazándose nuevamente de campesino junto con el ya ordenado joven Ignacio De la Torre regresan a Sonora a continuar con el apostolado repitiendo el mismo dicho de su maestro el Obispo Juan Navarrete quien solía decir "De Sonora al Cielo" una frase significativa del Sr. Obispo Navarrete la cual siempre repitió el Padre Ignacio, la cual como veremos después se le cumplió. Mientras tanto en Nogales Sonora "el medio era hostil" a tal manera que muchos de los maestros de escuelas públicas se vieron obligados a dejar sus puestos debido a la radicalización nacionalsocialista sonorense que promovía entonces el Gobernador Rodolfo Elías Calles.

Don Ignacio pide ayuda inmediata a la LNDL pero desgraciadamente los únicos medios de comunicación avilés de ese tiempo eran por correo y dependían de muchos factores para que fuesen leídos y tomar acción inmediata como podemos ver en la siguiente carta enviada a Don Ignacio desde el Paso Texas por el Sr. Francisco Pérez.

Sr. Dn. Ignacio De la Torre, Sr.
Nogales, Arizona

Inolvidable y buen amigo:
Todavía con el lenguaje escrito, porque Dios no ha querido concedernos una entrevista, lo saludo afectuosamente lo mismo que a toda su apreciable familia, deseándoles en todo paz y bien.

Ayer justamente por la noche llegue de Chicago a donde fui a desempeñar una comisión de tercera instancia relativa con nuestros últimos y en cierto modo verdaderos acontecimientos, y al registrar mi correspondencia me encontré con su muy estimada carta del 10 del presente a la cual tengo el gusto de contestar. Me dispensa que de principio por aquello que de momento es mas urgente: ojala y pudieran sus amigos, que con tan noble desinterés desean ayudar para el progreso de nuestros abnegados Libertadores, mandar a esta cuanto antes sus preciosos donativos que tanto necesitamos enviarles porque, pues aquí tenemos una relativa facilidad de hacerlo, y contase que no nos arredramos por una desgracia que nos paso en Sábado próximo pasado y que de paso le diré: hay tiene que en dicho día aprehendieron en Laredo, Mex. al enviado que viene a esta cada 15 días a traer la correspondencia del Sr. De la Mora y con el muchas veces se le mando algo de parque; a las 7 de la noche de ese día supo el Sr. Lainee que dicho enviado estaba detenido en Nuevo Laredo y que habían decomisado dos mil cartuchos que se enviaban a las zonas más necesitadas. Esta noticia fue muy amarga y tremendamente desconsoladora y a tal grado delicada que todo el asunto se puso en manos del Dios de los ejércitos, y ese buen Dios que ya esta mitigando nuestro merecido castigo quiso salvar la angustiosa situación de la manera que Él lo sabe hacer, pues la correspondencia no fue encontrada , el parque lamentablemente fue decomisado, el señor quedo en libertad porque supo decir que dicho parque no era de él y no hubo quien probara lo contrario. Esta por demás decir que el caso fue un verdadero milagro.

Hoy más que nunca las negras nubes de la indecisión arrastran y envuelven al gran asunto de nuestra situación religiosa en México, y fundamentalmente hay mucho de verdad en lo que anuncia la prensa, pero la inmensa dificultad que hay es saber cómo se trazara con el honor debido a la iglesia con todos su derechos gloriosamente defendidos y sellados con la purpurina sangre de sus mártires. En todo el ambiente gobiernista se transluce que nos darán una libertad a la Francesa, cosa que no sería de desearse y que en muchos casos sería vergonzoso.... y para muchos corazones esforzados de testearles.. negra... dura....y amarga... Con las debida reticencias y cuarentenas le voy a decir lo que se dice por aquí: parece que la Curia Romana se inclina a que aceptemos los mexicanos una libertad religiosa calcada en la libertad que tienen los católicos franceses ... Yo para mi digo: si Roma y habla la cuestión termina... pero.. ....! Dios proveerá! Ahora, más que nunca, renovemos nuestra fe y con santo denuedo pidamos el pronto y feliz arreglo de toda nuestra situación religiosa.

Con motivo de la efervescencia de las noticias anteriores hemos determinado no salir para Sud-América, sino esperar aquí, en este país en donde todo es cartón, hasta los corazones...

117

*esperamos aquí, digo, que Dios realice en nosotros las bellas esperanzas de volver a la deseada patria.*

*Mucho le ruego se empeñe en orientar eso de los donativos y con toda tranquilidad pueden mandármelos a mí para darles su debido y religioso destino.*
*Celebro demasiado que todos estén junto y Dios quiera concederles horas de quietud y de felicidad en las cuales recobren los bríos para que nombre de vuestra acendrada fe y patriotismo todos sigan trabajando por ensanchar el Plan Divino en nuestra desventurada patria.*

*Con los precedentes deseos, tan profundos como sinceros, envió un fuerte abrazo para las Marías, para todos y cada uno de los muchachos, reservándose Ud. mi cariñoso afecto con cual envió mi bendición para todos.*

*Firma "Francisco Pérez Calvario"*

La respuesta del obispo no se hizo esperar. Desde Magdalena, el 29 de enero de 1932, monseñor Navarrete y Guerrero envió una carta al gobernador y al Congreso del Estado, pidiendo la reconsideración de la ley 22, del 30 de noviembre. Al mismo tiempo, el obispo de Sonora envió orden a sus sacerdotes de no registrarse y hacer hasta lo imposible por seguir en sus puestos.

Para entonces el Obispo Jose de Jesús Manríquez y Zarate exiliado en los EUA desde la ciudad de EL paso Texas bajo el seudónimo de Eulalio López, seguía trabajando junto con Don Ignacio De la Torre en Nogales Arizona organizando el movimiento y contribuyendo económicamente para sostener la causa.

Poco después, el 15 de febrero de 1932, Alfonso De la Torre, comunica a José Murillo, gerente del semanario "La Época" en México, Distrito Federal, que se habían recibido instrucciones de su santidad Pio xi, de remitir la lista de sacerdotes y parroquias al gobernador Rodolfo E. Calles para consecuentar la ley del Congreso del Estado. No satisfechos con esto, gobierno y ejército continuaron la persecución del obispo, los sacerdotes y los integrantes del seminario, del que era rector el padre Ignacio. Así el 16 de febrero de 1932, en una carta, Carlos le anuncia a Doña María el traslado del Seminario a la sierra de Sonora; *"cambié pantalones de casimir por pana y mezclilla; me compre una chaqueta de mezclilla y un sombrero de palma en general, todo el colegio (Seminario) va bien. Yo en mis clases estoy bien. Estudio taquigrafía e inglés".*

Era gobernador de Sonora Rodolfo E. Calles y como es entendible, seguía la pauta marcada por su padre Plutarco Elías Calles. Así, el 30 de noviembre de 1933, el gobernador Calles y el Congreso de Sonora, expidieron la ley 22, imponiendo el registro obligatorio ante el gobierno, de todas las parroquias y sacerdotes para autorizar el ejercicio de su ministerio. Se reglamentaba, de este modo, el artículo 130 de la Constitución Política de México.

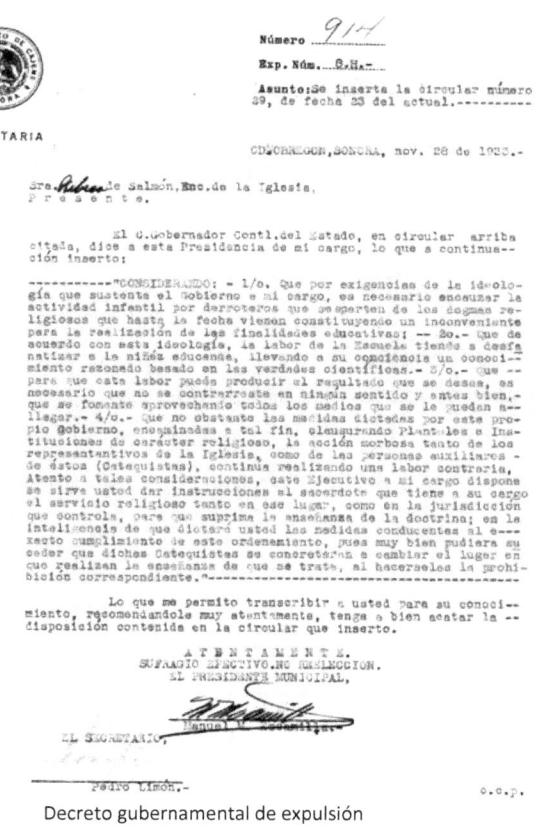

Decreto gubernamental de expulsión

Bajo éste, el verano de 1933 todos los maestros activos de Sonora se vieron obligados a participar asistiendo en la capital del estado, en Hermosillo a unos cursos de adoctrinación política socialista, al fin de los cuales se formó la Federación de Agrupaciones de Maestros Socialistas de Sonora de tendencia comunista, como se había indicado anteriormente, para que se impartiera mejor la educación socialista.

Las reuniones, Misas, confesiones etc. Se hacen en casas particulares a escondidas del gobierno. Edmundo, ya casado y padre de familia facilitaba su casa en Santa Ana Sonora para que se efectuaran las reuniones y pudiesen llegar los cristeros a descansar y tomar víveres.

El siguiente comunicado de Carlos a su mamá, en Arizona, lo escribe desde "mi tierra", el 2 de octubre de 1932. Cambian de lugar de un rancho a otro, ellos mismos construyen los albergues con troncos, por éso las clases empezarán hasta Noviembre: cuatro comienzan latín, cinco van a segundo año (entre ellos Carlos), dos a primero de filosofía (y falta uno) y de teología no son más que tres. "Para festejar el día de mañana, hace un rato mataron un becerro que pagó el padre Barceló para que comiéramos carne". Luego pide a su madre "unas bendiciones que me duren hasta que se me acaben".

Perseguido por el ejército y el odio de Rodolfo E. Calles, el grupo de seminaristas andaba a salto de mata por la sierra, sobreviviendo, estudiando y orando. Siempre acompañados par el señor obispo que les dio un ejemplo heroico. Para las salidas obligadas de la sierra, por causas de su ministerio, el señor Navarrete se hacía acompañar de Carlos como chofer.

Ese mismo año el gobernador no solamente ordenaba la expulsión de todos los sacerdotes, también ordeno el cierre de los templos en Sonora, y en septiembre fueron quemadas en los hornos de la Cervecería de Sonora, en Hermosillo, la imagen de San Francisco Xavier de Magdalena, y otras imágenes religiosas. Este fue el primer paso en el proyecto para sustituir con el Estado al papel espiritual de la Iglesia en una transferencia de la sacralidad hacia una religión secular con rituales cívicos.

El Obispo de Sonora, Juan Navarrete, en vez de partir al exilio, decidió entonces esconderse en Sonora, como anteriormente lo había hecho, disfrazándose de campesino, mientras que el gobernador Calles ordenó sustituir las misas dominicales por domingos culturales en los que se presentaban obras de teatro que atacaban a la Iglesia, así como poemas y parodias antirreligiosas.

En septiembre de 1934 había tomado posesión de la Presidencia de la República Lázaro Cárdenas, aunque en Sonora todavía seguían los callistas en el poder. El verano de 1935, los maestros organizados, los obreros y campesinos del Estado le daban el apoyo al candidato callista a gobernador, Ramón Ramos.

En junio, el Inspector de Educación de Sonora creaba el Comité de Depuración. Lo que su función sería interrogar a los maestros sobre sus simpatías ideológicas y despedir a los que no siguieran la ideología socialista comunista.

Viendo la situación que cada día se complicaba mas en el año de 1934 el Sr. Obispo Navarrete toma la determinación de mover el seminario a lo mas interno de la sierra de Bacadehuachi y utilizarlo como escondite para continuar con la educación de los seminaristas y evangelización de Sonora.

En Abril de 1934 el señor Obispo celebró sus Bodas de Plata sacerdotales. Algunos automóviles llegaron de Hermosillo y de Magdalena. La afluencia de tanta gente y, especialmente de automóviles, despertó mas las sospechas de los rancheros vecinos. Y, así, cuando terminó el curso escolar 1933-1934, a todos les parecía que el escondite del señor Obispo no era ya un secreto.

Algunas veces se recibieron avisos de que venían los soldados por todos los seminaristas. Entonces rápidamente escondían los cajones con los libros en algún arroyo, y la mayor parte de los muchachos se iban para el monte para regresar cautelosamente al anochecer. Hubo varias falsas alarmas. Pero un día, el aviso fue en serio. El Gobierno había enviado a algunos hombres para buscar y aprehender al señor Obispo. Nunca se supo de donde venía la denuncia.

Casi todos los muchachos se fueron a sus casas con la consigna de esperar, en cualquier momento, un aviso secreto para la próxima reunión que sería en cualquier parte. Nadie podía saber dónde. El señor Obispo salió en automóvil a encontrar otro refugio. Cuando llegó a Santa Ana, arribaron también sus perseguidores. El automóvil del señor Navarrete estaba tomando gasolina. En ese mismo instante llegó a la gasolinera el auto de los policías también a comprar gas. Hubo momentos de tensión. Pero los policías no reconocieron al "Campesino Fortino" y prosiguieron su camino hacia Buenavista, para aprehenderlo. El señor Obispo después de haber descansado en casa de Edmundo De la Torre procedió atravesando la carretera Internacional he internándose en la sierra que está al oriente de Santa Ana, y se escondió en un viejo rancho de nombre Los Cajones.

El rancho de Buenavista "fruto de tantos afanes" y arduo trabajo de Luis quedo solitario y abandonado en el ceniciento lomerío. El disfrazado "campesino" Don Fortino tuvo que seguir dramáticamente su vida de fugitivo y buscar la manera de construir una vez más otro Seminario. Buenavista fue un ensueño pasajero.

Algunos meses después se le encontró al señor obispo Navarrete en el poblado de Tepuchi. Estaba sentado en la banqueta de una casa, al borde de la calle, comiendo caña. En esta ocasión lo acompaña Carlos quien frecuentemente le servía de chofer junto con otros dos amigos. Estos están descansando un poco del fatigoso viaje en "troque por aquellos caminos imposibles.

La casa frente a la cual se encuentran es la residencia del presidente municipal. Ellos no saben que en esos momentos el presidente está leyendo un telegrama en el cual el gobierno del estado le ordena perseguir, aprehender y remitir presos a Hermosillo a los ocupantes de auto sospechoso. En el pueblo el único automóvil desconocido es el que lleva el señor Obispo. Los sospechosos, sin darse cuenta de nada, reanudan su viaje hacia Moctezuma, mientras el presidente municipal trata de localizar a sus policías.

Dos busca-recompensas (cazadores de fugitivos) son enviados a perseguir a don Fortino en otro automóvil. El señor Obispo ha tomado mucha delantera, pero como no sabe que lo persiguen, su chofer Carlos conduce el auto sin ninguna prisa. Los perseguidores se le acercan cada vez mas. Ya pueden divisar de vez en cuando, en una curva o en alguna cuesta, el auto del señor Obispo. No se les puede escapar.

Pero aquel camino tiene un trecho tan angosto que, caminando con mucho cuidado, apenas puede pasar un auto. El trecho es bastante largo y por allí pasa el Obispo. Poco después entran en el mismo tramo los perseguidores, pero con tan mala suerte que, al poco tiempo de andar en ese trecho, se encuentran con otro vehículo que viene en sentido contrario. No pueden pasar los dos autos al mismo tiempo y ninguno de los dos quieren retroceder. Se arma una tremenda discusión donde se mezclan los argumentos con los insultos. Finalmente se convencen los sabuesos de que a ellos les corresponde retroceder, puesto que han caminado menos distancia por aquella infame carretera. Retroceden, y pierden el tiempo necesario para poder dar alcance a don Fortino.

Sin embargo, la orden de aprehensión ha llegado también a Moctezuma. Cuando el señor Obispo, Carlos y sus acompañantes entran a la población le sale al encuentro un individuo que lleva en su mano un telegrama. És un viejo amigo y es también nada menos que el telegrafista del pueblo. Les dice a los viajeros que salgan pronto del pueblo y, cuando calcula que ya se encuentran en lugar seguro, entrega el telegrama a las autoridades locales. Era la orden de aprehensión para Don Fortino y sus acompañantes.

Así fue como el señor Obispo Navarrete, sin padecer gran angustia, esquivó a sus perseguidores y por la noche pudo llegar al pueblo de Huanabas. Su intención era internarse cuanto antes en la Sierra Madre donde ya estaban algunos de los seminaristas. Nadie debía saberlo. La sierra era el último refugio que le quedaba libre en el estado de Sonora.

Mientras el Obispo descansa un poco, sus acompañantes consiguen unos caballos y encuentran un guía. A las tres de la mañana entre las sombras, cautelosamente, tres hombres a caballo salen del pueblo. Son don Fortino, Jose Durazo y Jesús Fimbres, el guía. Jesús Fimbres es el único del pueblo que conoce el camino y el profundo barranco de la Sierra donde están escondidos los seminaristas. Carlos se regresa a Magdalena a reunirse con sus hermanos Luis y Alfonso.

Don Fortino y sus compañeros caminan hasta el amanecer y siguen caminando todo el día. Van sin vereda, por el monte, esquivando los ranchos para que nadie los vea pasar. Al caer de nuevo la noche ya están escalando la primera cumbre de la Sierra Madre. Pero los caballos se cansan y no pueden seguir adelante. Desensillan los caballos y los mismos "sudaderos" de las monturas les sirven de cama. En el mes de Noviembre, en aquellas alturas, las noches son muy frías. Los tres viajeros tienen que dormir juntos para aprovechar la única cobija. Pero, después de media noche, nadie puede dormir de frio que largas son estas noches sin dormir y sin comer!...

Al día siguiente caminan casi toda la jornada por desfiladeros que dan vértigos, a veces entre bosques de pinos gigantescos o entre espesos mantés de juncos espinosos, a veces también entre cascadas y flores. Finalmente llegan a su destino que es una humilde cabaña de troncos, escondida en el fondo de un profundo cañón de la Sierra Madre, de la Sierra inmensa, hosca y misteriosa, fascinante y terrible, pero a veces más acogedora que muchos corazones humanos...

Con la entrada del señor Obispo en la Sierra se había comenzado a realizar un plan suyo concebido audazmente. Cuando él estaba en Buenavista y sentía inminente el peligro de ser descubierto, varias veces los reunía para planear su huida y pensar en el próximo escondite. No se trataba solo de escapar sino de poder seguir con los estudios.

Fue una verdadera inspiración de Dios la idea que tuvo don Fortino de internar al seminario en la Sierra Madre. En aquellos tiempos esta Sierra tenia vastas regiones vírgenes e inexploradas donde solo vivían los leones y los osos, los pavos silvestres y los venados, los bosques, la maleza y la jungla. Sus altas cumbres y sus profundos barrancos, sin cambios de ninguna clase, eran magníficos escondites para mucho tiempo y para muchos seminaristas.

Para semejante aventura el Seminario tuvo que dividirse. Tres alumnos de Filosofía (Antonio Hoyos, Roberto González y Rafael García) se instalaron en Guaymas. Eran pocos y pasaban desapercibidos cultivando y vendiendo verduras. Su maestro era el padre Francisco Navarrete. Le decían don Pedro. Los estudiantes de Latín establecieron sus aulas en La Cuesta del Castillo, una buena casa de campo a dos leguas de Nacozari.

Tal vez estos compañeros y otros seminaristas envidiaban a los "Teólogos a quienes permanecían en compañía del señor Obispo y del padre Luis Barceló, emprender la gran aventura de la Sierra", pero aquella romántica aventura puso muchas veces a prueba la resistencia física y moral de los teólogos.

Es cierto que el paisaje de la Sierra era estupendo. A mi padre Luis le parecía un parque inmenso que tenia kilómetros y kilómetros de bosques y jardines. con arroyos cristalinos y cascadas tumultuosas, con cumbres y peñascos que besaban el cielo, rocas cubiertas de musgo multicolor y hasta flores exóticas de todas las gamas.

Es cierto que allí en aquella lejana soledad desconocida para el mundo podían estudiar y rezar a gritos sin temor a ser descubiertos. Pero establecer una colonia en plena Sierra Madre, sin los medios que hay en área civilizadas, como los hombres de la Edad de Piedra, era algo muy duro.

Comenzaron a desmontar un pequeño "bajío" o llano que se encontraba en el fondo de un oscuro "cañón", a orillas de un arroyo que siempre llevaba agua cristalina. Enormes pinos, cedros, encinos, bellotas. iban cayendo a golpe de hacha. Los troncos eran empleados en la construcción. Para levantar y trasladar aquellos pesados troncos tenían que unirse todos incluso el señor Obispo que no le tenía nada de miedo al trabajo. En algunas ocasiones trabajaron entre la nieve. Aquellos lugares son tan fríos que en tiempo de verano se requieren dos cobijas para dormir. Antes de terminar el dormitorio, pasaron varias noches bajo la lluvia...

Comentaba mi padre Luis que bajo la cobija que utilizaba para dormir, después de levantarse se encontraban escorpiones y muchos más insectos que dormían junto con ellos. Pero aquel arduo trabajo tenía sus compensaciones. Aprendieron nuevas técnicas de construcción: derribar arboles, hacer madera, tejer lana, aprovechar el cuero, fabricar zapatos, es decir "teguas"; y poco a poco, obligados por la necesidad, y auxiliados por lo que don Fortino les había enseñado de ciencias naturales, fueron aprendiendo como se aprovechaban directamente los diversos productos de la naturaleza virgen.

Seminario en la sierra de Sonora llamado "Los Ciriales" construido por los seminaristas.

Palacio Episcopal (casa del Sr. Navarrete) en la sierra de Sonora

Excmo. Sr. Juan Navarrete Obispo de Sonora

Lo que más les encantaba de la Sierra era los paisajes. Únicamente habían derribado arboles en el sitio que se ocupara para la casa y en los lugares donde debían sembrar maíz, frijol y papas. Lo demás siguió siendo un inmenso parque sin fín. La casa quedó terminada con capilla, dormitorio, aulas y cocina en Diciembre de 1934. Frente a la capilla, que era de olorosos troncos de cedro, había dos pinos gigantescos. Cuando las rayos del sol lograban penetrar en la profundidad del barranco y brillaban sobre las doradas copas de los pinos, estos parecían enormes cirios encendidos como luces de bengala. Por esta razón aquel lugar se llamó "Los Ciriales" en donde por fín después de tantos sacrificios pudieron recibir las ordenes sacerdotales Salvador Sandoval y Juan Barceló, implementadas por las manos consagradas del Sr. Obispo Juan Navarrete el día 22 de

Septiembre de 1935.

Existieron dos lugares dentro de la sierra; Los Ciriales y el más conocido que es el Rincón de Guadalupe. El lugar una vez llamado Los Ciriales fue completamente destruido por las fuerzas federales y nunca fue reconstruido, en cambio se construyó El Rincón de Guadalupe quedando como a una hora y media a caballo al sur oeste del seminario original. Hoy en día, con la ayuda de voluntarios se ha estado haciendo brecha o bien camino de terracería para que puedan entrar vehículos de doble tracción, anteriormente su llegada tenía que ser a pie o a caballo. Su localización es Longitud 29 grados 50 minutos 42.45 segundos Norte y Longitud 108 grados 58 minutos 37.60 segundos Oeste, un terreno de la sierra de Bacadehuachi bastante hostil con barrancas, cañones, cuevas y precipicios.

Camino a la sierra, Rincón de Guadalupe y los Ciriales

Era una vida dura, difícil y sacrificada; solo un carácter firme y una profunda motivación interior, podían sostener aquel tenor de vida. Desde Magdalena, el 16 de mayo de 1934, escribe Carlos a su mama: "*Ya estoy flaco y tembloroso de tanta desvelada... Salúdeme mucho a Sofía y dígale que todas las noches lloro 36 minutos por ella*".

Alfonso junto con Luis salen del seminario y con la ayuda de Don Ignacio establecen el negocio del curtido de piel. Durante el proceso de instalación de la tenería y el trabajo de construcción de carreteras, Alfonso tiene la oportunidad de conocer en Navojoa a la Señorita Lupe

Félix,[30] originaria de Álamos. Aunque Alfonso ya fuera del seminario continua con su inquietud y su descontento, entonces le escribe una carta a su hermano Ignacio para poder desahogar sus inquietudes.

Casa de Guadalupe Félix en Álamos Sonora

Con referencia al negocio, tienen dificultad en un principio para poder establecer clientela para la compra de piel curtida y también la dificultad de conseguir pieles baratas, Alfonso se mantenía ocupado en el trabajo de la carretera y exploración minera y Luis era quien podía hacer la compra de piel, pero no les gustaba que Luis hiciera los negocios porque no sabía engañar a los vendedores y el margen de ganancia se reducía. Luis nunca fue buen comerciante pero si un excelente ingeniero en el que siempre acudían a él para la instalación, reparación y creación de equipo para el curtido de piel.

Ignacio entonces responde a las inquietudes de Alfonso diciendo así en su carta de Enero 1 de 1935:

*Querido Hermano:*

*Recibe en primer lugar mi más sincera felicitación por el nuevo año. Para los Cristianos no hay pesimismo, porque siempre podemos estar ganando en orden a nuestro último fin, aunque atravesemos por situaciones desesperantes.*

*En segundo lugar, voy a tratar de dar contestación a tu carta-desahogo, que, como tal, se me hizo muy sabrosa, porque, porque me pareció oír reproducirse las protestas de los suevos pontificios, o el arranque aquel del rey godo: al oír narrar las injusticias hechas a Cristo en su pasión, blandiendo su hacha de mano a que llamaban la "francisca", exclamando "!en donde estamos los godos con nuestras franciscas!"*

---

[30] *Lupe Félix, novia de Alfonso de Álamos Sonora.*

Pero considerada tu carta ya no como desahogo sino como opinión, voy a tratar de darte la mía, categoría y llana. Releída y analizada tu "Quesquetardem Catilina abutere patientia nostra", la reduzco a estas afirmaciones:

1. Los arreglos de 1929 fueron malos y solo disculpados con sutilezas filosóficas de distinguirlos entre el hecho y el derecho.

2. Después de ellos la Iglesia ha callado con su silencio que implica complicidad y envalentona a nuestros enemigos.

3. La Iglesia Mexicana ha defeccionado de la santa intransigencia apostólica, para salvar a sus príncipes, cuando deberían salvar antes a los principios.

4. De hecho se ha abolido la independencia de la Iglesia.

5. El único remedio son las armas.

    Casos concretos.

6. El Sr. Diaz prohibió Criterio.

7. Yo debo dejar escrúpulos para no estar con el Sr. Diaz

Creo que he puntualizado tus ideas, que, desvestidas de la retorica de tu exaltado desahogo, así resultan. De allí sacas varias conclusiones, v.g. que ha cambiado la doctrina, que la masa de fieles esta en dudas mortales, que si se calla debería callarse aun la instrucción de la Religión, etc.. las conclusiones penden de las premisas, y por eso de estas me ocupo, contesto a la primera.

PRIMERA, los arreglos fueron aprobados por encíclica de S.S. Pio XI. Y "Roma locuta causa finita". Luego ¿O tu eres el que ahora vas a cambiar el dogma de la ifalibilidad del Papa en asunto de doctrina?

Pero aun a la razón se le manifiesta que los arreglos no son esencialmente malos. Porque: toda obra toma su moralidad del fin, objeto y circunstancias. Es así que en los arreglos el fin fue atender a las necesidades espirituales de los fieles (sic formaliter) porque si acaso un individuo (Diaz) tuvo interés en las comodidades o en el dinero, el no es la Iglesia, ni por eso se hizo el arreglo, el objeto fue la inscripción de los sacerdotes, la cual, bajo las circunstancias de ser un dato estadístico y no un acto de RECONOCIMIENTO, no encierra apostasía. Luego..

Que los arreglos hayan dejado mucho que desear, todo los lamentamos.

Que se hubiera podido y debido hacer más por la Iglesia, todos lo creemos.

Que hayan dado unos resultados prácticos pésimos, ya lo habíamos previsto y ahora lo estamos sintiendo. Pero esto no es debido a la hipocresía del gobierno, que a los arreglos, por más que esta falacia pudo cavarse en la candidez de los Sres. Obispos.

*Que les pago pesimamente a los Cristeros, lo lloramos todos con lagrimas del alma.*

*Ahora esto va en un terreno hipotético, pero que la peycologia nos permite aventurarlo: el triunfo de los Cristeros hubiera sido perjudicial a la causa católica. Razones: era una guerra religiosa. Sucediendo el triunfo, los aciertos o desaciertos redundarían en crédito o descredito de la misma religión. Pero si ya desde la lucha estamos los católicos todos divididos, en todas las esferas, soldados contra soldados, jefes contra jefes, obispos contra seglares, etc., etc., muy probable que el triunfo nos anduviéramos a jalones. Esto se le he oído decir a personas que anduvieron con la␣pelleja en peligro por la causa. Sírvete recordar de la guerra de tres anos, en que los conservadores triunfaron y aunque no eran mandados por el clero todo se lo atribuyeron a la religión, y sus desaciertos vinieron a hacer que todo el pueblo tuviera prevención contra la jerarquía eclesiástica, y contra la causa conservadora , y abrieron los brazos a los liberales. Uno de los desaciertos que mas disgusto al pueblo permitir y pedir la entrada de soldados Franceses. El pueblo todo se opuso y no distinguió sino que se opuso a la causa conservadora.. no quiero decirte que quiero ver la cosa pública en manos de malvados. No. Pero no estamos preparados para el triunfo. Y que ahora , si se hace la guerra como se plantea, por derechos cívicos y naturales, los aciertos o desaciertos de nuestra gente no caerán en crédito o descredito de la Religión, la cual, tu bien comprendes, que debe estar por encima de todo, y tratar de envolver en su caridad convencer con su verdad lo mismo al judío que al masón, que al penerrista, que al cristero que a la monja, que a todo el que tenga alma, por las vías del convencimiento y de la caridad.*

*Un distingo ahora (aunque seas tan refractario de ellos). Una cosa son los arreglos por la Iglesia, como institución, y otra es el Sr. Diaz (por información de Edmundo) que va y le suplica a Calles que le reciba en audiencia , o el Sr. Pórtela que les da quinientos pesos porque n le molesten, o el Sr. Cura X o Z o R que por no ver un gendarme manda suspender los centros de catecismo, o manda callar el órgano, etc... Estos son actos personales que iremos cada uno a pagar en el infierno o en el purgatorio, sin que por eso se pueda decir que es la Iglesia Católica la que se humilla.*

*Por último, la Iglesia, por boca del Delegado Apostólico, y en su carácter oficial, ha declarado (en la hojita te mande) que los arreglos fueron tenidos confiando, como honrada que es la Iglesia, en la honradez del gobierno; que este no cumplió; que Ella protesta (es decir que ya no hay tales compromisos) que los católicos están en el deber de organizarse y defenderse por todos los medios lícitos. ¿prohíbe las armas?, ¿las manda?. Ni una ni otra cosa; deja la responsabilidad de los ciudadanos sus actos; Ella sigue el camino de Cristo, sacrificio y caridad. Los ciudadanos pueden y deben preguntar si "hic et nuno" es licito tomar las armas y la Iglesia les responderá con una solución concreta. Que el principio de "vim vi repellere" y "rechazar" el injusto agresor con la moderación de la indispensable tutela, son principios que siempre e invariablemente los ha ensenado.*

*Si los arreglos retrasaron o hicieron más difícil el triunfo social o civil de los principios cristianos, sin embargo dan a la Iglesia el derecho a escribir en su historia, una vez más que agoto todos los medios pacíficos, como lo hiciera con Federico III de Alemania, con Felipe II de Francia, con Lutero, Jordano Bruno, Gallielo, etc. Etc., que los amonesta les* acepta sus falsos arrepentimientos, los áspera y después de darles el pan mojado en propio plato como Cristo a Judas, cuando ya no hay más remedio les lanza él: "lo que has de hacer hazlo pronto", es decir el anatema. nosotros no sabemos los caminos de Dios por donde lleva El a su Iglesia y a sus enemigos, pero si te puedo decir que la falsedad de la Revolución con la Iglesia no va a quedar impune, y como Dios permitió los humillantes arreglos, inspirara el arrogante amáteme…. "?Hombres de poca fe, porque dudáis?"

SEGUNDA. La Iglesia no ha callado después de los arreglo. Pruebas; en cada caso de limitación de los sacerdotes los obispos entre ellos el nuestro, han dicho que OBEDECIENDO A SUS SUPERIORES ECLESIASTICOS (no la ley civil) designan el número limitado, único que esa ley civil les permite, para que no falte del todo a los católicos el auxilio espiritual.

Después de una temporada de discrepancias accidentales entre el modo de hablar de cada obispo, dispuso el Delegado que ninguno hablara mas en público, sino el, por medio del presidente del Episcopado, que es el Sr. Diaz. (¿Y porque él y no el Sr. Manríquez? Dios lo sabe. Ese es el hecho). En tal virtud, los obispos han callado y el Sr. Diaz ha estado expidiendo declaraciones y escritos, cuando ha creído conveniente. No hay que esperar de una autoridad que este a grito y grito como un periódico de oposición. Basta que una sola vez ponga los puntos sobre las íes, y esto lo ha hecho.

Concluyamos que la Iglesia no ha tenido un silencio de complicidad. Si tu y yo también deseamos que hubiera escrito mas y mas fuerte, es porque tenemos hambre y sed de justicia. No porque la Iglesia se haya hecho cómplice de la injusticia, sino porque la injusticia se ha impuesto a punta de bayoneta.

Por último admito, admitamos que la Providencia todo rige, que ha querido tengamos por jefe a personas de una gran moderación, que cuando Dios quiera suscrita a un entusiasta templado que hable de otro modo. Pero no digamos que se han escondido los principios.

TERCERA. La Iglesia se ha humillado, y con ella a sus príncipes y a sus fieles, hasta sufrir vejaciones y males físicos y morales, pero no ha cambiado sus principios.

Cambiar sus principios sería reconocer autoridad en el gobierno, desconocer al Papa y predicar en consonancia con la "ideología de la Revolución". Así lo hizo el arzobispo de Paris cuando la revolución del 93, que prestó el juramento de "igualdad y fraternidad" y ya cismático estuvo obedeciendo órdenes de la comuna. También lo hicieron algunos obispos de Inglaterra que reconocieron a Enrique VIII por pontífice.

En México sería muy ventajoso hacer eso, hablando de ventajas materiales. Si una sola vez se reconociera el gobierno, este cambiaria como por ensalmo, y este sería el primero en apoyar y facilitar hasta la transmisión del P.R.N. para la predicación del clérigo que se prestara a recomendar su "ideología".

Por tanto, el hecho mismo de que nos humillen, de que juren guerra a muerte, de que canten en todos los tonos que el clero hace "labor sediciosa" es la mejor prueba de que no ha habido jamás ese reconocimiento, del cual pidieran los gobernantes albricias al mismo demonio.

*Inscribirse declarando que se hace como un dato estadístico y por obediencia del Papa; limitar los sacerdotes declarando que se hace por la fuerza y para hacer el único bien que se puede; trasladar los seminarios al extranjero o a la sierra, porque a mano armada van a cerrarlos; permitir que los colegios aparezcan como laicos (no como anticatólicos) para salvar la instrucción de la construcción oficial corruptora siquiera un elite social; dejar que hondee la bandera en los templos, porque por la fuerza lo exigen en días como el 5 de febrero; ect., ect., ect.., son humillaciones que indignan, que hacen sufrir como debió sufrir Cristo cuando Herodes lo mando vestido de loco por las calles, pero es claudicación de los principios. Si simplemente se tratara de salvar a los príncipes, el mejor modo seria decirles que corrieran al extranjero. Si se quisiera atender solo intereses materiales de ambición, lo mejor era declararse incondicional de la Revolución y entonces cada cura tendríamos un sueldito de quinientos pesos, como se lo mandaron ofrecer por medio de la circular firmada por el Patriarca Pérez, a todos los párrocos de toda la Nación, asegurándose que la tesorería respondía por el sueldo. Yo vi esa circular en manos de nuestro buen curita Egurrola. Y la gracia de Dios, por conducto de la Morenita del Tepeyac, hizo que ninguno aceptara tan pingue sueldo, prefiriendo ser paria a ser apostata.*

*CUARTA. Esta abolida la libertad física de la Iglesia, pero no su independencia. Estuviera abolida la independencia de la Iglesia, cuan esta necesitara el VoBo o aprobación del estado para sus determinaciones. Esto no existe. Ella tiene todavía su jerarquía, Ella se gobierna por si, Ella se reserva el derecho de protestar, Ella, en suma, hace lo que un digno hombre encadenado injustamente, que sigue siendo dueño de sí mismo aunque físicamente impedido. La falta de libertad física es muy cierto que imposibilita en muchos casos su acción. Pero no la denigra. Es un mal, muy grande, y muy trascendente pero no la apostasía.*

*QUINTA. La Iglesia no debe ser defendida por las armas. Explico. La Iglesia es una sociedad de hombres regida por el Papa y los Obispos. Esta sociedad es espiritual y consiste en una fe, con unos Sacramentos, para conseguir el Cielo.*

*Es diferente de ella, la religión, como hecho social, que es el libre ejercicio del culto que cada quien, según su conciencia debe tributar a Dios. Es diferente de la educación, que, como hecho social, es la acción conjunta del Estado y los padres de familia, para la formación intelectual y moral de los niños.*

*Argumentos: primero de autoridad, porque "Roma locuta, causa finita"*

*En el código Canónigo y en las Encíclicas de los Papas se encuentran repetidas prohibiciones para el clérigo de tomar armas.*

*En el caso de México el Santo Padre ha dicho que no se defienda a la Iglesia con las armas. En las últimas declaraciones del Sr. Diaz dice más o menos estas palabras" La*

Iglesia no quiere que la defiendan con las armas. Si los Católicos toman las armas lo hacen por su cuenta".

Argumento Psicológico: Aunque hay derecho de repeler la fuerza con la fuerza, los que en nombre de Cristo predicamos la mansedumbre, el poner la mejilla derecha cuando se nos pego en la izquierda, el devolver bien por el mal, el rogar por los que nos persiguen, el alegrarse cuando por el nombre de Cristo se nos calumnia y se nos persigue, etc., no está bueno que exijamos estricta justicia en tratándose de nuestras libertades físicas, bienes materiales, esplendor del culto, etc.. Y lo que si debemos hacer pronunciar el "non possumus" siempre que quieran hacernos claudicar.

Ahora voy a presentarte este otro acertó: Es "LICITO" en las actuales circunstancias que los Católicos defiendan sus derechos ciudadanos por las armas. El Estado es para el individuo y no viceversa. Es así que son derechos naturales de cada individuo educar a sus hijos según su conciencia, poseer el fruto de su trabajo, dar a Dios el culto que cree deberle, elegir y ser electo, en un régimen republicano democrático, asociarse, expresar su pensamiento, poseer a su esposa, etc. Luego el Estado debe respetar y garantizar estos derechos. Es así que el actual estado no los respeta. Luego deja de ser tal. Y no hay ningún recurso legal ni cívico para hacer entender al Estado usurpador, que se sostiene por la fuerza. Luego es licito repeler la fuerza con la fuerza.

Pero vamos a otra: ¿ES OPORTUNO EN LAS ACTUALES CIRCUNSTANCIAS LEVANTARSE EN ARMAS? A esta pregunta no me ocurre otra contestación que la frase aquella tan hermosa, como difícil de practica; "mas vale morir libre que vivir esclavos" yo personalmente con la gracia de Dios, estoy decidido a ser libre, a seguir ejercitando mi ministerio, Dios sabrá que cueste.

Pero los ciudadanos Católicos yo no sé si será prudente que se levanten. Por un lado el Coloso del Norte que, aunque capitalista, le conviene congraciarse con Rusia bolchevizarnos, con millonadas de rublos. Los incondicionales del gobierno, con todo el dinero y toda la fuerza. Los ricos descastados que quieren conservar el estado de ignominia para seguir ganando. Son estos los enemigos, son formidables. Por otro, la urgencia de que ni un día más sigan inyectando al pueblo y a la niñez la ponzoña revolucionaria, porque después va a ser imposible toda reacción. La carencia de un García Morano. La desavenencia. La apatía. El miedo. La más completa pobreza de alimentos. Pero la PROVIDENCIA! Este es el otro bando, ¿será oportuno arrojarse?... yo no sé contestar.

Ensayando, sin embargo una contestación, yo diría que los Católicos, como tales, los Cristeros, deberían organizarse sin lanzarse todavía: unificarse, nombrar jefes, marcar jurisdicciones, juntar de cinco en cinco para comprar de cartucho en cartucho, y esperar. En habiendo algún levantamiento serio, que tendría que ser político: villa realista o vasconcelista, pactar apoyarlos a trueque de que a la oficialidad Cristera en el ejercito Nacional. Entonces si lanzarse a controlar su región sin salir de ella. Hacerse allí fuertes. Si el movimiento convenido triunfa , quedar en pie de guerra hasta asegurar el nuevo gobierno las libres elecciones de cámaras y luego incorporarse al ejercito los que quieran seguir. Si esto es una utopía.. todos tenemos derecho a sonar.

Con respecto a ustedes mis hermanos; ¿Deben lanzarse en Sonora? Mil veces ¡NO! Por la sencilla razón de que aquí no hay hombres. Te lo digo después de haber andado con la linterna de Diógenes. Se quedarían solos en el primer aguacero, no de balas, de gotitas de agua. Pero adherirse a una organización genuina "Cristera" (nada de traiciones) y generalizada, no creo que deben ser ustedes los iniciadores. Dios pone a cada quien en sus circunstancias y así son sus responsabilidades, por ejemplo; ¿me toca a mi cambiar el derrotero de la Iglesia? ¿Quién me ha nombrado Papa? ¿o Delegado??de donde saco yo la influencia, la prudencia, el prestigio necesario? Una Santa Catalina, mujer y monja fue la que arreglo el conflicto de antipapa de Aviñón, pero era Santa, venia por Dios predestinada para eso. Una Santa Juana de Arco salvo a Francia, pero del mismo modo. Ustedes no tienen popularidad ni representación, ni modo, ni dinero, ni les consta de una misión providencial. Tienen su anhelo de libertad, y sus vidas. Cuando ese anhelo halla en donde explayarse ofrenden sus vidas. Mientras tanto, su deber es prepararse: comunión, cumplimiento de su deber, estudios y spots. He allí todo, cúmplanlo y aunque no lo vean, están haciendo por la patria más que cualquier ciudadano. Lo cual no quita, sino, exige, que estén informados de los acontecimientos del día, que ayuden a lo que puedan hacer de acción social, que estén en contacto con centros Cristeros, etc.

El caso concreto de la prohibición del Sr. Diaz contra la revista Criterio, enteramente lo ignoro. Lo único que me consta es que Barquín y Ruiz se constituyo por si ante sí, arbitro el Papa y de los obispos mexicanos. Lo digo porque lo leí en la palabra unos artículos condenando el concordato de Roma con Alemania en que se desbarato el centro Católico y asegurando que los arreglos de 1929 fueron una apostasía.

Una de dos, Barquín y Ruiz es un órgano del Espíritu Santo, enteramente extraordinario o es un pe...dante, es lo único que sé. En todo caso, si estuvo mal la prohibición el Sr. Diaz que es un caso concreto yerra. No es la Iglesia que claudica su fe.

El caso mío personal es muy sencillo: yo soy católico y soy racional. Como Católico obedezco al Papa, al Delegado y a mi Obispo. Como racional no he visto ahorita que me manden un pecado. Por eso, sin escrúpulos, sigo obedeciendo. Máximo cuando me ha tocado obedecer en algo que, dado mi carácter quijotesco, está de acuerdo con mi gusto. Trabajo me diera obedecer si me mandaran irme a estar agustinamente repantingando en yaquilandia. Dices que con un solo padre de familia que se salvara de la excomunión valia la pena que nos mataran, pues ya desquite yo muchas veces mi pellejo, si me lo quitan, ya me sale gratis.

Vamos poniéndole una conclusión a toda esta sarta de disparates míos. Y es la siguiente: la Iglesia Mexicana, permitiendo Dios, atraviesa por una prueba terrible, pero no ha defeccionado. Si sus miembros han tenido cobardías y errores personales, no es la Iglesia que se haya desviado. El clero ha sufrido al menos con lealtad. El pueblo sufre la más terrible y trascendental tiranía. Es el pueblo quien debe sacudirla, o morir en la demanda. Pero sobre todo, fe mucha fe en la Virgen de Guadalupe y Jesucristo Rey.

Bueno, manito, ojala que esto te devuelva un gran optimismo a tu alma, y llene tu vida de esperanza y entusiasmo. Yo he vaciado aquí todo mi modo de pensar sobre la situación. Si un día me apergollan a los enemigos me calumnian, como suelen hacerlo, diciendo que la víctima ha claudicado, sábete que este es mi testamento de ideas y convicciones, y que la gracias de Dios no he de defeccionar.

Es bueno que nos escribamos más seguido. Todavía te escribe la muchacha desconocida de Navojoa? ¿Cómo la has juzgado? ¿Qué actitud has tomado? ¡Yo algo he sospechado en Navojoa!..

Plaza municipal de Alamos Sonora

Se inicia la persecución en el estado de Sonora siendo expulsado del país por tercera vez al Sr. Obispo Juan Navarrete, los templos, escuelas, ...... Don Ignacio De la Torre escribe a el Obispo Manríquez explicando la situación de Sonora. En la carta pide que se envíe un delegado de la LNDL para invitar al General Luis Ibarra a participar en el movimiento, además lo advierte sobre la apatía del pueblo sonorense como la falta de religiosidad del pueblo, pero que se cuenta con algunas personas bien dispuestas para tomar parte en el movimiento.

*Nogales, Arizona Enero 26 de 1935*
*Excmo. Sr. J. de Jesús Manríquez y Zarate*
*Ilmo. Sr. de todo mi respeto:*

*Recibí hace dos días una segunda carta de Ud. Para el Ilmo. Sr. Navarrete la que entregue luego a las personas que remiten su correspondencia, pues supongo que el ya está en sus lares después de un viaje que hizo al sur del estado; como lo acompañó un hijo mío quien ya regreso trae algunas recomendaciones del Ilmo. Sr. que pasare a exponerle:*

*Al dirigirme a Ud. Quiero hacerlo a algún representante de la Liga a quien se servirá Ud. Pasar mis conceptos por ignorar a quien dirigirme:*

Existe en Sonora un movimiento Villa realista, parte en acción y la mayor parte en preparación. Entre ellos hay algunos simpatizadores a la unificación con la Liga. Hay también personas católicas dispuestas que se encuentran aisladas y que no se resuelven a entrar con políticas y creemos si lo haríamos con la Liga. El Sr. nos dijo que si la Liga esto sería conveniente nombre un delegado sea enviado de aquí, para que yo podría sugerir el nombre de alguna persona. Es absolutamente necesario que dicho delegado conozca todo el programa de la Liga, sus condiciones y la ayude que pueda dar, así como facultades en el obrar.

Urge respuesta a esta en vista de que va a venir un enviado de los operarios y convendría tenerle ya razón de todo.

Sabemos que está en Sonora un Gral. Cristero de nombre Luis Ibarra, y deseamos saber los antecedentes que tenga la Liga respecto a él y si conviene convidarlo a tomar la participación.

Queriendo hacer algunas indicaciones que supongo las conoce Ud. Por boca del Sr. Navarrete, pero que es necesario tomarlas en cuenta para la norma de su criterio respecto a los asuntos de Sonora le digo;
Sonora no es campo propicio como los estados del interior porque no se cuenta con la adhesión general del pueblo ni de la sociedad, quienes están acostumbrados a aceptar cuanta arbitrariedad cometan las autoridades tanto por la falta de religiosidad como de espíritu de civismo. En la parte material tanto su clima como la aridez de la región van paralelos con el sentir del pueblo y poca importancia de sus centros de población; todo esto dificulta un movimiento serio, pero habiendo como decimos algunas personas bien dispuestas, y pudiendo atraer el movimiento Villarealista a la unificación, se podrá por lo menos subdividir los elementos contrarios.

Suplico atentamente a S. S. Ilma. hacer llegar esta al representante que asista en eso de la Liga a fin de que se sirva contestarme lo que debo de decir a los interesados.

Deseando que S. S. Ilma. se encuentre bien y D.N.S. le conceda un año de gratos acontecimientos para la causa de la Iglesia en México le pido su bendición pastoral q.b.s.m.

**El Obispo Mariquez responde a la carta de Don Ignacio afirmando que le avisara cuando se oportuno y el modo convenido para el arribo de mercancía. Se refiere al cargamento de fusiles y municiones para poder armar a los voluntarios y en cuanto a la unión de la LNDL no ha recibido ninguna noticia contraria. En este momento todo parece estar en su lugar para poder dar principio a la liberación.**

5 de Febrero de 1935
Sr. Don Ismael Tiscareño (Ignacio De la Torre Berumen)
Nogales, Arizona

Muy estimado amigo;
Recibí su muy atta. de fecha de 30 de enero pxmo. p. . Quedo enterado con satisfacción de su empeño en cumplir lo que me permití encomendarle. Muchas gracias. Ya le avisare oportunamente y del modo convenido el arribo de la mercancía.
En cuanto al asunto del matrimonio de José con Lina, pierda cuidado; yo estoy cierto de ello, y no he recibido ninguna noticia en contrario.

Su afmo. amigo

Firma … Eulalio

Así mismo Carlos se dedica a escribir una convocatoria al pueblo sonorense invitándolos a unirse a las fuerza de los Cristeros y poder defender sus derechos y libertad religiosa, la cual dice así:

Convocatoria de Carlos al pueblo Sonorense para ayudar e unirse a los Cristeros.

## Convocatoria

Posiblemente una de las miserias más tristes del hombre es su facilidad de olvidar. Cautivado algún día por algún gran espectáculo o angustia por el dolor, convencerse hasta el extremo de derramar lágrimas, ahogado por los sollozos. Tan fuerte es la impresión que no comprende si le pueda borrar jamás, y de todo corazón juraría en aquel momento eterna fidelidad a causa de su llanto. Pero pasan los días, los meses, los años y con ellos pasan también los entusiasmos, antes tan fervientes, de la emoción primaria; los vemos apaciguarse poco a poco, debilitarse luego, desaparece finalmente, dejando apenas una ligera huella detrás de sí. ¿Qué ha pasado pues? ¿Quién ha triunfado de estas penas, de estas alegrías, de estas tan vivas emociones? Otras emociones, seguramente otras alegrías, otras penas, pero también, es preciso confesarlo, el nuevo transcurso del tiempo. Si hasta las vulgaridades de cada día dejan su huella en este corazón humano que tan susceptible es a los cambios.

Y desgraciadamente nosotros somos víctimas de esta miseria. Con el ruido y la agitación de la vida en este país, hemos olvidado lo que más presente debe tenerse el Católico Mexicano lo siga otros días, quizá no muy lejanos arranco de nuestros pechos un gemido de dolor y de nuestros puños inesperada amenaza al autor de nuestra pena que México agoniza y está próximo a la muerte si nosotros sus hijos, no acudimos a enjugar sus lágrimas y a poner en la herida que han abierto sus malos hijos, una gota si quiera del bálsamo santo del consuelo y el sacrificio que ha de cicatrizar esa herida y hacer que México se salve.

Si nosotros somos mexicanos no debemos olvidarnos de la Patria, y si somos Católicos menos aun debemos olvidarnos de la Santa Religión que aprendimos de nuestros padres y que tan grandes consuelos que proporciona el las vicisitudes de nuestra persecución por este mundo.

Señores, ha mucho que México pasa por una prueba tan terrible como amarga, sus malos hijos que estribados en la fuerza bruta de las bayonetas y la villanía, han llegado a ser nuestros gobernantes, trabajan sin descanso, con ahínco digno de mejorar empresa, pero la descatolización de nuestro pueblo son el exterminio de la Religión intentando borrar el nombre de Dios, hasta de nuestros mismos corazones. Y para ello señores, usan de los medios más atroces y criminales sembrando la desolación en los pueblos, en familias y hasta en los mismos corazones.

Jamás en la historia de las persecuciones, se describen armas tan terribles como las que usan los perseguidores de la Religiones nuestro suelo: siguiendo un plan verdaderamente satánico han resuelto corromper primer a la niñez, así en días no muy lejanos, siendo los niños de hoy lleguen a ser hombres ellos mismos, ya sin Dios, sin padres y sin Patria, harán de nuestro suelo lugar de perdición y de pecado y acabaran con los últimos huellas de nuestra santa Religión y con las ultimas ruinas de lo que ahora son nuestros Santuarios. Pero esto que os vengo narrando, encuentra un dique difícil de derribar; la opinión de personas que atendiendo solo su egoísmo y revelando toda su ignorancia y cobardía afirma sin razón que en México no hay persecución religiosa.

Hagamos un pequeñísimo análisis de los hechos que más palpables se hacen a nuestra inteligencia y admitamos el estudio de los compromisos de nuestro gobierno con gobiernos extranjeros y la masonería judaica, por ser estos más largos y complicados para analizar. Ante todo y con base de nuestro juicio vamos a hojear la constitución que rige nuestra Patria y luego repasaremos los medios que se usan para imponernos estas leyes:

La constitución en el artículo 3ro atropella el derecho de la educación que tienen los padres para educar a sus hijos; atropella también el derecho de enseñar y de vigilar la enseñanza de la niñez y la juventud que tiene la Iglesia. En el artículo 5to prohíbe la existencia de las congregaciones religiosas quitándose así a la religión el medio esortivo en el corazón del pueblo mexicano. En el artículo 27 sanciona el despojo del pueblo católico e inhabilita a la Iglesia para que posea los bienes necesarios para sostenimiento y para el ejercicio de su misión. En el artículo 130 intenta destruir la organización sagrada de la Religión al pretender que el poder civil autorice al sacerdote para el ejercicio de su misión, al limitar el número de sacerdotes; al limitar el número de templos. Atropella también en este artículo la libertad de enseñanza, de ciudadanía y de asociación.

La famosa ley "Calles" hace de la enseñanza de la Religión un delito que castiga brutalmente.

La última ley de "Cárdenas" sobre nacionalización de bienes convierte en propiedad de la nación cualquier lugar o casa tan solo porque en ella se practique un acto religioso, *alejando así en la miseria a numerosas familias porque han sido halladas rezando el Santo Rosario.*

*Estas leyes, como todos comprendemos, son injustas pero atendiendo el modo como quieren imponerlas pasan de ser injustas a ser criminales. La cárcel, el tormento, el asesinato, la confiscación de bienes, el allanamiento de moradas, la violación de mujeres, las amenazas, el insulto, las mentiras, todos los crímenes, todas las infamias han sido puestas en juego para imponernos esas leyes que directamente tienden a la destrucción de la Religión.*

*Y ahora, señores, decidme, ¿Qué nombre le damos a toda esta villanada, si no es de persecución religiosa? ¡Y cuanta obligación y responsabilidad nos acarrea esta situación a los mexicanos en general y a los católicos principalmente! No podemos permanecer inactivos ante próxima catástrofe porque dejamos de ser católicos y de ser mexicanos; porque nos convertimos en cómplices de los tiranos puesto que cooperaríamos en tan diabólicas empresas al no estorbarlas, habiendo dicho Jesucristo el fundador de nuestra Iglesia "el que no está conmigo está contra mí"*

*No caigamos, pues, en el óbito de olvidar a nuestra Patria y de olvidar a nuestra Religión, no tengamos después que llorar amargamente lo que no defendimos con honor y con desvelo.*

*En México existe una asociación que tiene por nombre "Liga Nacional Defensora de la Libertad" y que se ha echado a cuestas la noble tarea de reconquistar nuestras libertades pedidas, de ella es aliada la asociación que actualmente existe en California y cuyo jefe supremo está aquí presente y que se llama "atalayas de la libertad" tiene por fin colectar fondos para las múltiples necesidades de la Patria, su organización es muy sencilla.*

*Señores, nosotros venimos de parte de la Liga Nacional Defensora de la Libertad a pedir que no nos abandonen que no nos dejen solos en los momentos de la lucha, venimos de parte de los católicos de México a recordarnos que tenéis una obligación santa de cumplir ante Dios, y ante la historia; esta es que hagáis oración por nuestra Patria y que cooperáis a su salvación aunque sea con un pequeño óbolo, no importa que sea un centavo, porque ese centavo unido al de los demás es para la Patria una ayuda y es ante Dios el deber cumplido.*

*Os invito pues a que engroséis las filas de los "Atalayas de la Libertad" y a que tengas muy presente en nuestros corazones que México agoniza y que no se salvara si cada mexicano no cumple con el deber que les corresponde. No vengo a pedirles que vayáis a México y que lucháis por nuestra libertad, no, allá hay quien luche, únicamente os pido que no os olvidéis a esos heroicos mexicanos que luchan y que los ayudéis como pueda desprender de unos centavos cada semana sin dejar de vestir y de comer. Dios vera el trabajo de cada mexicano y Él les pagara y nos dará la libertad cuando vea que todos trabajamos por salvar a nuestra Religión y nuestra Patria.*

*Firma Carlos De la Torre*

Ante tanta injusticia decide el pueblo Católico sonorense defender los derechos de libertad y se empiezan a reunir para organizarse bajo la dirección del General Luis Ibarra quien había sido recomendado para dirigir al grupo de cristeros.

Así mismo el día 22 de Enero de 1935 Don Ignacio recibe una carta de un padre R. Lozano quien es enviado por el Obispo Manríquez para que envíe la participación, invitándole a reunirse con el Excelentísimo Sr. Manríquez en la ciudad del Paso Texas para continuar con la planeación y dirección del grupo de Cristeros en Sonora.

*San Antonio, 22 de Enero 1935*
*Sr, Don Ignacio De la Torre*
*Nogales, Arizona*

*Estimado Señor:*
*Escribo a Ud. por encargo de nuestro muy amado amigo el Excelentísimo Sr. Manríquez para decirle a Ud. lo siguiente:*
*El estará en el Paso dentro de muy pocos días y desea que Ud. se encuentre en esa caridad el día 30 del presente para hablar de un asunto muy importante. Si acaso no tiene Ud. los fondos necesarios, el Excelentísimo Sr. dará a Ud. el importe del boleto de regreso.*
*En casa de Don Enrique Vasconcelos en 130 Norte Florence, le informaran del señor se presentara eso diciendo que son los amigos de Nogales, para su identificación.*
*Le encarezco a Ud. mucho la puntualidad de la cita.*
*Aprovecho la oportunidad para ofrecerme a sus órdenes como su muy afmo. y S.S.*

*Firma.____R. Lozano*

Don Ignacio sin pensarlo dos veces toma camino con rumbo a El Paso Texas en donde a su llegada se reúne con el Obispo Manríquez en el Paso Texas en casa de Don Enrique Vasconcelos en donde dentro de una plática muy productiva el Obispo Márquez se compromete a dar apoyo moral y económico a el movimiento Cristero de Sonora y se ponen de acuerdo en continuar con la correspondencia como único medio de comunicación pero utilizando seudónimos para no ser aprendidos ya que los dos gobiernos están al pendiente y les leen la correspondencia.

Excmo. Sr. Obispo Juan Navarrete en "Los Ciriales"

## Seudónimos Cristeros

| Nombre de Pila | Seudónimo Cristero |
|---|---|
| Don Ignacio De la Torre Berumen | Ismael Tiscareño |
| Rev. Ignacio De la Torre Uribarren | Isidoro Tiscareño |
| Excmo. Sr. Juan Navarrete Obispo | Don Fortino |
| Juan Barceló | Alfonso Rodríguez |
| Rev. Luis Barceló | Severiano Valencia |
| Jesús de Alba | Roberto Valenzuela |
| Francisco Navarrete | Don Pedro |
| Jose de Jesús Reyes | Don Procopio |
| Jose Santos Sáenz | Benito Canales |
| General Luis Ibarra | El Patrón |
| Maria De la Torre Uribarren | Margarita Sofía |
| Alfonso De la Torre Uribarren | El Poncho |
| Luis De la Torre Uribarren | El Futí |
| Carlos De la Torre Uribarren | G. Cabo Roucher/ Compa Nachito |
| Excmo. Sr. Jose de Jesús Manríquez y Zarate | Eulalio López |

Don Ignacio (Ismael Tiscareño) envía el comunicado al Sr,. Obispo Juan Navarrete (Don Fortino) indicando que el movimiento está listo y que le de indicaciones en donde empezar.

*Enero 31 de 1935*
*D. Fortino:*
*Su hermano Jesús me llamo.*

*Asunto; viene José a trabajar a donde Ud. lo despache según Ud. mismo ofreció.*
*Si va a su labor, mándeme por él, si va a la de Isidro despache el truck a Hermosillo a donde irá Carlos a sacarlo para llevar a José a ese lugar.*

*Avíseme lo que Ud. determine.*

*Fiema. _ IT*

**Así mismo Don Ignacio da aviso al Obispo Márquez diciendo que el Obispo Navarrete acepto el ofrecimiento y dará indicaciones al respecto.**

*Enero 31 de 1935.*
*Señor Eulalio López*
*El Paso, Texas*
*Estimado Amigo:*
*A mi llegada escribí luego a D. Fortino diciéndole haberme llamado su hermano para decirme que aprovecha el ofrecimiento de darle trabajo a su hijo José en sus tierras y que si desea que vaya con el disponga como y a donde manda por él y que si quiere que se vaya al sur a las tierras de Isidro mi hijo que no preste su carro y lo mande a la capital a donde irá un muchacho a traerlo para servirnos de él y después se lo dejaremos allí mismo.*
*De aquí llevaremos a dicha persona al lugar donde lo aguarde el carro, que lo ha de llevar.*
*Me encontré con la noticia, por otro conducto, de que Doña Lina no ha aceptado su matrimonio con José y como parece que tiene vicios de verdad me apresuro a decirle que haga investigaciones para no ir a sufrir un engaño, pues yo estoy en lo dicho pero no quiero cooperar en llevar un elemento que mes tarde sea causa de división.*

*Ismael.*

**Dentro de los planes propuestos eran de formar un levantamiento en contra del gobernador Calles y su gobierno, pero Don Ignacio conocía la aptitud del pueblo Sonorense y le escribe al Obispo Márquez explicando la situación. Así Informa Don Ignacio al Obispo Manríquez sobre la organización de la Liga en Sonora e indicando que las personas de la sierra están dispuestas y solamente requieren herramientas y dirección pidiendo ayuda económica. En el transcurso del tiempo y la proyectada necesidad de municiones y armamento, Alfonso y Carlos se dedican a introducir armamento y parque por las fronteras de Sasabe y Nogales y depositándolas en lugares estratégicos del estado de Sonora. Uno de esos lugares era la tenería de Luis y Alfonso localizada en Magdalena, siendo Luis y Alfonso conocidos como ex seminaristas y siendo**

miembros de la familia De la Torre les cayó inspección federal en el establecimiento en donde encontraron un bolsa llena de balas, suficiente razón para que lo arrestaran de inmediato trasladando a la cárcel de Nogales Sonora. Al día siguiente el 11 de Septiembre de 1935 Don Ignacio pago la cantidad de $100.00 m.n. de multa, pedimento 502-33

Numero 390632

Pago de multa para la liberación de Luis

*Nogales Agosto 11 de 1935*

*Sr. D. Eulalio López*
*Los Ángeles California*

*Estimado amigo de todo mi respeto:*
*No había tenido el gusto de escribirle por no distraer su atención, pero ahora supongo tiene conocimiento de los pasos dados en Sonora para una agencia de la Liga y que ya está bastante aventajada en organización y solo nos faltan elementos que esperamos de la colonia esa como nos ofreció el asesoría y un enviado de la Liga que estuvieron aquí hace pocos días, pues en Sonora somos pocos a los que se les puede decir y por tanto no se puede reunir lo necesario, sin embargo algo se ha hecho y tenemos ya el principio y nombramientos directos de la Liga para la ciudad y el campo que parece fueron muy acertados, estos los trajo mi hijo de la Capital y de acuerdo con D. Fortino.*
*Mi hermano Roberto le platicara más extensamente pues en cartas le he estado poniendo al tanto y tenemos de nuestra parte todos los pueblos de la sierra del rancho de D. Fortino que solo espera material para trabajar y ordenes.*
*Espero pues nos de su bendición y haga lo posible por qué esa colonia de mexicanos de los Ángeles nos dé su apoyo pecuniario mientras nos sea necesario, que ya empezando será posible que del mismo cuero salgan mas correas, dispensando la expresión.*
*Yo no sé que voy a hacer en cuanto sientan que andan de los míos en el asunto, con mi esposa enferma seriamente y sin con que moverme y teniendo que trabajar del lado mexicano, que si puedo escaparme me internar un poco aun que no lo desearía por mi humilde contingente para agenciarle lo necesario pero ver a quien dejo en mi lugar.*
*Sin más su amigo afmo. S.S.M.B.*

*Ismael*

**Septiembre 11, 1935 Don Ignacio informa al Obispo Manríquez sobre la selección de personal a la dirección del grupo y se disculpa por no atender a sus peticiones, por no tener la experiencia ni la autoridad de tratar asuntos militares manteniéndose en regla con las normas civiles, las cuales prohíben intrusión militar. Pero pudo obtener la información requerida para poder recomendar al comité de guerra la selección de personal. Además se comunican con claves diciendo que el dinero que se tenía se utilizó en la compra de parque calibre 30/30 para entregar a los Cristeros al servicio de Dios.**

*Septiembre 11 1935*

*Señor Eulalio López*

*Muy señor de mi respeto:*
*Me permito primeramente manifestarle que estoy muy apenado por no haber podido atender su recomendado Quintero con mas oportunidad porque yo no tengo ninguna autorización ni instrucciones para tratar cuestiones militares y antes por el contrario el reglamento de civiles nos prohíbe tener injerencia con la parte militar. Sin embargo tuve oportunidad de tratar el asunto de*

Quintero con el Comité de Guerra encargado de la elección de mayordomos y resulta que ya tienen catalogado a este individuo como absolutamente inconveniente para el negocio y por lo mismo me participaron oficialmente que lo desechan y así mismo me dan instrucciones para que no trate mas este asunto por ningún concepto. Me apresure a poner en su conocimiento la determinación do la jefatura de Opresiones para que se sirva tomar nota de que el caso cae absolutamente fuera de mi control en virtud de la misma determinación.

También hicieron de mi consideración los miembros del Comité que han desechado muchas solicitudes de mayordomos perfectamente, reconocidos y que actualmente se encuentran en el campo por la sencilla razón de que yo las comprometidos son en número mayor de los que pueden ocupar y equipar. En atención a lo cual me recomendaron, que desde luego tengo prohibición de inmiscuirme en asunto e militares, no tramite ninguna solicitud mucho menos de personas que se encuentren de este lado tanto pare evitarse compromisos que ahorita no es posible cumplir como para evitar también divulgación innecesaria de nuestros asuntos ni aun entre personas conocidas, no ya en el caso de Quintero que es completamente diferente, pues dados los antecedentes y actuales procedimientos de esta persona conocidos por el Comité he ha sido este individuo descalificado por el mismos. Razón por la que después de haberme dado las instrucciones para no tratar mas con dicha persona más especialmente me instruyeron para evitar ponerlo al tanto ni del menor detalle acerca do nuestros asuntos. A este respecto me instaron mucho que les notificara si acaso se le han dado algunos pormenores y cuáles sean, pero como yo ignoro de que cosas puedan haberlo puesto al tanto las personas de Los Ángeles, no puede informarlos sino de que desafortunadamente se permitieron darle mi dirección secreta lo cual lamentaron sobre manera. A la presente estoy adjuntando copia, de la carta dirigida a Quintero en contestación a la suya que me puso de Tucson para que quede usted enterado de le forma diplomática en que tuve que dar carpetazo a este asunto. Después de formado lo anterior acabo de recibir carta de Ramiro en que me dice le situé $25.00 a Quintero y me apresuro a decirle que no tengo nada por inmediatamente fue invertido en compra de 8 toneles a $30.30 y cuya semilla va a estas horas rumbo su destino con el favor de Dios por tanto usted verá si se lo pueden dar de allá. Respetuosamente me permito sugerirle que no se recomiende a este individuo a Guadalajara, ya que por los datos que tiene el comité de Sonora y la forma que ha querido hacerse valer a punta do engaños han ameritado que sea dese echado aquí y no es prudente meterles ese elemento por allá.

Con todo tenemos comprados 16 toneladas y lo último en camino ya, pida a Dios por nosotros y por qué no meta la cizaña satanás en asuntos tan delicados y de tanta importancia.

De Fortino va a hacer recepción, en su hacienda de dos de los suyos un Sonorense y un Zacatecano a fines de este mes. Para ir allá son 2 y 1/2 día de auto y dos de caballo e esta amigo empeñado en entrevistarlo, figúrese si se podría llevar hasta allá y en Tucson contando que está en correspondencia con él y con Isidro mi hijo el 2.
Pedimos su bendición
Ismael.

En octubre, en el sur del Estado de Sonora, los indios Mayos descontentos por el abuso de autoridad del gobierno federal y la pérdida de sus tierras se reunieron en protesta contra el gobierno, ésta siendo una supuesta oportunidad para Don Ignacio y el Obispo Manríquez Zarate para pedir a los indígenas que se uniesen a las fuerzas Cristeras. Simultáneamente en el Distrito de Moctezuma Sonora, el general Luis Ibarra Encinas siendo un veterano de las guerras cristeras de Jalisco se levantó en armas bajo el grito de ¡Viva Cristo Rey!. Fue cuando los miembros de la familia De la Torre decidieron unirse a las fuerzas Cristeras de Sonora.

Domingo 15 de Septiembre 1935 Alfonso, Luis y Carlos se postran frente a su padre y su madre para despedirse y pedir su bendición, para unirse al grupo de los Cristero y dar comienzo a la defensa de la libertad religiosa en Sonora. Doña María, les da la bendición y les dice *"Que Dios los bendiga y prefiero verlos muertos que rendidos"*

## ORACIÓN DE UN CRISTERO

*Mi Jesús, tened piedad de mí. Mis pecados son más numerosos que las gotas de sangre que derramaste por mí. No merezco pertenecer al ejército que defiende los derechos de vuestra Iglesia y que lucha por ella. No quiero nunca más pecar, para que así mi vida pueda ser una ofrenda agradable a vuestros ojos. Lava mi alma de las iniquidades y purifícame de mis pecados. Por vuestra santa Cruz y por mi Santa Madre de Guadalupe, perdóname. Ya que no sé cómo hacer penitencia por mis pecados, deseo recibir la muerte como merecido castigo de ellos. No deseo luchar, vivir o morir sino por Vos y por vuestra Iglesia. Oh, Santa Madre de Guadalupe, quédate a mi lado en la hora de la agonía de este pecador. Permitid que mi último bravo en la tierra y mi primer cántico en el Cielo pueda ser ¡Viva Cristo Rey!*

*Nogales Septiembre 17 de 1935*

*Sr. D. Eulalio López*
*Los Ángeles California*

*Muy Sr. de mi respeto:*
*Mi hijo Edmundo que acaba de irse de Santa Ana Sonora con su familia para Aguascalientes y que al pasar por Navojoa el delegado de la Liga le dio credencial para que fuera a representar a Sonora en la convención de la Liga que se está llevando a efecto en estos días en México, me escribe una carta bien triste para nuestras esperanzas, de la cual copio algunos párrafos que le adjunto al fin de que vea cómo andan las cosas por aquellos estados del interior que por aquí creemos que andan muy bien, verdaderamente da pena ver que todos nuestros esfuerzos se estrellen en tanta dificultad con los propios, pues el enemigo no sería nada si estuviéramos unidos y sobre todo si el mismo pueblo sintiera el peso de las sanciones de la iglesia que toda esa gente que manda a sus hijos a las escuelas socialistas ¿estarán recibiendo los sacramentos? y así los absolverán según parece, luego esa tolerancia de parte de las autoridades eclesiásticas de permitir de permitir oficiar en los templos haciéndose cómplices de la tolerancia oficial para el afianzamiento de sus leyes inicuas y otras muchas de ellas que jamás debe ignorar son que desde que las cosas se alarguen indiferentemente y la pobre gente que trabaja se canse y se desanime y mucha hasta se va para el lado contrario por falta de orientaciones precisa, todo esto es muy triste y casi le diré que si el clero no toma una parte más activa en esta defensa, no digo con tomar armas pero si el apoyar y colectar fondos etc. no dará esto resultado, pues probado esta que la influencia del sacerdote en la acción social y en esta clase de acción es muy efectiva, lo estoy viendo con Sonora, mientras estuvimos solos sin apoyo del jefe nada se podía hacer ahora que nos dejo en libertad y permitió la ayuda se está haciendo lo que no habíamos soñado, tenemos 17 mil toneladas compradas y transportadas, ya solo esperamos aviso del jefe cuando se empiezan las siembras y como hace pocos días conferenciaron los jefes de Sonora y Sinaloa estamos esperando una determinación para estos días.*

*Aunque sabemos que Sinaloa está muy atrasado en organización y no tiene nada de elementos pero el jefe es idóneo y creo que lograra encarrilar los negocios.*

*Me he permitido dirigirme a Ud. para ver si puede hacer algo por nosotros en tal situación con sus compañeros de igual categoría pues de otra manera ahí se estará la cosa largos años y no se conseguirá nada, mientras tanto estos malvados habrán conseguido perder esta generación y afianzar sus leyes y con ello estará todo perdido en poco tiempo. El entusiasmo popular de otras épocas ha muerto con las dificultades de los propios superiores son resultados de la tregua de los arreglos.*

*En fin Sr. creo Ud. me comprenderá y vera de hacer algo como le digo, nadie mejor que Ud. entiende mi pena y la situación general de nuestro pobre pueblo.*

*Su hijo Q.S.S.*

*Ismael*

El Obispo Manriquez Zarate envía una carta a Don Ignacio dando las gracias por la información relevante a los manejos de la representación de Sonora en la Lina Nacional; además anima a el grupo de Sonora a que continúen a pesar de la falta de interés del pueblo Sonorense y la falta de integridad de algunos de los directores. En Septiembre 22 de 1935 Don Ignacio le pide al Rev. A Pulido que utilice el domicilio de Don Jose María Álvarez Tostado en Nogales Arizona en ese entonces en la calle Terrace (hoy estacionamiento de McDonald) para evitar cualquier sospecha del gobierno.

*Septiembre 24 de 1935*

*Memorándum para el Sr. D. Ismael*
*Muy estimado amigo;*
*Lo saludo cariñosamente. Recibí su muy apreciable de fecha 17 de los corrientes juntamente con la copia de los principales párrafos de la carta de Edmundo. Muchas gracias. A pesar de todos los desastres de que me habla, nosotros debemos seguir adelante y no rendirnos motivo. La debilidad de los O 'o, la apatía e indiferencia de los católicos y aun lo de la inconsciente cooperación a la escuela socialista son males numerosos, no cabe duda; pero que lejos de desanimarnos, deben, al contrario enardecernos con aquel celo de los Santos por la gloria de Dios. Uno de los más grandes males, cuando no el mayor mal es la debilidad y cobardía de los directores (¿Comprende?). porque, si estos desde un principio de hubieran colocado en sus puestos, no habría llegado la impiedad al extremo que contemplamos. Pero esa es la realidad!!!.*
*Así pues, conformemos con ella, y dentro de ella hagamos lo que podamos. No esperemos que estos buenos Srs. Ayuden o hagan esfuerzos en el sentido en que nosotros queremos: MUCHO HARAN SI NO ESTORBAN. ¡Con que, en el nombre de Dios, adelante!; que El es el amparo de las causas justas. Estoy escribiendo mas cuartillas que creo despertaran el entusiasmo. Ya se los mandare*

*Sabe cuánto lo aprecia su afmo.*

*Firma. .... Eulalio López*

En Octubre 1 de 1935 los hermanos De la Torre salieron de Nogales Arizona por la tarde, cuando llegaron a Magdalena cargaron parque y armas y salieron rumbo a Hermosillo Sonora. debido a la descompostura del auto llegaron a Hermosillo al medio día del día 2 de Octubre y salieron con rumbo a San Pedro, pero antes Alfonso escribe una carta a su madre despidiéndose de nuevo y pidiendo que oren por ellos.

*Hermosillo Sonora*
*Octubre 3, 1935*

*Mamacita querida;*
*no salimos ayer porque no llego el truck pero ahora salimos. Todo se ha arreglado perfectamente , Dios nos ayuda en todo. No tenga cuidado por nosotros mamacita, si viera que contentos vamos y haciendo festejo de todo. Lo único que nos duele es que mientras nosotros andamos loqueando usted sufre mucho pero no nos acobarda tampoco no tenga cuidado, sus lagrimas y sufrimientos aunque nos duelen en el alma nos dan más confianza en Dios porque El las toma en cuenta para cuidarnos más y para recompensarlos a usted. Vera, mamacita, si par Dios no hay imposibles vamos a volver muy pronto, no se apure, pídale nomas a Dios y este muy confiada como hasta aquí ha estado con lo cual muy por lo contrario de acobardarnos nos da el ejemplo para ser valientes, como nos va a acobardar usted si de usted lo hemos recibido todo, llorar no tiene nada que ver, es algo natural e irresistible y además un desahogo que Dios ha querido darnos. Estamos en casa de Belén Cubilla donde atienden a cuerpo de reyes. Hoy salimos a todos le mandamos muchos abrazos y muchos besos y le pedimos la bendición. De aquí para adelante estamos más seguros nosotros que ni ustedes y de todos modos estamos en manos de Dios nada puede pasarnos sin su Voluntad Santísima. Saludos a todos a mi papa y que nos bendiga también a Marica y a María Andrade. Jacinto paso anoche con toda felicidad. Ya no tengo tiempo reciba todo mi cariño.*
*Firma - Alfonso*

Tal parecía que Alfonso presentía que sería su última carta para su familia. Poco tiempo después pasadas las horas del día ya casi al medio día del 3 de Octubre ya pasado el pueblo del Alamito se descompuso el auto nuevamente. Descargaron a la orilla del camino quedando los tres hermanos De la Torre; Alfonso, Luis, Carlos y Víctor al cuidado, cuando Jose Cubillas y Carlos Moran se fueron a Ures al medio día del 4 de Octubre, regresó Carlos Moran con una camioneta rentada. Cargaron y tomaron camino a Ures por Moctezuma. Ese mismo día, Rev. Ignacio estando de visita pastoral en Álamos se encuentra con la novia de Alfonso, su futura cuñada, la Señorita Guadalupe Félix, quien expresó su profunda pena al verse separada de su prometido Alfonso. Ignacio como buen sacerdote la aconseja y le ayuda a obtener serenidad, además envía una carta a su madre expresando la tristeza de Guadalupe Félix.

El día 5 de Octubre 1935 Carlos, Alfonso y Luis ya estando en Moctezuma supieron del levantamiento y corrieron con la suerte que gracias a Dios el chofer accediera en llevarlos a Granados al que llegaron a las 3:00 p.m. Como había peligro de que llegaran tropas federales, salieron ésa misma noche a incorporarse al regimiento Cristero después de extrema dificultad para conseguir cabalgaduras para sus caballos.

El grupo de hermanos De la Torre junto con José Cubillas y Carlos Moran montaron todo el día del 6 de Octubre sin poder dar alcance a las fuerzas Cristeras. Amanecieron el día 7 en Tesorababi Sonora de donde enviaron mensaje al General. Después de salido el sol llego una compañia de unos 15 compañeros y después del medio día se vieron con gusto entre los mismos Cristeros. Ese mismo día del 7 de Octubre, Rev. Ignacio escribe a su madre describiendo todo el proceso y dificultades que pone el gobierno para poder obtener permiso para los sacerdotes de poder oficiar misa, no les permitían ninguna reunión pública en donde pudieran rezar o confesar, además le dice que Calles se está apoderando de los templos, escuelas y conventos.

Martes 8 de Octubre 1935 las tropas Cristeras acamparon pacíficamente en Huachinera y Bacerac. Alfonso y Luis debutaron enfrente de las tropas Cristeras como parte del entretenimiento ya que tenían ellos la facilidad de orar tocar la guitarra y de conocer música popular de Guti Cárdenas y Palmerín. Este mismo día, Carlos estando en el campamento Cristero recibió carta a Nogales Arizona, con la aceptación de los Jesuitas para ingresar al noviciado de Isleta Texas. El Obispo Manriquez le pide a Don Ignacio que le haga llegar un paquete enviado de Roma al Sr. Navarrete, ya que el no puede saber del paradero del Sr. Navarrete.

*VIVA CRISTO REY VIVA LA SIEMPRE VIRGEN SANTA MARÍA DE GUADALUPE*

*San Antonio, Texas*
*9 de Octubre de 1935*

*Sr. Don Ignacio De la Torre.*
*Nogales*

*Muy estimado hijo en Cristo:*

Lo saludo afectuosamente y deseo todo bien. Me permito enviarle un paquetito que acabo de recibir de Roma para Don Fortino. Como ignoro donde se encuentra este Señor, ruego a usted tenga la bondad de hacerlo llegar lo más pronto que le sea posible, y reciba mis agradecimientos. He sabido por la prensa que ya comenzaron sus fiestas y que están muy suntuosas. Ojala que sigan en aumento y cada vez mejores. Así lo pediré a Dios N. Señor. Esto me ha dado mucho gusto y confío en las actividades de usted.

Espero que usted no dejara de comunicarse conmigo por el conducto de nuestro buen amigo Don Roberto.

Sin más por el momento y encomendándome a sus s.s. o. Se despide su Afmo. Padre en Cristo que lo bendice con efusión.

Firma ..... Eulalio López

El grupo de Cristeros caminó todo el día 9 de Octubre de 1935. Llegaron hasta Bavispe Sonora y a media tarde emprendieron el regreso sin tocar pueblo alguno. Don Ignacio informa al Obispo Manriquez sobre la consagración sacerdotal en la sierra, comentando como se amotinó el pueblo de Granados cuando encarcelaron a uno de los nuevos sacerdotes.

Nogales Octubre 9 de 1935

Sr. D. Eulalio López
S. Antonio Tex.

My Sr. de mi respeto:
Recibí su atenta por lo que me da animo en los desastres morales en que andan algunos estados del interior y después me consoló mucho las noticias de la convención de ganaderos y por la que se afirma el continuar trabajando en todas partes, ojala y desapareciera la inmortalidad con que se sostiene la tolerancia en tan perjudicial en algunas partes, así no merecemos nada.
La consagración de dos soldados de Don Fortino fue un éxito en plena sierra madre occidental tres días de fiesta continuadas a donde concurrieron 400 personas de los distintos pueblos y de regreso al azar por Granados encarcelaron a uno de los nuevos y el pueblo se amotino y lo saco de la cárcel y golpearon al presidente municipal y al maestro socialista y a los pocos días se iniciaron los trabajos de los maestros y cayeron a dicho pueblo en numero de 450 y pasaron por las armas a las autoridades del lugar y no tenemos más detalles todavía.
Ahora esta va para suplicarle si es posible mas ayuda de la colonia para grupos que nos están pidiendo material ya le escribí a Ramiro mi hermano para que haga gestiones y a Ud. Para que influya, pues es muy indispensable reforzar con más gente por otros rumbos del estado esos trabajos, entre ellos hay uno en el distrito de Altar que el jefe es bien aceptado por la Liga y se desea darles ayuda no menos de 5 a 6 toneladas necesita por tanto si le es posible conseguirnos otro tanto o más que la vez pasada creo que será muy bien empleado.
Le pide su bendición.

Ismael

Cuando la ordenación sacerdotal había terminado en los Ciriales localizado en lo más alto de la sierra madre occidental, y cuando su único modo de acceso fuese caballo o a pie en donde asistieron alrededor de unas cuatrocientas personas. Al regresar, la policía municipal de Granados arrestó a uno de los nuevos sacerdotes entonces el mismo pueblo se amotinó hasta que este quedo en libertad.

Ordenación Sacerdotal en los Ciriales

Mientras tanto los Cristero cabalgaban entre lo más difícil de la sierra desde el día 10 hasta el medio día del 13 de Octubre en donde llegaron a Bacadehuachi, teniendo a las fuerzas federales a 5 leguas ( 22.17 Kilómetros / 13.77 Millas) de distancia cuando estos respondían al llamado del gobierno municipal por el ocurrido amotinamiento en el pueblo de Granados.

El Obispo Manríquez envía entonces una carta a Don Ignacio expresando su admiración por el trabajo que se está haciendo en Sonora. Finalmente en su carta dice que su hermano Roberto puede recoger y enviar el cargamento de 500 bolitas de caramelo, esto refiriéndose a las balas que serían entregadas a los Cristeros.

*12 de Octubre de 1935*

*Memorándum para D. Ismael*

*Muy estimado amigo;*
*Acabo de enterarme de su importante y consoladora música. Si: la convención de Granados fue todo un éxito, bendito sea Dios. Pronto mandare a D. Roberto copia de las cuatro actas que se levantaron en la dicha reunión, a fin de que todos Uds. Se enteren de todo lo sucedido y acordado.*
*No solo por su carta sino también por la prensa de aquí me entere del grande empuje con que han comenzado los de Sonora. ¡Cosa rara!, aun la misma prensa mercenaria da importancia al nuevo movimiento, y dice que muchos pueblos se levantaron en masa y que la gente trae hasta asueto.*
*Por lo que respecta a los fondos, debo decirle que hace poco me mando decir el mero jefe que a nadie diera dinero sino presenta una orden escrita suya. Así es que hágame favor de dirigirse a él inmediatamente. Como ahora está aquí un enviado especial de México, yo apoyare la petición de Ud. Con todo entusiasmo.*
*Debo decirle que actualmente andamos muy escasos de fondos, porque este enviado se va a llevar lo poco que había, y nos dijo Dr. Y a mí que se están necesitando también elementos para otras partes.*
*No deja de favorecerse a Sonora que le numeran también otros lugares al mismo tiempo, porque de otra manera les cargan allá mucha gente y los avisarían.*
*No olvide que D. Roberto puede recoger y enviarle 500 bolitas de caramelo que están por ahí.*
*Saber cuánto lo aprecia ......*
 *Eulalio López*

El mismo día 13 de Octubre Don Ignacio envió una carta al Rev. Toribio Bracho S.J. el rector del colegio Jesuita en Isleta Texas diciendo que su hijo Carlos estaba fuera de la ciudad y no podía contestar.
El día Lunes 14 las tropas Cristeras descansaron en un rancho abandonado con el nombre de "La Rimanada"

## La Blanca Señora

Mientras el ejército federal y las comisarías de policía municipales buscaban al Obispo Juan Navarrete por todos los rincones del estado, él se encontraba de incógnito en el citado rancho de la Huerta[31]. Aquel hombre que hemos visto orar fervorosamente ante una imagen de la Virgen y que se ha perdido en la oscuridad de la noche con el chapoteo de los caballos en el agua del río, era Don Severiano, como se le conocía entonces en toda la región al Padre Luis Barceló, quien iba a reunirse como capellán con las tropas cristeras al mando del General Luis E. Ibarra.

Estando hospedado en casa de la familia Fimbres, de rodillas frente a la imagen de María Santísima oraba antes de unirse a las tropas Cristeras. Después de orar, sacó un lápiz de su bolsillo, tomó la imagen de la Virgen, la inclinó y escribió en ella. Lo que el padre Luis Barceló dejo escrito en la túnica de la imagen lo descubrió días más tarde, al hacer el aseo de la habitación, la Señorita Carmen Fimbres, dueña de la casa, quien quitaba el polvo de la imagen cuando se topo con aquella falta de respeto a la imagen de la Virgen y con una mezcla de extrañeza y disgusto leyó: "**MADRE, CUIDA A TUS CRISTEROS**", meneando la cabeza exclama, ¡Ah, qué Padre! y salió apresurada en busca de un borrador. Con verdadera admiración comprobó poco después que el borrador resbalaba sobre las marcas de lápiz sin hacerlas perder nada de su nitidez y claridad por mas esfuerzo que hiciera por borrarlas.

---

[31] *La Huerta hoy conocido como Seminario Diocesano de Hermosillo*

Desistió al fin de su empeño en borrar el lápiz y aquella suplica escrita, aquel grito filial expresado en plegaria quedó grabado con caracteres indelebles en la blanca túnica de imagen de la Madre Santísima.

El día 15 de Octubre escuchamos un tropel de caballos jadeantes. El señor Obispo se levantó y salió a recibirles y cuando regreso nos dijo con serenidad: El Gobierno nos ordena que salgamos de la sierra y que nos entreguemos al ejercito en el pueblo más cercano y nos garantizan la vida. Pero el señor Obispo les respondió diciendo "regresen al general y díganle que no me han encontrado y que nos fuimos a Chihuahua", pero ellos dijeron que en caso de no presentarse el General saldrá inmediatamente con sus tropas para aprenderlos y en ese caso no nos aseguran la vida. Las decisiones fueron rápidas. Tendrían que abandonar la casa sin saber en donde pasarían la noche.

Pasó el tiempo y aunque la campaña fue de corta duración, llegaron los encuentros de las tropas Cristeras con las gubernamentales y en todos los combates se hizo patente aunque en forma diferente para aquellos combatientes la amorosa protección de la Virgen para los Cristeros.

## Nombramiento militar

Día 15 de Octubre de 1935 entraron a Nacori Chico en donde se detuvieron. Ahí debido a los valores personales y valentía demostrada de los hermanos De la Torre reciben del General Luis Ibarra los nombramientos militares; Alfonso con el grado de Teniente Coronel y miembro del Estado Mayor, Luis como Capitán Primero y Carlos como Capitán Segundo.

Izquierda Teniente Coronel Alfonso De la Torre
Derecha General Luis Ibarra

Edmundo junto con su familia se muda de Santa Ana Sonora a la ciudad de Aguascalientes en búsqueda de mejor vida y aprovechando el viaje el delegado de la Liga Nacional en Sonora con sede en la ciudad de Navojoa Sonora le otorga a Edmundo las credenciales para que pudiese representar a Sonora en la convención Nacional de la LNDL que se efectuó en la ciudad de México.

El día 16 de Octubre 1935 después de medio día salieron las tropas Cristeras con rumbo al norte a "La Rinconada". Al siguiente día 17 de Octubre los hermanos De la Torre pidieron permiso de ir a visitar al Sr. Obispo Navarrete y se les concedió el permiso. Ellos sabían en donde estaba el escondite del Sr. Obispo, después de la audiencia con Don Fortino se reúnen de nuevo con las tropas el día 18 por la madrugada que fuese día de descanso para la tropa.

En el siguiente documento, Don Ignacio informa al Obispo Manríquez de lo acontecido en el norte de Sonora siendo el trabajo mejor de lo esperado. Teniendo buena acogida en los pueblos, indicando así que en el distrito de Altar se había levantado una masa de personas apoderándose de la aduana del Sasabe y se podía pasar cuanto material quiera, siendo el jefe del grupo Don Pablo Rebeil un rico hacendado y el Sr. Suarez, el jefe de los Vasconcelistas en Sonora.

Nogales Octubre 17 de 1935

Sr. D.
Eulalio López
S. Antonio Tex.

Muy respetable Sr. y amigo:
Su atenta 9 d/o y en su anterior 24 de Sep. Me llegaron con oportunidad, de su última, recibí también los catálogos para D. Fortino que remití al conducto inmediatamente para que de allí pasaran en cuanto sea posible.
Me permito escribirle ahora directamente en obvio de tiempo y confirmo una mía del 9 en que le daba el aviso del principio de nuestros trabajos el 5 d/c y le solicitara influyera para ayuda de otras agrupaciones que quieren sembrar, ahora le digo que nuestros trabajos con el favor divino han ido más allá de lo que se esperaba, pues han tenido buena acogida en este pueblo de por si tan apático, que ha despertado y se han multiplicado las cooperativas por todas partes y otras muchas que están haciendo sus preparativos a pesar de que no hubo ni tiempo ni dinero para habilitarlos, ellos se han conseguido todo y yo de todos modos invierto cuanto me viene como tesoro para tener lista la semilla a la hora necesaria. Recibí ya los dos Ángeles fueron 600 kilos. En estos momentos acabo de recibir su atenta 12 por conducto de Ramiro y también a la vez la nueva de que ayer se levanto en masa el distrito de Altar y se apoderaron de la aduana fronteriza del Sasabe y puede por tanto meter cuanto material se quiera, el jefe de ellos es Pablo Rebeil rico hacendado y Suarez el jefe del Vasconcelismo en Sonora y el que entro a Santa Ana un Sandoval se les unió, traen 300 hombres, también se que los Mayos al sur de Navojoa que entraron a Tonichi están levantando más gente y cerca de Hermosillo están en preparativos núcleos de Yaquis que lo harán pronto, lo sé por mi correo personal de allí.
Unos nuestros de Santa Cruz cerca de aquí se han tardado no se qué dificultades han tenido, pero creo que lo harán en estos mismos días y tienen otro grupo en el camino de Cananea, en un punto llamado el Cajón de no sé que, son 50 de cada lugar.
Tanto al manifiesto de Ibarra como las declaraciones de la forma de solucionar el problema agrario les cayó bien, y también distribuimos las bases del plan de Cerro Gordo para que se dieran cuenta exacta del asunto y lo aceptaran de plano. Todo gracias a Dios ha ido bien, ojala y Chihuahua y Sinaloa trabajen pronto seria el golpe de gracia, hacernos de la frontera, para tener puerta abierta al material para el interior.
Le mando unos papelitos de los que hicimos circular en los pueblos tomados.
Como ya había escrito a México respecto a la solicitud de ayuda espero me contesten pronto.

Le pido su bendición su afmo. ... S.M.B.

Ismael

Temprano en la madrugada del 19 de Octubre se dirigen rumbo a Sahuaripa en donde supieron de la existencia de tropas federales. El Obispo Manríquez responde a la carta de Don Ignacio deseando tener mucho más poder adquisitivo ya que esa frontera está libre y se podría ayudar más, pero desgraciadamente los fondos que se tenían para la causa se enviaron al centro de México y no se cuenta con nada por el momento.

*Octubre 21 de 1935*
*San Antonio, Texas*

*Memorándum para el Sr. D. Ismael*
*Muy estimado amigo:*
*Contesto su muy atta. de fecha 17 por conducto de D. Ramiro porque la verdad es que a mí me da la idea de que abren las cartas; por eso aunque tarde mas es mejor que den ese rodeo. No se imagina Ud. el gusto que sentí al leer su misma; ¡me parecía que estaba soñando!. Eso de que ya tengamos un puerto a nuestra disposición para meter lo que queramos...... eso es algo que deberás entusiasma. Yo creo que, al saber esto en el interior de México se van a entusiasmar como Ud. no tiene idea. Yo quisiera que esas noticias volaran.*
*En cuanto al asunto de los dineros ¡ojala! que ahora tuviéramos no cucrenta o cincuenta pesos, sino cuarenta o cincuenta mil. La lástima es que ahora no hay nada en caja todo me lo pidieron de México. Así es véjales para que le envíen siquiera algo.*
*Sería una iniquidad si dejáramos perder esta magnífica oportunidad de triunfo. Hay que levantar el ánimo de esas gentes, para que no se vayan a limitar a los pocos pueblos que tienen, sino que sigan adelante, adelante, adelante. Si fuera posible que barrieran con toda la basura hasta llegar a la capital. Estos callistas están espantados; hay que aprovechar el movimiento. A México mande decir que le dieran recio por otros lados. La verdad Ud. como dentro de muy poco... hasta chispas.*

*Sabe cuánto lo aprecia.*
*Firma... Eulalio López*

Camina por dos días, el día 22 de Octubre, la tropa de los Cristeros cambia de rumbo hacia San Pedro. Al salir de Sahuaripa recibieron buenas noticias, se les dijo que los mismos soldados federales reconocen la justicia de su causa (lo cual es solamente un truco del gobierno para cambiar de ese modo la percepción de los Cristeros). Caminaron sin novedad todo el día martes 22 pero el día miércoles 23 pasaron dos aviones del ejército con rumbo a Sahuaripa. Los Cristeros continuaron su camino hasta llegar a Suaqui de Batuc el día 25 de Octubre en donde se desayunaron, entonces llegaban los dos aviones federales. Aquí en el siguiente segmento cabe contar los escritos y acontecimientos de Carlos De la Torre.

## Batalla de Suaqui y mi aprensión según Carlos

Acontecimientos en la sierra de Sonora. Carlos De la Torre dejo un manuscrito explicando paso a paso lo que el vivió cuando los federales atacaron a los Cristeros en el poblado de Suaqui de Batuc, hoy un pueblo bajo las aguas de la presa Álvaro Obregón.

*El día 25 de octubre entramos a Suaqui de Batuc como a las 9 de la mañana, nos desayunamos "aprisa mente" en la casa misma del General Ibarra, este, el mayor, Alfonso, Luis, Casto, nuestros asistentes y yo.*

*Íbamos ya a comenzar el trabajo del día en el pueblo cuando se oyeron los gritos de "los federales" eran dos aeroplanos del gobierno que volaban ya sobre el pueblo y a poco rato comenzaron a hacer descargas de ametralladora sobre nosotros en el pueblo mismo.*

*Queriendo evitar el General que sucedieran desgracias a las gentes pacifica del pueblo dio la orden de dispensación para las inmediaciones del poblado, salimos y nos dispersamos. Esta orden fue interpretada mal por algunos oficiales quienes creían se trataba de dispersión formal para irse a reunir a la sierra de Bacadehuachi donde estaba el cuartel general de manera que muchos tomamos camino entre ellos iba yo, y aunque mi opinión era no separarme del pueblo seguí con el escuadrón en que salí pero aunque era capitán 2do no tenía mando directo con la gente por ser del estado mayor. Éramos los de mero adelante y al poco andar, una lluvia de balas nos anunció la emboscada en que habíamos caído. No tuvimos más solución que voltear los caballos y emprender fuego desesperadamente, al poco rato estábamos todos sanos y salvos ya fuera de ella. Yo creo que me balearon el caballo, pues al poco correr todavía entre la balacera,* se detuvo y ya no me fue posible hacerlo ni siquiera andar, de modo que me baje de él y a pie me subí al cerro por cuya falda íbamos ahí me afortune esperando al enemigo a que llegara para no dejarme coger vivo pues era de suponerse que así seguiríamos pero no fue así, tomamos la dirección del pueblo.

Aun me hallaba yo arriba del cerro, cuando oí la balacera cerca del pueblo, los soldados que salieran con el General estaban tiroteándose con los federales. Dos escuadrones enteros, asustados corrieron sin que oficiales ni jefes lograran detenerlos, quedándose el General con quince hombres solamente y ellos solos rechazaron el ataque de 150 federales, haciéndoles volver al pueblo, el combate duro como una 5 horas, entre esos quince hombres se hallaba Alfonso. Luis salió en la misma partida en que yo salí pero se apartó de ella antes de que entráramos en la emboscada y ya no pudo juntarse con el General. Pasado todo esto me halle solo y sin caballo, ¿Qué hace? ¿Cómo juntarme con el General? Me encomendé al ángel de mi guarda para que guiara mis pasos y anduviera sin saber a dónde. Como a las 5 de la tarde, llegue a un ranchito, ahí me dieron de cenar y señas del camino al rancho donde habíamos estado la noche anterior. Me fui a él y como a las 4 de la mañana del día siguiente llegue. Me encontré con que hacía unos quince minutos había salido de ahí el General con unos 50 hombres, yo sin caballo no me resolví a alcanzarlos porque sería inútil no lo lograría. En el mismo rancho encontré a dos compañeros; Jose Arvizu y Emiliano Lugo, se habían quedado por falta de caballo y Arvizu tenía heridas tan graves que creíamos que se nos moría.

Por mismo Emiliano, que había visto y hablado con el General me informó que Alfonso había pasado con el General pero de Luis no tenía noticia alguna. Aquel resto de la noche lo dormí como piedra tirada en un arroyo hasta que muy entrado el día fueron a despertarme. Dormimos ahí hasta el día 28 es decir 3 días, cuando el herido ya se sentía gran consuelo de vernos a nosotros a su lado, pero con mil trabajos y con el riesgo de caer en manos del enemigo que estaba a tres leguas y que con frecuencia pasaban por el camino que distaba de nosotros cuando mucho unos 100 metros.

Formamos entre cubiertas y con ramas una cabañita que nos servía de hospital y habitación. Durante estos tres días conseguimos caballos y como veíamos que el herido aunque seguía muy malo no se moriría pronto nos disponíamos a dejarlo encargado en un ranchito vecino que con buena voluntad habían admitido recibirlo. Pero precisamente el día 28, día en que teníamos pensado salir por la noche nos denunció un rancho que el día anterior nos habían visto y los federales sitiándonos primero y cerrando cada vez más el circulo sin que nosotros lo advirtiéramos y quitándonos toda posibilidad de huir nos aprendieron en los precisos momentos en que estábamos lavando las heridas del enfermo, estando,

estando por lo mismo, enteramente desprevenidos sin ni siquiera tener a la mano una arma con que vender caro la vida.

Nos aprehendieron, pues, y nos condujeron hasta una cabañita donde estaba el Teniente Coronel Francisco Salcedo quien mandaba los 80 federales que nos fueran a aprehender y el mismo que días más tarde habría de darle a Alfonso mi hermano, el tiro de gracia.

Comenzaron las interrogaciones, por supuesto el primero fue Emiliano Lugo, luego se lo llevaron escoltado, no supe a donde, y me tocó el turno a mí:

¿Cómo se llama usted? "fulano de tal" halle otro nombre y no el mío y siguieron otras tantas preguntas que ya ni me acuerdo... ¿Cómo se fía usted con los rebeldes? Y le invente una, los tenía con lo que dije satisfechos, pero mientras sostenía el interrogatorio sume que era imprudente darles un nombre distinto porque como nosotros no estábamos de acuerdo pronto me descubrirían por eso la siguiente vea que me pregunto mi nombre (porque repetidamente me lo preguntaba) dije el verdadero y no se percató el interrogante del cambio.

¿Donde está su arma? Se la llevaron los compañeros a prisión ¡aquí fue donde! el Teniente Coronel se encendió como grama y se le hizo cortito el diccionario para calificarme ¿Qué quiere que le haga si le presento ahorita su arma? Me dijo (habían ido por ellas al lugar donde las teníamos escondidas y ya se habían informado cual era la mía) yo me quede callado e inmediatamente el Teniente Coronel dio orden de que me amarraran y me fusilaran.

Me ataron las mano las manos por la espalda me condujeron a un frondoso árbol y ahí me sujetaban todo el cuerpo. (En aquel momento sentía yo como si estuviera tomando una medicina para algún mal – mil veces prefería sentir la muerte que verme en manos de los enemigos, indefenso, humillado, "vencido")

Se colocaron a corta distancia y al frente de mi unos soldados, prepararon sus armas y ya me habían quitado todo y solo esperando la orden. Yo hice ferviente acto de contrición, ofrecí mi vida por mis compañeros, por el florecimiento de la causa y esperaba el momento postrero mi vida para lanzar al viento ese grito glorioso grito de guerra y de reto a los tiranos de ¡VIVA CRISTO REY! Y ¡VIVA LA VIRGEN DE GUADALUPE!, pues "no", Dios no se dignó en contarme a mi entre el número de sus mártires y después de una media hora de estar en esa condición, de recibir insultos y amenazas me desataron del árbol, y entonces comenzó para mí el miedo la incertidumbre ¿Qué irían a hacer de mi aquellos infelices? (después supe que el ranchero que servía a los federales de guía había intercedido por mí y le decía: ¡pero Teniente Coronel no lo fusile!, no ve que es un chamaco todavía, ¿qué gana usted con quitarle la vida?) Lugo no estaba ahí, le habían forzado a entregar las armas y solo lo vi ya montado a caballo cuando se disponían a volver a Suaqui de donde habrían salido. A mí me quisieron montar amarrado de las manos en un caballo bronco sin silla y como robaron matado del lomo, que traían, no sé porque, indudablemente para que me estrellara contra las piedras pero el caso que por más lucha que hicieron, el caballo no se dejó montar y entonces me llevaron a pie y jalándome de las reatas que me ataba, hasta Suaqui, como unas tres leguas. Casi todo el camino tuve que ir trotando al paso de los caballos, no me podía dar el lujo de cansarme o de tropezar porque me llevarían jalando. Llegamos al pueblo como a las tres de la tarde, yo, sudando a chorros pero al fin llegue. Inmediatamente me encerraron en un cuarto de una casa que habían acondicionado como cuartel, con orden estricta de incomunicación. A Lugo lo subieron al techo de la casa donde estaban los centinelas, al herido que había traído en un camión de redilas lo metieron en otro cuarto.

Ahí duramos hasta el día 30 en la noche durante estos dos días no nos dieron un bocado siquiera de alimento, pero una buena señora que se dio cuenta de nuestra necesidad pidió permiso de llevarnos algo y nos estuvo llevando con regularidad, aunque con demasiada escases. Nos comían a interrogatorios, amargos insultos, pero no por eso ayudábamos a limpiar los platos en que nos llevaban la comida menos de dormir, aunque con bastante frio tirados en el suelo y sin cobija. El cuarto donde yo estaba tenia piso de cemento recién hecho y hasta la ropa me humedecía.

El día 30 como a las 9 de la noche, llegaron camiones de redilas que conducían a unos 60 federales y gran cantidad de armas y de parque, con rumbo a Hermosillo. En ellos nos despacharon a nosotros que a duras penas nos pudimos hacer un campito y no nos dejaron cambiar de postura hasta que llegamos a Hermosillo, al día siguiente después del mediodía, sin dormir ni comer y bien molidos e insultados me metieron a un camión y en otro a Lugo y al herido, este acostado pero ¿Cuánto no sufría con 19 o 20 horas de brincos del camión? Golpes voluntarios o involuntarios de los soldados, sin más cuidado y atención, sin una cara amiga y palabras de aliento y consuelo que las de Lugo.

Pero al fin llegamos a la jefatura de operaciones de Hermosillo, de ahí, el herido al hospital civil, Lugo y yo al cuartel general donde nos metieron en un cuarto que servía de dormitorio a los soldados de guardia, donde habrían podido crearse muy sanas y gordas en abundancia los piojos, pulgas y chinches.

Permanecí ahí, desde el 1ro de Noviembre hasta el día 9 en la noche que me pasaron a la penitenciaria del Estado. Lugo ahí lo dejaron en el cuartel, esto obedeció a un amparo que tramito mi papá desde Nogales.

Durante los días que permanecimos en el cuartel, no nos dieron nada de comer, perro desde un principio, burlando la vigilancia y valiéndome de la esposa de un soldado quien nos vigilaba me comunique con una Señorita conocida que inmediatamente trato de verme aunque no lo logro y hasta el día tres pudo hacernos llegar comida. En la misma lonchera, valiéndonos de miles de trampas establecimos una correspondencia por escrito que me permitía saber todo lo que necesitaba saber para dar mis declaraciones formales. Y lo que aún mas me asombra y me entremesee, los días 3 y 5 recibí de visita en mi triste celda al Señor Dios, creador del universo y dueño absoluto de mi destino y los mismos enemigos de Él y míos que entonces me tenían en sus garras. EL día 4 de di de mi santo no lo recibí, ignoro la causa. Estaba dentro de un pan y aunque revisaban la comida hasta el ridículo, pues removían con una cuchara los frijoles. El día 19 de Octubre llevaron a Lugo a la penitenciaria y entre los dos nos ayudábamos y consolábamos hasta el día 28 de Diciembre en que salí libre.

El día 14 de Noviembre por la noche el director de la penitenciaria me mando un periódico con este recado: "vea que ha muerto su hermano, el padre". Leí y era la noticia de la muerte de Alfonso. De pronto lo dude, creí que sería uno de los muchos medios de que se valen los perseguidores de la Iglesia, para intimidarnos; pero, no recuerdo precisamente que días como el 18 o 19 de Noviembre me llamaron a la dirección, era uno de los soldados de Ibarra, el mismo que traiciono a mi hermano, que quería verme por orden del jefe de las operaciones General Juventino Espinosa. Me dio la notificación de Alfonso, con todos los detalles de su muerte, que después he aclarado, fueron mentiras, y me repetía instintivamente delante de los oficiales y los directivos de la prisión, como amigo porque y tomaban en sus manos al que me servía de seguro, no dieron con El, ni imaginaron siquiera que el Dios omnipotente que podría aniquilarlos a todos en un momento hubiera estado dos veces en sus manos.

Como ya dije, el día 9 por la noche, me pasaron a la penitenciaria rodeado de soldados y a pie por las calles, me sentía orgulloso de mostrarme así al pueblo, como criminal por causas tan nobles y santas como es la de Dios. Ya en la penitenciaria me fueron más pasaderos los días, me entretenía divirtiendo con los presos pero no por eso deje de pensar en mis horas negras.

Con frecuencia comparecía ante los juzgados o ante los grandes militares, pero confiaba yo en las palabras de San Pablo:... y así fue, Dios me inspiro las contestaciones y no pudieron achacarme los varios y pesados cargos que me hacían, ni con promesas, amenazas y preguntas estratégicas. Buen cuidado tuve de callar sin traición que dijera todo y siempre la verdad, que al cabo ya la sabrían y de no hacerlo y así me acosarían mas ellos. Hasta el final de la visita, *cuando precisamente al darme detalles y al hacerle yo varia preguntas de su actuación, pude definitivamente caer en la cuenta de que él era un traidor.*

*Pase la noche buena en mi celda, como todos los días, triste por estar lejos de mis seres queridos, pero satisfecho. El día 27 de Diciembre a eso de las ocho de la mañana llego la orden de mi libertad y la de tres inditos Mayos que estaban ahí por la misma causa. Me sorprendió más que me alegro, cuando todos los resortes humanos se habían movido, cuando me habían notificado del juzgado que ni siquiera bajo fianza me podrían soltar cuando era de esperar que antes que a mi le dieran la libertad a Lugo, que en mi tenían los peligrosos cargos que se me hacían a mí, ¿Cómo iba a estar la orden de mi libertad? Salí mas con cara de sorpresa y con más desconfianza de la que llevábamos al entrar; pero al fin nos convencimos que era realidad.*

*Ya en la calle, me devolví a la penitenciaria a entregar un peine de un compañero de prisión, que distraídamente me había traído en la bolsa y por un sombrero de uno de los inditos. El peine lo entregue y me hicieron esperar el sombrero cerca de una hora. Estaba en esta espera cuando llego precipitadamente el secretario del juzgado con los expedientes que necesitábamos firmar los libertados para la cual nos habían citado al juzgado para el día siguiente a las 11 de la mañana. Firmamos y quedamos ya enteramente libres, no hubiéramos vuelto esa noche a la penitenciaria y al presentarme al juzgado a firmar, me hubieran vuelto a aprender, pues el día siguiente me andaban ya buscando porque mi salida había sido (humanamente) un equívoco del mismo juzgado (para nosotros un milagro). Esa misma noche, tomamos el tren, los inditos para el sur y yo para el norte, al día siguiente, gracias a Dios, estaba ya abrazando y besando a mi madre que lloraba de contenta, y luego nos pusimos de rodillas a bendecir y dar gracias a Dios por el milagro que en mi se había dignado hacer.*

Después de haber leído las experiencias de Carlos, regresamos con el diario de Luis. Día 26 de Octubre, después de caminar medio día se toparon con más compañeros. Allí se supo que Alfonso estaba bien y junto con el General Ibarra, de Carlos no se tenía nada seguro. Día 27 el grupo de Cristeros unidos y guiados por Luis, seguían caminando con rumbo a los Ciriales pensando que ese fuera el punto de reunión para todos bajo el comando del General Ibarra. Día 28, aun no se sabe nada de Carlos. Ese mismo día Carlos cae prisionero junto con el herido Arvizu y simultáneamente Rev. Ignacio le escribe a su madre desde Álamos describiendo todas las fechorías que los soldados hacen y como ellos se las arreglan para poder celebrar los sacramentos a escondidas.

Día 29, el grupo de Cristeros bajo el comando de Luis descansan en un rincón de la sierra y sale el Teniente Monge en busca de noticias y provisiones. Luis escribe *"Yo estoy bien pero no se qué sensación de tristeza me tiene alejado de la vida, me oprime mucho el desaliento de la tropa. Dios quiera que no se desbanden y se acabe el movimiento"*. Este mismo día se les comunicó que los federales ordenaron la concentración de familias a los pueblos sin dejar salir a nadie.

Este mismo día Don Ignacio le informa al Obispo Manríquez sobre los acontecimientos.

Nogales Octubre 29 de 1935
Sr. D.
Eulalio López
San Antonio, Texas

Muy Sr. de mi respeto:
Su atenta del 21 tuve el gusto de recibirla y siento manifestarle que parte de las noticias halagadoras de mi anterior, se han esfumado como la conservación la aduana del Sasabe y es que muchos grupos son de políticos que se han aprovechado de que se le pudo el cascabel al gato y a la hora de las veras se hace atrás, así Rebeil de dejo majear del coronel de Magdalena con quienes andaban amistando en sus manifestaciones de oposición a Ramos y en un banquete en Altar los hizo presos a todos los jefes compañeros de Rebeil y a él le soltó después también a los demás, pero disolvió la gente al verse sin jefe y presos. Los otros grupos se han sostenido y dicen que están con la Liga, Dios quiera que sean sinceros. Están por saltar a la arena, los Yaquis en Navojoa y un grupo en Santa Cruz entre aquí y Cananea, los primeros de filiación nuestra. No es cierto que haya habido fusilamientos que dicen los periódicos, si no se han atrevido a nada los

*pocos federales que hay, en los pueblos de la sierra si están cometiendo tropelías con los pacíficos y sus familias los federales, ya casi quedan solos los pueblos.*

*Estuvo una Srta. de Hermosillo aquí y confirme todas esas noticias que escribí en el papelito adjunto y están trabajando muy bien la clase media.*

*Los grupos están incomunicados entre si y no tienen aun un plan fijo, pues podían entrar a donde quisieran, figúrese que en Magdalena hay cinco soldados de los músicos resguardando el pueblo y no hay autoridades, el mismo comercio nombro un alcalde la cárcel para que atendiera los presos que estaban muriendo de hambre y es todo, nadie quiere ser autoridad, el presidente se les fue a Hermosillo y no ha vuelto y como Magdalena deben estar otros pueblos. En Hermosillo duermen todos los empleados del gobierno sobre las azoteas del Palacio y los profesores en distintas casas y es la capital. Ya trate de hacerles ver esto que entren a las plazas.*

*Escribieron los cruzados que andan felices paseando por los pueblos de la sierra y que los sardos no quieren darse a ver con ellos.*

*Hay grupos en Arizpe un general Archeta enemigo personal de Calles y que estaba separado del ejercito, en Ures un fulano Fragoso y un grueso cerca de Magdalena que espera a los de Santa Cruz para entrar de nuevo.*

*Muy útil seria poner una transportación de material por Sonora en teniendo una aduana o por la sierra. Se sabe que Sinaloa hay ya movimientos pequeños todavía, pero mucha efervescencia en todo el estado.*

*Le pido muchas oraciones que necesito, por la situación en que estoy sin trabajo y mi Sra. enferma.*

*Le B.S.M.*

*Ismael*

Descansaron el día miércoles 30 de Octubre, el día siguiente el 31 de Octubre se juntaron nueve compañeros al grupo y traen buenas noticias; el gobierno ordenó la retirada de las tropas. José Arvizu está mejor en Suaqui por los mismos federales. También se les informo que las bajas de la batalla de Suaqui fueron de 2 muertos y 5 heridos.

El día 1ro de Noviembre decidieron separarse, el escuadrón de Bavispe y Luis con Don Revo con su gente dirigiéndose rumbo al norte y caminaron todo el día. Día 2 de Noviembre, después del medio día llegaron al fin a Los Ciriales y cuál fue su sorpresa, encontraron todo quemado encontrando solamente señas de que estuvieron al menos unos 200 federales. Ya no se movieron de la sierra para indagar lo que se pudiera. ¿Que será del Sr. Obispo Navarrete? se preguntaban, hoy precisamente que pensaban en Carlos aquí, y encontraron solamente cenizas.

Día 3 de Noviembre, con mucha precaución caminaron hasta el campo de San Isidro donde durmieron. Por la noche llegó Porfirio quien les informó que el Sr. Obispo Navarrete está a salvo a Dios gracias. Día 4 de Noviembre, muy temprano por la mañana salieron los del escuadrón de Bavispe a sus tierras, y después de comer los demás. Al poco andar se encontramos con que en todos los pueblos existe la presencia de soldados federales y que los soldados que se habían ido volvieron. Don Revo esparció el grupo, Luis junto con el Compita (hermano de Don Revo) y otro compañero se regresaron al mismo sitio al cuidado de Porfirio. Por la noche llegaron dos compañeros mas de los de Suaqui compartiendo la noticia de Carlos.

Don Ignacio recibe carta de Eugenio López (escritor español) animándole para persuadir a los Cristeros de Sonora a que continúen con su campaña, además indica que la defección de Rebeil no es más que un incidente más de la lucha.

*Noviembre 5 de 1935*
*Memorándum para D. Ismael*

*Muy estimado amigo:*
*Recibí su atta. de fecha 29 de Octubre retro próximo, lo mismo que la copia de una importante excitativa. La defección de Rebeil no es más que uno de tantos incidentes de la lucha: no hay que preocuparse por ello; tanto más que superar en mucho las noticias buenas a las malas.*
*Hay que decir constantemente a los muchachos que no descansen sobre sus laureles: que hay que ir adelante siempre, siempre adelante, que su objetivo debe ser la toma de la capital de la Republica, esto es, de toda la nación.*
*Dígales; que hay ya mucha gente levantada en toda la Republica. ¡Ah! ¡Le digo que las noticias que me llegan son* **verdaderamente** *consoladoras! En Jalisco y en Michoacán hasta Chiapas.... En mi tierra, Guanajuato, hasta publicaron una alegría; un Ángel con una espada de fuego castigando a los conculcadores de todo derecho y toda civilización. No parece sino que los sardos están espantados ante el resurgimiento de los libertadores; ¡bien que se han de acordar muchos de ellos de la lucha pasada! Con que ¡animo y que los maestros procedan con mucha energía!.*
*Ahí le mando esa insignificante ayudita para sus necesidades particulares.*

*Sabe cuánto lo aprecia*

*Firma .. Eugenio López*

Martes 5 de Noviembre el grupo de Luis sigue escondido en la sierra sin modo de comunicación o contacto con las órdenes del General Ibarra. Luis escribe *"estamos muy bien, sin embargo me cansa la inactividad y me humilla sentirme impotente ante el enemigo"*. Así pasaron todo el tiempo hasta el día 7 de Noviembre cuando una persona procedente de Nacori supo que se rumoraba que Carlos había sido aprehendido en Suaqui junto con el herido Jose Arvizu, entonces Luis exclama *"Que se haga tu Santa Voluntad Dios Mío"*. La información sobre Carlos parece ser oficial de las tropas de Nacori, sin embargo Luis aun no pierde las esperanzas, sin que esto sea oposición a la Santa Voluntad de Dios.

Mientras tanto Don Ignacio el día 8 de Noviembre después de haber conocido el destino de su hijo Carlos se apresura a tramitar la fianza para que salga de la prisión pero sin embargo como Carlos era candidato a ser fusilado no pudo arreglar nada inmediatamente. En este momento los miembros de la familia De la Torre se encuentran dispersados; María con sus padres en Nogales Arizona, Ignacio en el sur de Sonora cumpliendo con su obligación de sacerdote evangelizando a escondidas del gobierno, Francisco en el seminario de los Jesuitas en Isleta Texas, Alfonso en la sierra junto al General Ibarra, Luis en la sierra esperando órdenes del General Ibarra, Edmundo en Aguascalientes con su familia, Carlos prisionero en Hermosillo Sonora y Benjamin en la ciudad de México con la tía Andrea.

El día 9 de Noviembre Carlos fue trasladado a la penitenciaría del estado de Sonora. Mientras tanto Luis esperando órdenes del General Ibarra quien se encontraba en el rancho de Agua Fría para agrupar al resto de los Cristeros. Por la tarde del mismo día, llegaron dos compañeros de Bavispe al campamento de Luis y confirmaron la noticia de la prisión de Carlos, que los condujeron a Hermosillo. Además le dieron otra mala noticia, que la mayoría están tomando amnistía y a buscar a Luis y sus compañeros venían los dos comisarios. Luis inmediatamente respondió "*!No Admitimos! por todo esto tengo el alma destrozada Señor solo Tu eres mi esperanza, he perdido la fe en los hombres!*"

Domingo 10 de Noviembre 1935 la situación es desesperante. Las tropas federales les cortan todo recurso material y varias veces han tiroteado a sus compañeros errantes a quien la falta de alimentos hace bajar a los pueblos. Muchos de los Cristeros se han amnistiado por hambre, luego exclama Luis "*!Yo bendito sea Dios no he sufrido gran cosa*".

Día 11 de Noviembre, Don Ignacio toma la iniciativa de poderse poner en contacto con el jefe de las tribus indígenas en Sonora y Arizona, el General Luis Matus, y le pide la opinión al Obispo Manríquez.

*Nogales Noviembre 11 de 1935*
*Sr. D.*
*Eulalio López*
*Sr. de mi respeto:*
*Tengo que darle una noticia halagadora, si Dios nos concede algo de elementos necesarios y es que unos dos jóvenes Antonio y Alejandro Cesare, que viven en Phoenix, condiscípulos de mis muchachos en el Colegio de Magdalena Sonora y que se han interesado mucho por la situación de México, vinieron ayer a verme y decirme que han estado al habla con un jefe de los Yaquis que vive en un pueblo llamado Guadalupe cerca de Phoenix y que es el intelectual de ellos, tanto de los que viven en U.S. como los de Sonora, pues es el jefe militar de todos, poder que le confirieron los jefes de los ocho pueblos de Sonora, de acuerdo con el jefe principal Luis Matus así que puede aprobar lo que haga y está interesado a ayudar al a Liga, pues dice que es un movimiento "VERDADERO" si lo ayudan, pero quiere tratar un convenio con algún representante de la Liga. Estos no tienen armas (los de Phoenix porque los tiempo de crisis las han vendido) así que esa sería la dificultad para cuando se pueda y puede contar con 700 hombres en U.S. 4 mil en Sonora (estos si están armados) y dice además que los cuerpos de su raza que están sirviendo al ejercito están con ellos en cuanto sepan su movimiento, total que este Sr. dice que con que le dieran armas para 200 y con el contingente de Sonora ya podrían empezar a apoderarse del estado.*
*Como juzgo esto con mucho interés creo sería conveniente que Téllez llegara a Phoenix antes de venir a esta a la casa de los Cesare, para que ellos lo lleven a hablar con el dicho jefe y principiar arreglos, la casa de estos jóvenes es: 409 N. 11th Street, como ya les anuncie yo que por aquí va a venir, ya le esperan y como supongo que pronto llegue allí con Ud. me permito adjuntarle un recado de presentación que le servirá para identificarse ante los Cesare.*
*Estos muchachos son hijos de un Sr. Italiano muy cristiano y de una señora Sonorense, bastante intelectual, nacidos en Sonora y la mamá les ha sostenido su mexicanismo bien sano a pesar de los desengaños que han sufrido en sus propiedades en Sonora creo que es una cosa formal y seria, que vale la pena hacer lo posible por realizarla.*
*Por lo demás parece que no ha habido novedades por acá, mi muchacho preso creo ya estará amparado según dice el licenciado encargado aunque no tengo noticia directa de Hermosillo.*
*Me encomiendo a sus oraciones y B.S.M.*
*Ismael*

Conociendo la agresión del gobierno a la explosiva situación en el interior de Sonora, Don Ignacio aprovecha las circunstancias y decide pedir ayuda a los Indígenas basándose en dos hermanos residentes de Phoenix Arizona. Para poder lograr una mejor comunicación y evitar cualquier mal entendimiento y fuga de información se tendrían que hacer las cosas en persona, es entonces donde Don Ignacio viaja hacia el norte con rumbo a el poblado de Guadalupe Arizona para poder reunirse con el general Luis Matus[32]. mientras tanto en la sierra Luis escucha rumores de que los federales están sobre la sierra y también que el contingente de Santa Ana Sonora habían destrozado a los federales. Luis, sin medios de comunicación sigue con la inquietud de saber más de su hermano Carlos

---

[32] *General Luis Matus, jefe militar de las siete tribus de Sonora y Arizona*

recordándolo en todo momento y en cualquier circunstancia. "*¿Que habrá pasado? ¡Señor, en Tus manos lo pongo!*", "*Ya no puedo con este aislamiento*". Ese mismo día, el 13 de Noviembre, Luis sin saberlo, ya presentía la muerte y sacrificio de su hermano Alfonso quien fue acribillado a tiros por los federales en el rancho Agua Fría, no lejos del poblado de Suaqui de Batuc, así mismo simultáneamente recibía Alfonso un periódico de México al domicilio de Nogales Arizona en donde se publica que se reanudan los cultos religiosos en la nación.

En el combate de Suaqui, los Cristeros tuvieron solamente un herido contra once bajas del enemigo, a pesar de que estuvieran superiores en número, armamento, disciplina, y de que tuvieron a su favor el habernos sorprendido a los Cristeros en campo llano, cruzando por innumerables cercas de alambre que tuvimos que cortar para cruzar el río y hacer fuertes en la falda de la sierra.

Propietario del rancho Agua Fría
Sr. Joaquín Blanco

¿Cómo explicar este fenómeno? Los mismos soldador del gobierno dieron la explicación dos días más tarde al aprender a Carlos y Jose Arvizu que se habían quedado aislados sin unirse a sus fuerzas por atender al herido. "¡Cristeros cobardes!, le decían a los prisioneros, ¡ustedes en sus buenos caballos y ahí traían a esa pobre mujer a pie y descalza detrás de ustedes!, Y con ese vestido blanco se antojaba tumbarla, dijo el otro, y quemamos mas cartuchos con ella que con todos los Cristeros, pero nomás no le pudimos pegar."

El oficial Cristero no dijo nada, pero comprendió que la presencia de una mujer vestida de blanco a pie y descalza caminando a la zaga de los Cristeros y atrayendo sobre sí todo el fuego enemigo sin ser tocada por las balas, no podía menos de ser un hecho sobrenatural que había librado de la muerte a muchos de sus compañeros, alzó los ojos al Cielo y en media plegaria, agradeció a la Reina del Cielo su visible protección. En las escasas escaramuzas que se siguieron, volvieron los soldados a ver a la mujer vestida de blanco descalza y a pie caminando siempre detrás de los Cristeros y en satánico afán volvieron a concentrar su fuego contra ésta sin lograr nunca tocarla dejando ya alejar a los Cristeros....

El medio de comunicación de esos tiempos era tan limitado que se tenían que hacer por medio de enviados, personas que fueron responsables en recibir y llevar el mensaje a su destino, entre ellos estaba un indio de apellido Dórame, quien recibió el mensaje del General Ibarra para entregar al Sr. Obispo Navarrete y los seminaristas que las tropas estaban muy cerca y que no tardarían mucho en llegar a los Ciriales. Ante noticia tan alarmante se reunieron los seminaristas mayores con el señor Obispo Navarrete para determinar que se debía de hacer. El escondite usado ya no era seguro y los soldados ya se encontraban cerca, un seminarista llamado Porfirio propuso que se fueran a refugiar a una inmensa cueva que solamente él conocía y que estaba situada en un rincón de la sierra la cual era muy difícil penetrar. Así buscaríamos refugio en lugares remotos en donde los soldados no pudieran encontrarnos, así pasamos más de una semana hasta que vieron un avión que andaba explorando la sierra, precisamente sobre los Ciriales, y poco después nos dimos cuenta que los soldados casi los trescientos, ya estaban muy cerca y debían pasar por el mismo lugar por donde estábamos escondidos. Mientras el señor Obispo Navarrete discutía los planes de escape con los seminaristas mayores Cruz Acuña Gálvez buscando comida para el grupo se encontró con un panal de abejas. Intentaron derivarlo con piedras, pero las piedras no llegaban a la altura de aquel panal tan prometedor y deseado por el hambre que todos tenían. Desesperados y sin medir las consecuencias apunto el rifle calibre 22 y derribó el panal, con dos sabrosos kilos de miel. El disparo había turbado el profundo silencio y retumbó por todos los rincones de la sierra alertando así a las tropas federales. Los soldados llegaron al lugar de los Ciriales y le prendieron fuego a todas las instalaciones quedando las aulas, dormitorios y el palacio episcopal en cenizas.

## Hermano Mártir

Quizás los planes de Dios exigían la sangre de un mártir para devolver a Sonora la paz y la libertad religiosa. El 13 de noviembre de 1935, la traición del mismo enviado Dórame quien después de la batalla de Suaqui se le envió a informar al resto de los Cristeros quienes se habían separado del grupo que se reunirían en el rancho agua fría y este, en lugar de enviar el mensaje vendió la información a las fuerzas federales por solamente $25.00 pesos, dando la pista al ejército federal quienes empezaron a rodear al pequeño grupo de cristeros. Alfonso, Coronel y jefe del Estado Mayor, que se había alejado del campamento para recoger leña y preparar los alimentos, se dio cuenta de la emboscada, dio aviso del peligro disparando su pistola, entonces los soldados federales lo acribillaron inmediatamente.. pero dio oportunidad de salvo a todos sus compañeros.

Este mismo día en que Alfonso falleciera había sido el día fijado por Alfonso y Lupe Félix para contraer matrimonio, Lupe vivía en Álamos Sonora. Alfonso recordó; diciéndoles a la tropa de Cristeros entre broma y broma "*si no estuviera aquí, este día fuera el de mi boda*". Lupe Félix nunca contrajo matrimonio para guardarle a su novio Alfonso.

 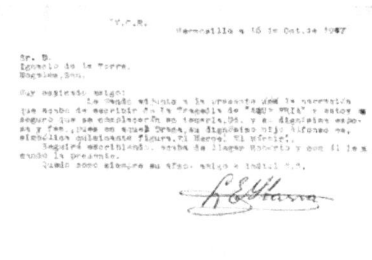

*Trozo de la chamarra de Alfonso*

Exhumación de los restos de Alfonso De la Torre

Narración de los hechos por el General Ibarra;

# General Luis Ibarra relata la tragedia de " Agua Fría"

*General Luis Ibarra y Rev. Luis Barceló*

*Serian las dos de la tarde del día 13 de Noviembre cuando llegue al campamento acompañado del Capitán M. Noriega. El Coronel Alfonso De la Torre y dos soldados habían llegado diez minutos antes, pues habíamos ido, el por un rumbo y yo por otro, a inspeccionar el terreno buscando un sitio apropiado para cambiar de campamento pues el que ocupábamos era una barranca inapropiada para ser una defensa o para resistir al enemigo en caso remoto de un ataque. Mi idea fue efectuar esa prevención ese mismo día: se la comunique a Alfonso; discutimos y aprobamos el plan. El soldado "Judas" que había mandado con comunicaciones a la sierra de Granados no regresaba habiéndole fijado siete días para su regreso. hablan ya transcurrido catorce días, Llegue al campamento muy cansado por haber hecho la excursión a pie, y ya los soldados hacían las ultimas tortillas cuando me avisaron que estaba listo el "Rancho" pero preferí descansar unos momentos. encendí un cigarro y me senté en una piedra que estaba al pie de un mezquite; vi que Alfonso separándose del grupo de los de la cocina, tomo arroyo abajo. y en ese momento me llamo la atención que mi caballo, que estaba muy cerca del lugar, hizo un movimiento de sorpresa, apuntando sus orejas hacia la entrada de la barranca. como todos los caballos que estaban allí atados hicieron igual demostración, me fije hacia el camino, y pensé que vendría alguno de los correos que esperaba o algún ranchero de los que nos traían provisiones y noticias. Todo esto fue en pocos segundos. Oyese una descarga cerrada sobre los* que estábamos en un radio de cinco metros Grite: El enemigo Vi que mis compañeros hicieron un rápido movimiento arroyo arriba; yo con mi rifle que lo tenía recargado en el tronco del árbol cerca del cual me hallaba sentado y sirviéndome de parapeto el mismo árbol, hice fuego sobre el enemigo, pues a distancia de unos cuarta metros vi a unos tirados pecho a tierra me convencí de que eran los federales, a quienes supuse en gran numero. volviendo mi vista hacia los lados para saber cuántos estaban conmigo, me di cuenta de que todos habían desaparecido.

Alfonso no estaba allí... Al Saber esto, que amargura sintió mi corazón El único objetivo para el enemigo era yo. Me bañaba con vertiginoso fuego cerrado de balas levantaban polvareda cerca de mis pies Comprendí que era una temeridad seguir haciendo aquella inútil resistencia y resolví salir. La cerca de alambre se hallaba a unos cinco metros de mi; al pasar por entre los alambres, las púas me cogieron el pantalón, de mezclilla nueva, quedando entrampado. después de empeñoso forcejeo, se rasgo el pantalón hasta el puño dejándome libre. Fue esto en pocos segundos, pero tiempo suficiente para que los "pelones" hubieran llegado hasta mi, haberme abatido a tiros o cogido prisionero.

Emprendí la subida del cerro, muy empinado. y caminando apenas unos treinta metros, desfallecido por la fatiga caí medio hincado al pie de un pequeño arbusto (Samota), enteramente desprovisto de follaje que pudiera cubrir mi cuerpo. Acto seguido, resuelto a vender cara mi vida si me descubrían, y a no moverme de allí entretanto por creer inútil todo intento de escapar y convencido de que los "pelones" me seguirían por el rumbo que vieron que había tomado, saque cartuchos de mi cartuchera y espere.

Su misericordia infinita, le hice entrega absoluta de mi vida.

En esos momentos aparecieron los "pelones." por la parte baja de la falda del cerro, avanzando paralelamente al lugar donde yo estaba, quedando el jefe, teniente Coronel parado exactamente frente a mí, a unos treinta metros de distancia. Dirigió su vista a donde yo estaba y creí llegado el momento de defenderme: (en esos instantes, que creí definitivo, pedí a San Francisco Javier intercediera ante Nuestro señor que si era su Santísima Voluntad no tomar mi vida en aquel trance, NO PERMITIERA QUE ME TOMARAN PRISIONERO.)

En seguida el jefe grito desaforadamente: Allá esta;;;; señalando con su mano izquierda hacia donde yo estaba. Fuego ' Fuego y disparaban los soldados y el, con su pistola, Como yo tenía mi vista fija sobre el Jefe, observe que la indicación que hacía era a un punto más alto sobre mí, y además, inmediatamente me di cuenta que la lluvia de balas pasaba silbando como a un metro de altura sobre mi cabeza. Continuo. ¡Allá va!... ¡A la izquierda!... "Fuego"..... "Fuegooooo".... Ese de la chaqueta de gamuza,,,,..."Fuego"... "Fuego"... "Persecución, Persecución Se fue.. (Sapos y culebras)...

Mi imaginación desarrollaba rápidamente aquellas sensacionales impresiones que percibía de aquella escena, No podía explicarme, Como es que no me veían a tan corta distancia y estando casi descubierto mi cuerpo. Quien era de mis compañeros, aquel de la "chaqueta de gamuza" que los "Pelones" le hicieron tantos disparos, primero en la dirección en donde yo estaba y luego a la izquierda sin suspender el fuego, hasta que el Jefe dijo: Se fue ….

Suspendido el fuego, el Jefe, sin cambiar de lugar enfrente de mí con actitud nerviosa hizo señas con la mano llamando a los soldados que se hallaban mas retirados, quienes pasaron frente a él y les dijo " Pronto..... Pronto arreglen todo. Que si estos nos cogen aquí , nos acaban.

Quedaban con el cuatro soldados y no cesaban de inspeccionar con su vista toda la falda del cerro. Por fin, como unos cinco minutos después, se oyó un suave silbido emitido por uno de los soldados que se hallaban en el campamento, quien dijo: Listo... como movido por un resorte, el Jefe dio media vuelta y a pasos largos se encamino a donde estaban sus calientes (¿Xy..?) soldados.

Hasta que se retiro el Jefe y los cuatro soldados que quedaron con él había yo conservado la misma posición y actitud tomada desde que aparecieron los "pelones"; medio hincado, con el rifle en las manos, en actitud de disparar en el momento en que viera yo que había sido descubierto.

La permanencia de los soldados ante mí, duraría una media hora.

Acto seguido, con inmensa e indescriptible gratitud, di gracias a Nuestro Señor por aquel maravilloso prodigio que fue Su Santísima Voluntad hacer, que de una manera tan extraordinaria quedara yo con vida, el más indigno de sus hijos, Me incorpore, poniéndome de pie y dando unos cuantos pasos buscando un punto de donde poder ver el campamento, vi que en esos momentos salía la tropa del bosque, a unos ciento cincuenta metros del campamento, lugar donde habían dejado los caballos, Ya en marcha por la vereda, en una parte despejada, los conté: eran ochenta y cinco. Los seguí con la vista con la esperanza de que tomaran el camino de Tepache y con desilusión vi que tomaron el rumbo del rancho de "la Junta" , propiedad de un amigo mío, distante de allí unos cuatro kilómetros. En aquellos momentos había proyectado al citado rancho y conseguiría un caballo ensillado e inmediatamente, en aquella misma noche, me encaminaría por el rumbo que me suponía habrían tomado mis compañeros y que será a la sierra de Granados.

Creí imposible poder a pie alcanzar a mis compañero, que ya me llevaban algunas horas de ventaja, a quienes me supuse que iban camino a "Palos Blancos", lugar distante unos veinte kilómetros de allí. Descartada estad posibilidad que con tan halagüeñas esperanzas de realización me había imaginado, opte por tomar el rumbo de la sierra de P. de Suaqui; Solo había que evitar que personas conocidas se dieran cuenta. En aquella región contaba con la ayuda de mi hermano Rafael y algunos amigos de entera confianza.

Vi mi reloj y eran las cinco de la tarde, Desde arriba pase mi vista por el campamento: nada habían dejado "los Pelones" todos mis compañeros, yo los vi, habían salido ilesos y esto me consolaba.

Me Puse mi rifle a la granadera, me oriente un poco y emprendí la marcha. Muy pronto se vino la noche cubriéndolo todo con densa obscuridad atravesando montes, profundas barrancas; subiendo y bajando cerros, de sondando muchas veces lo andado al rodear los principios que obstaculizaban mi marcha, pase la mayor parte de la noche, Entretanto mi imaginación no estuvo ociosa: andando, andando pensaba con tristeza en los acontecimientos ocurridos. Juzgaba benignamente aquella ida de mis compañeros como muy natural, considerándolos novatos en el arte de la guerra de guerrillas, pero cuando pensaba que Alfonso también había seguido a los demás, me rebelaba; veía deshechas las esperanzas fundadas sobre él y esto me causaba grande pena y no podía aceptarlo. Además, no tenía la menor duda pues creía haberlo visto pasar arroyo arriba en el grupo de los compañeros al oír la descarga del enemigo. Ya era la una de la mañana y no había dejado de andar ni un momento, empeñado en llegar al rancho "El Salto" antes de que amaneciera. Hacia unas tres horas que había bajado al bajío de "Monte Negro" y buscaba la carretera sin encontrarla, Por fin me oriente y tome la primera vereda que encontré a mi paso. camino que hace el ganado y caballada que van a algún aguaje y yo sabía que en aquellos contornos no haba otro sino el "Salto"

Siguiendo esa vereda con las consiguientes dificultades dado el terreno quebrado y la obscuridad de la noche, llegue al aguaje del "Salto" exactamente a las cuatro de la mañana, Después de tomar agua y descansar un momento, procure llegar a la segunda casa del rancho sin ser sentido en la primera, porque aquella la ocupaba un ranchero de mi confianza y de quien podía valerme para que me prestara la ayuda necesaria: Le hable(a B...)me di a conocer y luego dispusieron darme algunos alimentos, que, que bien los necesitaba pues había pasado el día anterior con solo el desayuno, Le pedí me prepararan un caballo para salir de allí a las nueve de la noche del día 14, como lo hice, tomando el camino para P. de Suaqui, encontrando en el camino únicamente a dos personas a caballo, a quienes no conocí.

Llegue a P. de Suaqui a las tres de la mañana del día 15 dejando el caballo en una tierra de cultivo, propiedad nuestra; tome mi rifle y llegue a la casa de mis familiares sin encontrar a nadie por la calle; rasque la puerta, e inmediatamente fui sentido por el hermano, que dijo estaba despierto pensando en mi. Allí pase el día arreglando la manera de poder pasar algunos días oculto en la sierra y que un amigo, José.... que me llevara alimentos pudiera llevarme también noticias y yo mandar comunicaciones a los centros de información establecidos de antemano.

A las seis de la tarde de ese mismo día, inesperadamente hicieron su arribo los federales a P. de Suaqui, formando en la plaza frente a mi casa. Es de suponerse la alarma y susto de mis familiares, a quienes di las disposiciones convenientes para observar el movimientos de la tropa para sí disponía sitiar la casa, jugar el todo por el todo y salir como fuera posible.

Afortunadamente ordenaron acuartelarse en una casa de la manzana de enfrente, dando con esto tiempo a que obscureciera y así pude salir sin ser visto por nadie en la calle y tome de nuevo mi caballo para internarme en la sierra.

Habiendo llegado al lugar acordado, empecé a recorrer con la imaginación lo ocurrido el día 13 la llegada nuestra al campamento después de la exploración con el objeto de cambiarnos de allí, la sorpresa dada por, el enemigo, la salida de "todos mis compañeros bacía el arroyo arriba,(pues como digo antes, creía tener la seguridad de que Alfonso iba entre ellos) etc...etc.. salida justificada, huida, natural dado lo inesperado de la sorpresa, pero no aceptada por mí en cuanto a Alfonso. Me explicare: cuando se presentaron los hermanos De la Torre ante mi llevando una delicadísima comisión, tuve la grata impresión de ver en ellos elementos de formación perfecta, con sincera y elevada comprensión de la causa, lo cual vine a confirmar después con el continuo trato que tuve con ellos.

A Alfonso, como mayor. lo nombre Coronel Jefe de mi estado Mayor; pronto dio a conocer sus aptitudes y buena disposición para cumplir las comisionas encomendadas; su actuación decidida se manifestó en los dos combates habidos en P. de Suaqui, en el primero de los cuales evito con energía y tino el que se desbandara allí toda tropa con la llegada de los aviones. El segundo ataque se dio fuera del pueblo. replegándonos al cerro del "Peñasquito" con los soldados que el detuvo en el primero: allí lo vi pelear como un veterano. Todo esto me hizo fundar en el grandes esperanzas y esperar que muy pronto podría confiarle la dirección de las operaciones militares más serias que en mis planes habría que desarrollar.

En fin, el convencimiento que tenía yo de sus cualidades en general, me obligaban a no aceptar en el aquella "huida" que en los demás veía natural y justificada, sin permitirme tampoco formarme de él un concepto contrario.

Pasados tres días de estar yo en la sierra, llego José.... Por el supe que los federales llegados a P.de Suaqui eran los mismos que guiados por el "Judas" nos asaltaron en Agua Fría, ellos contaron allí, que dejando sus caballos a corta distancia, se acercaron arrastrándose por la barranca hasta llegar a unos cuarenta metros de donde estábamos, cuando llego Alfonso sin notarlos a unos cinco metros de ellos. Al levantar Alfonso la mano Para cortar una rama seca para la lumbre, los vio e inmediatamente saco su pistola y disparo sobre ellos dando así aviso de peligro.

Los federales ya preparados dispararon certeramente sobre él, pues al frente iban los mejores tiradores acompañados del "Judas" quien llevaba la consigna de señalarme, siendo así simultanea la descarga sobre los dos. Quizá por papeles encontrados en la bolsa de su chaqueta de gamuza y por la filiación que dieron, se supo en P. de Suaqui que era hermano del "güerito"(Carlos) tomado prisionero con el herido Arviz en los temporales de "los Petos" después de los combates de P. de Suaqui con estos informes, comprendí que Alfonso había quedado muerto a los primeros disparos y así me explique que seguramente cuando lo vi pasarse del grupo que estaba en la cocina, torno arroyo abajo en busca de leña y ahí descubrió a los federales violentando con esto los planes.

Al convencerme de su muerte sentí un pesar dolorosísimo y terrible consternación vino a abatir los planes que había forjado de reorganizar el ejército para continuar la lucha, pues me veía obligado a prescindir de aquel elemento valiosísimo con quien había contado hasta entonces.

Hermosillo Sonora a 12 de Octubre de 1947 -L. E. Ibarra

## Descripción de los hechos por el Sr. Roberto Thompson

Yo no pretendo corregir al General Ibarra en "La tragedia de Agua Fría" quiero nomas contar la misma historia de la manera que el mismo la conto hace mucho tiempo.

Acompañado por dos de nuestros soldados, acabada de regresar al campamento de "Agua Fría" el coronel Cristero Alfonso De la Torre, al mismo tiempo el capitán M. Noriega y yo regresábamos por otro rumbo, unos y otros habíamos madrugado mucho con el fin de localizar algún lugar que prestara mayores ventajas para cambiar nuestro campamento compuesto por una veintena de escasa de Cristeros. Serian las dos de la tarde Noviembre 13 de 1935 los muchachos nos vinieron a anunciar que ya el rancho estaba listo, yo tenía un hambre espantosa pero preferí descansar unos momentos antes de comer y me senté en una piedra que estaba a la sombra de un Mesquite, Alfonso, en vez de sentarse, se encamino arroyo abajo y pronto lo perdí de vista, observe que todos los caballos se ponían inquietos y orejeaban hacia abajo, alguno de nuestros correos, pensé, ya regresa al campamento, o quizá algún rancho nos trae alguna anoticia o tal vez provisiones. Una descarga de fusilería cayó sobre nosotros levantando las balas del suelo a nuestros pies una nube de polvo y de pedruscos ¡ El enemigo grite ! y recargando el rifle sobre el mismo árbol donde yo estaba recargado antes, comencé a disparar sobre él. Vi que corrían arroyo arriba mis compañeros, eso me inquieto pero pensé que algunos se quedarían para resistir con migo, mi mirada se paseaba inquieta buscándolos, no estaban allí, me dejaron solo dije pero no los culpo, son tan jóvenes y no están acostumbrados a estas sorpresas tan bruscas, pero Alfonso, Alfonso ¿Por qué corrió Alfonso? Yo que tantas esperanzas tenia de él, lo había visto pelear en "Saquí" y en "Los Peñasquitos" tan serena y tan gallardamente ¿Por qué me dejo? Yo tanto que lo quiero...... estaba solo, todo el fuego era sobre mí, gaste todas mis fuerzas corriendo y arrastrándome cerro arriba para mejorar mi posición logre esconderme detrás de una Samota que estaba en un llano con varejones delgados y escasos de follaje estaba tan cerca de mí los federales que bien pudieron haberme matado con una calabaza o con una piedra en la cabeza, los varejones no eran lo suficiente fuertes para desviar su trayectoria.... San Francisco Javier, grite, no permitas que me cojan vivo...... A unos cuantos pasos de mi Teniente Coronel S....... con la cara asonantada y gritaba como loco a la vez que disparaba su pistola sobre mi cabeza ¡"Fuego, fuego, fuego"! Allá va, por la izquierda ... A ese de la chaqueta de gamuza ... Fuego dispersión.... ¡Maldición! Ya se fue ....... Y con los ojos inyectados miraba por encima de mí.... Vámonos dijo, si estos tales se rehacen aquí nos acaban .... Y se retiraron .... Tomaron el rumbo de "La Junta", pude contarlos muy bien eran ochenta y cinco de a caballo ..... satisfecho de que ninguno de mis compañeros habían muerto puesto que yo los vi salir, Salí yo también en busca de un refugio amigo, serian las cinco de la tarde. Pocos días después supe que los mismos federales contaron en Suaqui que Alfonso mejor quiso morir él, que traicionar a sus compañeros, no dándoles la señal de alarma ....... ¡Oh! ¿Por qué no comprendí yo entonces que fue Alfonso el paso el que paso corriendo junto a mí para desviar la vista de los soldados federales?, corría al Cielo.... Pudo haberme dicho al pasar "Yo no soy de los que corren mi General, allá esta mi cuerpo tendido en el campo" todos los balazos que tengo, entraron por el pecho, ninguno por la espalda. ¡ Adiós!, yo también lo quise mucho.

## Acontecimientos según María hermana

Carta escrita por María De la Torre dando seña a su hermano Francisco quien estaba en el seminario de los Jesuitas y quería saber lo que pasaba con sus hermanos y su familia.

*Nogales Ariz.19 Enero 1936*

*Mi querido hermano;*

*Voy a escribirte los detalles que hemos podido recabar acerca de la muerte de Alfonso.*

*El día 25 de Octubre tuvieron una terrible batalla en Suaqui de Batuc, distrito de Ures, esta se debió a una denuncia, y una familia del pueblo trato de entregar al General Ibarra, de acuerdo con unos americanos y estos con loa federales, pero quiso Dios que no se realizara semejante traición.*

*Cuando el general se dio cuenta del tiroteo y de que dos aviones los bombardeaban, dio orden de dispersión para evitar que los localizaran y los Cristeros unos entendieron mal la orden y otros se asustaron por lo improvisado de la batalla, el caso es que cada quien cogió por su rombo, entre tanto unos 15 hombres sostuvieron la lucha hasta rechazar e 150 federales haciéndoles 8 muertos, y 3 heridos, y lograron tumbarles un avión y herir al piloto.*

*Entre estos 15 peleaba el general y Alfonso que era teniente coronel y jefe de estado mayor; cuando se retiraron al pasar por un arroyo de tierra, perdió pisada el caballo que montaba Alfonso; y se rodo hasta el fondo, quedando debajo del animal, sin poderse mover, los compañeros se dieron cuenta y levantaron en peso al caballo para que pudiera salir Alfonso y salió sano y salvo.*

*De allí siguieron a un punto llamado el Agua Fría, del distrito de Moctezuma, a esperar que todos los demás se volvieran a reunir en aquel punto, para lo cual el general mando un correo llamándolos; entre tanto acamparon de lo más tranquilos creyéndose del todo seguros, y ya el día 13 de Noviembre, fecha en que murió nuestro hermano, como aquello del medio día se dispusieron a prender lumbre para hacer su comida, y viendo que les faltaba leña, se paro Alfonso a traerla y fue una vez y trajo una brazada y la arrojo a la hoguera y fue otra, cuando a unos cuantos pasos de distancia le dijeron a media voz "Ríndete" eran*

*les federales que agazapados, entre los matorrales trataban de caerles de improviso y acabar con todos, así lo comprendió Alfonso; con voz fuerte grito "NO ME RINDO" y disparo su pistola para que sus compañeros se dieran cuenta y se escaparan, y al mismo tiempo se oyeron los disparos de los federales que hacían blanco sobre él, dicen algunas personas que tenía 7 balazos uno de ellos en la frente.*

*El general, solo, sostuvo la retirada de los demás y hasta que vio que todos se escaparon se escapo él y en la sorpresa del caso dejaron tiradas armas parque y todo lo que traían.*

*Sucedió que el correo que había mandado el general para reunir a todos los Cristeros, llegó a Huasabas, y en lugar de entregar la correspondencia, se rindió por $12.00 miserables pesos llevo a los enemigos al lugar donde acampaban el general con aquellos pocos que le quedaban, este malvado en quien se había depositado absoluta confianza se llama Miguel Dórame, y hoy anda codeándose con los altos militares y gente del gobierno, con la consigna de entregar a otros que se distinguieron como valientes y con la consigna de entregar al Sr. Obispo. Por aquí se pasea muy campante en Nogales. Lo único que siento es que no tenga el buen sentido de Judas de ahorcarse, después de su infamia.*

*Del cuerpo de Alfonso no sabemos con certidumbre quien le daría sepultura, el malvado traidor dice que el mismo lo enterró al día, siguiente del suceso, y otras personas dicen que gentes del pueblo de Tepache lo sepultaron, pero si sabemos que está en el mismo lugar donde cayó. Nada tenemos de sus prendas que traía, tal vez los mismos soldados se las quitaron, sabemos que su cartera y otros papeles estén en la jefatura de Hermosillo. Mucho menos hemos podido tener el consuelo de recoger su sangre.*

*Platica un muchacho que estuvo en ese incidente que la víspera le dijo; "Mira Cheto, si no estuviera aquí hoy sería el día de mi matrimonio" Y el día que murió una dos horas antes nos platican que soltó una carcajada de risa y dijo; "Que se me hace que si me cogen, me cofunden con el Padre (Barceló que andaba de capellán con ellos), pero si él se escapa que le hace que a mí me maten":*

*Dicen que todo el tiempo anduvo contento, comiendo bien y sin dar muestras de cansancio era el orador oficial de los pueblos y Luis le ayudaba. Unos americanos turistas que anduvieron con ellos simpatizaron con el movimiento y sacaron fotografías y películas, dicen que en alguna de ellas aparece Alfonso.*

*El General los quiso mucho a los tres y les guardaba toda clase de consideraciones.*

*Su muerte ha sido sentidísima muchas personas le encomiendan sus penas y necesidades y Dios ha querido atenderlas; por su medio. Muchísimos sufragios ha tenido, aquí Mons. Duval le hizo sus honras fúnebres con toda solemnidad.*

Nosotros aquí supimos la noticia de su muerte por el periódico, y tratamos de ocultárselo a mi mana para decírselo poco a poco de una manera más suave, pero imprudentemente, una persona le dio un periódico y así de esa manera dura se entero, naturalmente tuvo un momento terrible, pero D.N.S. le ha dado una resignación admirable, y su salud no se altero como creíamos, milagro que atribuimos a la intercesión de Alfonso al llegar a la presencie de Dios.

En otra vez que tenga tiempo te escribo la historia de Carlitos; y la de Luis que no son menos terribles, para que veas en todo la mano de la Divina Providencia y nos ayudes a darle gracias por el favor que no hizo al escoger a uno y al devolvernos a los otros dos sanos y salvos a pesar de los grandes riesgos que los rodeaban.

Ahora sigo contándote la suerte de Carlitos; en la antes mencionada batalla de Suaqui, se le canso de tal manera el caballo, que no tuvo más remedio que dejarlo y escaparse a pie, y esa fue la causa por la que quedo cortado de sus compañeros, y entonces se dirigió a un rancho cercano donde creyó unirse al grupo del general pero ya habían pasado por allí y no sabía a dónde podían haberse dirigido, además se encontró en el rancho con que uno de sus compañeros estaba herido y no podía continuar la marcha, y Carlitos y otro llamado Emiliano Lugo, no tuvieron corazón de irse y dejarlo en aquel estado, y desde ese momento se dedicaron s cuidarlo y a curarlo de la manera que les fue posible, dos días habían pasado en el cargo al lado del herido cuando unos rancheros los denunciaron y les cayeron los federales, inmediatamente los hicieron prisioneros, le quitaron las armas y todo cuanto tenían, a Carlos lo ataron a un árbol y le formaron cuadro para fusilarlo, pero a Dios todavía no lo necesitaba, entonces amarrado de manos trataron de subirlo a un caballo bronco, sin duda pera que le estrellare contra el suelo, pero el animal no se dejo montar y entonces así atado y sujeto a los caballos de los soldados, a pie, se lo llevaron de nueve a Suaqui, allí lo tuvieron dos días preso sin cuidarse de darle de comer, unas buenas gentes de lastima le llevaron algo; luego lo condujeron a Hermosillo en truck, caminaron todo un día y una noche, y al pobre muchacho no lo dejaron ni siquiera cambiar de postura, llego materialmente rendido, a su compañero y al herido de igual manera los condujeron, al herido lo llevaron al hospital y a los otros dos al cuartel general, los encerraron en un calabozo; como si se hubieran muerto, ni comida ni nada les proporcionaban; los tenían completamente incomunicados, y no sé de qué manera, Carlos se dio habilidad pare avisarle a Licha,(una activa y buena señorita de Hermosillo) por medio de un recadito que dentro de una cajetilla de cigarros le mendo con una soldadera, pero esto fue después de haber pesado dos días sin comer absolutamente nada. Ya una vez enterada la Licha se dedico a proveerlo de todo, ropa y alimentos, y lo que es más, hasta llevarle la SAGRADA COMUNION, entre el migajón del pan, pero en vista de que tanto le revisaban hasta los alimentos, le llevaba el SAGRADO PAN en cajita de aspirinas una como si fuera una medicina.

No solamente la Licha, sino varias señoritas de Hermosillo se propusieron en mover todos los resortes para conseguir un amparo, pues su caso era sumamente comprometido, pero ningún licenciado quiso coger el asunto a su cargo, entonces desde aquí, mi Papá tuvo que poner el asunto en manos de un licenciado de Nogales Sonora y al fin concedieron el amparo, y hasta los 10 días cambiaron a Carlos del cuartel general a la penitenciaria, donde estuvo un poco mejor, ya se le permitía los jueves y los domingos, recibir visitas y todas las señoritas se propusieron hacerle llevadera su prisión rodeándolo de las finezas que les era posible.

Hasta entonces (12 de Noviembre) le avisamos a mi mamá, entes no habíamos querido hacerlo, sino hasta tener algún consuelo o alguna esperanza.

El mismo general Espinosa jefe de las operaciones en el estado, llamaba a Carlos a declaraciones, lo interrogaba de mil modos y trataba de amedrentarlo, pero el muchacho demostró una admirable serenidad, y sus contestaciones fueron inteligentes y acertadas, así que no pudieron aclararle todos los cargos que le hacían.

Otra pena muy grande tuvo el muchacho en la cárcel y fue saber allí la muerte de su hermano, y luego el mismo malvado que lo traiciono, vino expresamente a contarle toda clase de detalles, gozándose en la más negra crueldad, no sé como Carlitos tuvo fuerza para perdonarle y no lo estranguló en aquel momento.

Entre tanto se hacían toda clase de luchas por conseguir una fianza de $ 2,000.00 pesos que era lo que pedían por su libertad ocasional, y no fue posible conseguirla, todos los corazones helados y duros ante el dolor ajeno, al fin una señora ya mayor que tiene unas casitas ofreció su firma, y cuando esta se presento, notificaron del juzgado que ya ni con fianza obtendría su libertad el preso, y no solo eso sino que ya se rumoraba que lo iban a sacar a Mazatlán a una prisión militar.

Nosotros, pues perdíamos cada día la esperanza, y no teníamos tranquilidad ni un memento por su suerte.

En esas condiciones estaban las cosas, cuando surgieron los pleitos de Calles y Cárdenas en México, y cambiaron algunos gobernadores Callistas por Cardenistas, entre ellos al gobernador Ramos de Sonora, y con este cambio concebí alguna esperanza de que le fuera favorable nuestro preso; ya en esos días estaba aquí la Navidad y con toda la fe de mi alma le pedí al Niño Dios que me diera de regalo la libertad de Carlos para consuelo de mis padres y alivio de él, pues ya me consideraba con derecho a obtener un milagro cuando habíamos sufrido tanto, y con aquella certeza de que la Providencia hace lo que ya no es posible a los esfuerzos humanos, espere, y precisamente el día 24 de Diciembre en la noche recibimos aviso por telégrafo, del licenciado defensor, que Carlos estaba ya en libertad, casi sentía volverme loca de gusto, y de agradecimiento con N.S.

Y desde ese memento esperamos a Carlos en ceda tren y a cada momento nada, se puso un telegrama a Hermosillo preguntando por él y no obtuvimos respuesta, hasta el día 28 recibí una carta de la Licha en que me decía que no era cierto que había salido de la cárcel, que había algunas esperanza, pero que no sabían cuándo. Todo nuestro gusto se convirtió en decepción más amarga, y estábamos bajo el peso de esa amargura cuando llego Carmela Pontes, pidiéndonos albricias por que nos traía a Carlos y quería su tarjeta de migración para poder pasar la línea, no se lo quisimos creer tomándolo como una broma por ser día de los Santos Inocentes, pero ella insistió, le proporcionamos la tarjeta y se fue por él, yo me aliste y le pase el carro, luego que lo vi me lo comí a besos en la calle; sir dificultad ninguna cruzamos la línea y mi Papá mi mamá lo recibieron con lagrimas de alegría.

Y sucedió que la noche anterior había salido libre sin tramites ningunos, ni ninguna intervención del licenciado, humanamente fue un equívoco en el juzgado, providencialmente un MILAGRO. Al día siguiente ya lo buscaban en Hermosillo para volverlo a prender. Su compañero todavía se queso preso, hasta hace unos tres días salió libre. El herido ha sufrido mucho, todavía está en el hospital, pero ya le dieron su expediente de libertad.

Carlos en la tropa era Capitán Segundo y del estado mayor del General.

Continúo con la historia de Luisito, que no es menos providencial, y tal vez de los tres, el que haya sufrido más, moralmente.

De la batalla de Suaqui, salió Luis entre la gente del P. Luis Barceló y sin saber qué rumbo había tomado el general, se dirigieron hacia el campo de los Ciriales, pensando que allí se podían reunir todos, o por lo menos adquirir alguna noticia.

El campo de los Ciriales es el lugar de la sierra en donde ocultaba el Sr, Obispo con su seminario, y cuando este grupo de Cristeros llego, que fue el 2 de Noviembre , se encontraron todo convertido en cenizas unos dos o tres días antes habían estado allí los federales, avisados por un traidor, y habían incendiado, las rusticas habitaciones que el Ilustrísimo Sr. Obispo con sus propias manos había construido, sus libros, sus vestiduras sagradas, en fin todo hasta las gallinas que *espantadas se escapaban, los soldados las cogían y vivas las arrojaban a la hoguera. El Señor Obispo y los muchachos tuvieron tiempo de escaparse nomas con la ropa que traían puesta.*

*Luis sufrió al ver aquella devastación y se intranquilizo por la suerte que hubiera corrido el Sr. Obispo, pero el mismo tiempo pensó que aquello, indignaría mas a la, gente y lucharía con más ardor, y fue todo lo contrario.*

*Después se ocultaron en cierto punto de la sierra, él y tres compañeros, porque el P. Barceló se separo diciéndoles que iba por noticias y a traerles provisión y ya no volvió, no sé qué circunstancias mediarían, el caso es que el Padre, se escapo y se vino para Nogales Arizona. Entre tanto Luis y sus compañeros como enterrados en vida, sin ningún contacto con el resto del mundo, pensando en sus hermanos, en el general, y sin medio aluno de comunicarse con ellos; en eso acontecía la muerte de Alfonso, la dispersión de aquel grupo; y la traición del malvado de Dórame que traía cartas precisamente para los dispersos, hizo imposible el contacto de unos con otros.*

*Con todos estos acontecimientos, se desmoralizo de tal manera la tropa, que en lugar de procurar agruparse de nuevo, se rindieron cobardemente los mas, denunciaron y traicionaron otros, y en los pueblos en lugar de ayudarles se mostraron hostiles y mejor les daban noticias a los federales. De ese modo fue como surgió el mas lastimoso fracaso, en donde se perdió una excelente oportunidad, buenas posiciones y completos pertrechos de guerra.*

*Tres semanas duro Luis entre las cuevas, esperando de un momento a otro que les cayeran los federales y los mataran como perros, pasaron hambres y necesidades, por las noches oían los aullidos de los lobos, y temían ser atacados.*

*Al fin llegaron otros dos compañeros, los Coyotes que les dicen por apodo, y al encontrarse allí convinieron en no separarse y bajar a los pueblos a comer y adquirir noticias. Con mil de riesgos llegaron a un ranchito, cerca de Huasabas, y allí Luis trato de mantener el ánimo de sus compañeros y no lo consiguió se fueron también a amnistiar, menos Los Coyotes.*

*Ya de ese rancho pudo comunicarse con gentes conocidas y escribir a la casa, de aquí inmediatamente le contestamos y hasta entonces supo con certeza la muerte de Alfonso, que solo como rumores de distintas maneras le había llegado la noticia; supo también con certeza la suerte de Carlos.*

*Y mis papas que estaban con verdadero cuidado por él le mandaron decir que si ya no era posible el trabajo, se viniera cuento antes y le mandaron fondos para ello.*

Salió de allá a fines del mes de Diciembre y llego a esta el día 4 de Enero.

Pero al pasar la línea por Agua Prieta, tuvo un incidente, bastante peligroso.

Al presentarse en la emigración americana de Douglas, para seguir adelante su camino por EE.UU. le rehusaron la tarjeta, porque ya era vieja y seguramente la traza en que venía, lo hizo sospechoso y lo acosaron a preguntas, tanto que no tuvo más remedio que decir la verdad de las cosas, y todavía lo presentaron a un inspector de emigración de Nogales haber si este lo conocía, y a pesar de que Luis lo reconoció ese tal lo negó, luego le exigieron cartas de recomendación, y ofreció el presentarlas, pero para volverse a Agua Prieta, quiso dejarles encargada su pistola que tria fajada, y el jefe de emigración no la admitió; y nomas salió Luis y mandaron llamar a la policía a investigar si esa pistola era robada, pues en esos días se les habían perdido unas pistolas se decía que la trían los rebeldes. Paso la policía a Agua Prieta y no se les ocurrió otra parte a donde ir que al cuartel e informar por Luis De la Torre, nomas oyó el nombre el jefe de plaza, e inmediatamente puso en movimiento a toda la tropa, y dijo que donde lo encontraran lo colgaran inmediatamente del primer poste.

Luis estaba posado en una casa que distaba una cuadra del cuartel, y noto aquel inusitado movimiento de la tropa, sin sospechar que él fuera la causa, se pasaba los días jugando a la pelota con los chicos de la casa, de lo más tranquilo; entre tanto llegaron las cartas de recomendación que había pedido a Nogales y volvió a la emigración a presentarles, y la misma emigración llamaron a la policía pera continuar en la investigación de la pistola, pero aquellos estaban tan asustados que ellos mismos pidieron que se le arreglara pronto su tarjeta, porque si pasaba al lado Mexicano lo matarían, y uno de los gringos le escribió en ingles en un papel, "Ni esta tarde permanezca Ud. aquí, vallase inmediatamente" Así lo hizo Luis y ya lo tenemos entre nosotros.

Tanto él como Carlos le atribuyen a Alfonso su salvación pues los dos se encomendaron a él.

Luis no perdió sus armas y pudo escapar otras más, y escapo también la bandera, que fue la misma que usó el General Ibarra en Jalisco y allí la cubrió de gloria, la misma que ahora los Sonorenses, mancharon como cobardes.

Llego Luis muy repuesto y bien de salud G.D. pero triste porque la gente no supo responder al llamado, porque no supo sobrenaturalizar la obra ni entregarse al sacrificio, sin embargo no se da por vencido tiene ánimo para seguir trabajando.

Unos pocos de hombres que no llegaran a diez, se portaron como leales y como valientes Cruzados de Jesucristo. Los demás defeccionaron y lo que es peor traicionaron vilmente.

D. Fortino está muy desmoralizado, pero ya esta parando de nuevo su seminario. Y D. Pedro su hermano, esta indignadísimo con lo que pasó.

Del general no se sabe nada, por mas pesquisas que hizo Luis, todas resultaron inútiles y todas las cosas quedaron como en suspenso hasta saber que derroteros marcan las circunstancias pare más adelante.

Mi Papá no pierde su ánimo y su actividad, solo Dios sabe lo que tendrá dispuesto para adelante.

Tu hermana que te quiere mucho.

Luis tenía el grado de Capitán 1ro y también pertenecía al estado mayor.

Firma. ... María De la Torre Uribarren

## Certificación del General Luis Ibarra

¡Viva Cristo Rey!

Por la presente tengo el honor de certificar que el Teniente Coronel Alfonso De la Torre pertenecía al Ejército Popular Libertador dependiente de la Guardia Nacional, como Jefe de Estado Mayor a mis órdenes, en el movimiento armado que se inicio en este estado el 4 de Octubre de 1935, en contra de la persecución religiosa del tirano Calles.

Nuestro pequeño campamento fue sorprendido por el enemigo en número muy superior al nuestro, y por la traición de un judas, Alfonso pudo salvarnos sacrificando su vida, disparando el primero para advertirnos el peligro.

Alfonso poseía en grado sumo todas las cualidades de un caballero cristiano, inteligente, culto y abnegado, valiente y sumamente piadoso, y en plena juventud dio su sangre para la causa de Cristo.

Hermosillo Sonora, México
Nov. 2 de 1945
General Cristero
Luis E. Ibarra

Después de haber leído las cartas y testimonios, regresamos a los sucesos diarios de los Cristeros. Día 14 de Noviembre 1935 se les unió el Mayor Noriega junto con el Cabo Sares, quienes salieron huyendo del tiroteo de Huasabes hace 6 días. El Mayor Noriega informa a Luis lo sucedido y así exclama Luis diciendo *"Bendito sea Dios, las noticias son buenas"* Tomaron Álamos tumbando un aeroplano del ejercito y se pertrecharon. Además reciben la información de que Carlos sigue preso aunque no lo han hecho sufrir. Para entonces se dan cuenta que en realidad no es todo tan bueno ya que en realidad ellos y el grupo de Luis quienes eran cinco eran todo lo que quedaba del ejercito Cristero en el norte de Sonora. Se supo que todos los demás ya se habían amnistiado, unos únicamente por hambre, y otros por miedo y temor a las torturas, quedando prisioneros o bien temor a la muerte. Para entonces el herido de José Arvizu ya andaba caminando y también les llegó el comunicado que parece que el gobierno Americano se empieza a interesar por ellos y prestar ayuda, siendo esto simplemente un rumor ya que la ayuda y el interés del gobierno Americano nunca existió por no tener ninguna seguridad en sus intereses económicos.

Viernes 15 de Noviembre, a pesar de las supuestas buenas noticias de ayer, el ánimo de los Cristeros sobrevivientes está muy decaído, también su alimentación es muy deficiente, tienen días sin probar alimento. Sábado 16 de Noviembre, ésta mañana dos de los compañeros se fueron a amnistiar y otro de ellos fue a buscar provisiones, se preguntaban, y este ¿volverá? Por la noche llegó el Teniente Monge, amnistiado y acordaron en que todos se fueran a amnistiar menos el Mayor Monge y Capitán Luis quien se reusó ya que se le había dicho que para los "De la Torre" no existía ninguna amnistía, y también siempre dijo; *"Mi deber es al lado del General Ibarra"*.

Sábado 16 de Noviembre, María recibe financiamiento para la causa del Obispo Manríquez

*San Antonio Texas*
*16 de Noviembre 1935*

*Srta. María De la Torre,*
*Nogales, Arizona*

*Muy Estimada Srta.:*
*Saludo a Ud. muy atentamente en compañía de sus papas y de toda su apreciable familia. Ahí le adjunto ese cheque por $100.00 Dólares para que me haga el favor de abonarlo a mi cuenta.*
*Sin otro asunto por ahora, quedo siempre de Ud. afectísimo y s.s.*

*Firma.____J. Manrique*

Ese mismo día Don Ignacio le informa escribe al Obispo Manríquez dando las gracias por el donativo a la causa e informando sobre lo sucedido en la sierra, que los solados quemaron el seminario, que el Sr. Obispo Navarrete está escondido en la sierra en cuevas y barrancas, también dándole seña y razón sobre las bajas de los federales en la batalla de Pozo dulce, del movimiento de Agua Prieta y le informa de su hijo Carlos que aun está prisionero y de Luis de quien aun no se sabe absolutamente nada.

*Nogales Noviembre 16 de 1935*
*Sr. D. Eulalio:*
*Muy Sr. de mi respeto:*
*Tuve el gusto de recibir su atta. 5 d/c que se cruzo con una mía por conducto de Luis en la que daba aviso de cierta expectativa, mas como llego aquí el interesado y se fue luego a tratar del negocio, ya regreso dejando apuntado y si Dios nos socorre será factible hacerlo. Este Sr. fue al sur pero dice que regresa por aquí porque quiere ir a Chihuahua.*
*Ya se sabe de verdad cuantos fueron los muertos federales en Pozo Dulce: 160 y los nuestros levantaron el campo, se dieron buena armada de pertrechos, a Dios gracias.*
*Aquí mismo no podemos la verdad de Sonora sino por cartas y en una de ellas ya sabemos de cierto que quemaron el rancho de D. Fortino y el anda por cuevas con su gente pero no lo cogieron no hay más detalles, fue una denuncia de un desertor que sirvió de judas.*
*A mi hijo Carlos ya lo pasaron a la cárcel y ya no está en poder de los militares y se está gestionando su libertad cauciónale.*
*De Don Luis no tenemos noticias hace tres días se aseguraba que estaba peleando por Agua Prieta mas no han dicho nada los periódicos, tal vez les fue mal otra vez al gobierno y por eso se callan.*
*Los otros grupos se han sostenido y estamos en la actualidad tratando de mover el distrito de Altar.*
*Recibí su valiosa ayuda que ahorita todo me es útil y quedo muy agradecido, aun me quedan unas contabilidades pequeñas que son de otro lado y tengo la dificultad de mandar por los libros para hacerlos en cas pero no me dan ni para empezar a mis gastos solo tengo una de este lado de $ 25.00 Dólares que es lo que dedico a renta y pagos de servicio, le doy por tanto las más expresivas gracias, por su remesa.*
*Me dicen de los Ángeles que me van a dedicar 20 de la recaudación para Sonora con lo cual nos darán un buen levantón. Para el negocio apuntado se van a necesitar 7 mil dólares es necesario y del todo urgente conseguirlos haber que le escribe el empresario a este respecto.*
*Le pide sus oraciones su afmo. B.S.M.*

*Ismael*

Domingo 17 de Noviembre 1935, Luis se queda solo y deja escrito en su diario *"Ya se fueron todos. Son muy buenos conmigo y me han prometido toda clase de ayuda. Qué triste es la soledad. Señor recibe estos sufrimientos para Tu gloria y por la salvación de mi infortunada patria".*

Lunes 18 de Noviembre, el compañero que enviaron en búsqueda de provisiones nunca regresó. ¿Qué ha de haber pasado? Martes 19 de Noviembre, que vienen los tropas federales es la última noticia. Los compañeros que se fueron a amnistiar son conducidos por aquellos hacia Bacadehuachi. Mientras tanto Carlos estando en la prisión de Hermosillo, el General Juventino Espinosa le da permiso a Miguel Dórame (el traidor) de visitar a Carlos en la prisión y atormentarlo con las explicaciones de como murió su hermano Alfonso y como lo sepultó. El pequeño grupo de Luis abandonaron el campo con la intención de salir de la sierra, pero después supieron que los compañeros se habrían de regresar a Bavispe para arregla su indulto, entonces decidieron esperar al compañero ya sin campo fijo. Por fin, el enviado para buscar provisiones llegó, éste fue el asistente de Luis, además de provisiones también le trajo noticias diciéndole que los federales le buscan con empeño por cielo y tierra. Miércoles 20 de Noviembre, todo el día sin novedad.

*San Antonio Texas*
*21 de Noviembre 1935*

*Memorándum para D. Ismael.*
*Muy estimado amigo:*
*Me refiero a su muy atta. de fecha 16 de los corrientes. Me ha llenado de satisfacción la noticia que me da, y pronto mandare una carta a México. Entiendo que recibiría los $100.00 dólares que le mande. Espero se sirva decirme a quien, y, a que dirección sigo enviando mis remesas.*
*También le ruego procure recabar las más noticias que se pueda para mandarlas a México. Me da algo de tristeza pensar que para el arreglo del asunto pendiente se requiera tanto dinero: $ 7,000.00 dólares ¿de dónde los sacamos? Sin embargo, tengamos fe en la Providencia: Dios proveerá.*
*No deje de seguir alentando a los nuestros y decirles que sigan obrando con toda energía, con los maestros socialistas principalmente; y que procuren siempre seguir siempre adelante en sus conquistas, que no vayan a dormirse sobre sus laureles.*
*Lo felicito cordialmente por lo de Carlos, Dios ha de querer que pronto salga en libertad, y así se lo voy a pedir a Dios.*

*Firma.      Eulalio*

Jueves 21 de Noviembre fue hasta entonces que al grupo de Luis les llego la noticia de que Miguel Dórame había denunciado al General Ibarra y que lo fueron a asaltar, saliendo todos los soldados cuando estaban los Cristeros durmiendo, también se supo que los volvieron a tirotear cerca de rancho El Sares. Ese mismo día se sabe con seguridad y autenticidad que los federales se vienen sobre la sierra en donde se encuentran ellos;

entonces se movilizan inmediatamente, salen a pie y caminan todo el día y por la noche, encuentran comida en un rancho cercano y se dan cuenta que los federales ya han entrado a la sierra buscándoles y a cerrarle el paso al General Ibarra quien persiguen con ahínco. *"Señor ten piedad del General y de Alfonso y compañeros"* exclama Luis.

Viernes 22 de Noviembre antes de amanecer emprendieron la marcha y caminaron todo el día hasta entrada la noche, ya el día Sábado 23 llegaron con toda felicidad al rancho La Puerta, al parecer sin haber sido sentidos o vistos por nadie, llegaron muy cansados. Ya el día Domingo 24 pasaron todo el día descansando y sin novedad, mientras fue un enviado a Huasabas por alimentos y noticias. Llegó éste por la noche con los siguientes datos: el General Ibarra fue sentido rumbo a la sierra madre y solo. De Alfonso unos aseguran que murió en el asalto y otros que se salvó. Carlos sigue preso. Se amnistiaron los asistentes del General Ibarra y fueron conducidos a Hermosillo; *"Señor que angustia esta incertidumbre acerca de Alfonso. Cualquiera que sea su suerte se para Tu gloria. Has que lo sepa pronto",* Luis implora al Señor.

Día Lunes 25 de Noviembre, Edmundo envía una carta a sus padres informando los atropellos que aún continúan en el interior de la Republica. Dice que los federales le pegaron una golpiza a la tía Eloísa por estar rezando, y como encarcelaron a varias personas que estaban en el mismo grupo de oración, como muchas personas no pueden ni siquiera salir de sus escondites incluyendo dos sacerdotes. Mientras en el rancho, en la sierra escondidos, al pequeño grupo de Cristeros de Luis, les llovió todo el día y toda la noche; se vieron forzados a refugiaron en las casas del rancho. La noticia de Alfonso aún no se confirma. El día 26 de Noviembre, escribe Edmundo desde Aguascalientes y Benjamin desde la Ciudad de México, los dos dando el pésame a sus padres por la muerte de su hermano Alfonso. Mientras en la *sierra* de Sonora llegaron al campamento de los Cristeros Joaquín y Nico, *diciendo* que el General Galas había pedido diez hombres para buscar y entre*gar* al Padre Ignacio De la Torre, a Luis y el Sr. Obispo Navarrete. Seguían las *traici*ones como pan de cada día buena oportunidad de hacer dinero para *muchos* desalmados entregando a los miembros de esta santa causa. Miércoles *27* llego Saris y confirmó lo de Galas con Dolores Moreno y dos compañeros mas. Saris les hará el favor de averiguar.

Carta de Guadalupe Félix a Don Ignacio (novia y prometida de Alfonso) contestando a Don Ignacio.

*Navojoa, Sonora*
*Noviembre 28 de 1935*
*Querido Don Ignacio:*
Supe de su viaje y hacía días que tenia la pretensión de recibir una carta suya, no me animaba a molestarle con una mía porque a mas de esta pena usted tiene otras muchas y no quería distraerlo rodeándole de la mía que también es suya. Otras muchas veces le intentaba escribirle y siempre tropezaba con no se qué vergüenza que al fin me impedía hacerlo y sabiendo que no podía ser yo lo suficientemente valiente para guardarme esa pena para mi sola, sentía la necesidad de un consejo suyo y muchas veces tuve la suerte de recibirlos aun sin pedírselos y en otras ocasiones sin decirme una sola palabra solo con verlo sentía yo no sé qué, nuevo valor que me ayudaba a tomar la vida como venia, es decir como Dios lo disponía para mí. No quiero seguir adelante sin pedirle que haga presente a todos, en mi no muere esta pena que siento con todos ustedes, pero no es así casi esa fórmula impuesta por la costumbre como quiera decirlo – no con esas palabras que se dicen a todos por poco que importe la pena que lleven encima y tengo que decirlas porque de otra manera me quedaría sin decir nada – pero en este caso yo no puedo poner en palabras mis sentimientos o no puedo expresar lo que realmente siento. Me acuerdo de su mamá, ella no se figura cuantas veces Alfonso me platico de ella ni tampoco es que a mí me ha servido pensar en todo lo que a ella le pidió Dios y ella supo aceptar. Siempre en los ratos que me sentía más oprimida me acorde de ella admirando toda su resignación y eso me dejaba no se qué sensación de cobardía propia. Ahora yo no sé casi que decir tengo como miedo de encontrarme con mis pensamientos frente a frente y no quiero oponerme más argumento que Dios lo quiso así y a mí no me toca averiguar la causa y con mi entendimiento nunca llegaría a saberla.
Pienso que lo quiero más que antes y no siento que la muerte haya roto mi compromiso. Dios me ha ayudado mucho para ser yo y ahora creo realmente que el sufrimiento es el camino que mejor nos lleva a Él, es bonito sufrir después de todo, las mismas penas por más que parezca que destrozan la vida encierran una dulzura que solamente así se conoce.
Le agradecí mucho su carta que fue un consuelo tan grande para mí al contrario de aumentar mi pena y gracias por todos sus consejos y le pido a Dios me ayude a seguirlos encontrando mi lugar aquí porque ahora de veras no se cual es. Di su saludos a todos, y con esperanza de verlo pronto por acá reciba mi sincero cariño para usted y los suyos y no se olvide de pedir a Dios por mi y deme su bendición.
Firma, …. Guadalupe Félix

El día 28 de Noviembre Benjamin, viviendo con su tía Cristina Velasco en México, escribe a sus padres describiendo las fechorías en el Zócalo en donde murieron 3 personas y quedaron 47 heridos durante una manifestación en contra de los atropellos del gobierno, además dice que ya se había identificado al Sr. Obispo Navarrete en el periódico de México como "Don Fortino Guerrero", el secreto de identidad del Sr. Navarrete había sido publicado y no era más un secreto. Se sabe que el día 30 de Noviembre dos personas más toman la amnistía.

Domingo 1 de Diciembre 1935 mientras tanto en lo más profundo de la sierra madre, Luis y su gente aun sin novedad alguna. Luis invoca a Dios diciendo *"Señor, has que como el ave del Fénix, el movimiento surja de sus propias cenizas, para que nuestros anhelos de libertad y justicia sean una realidad, si esta en Tu Santísima Voluntad"*. El día 3 de Diciembre se supo que el General Ibarra andaba en Hermosillo junto con Ramírez y el día 4 de Diciembre se impuso la orden federal de que ninguna familia con niños podía salir de sus pueblos; se dan cuenta que empieza el pulpo a extender mas tentáculos para aprender a la niñez. Pero Luis y sus compañeros siguen sin dirección y acción alguna, ¿hasta cuándo tendrán que esperar?

Por fin el día 7 de Diciembre les llega confirmación que piden la cantidad de $10,000.00 pesos por la libertad de Carlos o lo mandan a México para ser fusilado, pero Carlos dentro de la prisión se ha portado como todo un hombre sin flaquear y titubear. En el mismo comunicado también le confirman a Luis la muerte de su hermano Alfonso, no es hasta entonces que Luis pierde las esperanzas de poder ver a su hermano nuevamente; *"Señor, si Alfonso esta muerto dígnate recibirlo en Tu gloria como héroe y como mártir, y haz que su sangre, unida a la Tuya, nos alcance el triunfo de Tu causa"*. Sus compañeros, Don Juan y Coyote no regresan, que estará pasando?, los tomarían prisioneros, o se fueron a amnistiar como el resto?.

Día Lunes 9 de Diciembre, Benjamin, estando él fuera de todos los problemas de los Cristeros de Sonora encuentra trabajo en Aguascalientes en la tenería "El Diamante" de Don Nacho Ruiz de Chávez e indica que toma un curso de química industrial. Por fin, el día 10 de Diciembre llegó el Coyote, uno de los compañeros que habían salido del grupo, llegó amnistiado tal y como se había pensado. El mismo Coyote le informó que Don Juan se quedó en Querobabi. Además se les informó que Carlos está bien pero está incomunicado y que las fuerzas federales de Chihuahua se retiran. No fue hasta el día 11 de Diciembre que Luis supo de Miguel Dórame, que él mismo había enterrado a su hermano Alfonso; se supo por platicas de Dórame a una amistad de Hermosillo y finalmente ése mismo día el Coyote salió con rumbo a Huasabas que es donde viven sus padres para reunirse con ellos.

12 de Diciembre, día de la Virgen de Guadalupe. Luis recibe carta de su madre en donde se confirma por ella misma la suerte de su hermano Alfonso. 14 de Diciembre, los amnistiados de Granados están saliendo

todos del pueblo porque los andan queriendo tomar prisioneros y se les hace imposible la situación. Don Juan y el Coyote se regresaron para llevar a Seri a Suaqui. En la madrugada del día 15 comenzó a llover, luego durante el día llego Joaquín a visitar a Luis quien le trajo noticias diciéndole que continúan buscándole; luego Luis implora al Señor diciendo *"Señor, muéstrame cuál es Tu Santa Voluntad respecto al camino que debo tomar".* la lluvia no deja de caer día y noche, entonces el día 16 ya pasado el medio día llego el Coyote quien va a Oputo y le dio la noticia que se había volteado un regimiento federal y que había señales de un arreglo del interior de México pero que no tenían certeza de que sería.

Aunque la lluvia había dejado de caer por unos días el día 19 de Diciembre se reanudó y de nuevo amaneció lloviendo mas tupido y con temperaturas más bajas. Para el día 20 de Diciembre se supo que la buena noticia que tanto esperaban que había caído Ramos, el presidente municipal de Granados, quien salió huyendo y que Cárdenas había dado solo 8 días a Calles para que saliera del país.

El 23 de Diciembre llegó del norte Carmen Fimbres y le da a Luis el recado de su madre quien manda decir que todos en casa están bien y que se tienen esperanzas de que consigan la libertad de Carlos. Entonces Luis considera la posibilidad de regresar a casa, pero tiene el conflicto de que no ha recibido órdenes del General Ibarra. Don Juan quien había regresado de Suaqui le prepara el viaje a Luis para unirse con el General Ibarra en Hermosillo, el cual está preparado para el día 25 de Diciembre por la mañana, primero llegar a Nacozari, mas cual fue su sorpresa se cancelo el viaje por que en la misma camioneta en que viajaría Luis se encontraban tres enemigos y se canceló el viaje.

Diciembre 27, Hermosillo Sonora; llega la orden de libertad de Carlos. Ese mismo día, en la sierra, llegaron Manuel Ramírez y Jorge quienes acaban de llegar de Hermosillo con instrucciones para Luis del General Ibarra diciendo que se fuera al norte y cruzara la frontera como refugiado político. También le informaron que salieron el mismo día 28 soldados con rumbo a la sierra en búsqueda de Porfirio. El día 28 de Diciembre Manuel Ramírez le consiguió un salvoconducto a Luis y al medio día salieron con rumbo a Cumpas, amanecieron el día siguiente en Cumpas. Jorge y Manuel se regresaron a Hermosillo y Luis se quedó en Cumpas. El día 29 de Diciembre, Luis continuó con su camino al norte llegando solamente de paso a Nacozari, esto fue al medio día, pero luego continuó con su camino hasta llegar al rancho Cuesta de Carrillo en donde pasó la noche. Temprano, por la madrugada, Luis continuó con su camino con rumbo al norte con la intención de utilizar el puerto fronterizo de Agua Prieta, a donde llego al medio día. Ese mismo día trató de cruzar la frontera a Douglas Arizona, para luego dirigirse a su destino que sería Nogales Arizona pero los agentes de migración de los EUA no le dieron el permiso de cruzar y se vio obligado a resguardarse en Agua Prieta mientras llegaran papeles de Nogales.

Diciembre 30 Rev. Ignacio le envía carta de pésame a su madre por la muerte de su hermano Alfonso, y Carlos ya estando en la ciudad de Nogales Arizona al lado de sus padres y hermana confirma su aceptación al colegio de los Jesuitas, enviando notificación a sus tíos despidiéndose ya que entra al seminario de Isleta Texas en donde se encuentra su hermano Francisco.

El Obispo Manríquez desde San Antonio Texas envía otro donativo para los bienes de la causa.

*San Antonio Texas*
*31 de Diciembre 1935*

*Srta. María De la Torre,*
*Nogales, Arizona*

*Muy Estimada Srta.:*
*Saludo a Ud. afectuosamente. Adjunto a Ud. cheque por $100.00 cien dólares que se sirva Ud. abonar a mi cuenta.*
*Tenga la bondad de acusarme recibo inmediatamente, para seguirle mandando otras cantidades.*
*Deseo también saber cómo están los muchachos y que hacen o de que se ocupan, pues hace ya un mes que no sé nada de ellos.*
*Con afectuosos saludos para todos su apreciable familia etc.*
*Firma.    Eulalio López*

Don Ignacio envía carta al Obispo Manríquez dando las gracias por su donativo a la causa y también le da explicación sobre lo ocurrido a Carlos, Luis y su desilusión sobre la falta de ideales de algunos Cristeros.

*Nogales Arizona Enero 4 de 1936*

*Sr. D. Eulalio López*
*San Antonio Tex.*
*Muy Sr. de ml respeto:*

*Acuso recibo de su atenta 31 del próximo pedido que me trajo un abono de $100.00 dólares por que le doy las gracias y le acompaño recibo separado.*

*Oscar le escribió a Ud. ayer y yo espere a hoy para la llegada de uno de mis familiares que esperaba y traía las noticias de los muchachos en general, pues no teníamos seguridad de los rumores tan contradictorios que nos llegaban y desgraciadamente lo que paso en Sonora fue más triste que si no hubieran vuelto ninguno de los míos (ya está aquí el que estaba en el sanatorio en la capital) que salió sin operación y como por obra de milagro, lo confundieron intencionalmente entre los oposicionistas y salió el die 27 y nos llego el 28 del pdo.).*

*Pues bien el que llego hoy del campo, cuenta que fue una verdadera desbandada de esta gente de Sonora, bisoños y sin ideales, hasta el grado de dejarlo solo a él y al patrón que ni se sabe de él y que por gracia de Dios no cayó preso junto con los que lo acompañaban el día de la muerte de Alfonso mi hijo, que un correo de ellos mismos en lugar de cumplir su cometido, se fue a vender y trajo a los enemigos a donde ellos estaban y Alfonso que se había retirado, se topo con ellos que venían agazapados para cogerlos y luego él dio el grito que no se rendía se defendió dando lugar a que salieran sus compañeros a costa de su vida.*

*Este muchacho que llego hoy dice que con otros 3 únicos que le quedaron pudo venirse a pie al rancho de uno de ellos y estuvo 1 y ½ meses tratando de comunicarse con su patrón que no pudo localizar y por eso se vino pasando por Agua Prieta como de milagro también, pues habían sentido su presencia y lo buscaban como perros rabiosos pero Dios quiso que los americanos al fin lo dejaran entrar pues ya lo habían devuelto a pesar de su tarjeta de emigración que se le mando de aquí y llego pues sin novedad, yo tengo aquí a los dos que quedaron con vida, pero lo que Dios ha permitido no puede ser más doloroso.*

*Esta gente luego quo vio la de veras, se asueto y en lugar de cumplir sus ordenes de su amo se desertaba y se amnistiaban y fue imposible reunirlos ni contenerlos y lo peor una bola de traiciones y delaciones, que hizo imposible todo.*

*Del asunto do los indios aun no nos contestan, no habrán vuelto los correos, estamos con ese pendiente y aquí tenemos un poco de material que sobro como 6 toneladas que se quedaron aquí, haber cuando vuelven a servir.*

*Cuando nos venimos Oscar y yo de Phoenix, ya nos encontramos con esas novedades, pero no podíamos confirmarlas y ahora desgraciadamente no nos cabe duda.*

*En cuanto tenga noticia del patrón le aviso, así como de D. Fortino que también lo andan buscando unos traidores juntamente con los enemigos, pero ya sabemos que están a salvo.*

*Me encomiendo a sus oraciones e pido su B.*

*Ismael.*

No está muy claro el comportamiento del Obispo Manriquez, al indicar que no se sabe si los fondos serán enviado a Sonora para continuar con el programa, o se envían a México para otra operación. Se sospecha que bajo las notas recibidas y viendo el gran numero de desertores y la poca participación del pueblo Sonorense será mejor enviar el dinero al interior de México.

San Antonio Texas, 9 de Enero de 1936

Memorándum para el Sr. D. Ismael

*1/18/36 Muy estimado amigo:*
*Me refiero a su muy atta. de fecha 4 de los corrientes. Recibí también carta de Oscar en la que me platica, como Ud. el fracaso de nuestros negocios en Sonora. No se imagina Ud. la tristeza que me sobrevino por esta noticia; hasta el sueño se me fue, lo cierto es que no todo está perdido, pues según Ud. me dice, hay todavía algunos negociantes empeñosos que no se dan por vencidos, pero supongo que será muy difícil rehacernos pronto de las perdidas.*
*Ante estas noticias, no sé lo que disponga Christian respecto de los fondos de California. Por otra parte me envió un delegado que está todavía aquí, a decirme que allá también están muy escasos de dinero. Yo le voy a mandar algo, y a retener lo demás aquí hasta que disponga si esos fondos se le siguen enviando a Ud. o se le envían a ellos.*
*Por supuesto que yo le hago ver que el ánimo de los Yaqui sigue en pie, y que es posible se arregle con poco dinero. Esperamos, pues, su resolución esto mismo le digo hoy a Oscar.*
*Es por demás recomendar a Ud. que siga levantando el ánimo de todos, pues bien pudiera suceder lo que el negocio se levantara de nuevo, y que este incidente no fue más que una de tantas pruebas que nos manda la Providencia para hacer nuestro triunfo más soñado. De todas maneras, hay que seguir adelante como se pueda y cuando se pueda. Es imposible que nosotros permaneciéramos cruzados de brazos ante la labor infame de corrupción que estos están realizando a gran prisa en la niñez y juventud Mexicana.*
*Encomendándome and sus S.S. O. y en espera de más consoladoras noticias quedo como siempre de Ud. afmo. Etc.*

*Firma. _ Eulalio López*


**Responde Don Ignacio a la carta del Obispo Manríquez y sin perder el ánimo responde diciendo; que tomando nota de lo que sirve decir con respecto a los fondos del programa, que está muy bien explicado y que se empleen en donde más urge por el momento, mientras en Sonora vuelven a organizarse, pues reconoce que ciertamente lo acontecido hay que tomarlo solo como un incidente. Por datos que se tuvieron y personas que han regresado del campo de batalla, la lucha se vio fue solo falta de preparación en la mayoría de los elementos y un mal ejemplo que cundió con el pánico pero que se dan cuenta de que hay bastante en buen estado de ánimo para seguir adelante, solo que para volverse a organizar hay que ver lo que les quedó de elementos materiales pues dejaron algunos entierros y con todo lo que se cuenta y se necesite. Así ellos creen que es indispensable unos dos radios para establecer un mejor medio de comunicación.**

*Nogales Enero 18 de 1936*
*Sr. D. Eulalio López*
*San Antonio Tex.*

*Muy Sr. de mi respeto:*
*Su atenta 9 d/c tomando nota de lo que sirve decirme respecto a fondos, que está muy bien explicado que se empleen en donde más urge, mientras nosotros volvemos a organizarnos, pues ciertamente lo acontecido hay que tomarlo solo como un incidente. Por datos que he tenido y personas que han venido del campo la lucha se ve que fue solo, impreparación en la mayoría de los elementos y algún mal ejemplo que cundió con el pánico pero me doy cuenta de que hay bastante en buen estado de ánimo para seguir, solo que para volvernos a organizar hay que, ver lo que nos quedo de elementos materiales pues dejaron algunos entierros y con todo lo que se cuenta y se necesite. Yo creo que es indispensable unos dos aparatos de telegrafía sin hilos y sus respectivos manipuladores, que tal vez sea necesario pedirlos al interior porque eso es muy necesario digo los manipuladores, que los aparatos por aquí los compraremos.*
*Estuvo aquí el mayor de las fuerzas de Don Luis y me explico las cosas, también se sabe que Don Luis está a salvo en un lugar de Sonora esperando el resurgimiento del negocio, por tanto no está todo perdido, además el proyecto aquel de los indios pero eso no se puede hacer con poco dinero hay que tener lo necesario aun antes de tener arreglos pues estos quieren ver claro. A este respecto parece que Orendain tiene muy buenas perspectivas según le escribió a Téllez.*
*Le acompaña una foto que conseguimos muy interesante del espectáculo que presentaban los templos de Sonora, como ese todos para que complete una colección que le mando Téllez y le saque al mayor provecho posible, haber si ante los hechos se suelta el codo de los que puedan ayudar y aun la tolerancia de alguno de nuestros altos dirigentes.*
*También le acompaño las instrucciones que le prometí en Phoenix y que indebidamente circularon en Sonora contrarrestando la acción o la voz del prelado local. De él también ya tenemos noticias que está bien y seguro en cuanto es posible.*
*Mis muchachos vienen encantados de la piedad y entereza de Ibarra, pero coincidieron después de la espantada con los aviones en Suaqui con otras dos sorpresas a dos grupos distintos que acabaron por desbaratarlos. Y hay que ver que en Suaqui triunfaron los nuestros solo pelearon 15 y derrotaron 150 federales, haciéndoles 8 muertos y 3 heridos y un avión que fue a caer a Bacadehuachi y que todo esto ni ellos lo supieron hasta después. También allí hubo traición pues el general no los esperaba, por seguridades que le daban los del pueblo que era el suyo. Según todo lo que se sabe fue una serie de milagros que la Providencia obro con todos ellos al grado de ser muertos y dos heridos de los nuestros y no menos de cien bajas con las del sur de los federales.*
*Téllez se fue a los Ángeles invitado por Magallanes a recorrer los centros establecidos y crear otros y de haber llegado a entrevistar al Sr, Obispo de Tucson para recabar el permiso de trabajo en Arizona, donde ya hay trabajos preliminares. Se fueron mis muchachos con él, invitados por mi hermano.*
*Celebrare se conserve bien y recomendándole sus peticiones por esta pobre familia mía, me repito su afmo. amigo Q.S.M.B.*

*Ismael*

Días después el día 20 de Enero el Obispo Manríquez envía una carta pidiendo a Don Ignacio que le envíe dinero de lo que se tiene en caja. Que a pesar de las circunstancias, envíe remesas de $50.00 mensuales. Dos día después, Don Ignacio recibe otra más del mismo Obispo Manríquez con mas instrucciones a seguir para el depósito del dinero. También da seña del movimiento planeado para lograr control en Sonora con ayuda del viejo mundo, mencionando al Sr. Orendain quien recibió facultades de la LNDL.

*San Antonio, Texas Enero 20 de 1936*
*Srta. María De la Torre*

*Nogales, Arizona*

*Muy estimada Señorita:*
Saludo a Ud. muy atentamente. Hace pocos días recibí carta de en la que se me dice que a pesar de las circunstancias, siga a Ud. enviando la mitad de los fondos que me vengan para la compra de la casa. así que tenga la bondad de abonar por ahora a nuestra cuenta 50 dólares que le envío en el adjunto cheque. Procure hacerlo cada quince días.
Tenga la bondad de decirme como siguen los muchachos, en que animo se encuentran y que preparativos hay para lo porvenir ¿se ha arreglado algo con los yaquis? Encomendándome en su O.O., quedo como su siempre de usted etc.

*Firma.    Eulalio López*


*San Antonio, Texas 22 de Enero de 1936*
*Memorándum para el Sr. Ismael*

*Muy estimado amigo:*
Me refiero a su muy atta. de fecha 18 de los corrientes. Entiendo que ya habrá recibido mi anterior en la que iba incluido un cheque a favor por $50.00 dólares. Su apreciable misma me ha traído mucho consuelo, pues por ella veo que no está todo perdido, sino que hay buenas perspectivas para lo de adelante.
Por lo que ve a los fondos de California, ya recibí orden de mandar a Ud. la mitad de lo que vaya viniendo. Lo hare Dios mediante cada quince días, para no llamar la atención.
Ya habrá sabido Ud. que se hacen grandes esfuerzos para conseguir dinero en grande escala, y hay realmente probabilidades de existo. Si ese dinero llega a nuestras manos será para fines de Abril. Si se obtiene, como esperamos en Dios, el asunto de los Yaquis será de los primeros que se atenderán.
A Orendain, como Ud. sabe, le encomendó La Liga que viera a algunas personas coordinadoras de nuestra situación y amigas nuestras para obtener algo fuerte antes de que llegue el grueso del dinero. ¡Ojala que este Sr. tenga éxito en su comisión! pues así más pronto se resolvería lo de Sonora.
Recibí la foto y la copia de las instrucciones. Muchas gracias. La revolución está haciendo esfuerzos desesperados por conquistarse a la niñez y a la juventud, esto es, corromperla y bolchevizarla; por eso nosotros no debemos darnos punto de reposo para contrarrestar esos diabólicos designios.
Con afectuosos saludos para su apreciable familia, quedo como siempre de Ud. etc..

*Firma..... Eulalio López*

Enero 23 de 1936 Don Ignacio da acuse de recibo de la carta del día 20 y confirma una anterior por la que queda el Obispo Manríquez enterado de cómo van los negocios de Sonora. No teniendo que agregar nada sino que aun hay alguno que otro que no ha entregado sus armas y que esperan que salgan de nuevo. También apoya la misma determinación del representante de la LNDL en la Región con la misma idea o propósito, cree que se puede llegar a un acuerdo. Es también evidente que el Obispo Manríquez cambió de parecer porque reanuda las contribuciones a la causa de Sonora.

Antes del día último, Don Ignacio se dará una vuelta por Tucson a entrevistar otra persona para el asunto de la siembra en el Rio Yaqui y que por ahora no puede decir nada más firme, refiriéndose a la unión de los indios con el regimiento Cristero. Así mismo visitar al Rev. Donald Hughes y Rev. Duval en la Catedral de Tucson, quienes han sido instrumento principal para la ayuda de la causa.

Rev. Donald Hughes

P. O. Box 111
Nogales, Arizona

Enero 23 de 1936
Eulalio López
San Antonio, Texas

Muy Sr. de mi respeto:
Recibí su atenta 20 del actual y con ella adjunto cheque por $50.00 dólares que se sirve abonarme de la cuenta de la casa que le vendí, los que he acreditado en cuenta con las debidas gracias. Adjunto recibo por separado.
Confirmo una mía del 18 d/c por la que quedara Ud. enterado de cómo van los negocios de por aquí, no teniendo que agregar nada sino que aun hay alguno que otro que no ha entregado su herramienta y que esperan que se trabaje de nuevo en la mina. También supe la misma determinación del representante de la Liga en la Región con la misma idea o propósito, creo llegaremos a ponernos de acuerdo.
Antes del día ultimo me daré una vuelta por Tucson a entrevistar otra persona para el asunto de la siembra en el Rio Yaqui, por ahora no puedo decir nada más firme.
Esperando se encuentre bien y que se sirva mandarme sus…… saludes queda su afmo. Q.B.S.M.

Ismael

Mientras tanto en Aguascalientes, Benjamin le informa a su madre el día 2 de Febrero de 1936 que está haciendo trabajos de disección, que su primer trabajo fue un pato el cual le obsequió a Don Nacho Ruiz de Chávez y que también disecó un tecolote para la iglesia y le pagaron $1.00 por su trabajo. Ese mismo año Benjamin ingreso al Instituto de Ciencias de los Jesuitas en Aguascalientes y estudio Química Industrial.

El Obispo Manríquez envía carta a María (hija) indicando que de nuevo suspenderá los envíos de dinero por ordenes de México hasta nuevo aviso, prometiendo que en cuanto salgan de sus compromiso se reanudará de nuevo el envío de dinero para Sonora.

*VIVA CRISTO REY*
*VIVA LA SIEMPRE VIRGEN MARÍA DE GUADALUPE*

San Antonio, Texas a 5 de Febrero de 1936

Srta. María De la Torre
Nogales, Arizona

Muy Estimada Srta.
Saludo a Ud. muy afectuosamente. Tengo el gusto de adjuntar el cheque por $50.00 dólares a fin de que se sirva abonarlo a mi cuenta.

He recibido de México orden de suspender de nuevo los envíos a esa hasta nuevo aviso debido a que tienen ahora allá problemas especiales de compras para estos meses: compras de casas que de no realizarse en esta temporada, después difícilmente se harían. Además tienen en perspectiva un negocio en grande escala para efectuar el cual necesitan muchos fondos. Por eso precisamente ordenan la suspensión. Pero entiendo que, tan luego como salgan de esos compromisos, volverán a reanudar nuestros pequeños envíos.
Por ahí le mando 50 ejemplares de un escrito publico recientemente por el Sr. Obispo de Huejutla Ud. me hará favor de distribuirlo como mejor le parezca. Puede Ud. darlo, por ejemplo, a las personas que mas ayuden a nuestra causa.
Hoy trae la persona una noticia interesante, y es, aprendieron en México a cuatro personas disque por habían embarcado un parque para el Sr. Luis Ibarra. ¿Qué habrá de cierto en este asunto? Yo sabía que el Sr. Luis Ibarra se encontraba en oculto en la sierra de Sonora; por eso me extraño la noticia.
¿Qué se ha arreglado en el asunto de los Yaquis? Deseo me hagan favor de enviarme toda clase de noticias respecto a nuestros negocios.
Encomendándome en sus ss. O., y con afectuosos saludos para su apreciable familia, quedo como siempre suyo afmo. etc.

Firma…. Eulalio López

P.D. ¿Qué ha sabido de D. Jorge? Hágame favor de decirle que no piense volver a México sin antes hablar conmigo.

**Don Ignacio reporta al Obispo Manríquez el día 12 de Febrero que el movimiento en Sonora sigue paralizado y se está haciendo recuento de personal y armamento para una nueva intervención. Del movimiento a gran escala los directores están inciertos, pues han llevado muchos chascos, creen necesario que se reúna primero el capital con el equipo adecuado antes de otra intervención.**

*VIVA CRISTO REY*
*VIVA LA SIEMPRE VIRGEN MARÍA DE GUADALUPE*

*Nogales Febrero 12 1936*

*Sr. D. Eulalio López*
*San Antonio, Texas*

Sus atentas 22 del pasado y 5 d/c; su primera se cruzo con la mía en que le acusaba recibo del abono que se sirvió mandarme de la casa que le vendí en esa y su ultima me un nuevo abono va amparado con el recibo adjunto y quedamos liquidados de estas según me indica; al nuevo plazo se servirá Ud. renovar o reanudar sus abonos, estamos de acuerdo.
También recibí 50 libritos que me mando y que aprovechare D. M. con los accionistas.
Las minas de la Región siguen ahora paralizadas y se están haciendo recuento de herramienta y obreros para una nueva explotación que pronto parece dilatarse algo.
Del negocio en grande escala están los accionistas tratándole con tiento pues ya han llevado muchos chascos, primero dicen que desean se reúna el capital necesario, luego que la empresa empiece en conjunto con las demás minas paralizadas y, luego que se den seguridades de cumplir

los contratos de trabajo, pero en general están interesados en el negocio, creo su precaución es justificada, ya seguiré informando, los convenios que se vayan haciendo.
Respecto a la noticia de México, me supongo es un plan para tener pretexto poner al cobre algunos, pero no se sabe nada que hayan hecho aun.
El gerente desfalcado está garantizado en sus manejos por ahora.
Oscar lo estamos esperando hoy o mañana que viene de California donde anduvo proponiendo mercancía con éxito, le pasare su recado, pues supongo piensa irse luego.
Como siempre a sus órdenes y le ruego se acuerde de mi en los momentos supremos y de mi familia que sigue algo enferma.
Su amigo afmo. y SS.
Ismael

Abril 24 de 1936 Carlos ingresa al seminario de los Jesuitas en Isleta Texas y en Junio 7, Francisco es trasladado de Granada Nicaragua a San Remo Italia.

En la siguiente nota del día 13 de Junio, Don Ignacio informa al Obispo Manríquez que Luis apareció y que están animados para continuar con el trabajo de Sonora bajo una nueva dirección; también le informa de la milagrosa libertad de Carlos, gracias a Dios.

*Nogales, Arizona*
*Junio 13 de 1936*
*Sr. D. Eulalio López*
*San Antonio, Texas*

*Muy Sr. de mi respeto:*

*Sirve la presente para saludarlo afectuosamente y decirle que recibí primero un ejemplar de su mensaje a la América Latina y después cincuenta ejemplares que astado propagando y de los que llevo reunidos $ 2.00 dólares, le estimare decirme a como se han de dar y que empleo le doy a estos fondos y a la vez le suplico, se sirva mandarme unos trescientos para el estado de Sonora si puede más para mandar a Sinaloa también.*
*A la vez le participo que ya apareció el niño perdido y que con el favor de Dios volveremos a trabajar las milpas de Sonora bajo nuevos auspicios, empezamos ya la reorganización y cuenta de elementos, ya avisare cuando tengan más cuerpo nuestras esperanzas, mientras tanto le pedimos le pedimos oraciones y alguna intercesión por nosotros.*
*Saludes al .Sr Dr. Lozano, y a Luis Dávila si acaso le ve que no ha vuelto a escribirme.*
*Le participo que mi hijo Carlos el preso de Hermosillo que salió por milagro de Dios, entro en Abril pasado al noviciado de Isleta Texas de los Jesuitas a donde los fuimos a llevar y parece que está contento y que ya encontró su lugar, le encargo también oraciones por el fin de que el SEÑOR le afirme su vocación.*

*Hoy hace siete meses que murió mi hijo Alfonso Q.E. P.D. y no sé cómo hemos podido sobrevivirle, sobretodo la mamá con tanta enfermedad y penas encima.*
*Me encomiendo a sus oraciones y sin más su hijo en Cristo.*

*Ismael*

¡VIVA CRISTO REY!
¡VIVA LA SIEMPRE VIRGEN MARÍA DE GUADALUPE!

Chicago, Illinois., a 17 de Junio de 1936

Srta. María De la Torre
Nogales, Arizona

Muy estimada hija en Jesucristo:
Recibí su muy atta. de fecha 13 de los corrientes, no le extrañe que le escriba desde estas lejanas tierras. Vine acá a dar una misión as los Mexicanos. Quedo enterado de que recibió Ud. los mensajes. Tan luego como regrese a San Antonio, ordenare se le envíen a Ud. 500 ejemplares para que los distribuya como mejor le parezca. Puede UD. darlos a diez centavos o a 25 centavos plata mexicana. Y ese dinero déjelo Ud. para los diversos gastos que ocurran con motivo de nuestros trabajos.
¡Cuánto gusto me da el saber que ya se están preparando de nuevo para las siembras en Sonora! Dios lo ayude. Ya me harán favor de informarme de todo lo que haga a ese respecto. Nosotros por nuestra parte seguimos dándole al asunto del dinero. Po supuesto que, si los conseguimos, tendremos muy en cuenta lo de Sonora.
Con mucho gusto voy a encomendar a Dios sus necesidades de familia y espero que Ud. hará otro tanto por este su afmo. amigo...

Firma..... Eulalio López

## Posible Asistencia del viejo mundo.

Lo siguiente es la transcripción exacta de las notas escritas por Don Ignacio en donde explica lo acontecido durante, quizás una desesperada inclinación de conseguir ayuda, que aunque la idea no estaba del todo buena, también existieron los intereses personales de aquellas personas envueltas en tomar decisiones y actuaran de manera equivocada. Que de éstas decisiones no fueran del todo atrayentes para el bien de la causa en Sonora en la cual se procuraba obtener inversiones del gobierno Italiano esperando así que cuando el gobierno Sonorense se apoderase de los intereses Italianos existiera la justificación de poder obtener fuerzas extranjeras para defender éstos los suyos.

*Aunque son muchas las personas a cuyos oídos han llegado versiones más o menos precisas, o más o menos inexactas, de los trabajos iniciados en Europa por dos amigos nuestros muy estimables, y adoptados desde luego por el Jefe del Consejo del Ejecito (C. E.) y más tarde, al conocerlos y ponerlos en sus manos, adoptados también por el Comité Directivo (C.D.) de la Liga Nacional de la Defensa de la Libertad (L.N.D.L.), voy a hacer el fiel relato de dichos trabajos con el fin de que sean en lo sucesivo vistos y estimados en su verdadero valor.*

*Habiendo sido llamado urgentemente por el Sr. Don Eulalio López (hágase notar que Don Eulalio López, es el seudónimo utilizado por el Sr. Obispo Jose de Jesús Manríquez y Zarate, obispo de Huejutla México desterrado el año de 1927 y operando bajo ese nombre desde los Estados Unidos de Norte América) a fines de diciembre de 1935, siendo todavía su representante ante la L.N.D.L, salí de México rumbo a San Antonio Texas el día 31 del mismo mes y año. Llegué a la casa de dicho Señor el día 5 de enero de 1936 y desde luego fui informado por el mismo de los motivos de la llamada. Hacía más o menos tres meses que Don Eulalio cansado y desilusionado de mendingar, y de ver mendingar sin resultados satisfactorios, en E.U.A concibió la idea de recurrir al Viejo Mundo en busca de inteligencias y corazones ms comprensivos de nuestra causa, que nos tendieran la mano para obtener el triunfo de la misma. Idea bajo todos conceptos justos y laudables, que desde luego comunicó al insigne luchador Sr. Bandiera residente en Roma. Con ese fin eran ya varias las cartas cruzadas entre dichas personas, asegurando el Sr. Bandiera que la sugestión de Don Eulalio había sido no solo bien sino con entusiasmo recibida por algunos elementos caracterizados del fascismo y banqueros, y agregaba que él se había concretado a ser expositor y afirmar que en su oportunidad iría alguna persona de los nuestros a tratar formalmente el asunto. La última comunicación recibida por Don Eulalio pedía urgentemente el envío del comisionado porque las personas interesadas así lo reclamaban. Hasta entonces Don Eulalio y Bandiera habían trabajado en la más absoluta reserva hacia nosotros, reserva que para garantía de la marcha del negocio habían solicitado las personas entrevistadas en Italia pero atendiendo a la solicitud del Sr. Bandiera me hizo ir a S. Antonio, Texas, para comunicarme sus trabajos e invitarme a hacer el viaje como comisionado. Se fijaba en mi porque había vivido muchos años en Italia y haciéndome inmenso favor, porque contaba con buenas amistades, conocía la mentalidad italiana y había trabajado con algún fruto para la causa en Europa.*

*Aun considerando el resultado de las gestiones como el de un albur, firme en la justicia del fin, abrigaba Don Eulalio, en su intimidad la seguridad de un triunfo por las bendiciones de Dios. Sin embargo la experiencia de la humana miseria, le aconsejó conservar el absoluto secreto, revelándolo únicamente a las personas que de momento parecían indispensables, imaginando para más tarde ofrecer a los mexicanos luchadores algo verdaderamente real, a modo de obsequio, que nunca pensó sería rechazado, confiando en el filial cariño que él ha estimado siempre en relación con su inmenso afecto de padre. No creyó ni pensó herir a nadie mientras confiaba a unos el trabajo para obsequiar a otros después el fruto.*

*Así, pues, me confió hacer partícipe del asunto al Jefe del C.E. y pedirle lo recibiese como propio y prestase por consiguiente su colaboración.*

Al Sr. Robles pareció también inseguro el asunto, pero participó del optimismo del Sr Don Eulalio sobre todo teniendo en cuenta la corriente anticomunista en algunos países de Europa, y resolvió secundar a Don Eulalio. Convino en prescindir en beneficio de la comisión durante todo el tiempo que fuere necesario, de la ayuda pecuniaria que le venía de E U.A y en otorgar las credenciales de caso, como que el asunto se había venido tratando en beneficio del Ejército, único organismo en la actualidad que ejercita el supremo derecho de legítima defensa contra la agresión comunista, agotados como han sido todos los medios pacíficos.

El Jede del C.E. destinaba sus ingresos de los E.U. y el Sr. Don Eulalio se comprometía a reunir lo necesario para hacerme marchar y a darme todo lo que necesitase. Disponiendo pues de algunos fondos destinados al Ejército y poniendo de su peculio propio lo más, recibí de Don Eulalio al emprender el viaje $700.00 setecientos dólares. De Antonio seguí a N. York, donde embarqué rumbo a Francia y luego proseguí en tren a Roma, habiendo llegado a las 11:55 p.m. del día 1ro de abril.

Mi comisión consistía, en concreto, en exponer con documentación la situación en México, la naturaleza del movimiento armado, sus fines y necesidades y ver de conseguir remediar estas últimas. Todo este trabajo debería desarrollarse con primacía en Italia, pero se me facultaba para entrevistar gobiernos, instituciones o personas que se hiciere necesario. Se me prohibió en lo absoluto tratar concesiones que significaran mengua de la integridad territorial y compromisos que en manera alguna nos colocasen en terreno de inferioridad en cualquier orden.

La misma noche del 1ro de abril de 1936 me puse en comunicación con mi buen amigo el Sr. Bandiera, concertando una cita para la mañana siguiente. Reunidos en mi Hotel el día 2, me informó detalladamente sobre el curso de sus gestiones. Al recibir la primera carta de Don Eulalio habló con el Director de la "Banca Fondearía" en Roma quien se entusiasmó y llamó a las conversaciones a dos accionistas del Banco, uno de ellos Senador del Reino y otro oficial de alto grado de los Caravineros, Entonces Italia se encontraba en guerra con Etiopia, circunstancia que le puso de manifiesto muchas inmensas y serias lagunas, aunque previstas, no bien provistas, sobre todo para el futuro, en cuyo horizonte siempre se dibuja la guerra. Así que dichas personas que demostraban conocer las riquezas de nuestro suelo, imaginaban hacer frente a nuestro deseo mediante el intercambio de algunos minerales, tales como hierro, cobre, plata y otros, con lo que se beneficiarían también ellos. Confieso que yo no contaba con encontrarme el problema en tales condiciones, desconocidas también por Don Eulalio, y así lo manifesté a Bandiera quien me dijo que de las conversaciones *conmigo podía resultar lo que nosotros deseábamos. Ese día lo pasamos mi buen amigo y yo estudiando la manera de presentar nuestras intenciones. Hablarnos por teléfono con el Director del Banco y quedamos citados para el siguiente día, 3 de abril a las 12:30 p.m. Acudimos Bandiera y yo cambiamos unas cuantas palabra de saludo con el Director que resultó ser mi conocido y antiguo compañero del Circulo Católico de Universitarios, y al presentarse el señor Senador comenzó a tratarse el negocio.*

*Primero me expusieron ellos lo que habían hablado con Bandiera, que ya quedó asentado arriba, terminando con la pregunta de si estábamos nosotros en condiciones de establecer el intercambio. Yo principié exponiendo nuestro problema y al fin nuestras necesidades, y concluí también preguntando si se nos comprendía. En eso no cabía duda, ya lo habían afirmado a Bandiera e igual cosa hicieron conmigo. Lo que aproveché para indicarles que nos tendieran la mano prescindiendo de intercambios.*

*Ese día no hablamos más. Al siguiente y los sucesivos, pues diario teníamos cita, sostuve mi proposición, mientras que los banqueros, animados de evidente buena voluntad estudiaban la manera de coordinarla con la de ellos. Tuve necesidad de presentarles algunos memorándums que ya son conocidos por el Sr. Robles y el Sr. Juan Manuel, que en substancia contenían en breves palabras la exposición de nuestros problemas, la naturaleza del movimiento armado, sus necesidades, algo sobre el estado que guardaba entonces el mismo Movimiento y la petición de ayuda, en la inteligencia que deseábamos se nos prestara mientras fuera necesario, es decir hasta el triunfo.*

*Vino la semana Santa, el Senador salió rumbo a Milán, el Banco cerró algunos días, y de consiguiente se suspendieron nuestras reuniones.*

*Al iniciarse nuevamente las conversaciones me fue propuesto un plan que los banqueros juzgaban seria de nuestro agrado. Vendría a México una Comisión para estudiar yacimientos minerales con el fin de establecer en México capitales italianos que exploran algunos de ellos, mediante una compañía mexicana en relación con una italiana. Lo que correspondiera a los mexicanos iría también a Italia de donde directamente o valiéndose de intermediarios nos enviarían dinero o materiales bélicos. Desde luego ellos invertirían capitales, si no en el Movimiento Armado, si en algo que indudablemente redundaría en su beneficio y nosotros facilitaríamos los trabajos en México. En tales condiciones decían ellos, si el Movimiento Armado lograba alcanzar mayores proporciones, el Gobierno Italiano intervendría para garantizar los intereses de sus Nacionales, principalmente en forma de facilitarnos el triunfo.*

*No me desagradaba tal solución, pues demostraba claramente la buena voluntad de nuestros amigos; pero objeté por lo que eso tardaría, por la oportunidad, y la circunstancia de que teníamos ya hombres en el campo sobre las amas. Además deseaba yo conocer la opinión del Gobierno Italiano. El Senador me afirmó ser íntimo amigo y cercano colaborador de Mussolini y que ya había platicado con él varias veces; pero arregló una entrevista con el Subsecretario de las Corporaciones, que además fungía de Secretario del P.N.F. por ausencia del titular. Acompañado del Director del Banco me presenté en el Ministerio y fuimos introducidos al Despacho del Subsecretario. El banquero hizo las presentaciones e inmediatamente el Sr. Ministro inició la conversación sobre el tema, lo que me demostró que el Senador trabajaba con empeño interviniendo siempre oportunamente como no lo hubiera podido hacer yo. Presenté al Subsecretario un Memorándum, donde con más apremio solicitaba la ayuda inmediata; que constando de tres o cuatro planas le pareció extenso para llevarlo a la consideración de Mussolini, por lo que le ofrecimos reducirlo a una sola que yo personalmente le entregaría en la tarde del mismo día. Salimos rumbo al Banco, nos encerramos en la Dirección hasta concluir el trabajo. Salí de ahí para el Ministerio, habiendo logrado ser el primer visitante, por lo que al llegar el Sr. Ministro, dejé en sus manos mi escrito. Platicando con dicha persona supe algunas cosas secretas relacionadas con otros países que con el transcurso del tiempo algunas ya son del dominio público. Me indicó que el resultado de mi gestión nos vendría por conducto del Senador en breve tiempo.*

*Ese breve tiempo fue perjudicial porque sobrevino el triunfo de las armas italianas en Etiopia, las fiestas consiguientes, las reuniones ministeriales, un puño de problemas para Italia, y naturalmente un descanso para nuestro negocio de no menos de 15 días.*

*Sin embargo la respuesta llegó, por escrito, en maquina, con correcciones y firma de puño y letra del Senador nuestro amigo, y en papel del Senado. Tal documento de conserva en los archivos de la Guardia Nacional en el extranjero, y es ya conocido del Sr. Presidente de la L.N.D.L. En substancia dice que habiendo concluido la campaña etiópica, el Gobierno y los Italianos tenían que resolver en aquel territorio muchos problemas de orden económico, y de consiguiente no podrían de momento distraer capital para otros fines; pero que quedaba la puerta abierta para llegar a un arreglo en tiempo oportuno; y terminaba diciendo que éste último punto lo resolvería el Ministro de Relaciones -Mussolini- y que el mismo Senador captaría la respuesta por conducto del Sr. Subsecretario del mismo Ministerio. Esto fue rápido y en sentido afirmativo.*

*Cierro aquí la primera parte de mi informe sobre las gestiones que se me confiaron en Europa, porque he llegado al punto en donde las dejé al emprender* el regreso a la Patria, y paso a otro asumo que intencionalmente no he tocado aún, no obstante haberse iniciado antes de llegar en el anterior a la última gestión referida y haberse terminado, o más bien dicho encaminado hasta donde se verá más delante, casi al mismo tiempo, unos cuantos días después.

Aunque de mi relato anterior aparezca que los hechos de sucedieron tranquilamente y sin obstáculos, ello se debe a que he prescindido de los tragos amargos, que una larga experiencia de mi actuación de liguero, me ha enseñado a soportarlos en silencio, porque si a veces no se estiman los dulces......

Pues bien, hubo un momento en el curso de nuestras gestiones en Italia que si no yo, sí mi amigo el Director del Banco se dio al pesimismo, circunstancia que aproveché para gravar su conciencia, diciéndole que habíamos hecho grandes sacrificios para ir a Europa y que imaginara un regreso sin nada en la mano.

Coincidió esta situación con la llegada a Roma, de vuelta de un viaje a Londres, de un amigo del Director del Banco. Persona rica, miembro prominente de una Sociedad Internacional, con centro en Roma, de mucha influencia. Dicha persona había platicado al Director algunos negocios de la Sociedad de orden militar, lo que éste último me confió, indicándome que quizás por ese camino podríamos resolver nuestro problema. Yo le supliqué no diéramos paso alguno que pudiera significar a los Italianos desconfianza en la inteligencia con ellos, y además le advertí que captara la anuencia de las personalidades italianas nuestras amigas, antes de entrevistar a Agapito, como ha dado en llamarse a la persona llegada de Londres. Platicó el Director con Agapito y tanto éste como nosotros obtuvimos licencia para entrar en conversaciones. Mis gestiones con este señor tuvieron varias fases, pues dotado de una inventiva no común a menudo cambiaba el curso de sus planes. Por fin logré hacerle comprender que si quería concluir algo práctico debía dejar a un lado la fantasía y atender a la realidad del problema. En concreto: de dar a nuestro Movimiento Armado lo necesario para su conservación y desarrollo, teniendo en cuenta su pobreza para adquirirlo por si desde luego.

La Sociedad Internacional pensó entonces en interesar a un Gobierno en el asunto, y al efecto se aprovechó a un Oficial del Estado Mayor de tal Gobierno para que hablara con los jefes de éste, y captase la anuencia. Tardaba la respuesta, y la Sociedad envió a una persona de su confianza, con los mismos fines, habiendo regresado con buenas nuevas. El Gobierno tardó en resolver, debiendo antes estudiar la proposición, y aprobaba el proyecto, siempre que el Vaticano no estorbase el Movimiento Armado. Nueva dificultad, pues la Sociedad quería dejar a nosotros el trabajo de conseguir ese silencio, que se traduciría en la garantía exigida por el Gobierno para facilitarnos cuanto fuese necesario. Esa misión era a nosotros imposible y sigue siéndolo sostuve, por lo que deberíamos *buscar otro camino. Se informó entonces de todo al Sr. Embajador de tal País ante el Vaticano, y se pensó en que su Gobierno lo autorizase para intentar él resolver la dificultad. El Gobierno estuvo anuente, y el Embajador esperaba solamente nuestra indicación. Surgió un nuevo problema: bien por lo que se refiere al crédito, pero los gastos de transporte y varios quién los hacía; algo deberíamos poner nosotros, se afirmo. Recordé que Don Eulalio me había ofrecido alguna suma para una posible eventualidad parecida transporte de armas de Italia, por lo que sostuve que podíamos aunque fuera en parte aportar lo necesario. No quedaba, pues, más que lanzarse de lleno al negocio. Nuevo contratiempo: al despedirme Don Eulalio me indicó la conveniencia de no escribirnos una sola letra sobre los asuntos. De suerte que habiendo partido con uno en vista y habiéndose presentado otro muy práctico, yo no podía ir mas adelante sin poner al tanto a los míos, tanto más cuanto que del negocio no parecía faltar más que una suma para cerrarlo. Así que fijados los precios de la mercancía, emprendí el regreso con la misma rapidez de mi viaje de ida, habiéndome detenido 6 días en Bruselas, invitado por mi fiel amigo Giovane Hoyois, a quien hice participe de mi misión, sugiriéndole una campaña de opinión en nuestro favor, que ofreció desde luego iniciar en Holanda a donde saldría en breve. Escribió él mismo un plan, que nosotros tendríamos que facilitar con el envío de documentación. Dicho plan obra en poder del C.D. no constándome, por mi correspondencia particular con Hoyois, que siquiera haya acusado recibo o manifestado al buen amigo algo sobre el particular.*

Debo asentar también que el hecho de haberme hospedado en casa de Hoyois causó sorpresa y desasosiego al Representante de la L.N.D.L. en Lovaina, que tildó mi presencia de sospechosa. Recibí, sin embargo, una visita de dicho joven, en la misma casa de Hoyois, y mostró una carta me dé D. Juan Manuel, donde le avisaba de mi presencia en Europa, y le suplicaba me atendiese si lo necesitaba. Yo no llevaba ningún encargo para él por lo que le di las gracias por sus ofrecimientos. Me ponderó sus actividades, asegurándome tenía en mano seis mil francos que enviar a México; en cuanto a las primeras ya sabía yo la realidad por boca de mi amigo Hoyois y en cuanto a los dineros, aún, que yo sepa, no recibe el C.D. un franco de dicha suma.

Regresé a Paris el primero de julio, y embarqué en Cherburgo al día siguiente, rumbo a Nueva York, a donde llegué el 9 a medio día. El día 10 salí a San Antonio, Texas. Termino aquí la segunda parte de mi informe quedando asentada la forma como me fue posible cumplir mi misión. Mi estancia en Roma fue de tres meses, habiendo empleado uno más en viajes. Y en cuanto a gastos, se acabaron los $700.00 dólares que me entregó D .Eulalio, más otros $400.00 que me fueron enviados a Europa total $1,300.00 dólares

Llegado a San Antonio, Texas, me encontré con mi amigo el Sr. Navarro, que estaba informado de mi viaje, y me participó que Don Eulalio había salido rumbo a San Diego, California, y casi completamente decepcionado del éxito de mis gestiones. Era natural ninguna noticia, y la tardanza, de cuatro meses, le habían indicado que quizás se trataba de un fracaso. El Sr. Navarro había dicho a Don Eulalio que mi opinión antes de partir era que se iba a intentar un negocio fantástico; pero que por obediencia me lanzaba.

Informé a Navarro de todo y pusimos Don Eulalio un telegrama indicándole era necesario que oyera por haber noticias interesantes que comunicarle. Don Eulalio contestó llamándome. Nos vimos en San Diego, platicamos ampliamente, quedando el invariable amigo bien impresionado. Resolvió que el negocio se hiciera del conocimiento del H.C.D., presidido por Don Juan Manuel. Yo imaginé las dificultades que se nos vena rían por el hecho de haber guardado hasta entonces reserva, y le supliqué completáramos al Sr. Bandiera su viaje a México por la vía de E.U., puesto que asuntos particulares, ajenos a los nuestros, lo traían a México. Le pareció bien. En esta forma, las primeras conversaciones se tendrían en los E U. entre Don Eulalio, Bandiera, D. J.M. el Sr. Robles y el que suscribe.

Desgraciadamente el tiempo nos fue adverso, pues no habiendo recibido Bandiera el dinero con oportunidad, embarcó hacia Veracruz, y desgraciadamente también esta buena intención no fue estimada por Don Juan Manuel, al igual de esfuerzos posteriores, hechos con el fin de calmar los ánimos exaltados.

Apenas llegó a México Bandiera, salí de San Antonio, regresando a la patria después de 7 meses de ausencia.

Razones poderosas inherentes a su misión hicieron que Bandiera conservase en secreto su presencia en México, y buen trabajo me costó encontrarlo Don Juan Manuel también lo buscó, sin encontrarlo; pero ignorante de la misión de Bandiera, afirmando su presencia en México, dio eso por resultado que Bandiera a la postre perdiera la oportunidad de su viaje, con lamentables consecuencias por irreparables. Esa ignorancia y el no haber encontrado a Bandiera, produjeron en Don Juan Manuel una pésima impresión, pésima en todo sentido; pues aún hoy día no se le borra que Bandiera se le escondía, que no quería verlo, no obstante conocer ya con detalles las circunstancias de la actitud del viajero.

Antes de verme con Bandiera platiqué con el Jefe del Comité Especial, a quien, confieso, no creí haber convencido en la primera entrevista. Conforme se fue interiorizando tomó cariño al negocio, hasta verlo con sumo interés apreciándolo en su justo valor. Luego platiqué con Don Juan Manuel, que me oyó sin reparo *alguno habiéndome ofrecido que en cuanto yo encontrase a Bandiera se reuniría el C.D. para que se le informase.*

*Dos días mediaron. -Bandiera y yo acudimos a la Junta del C.D., que fue a fines de agosto de 1936. Expusimos el negocio, de palabra, y al terminar se desató la tempestad que ya habíamos previsto en los E.U.: atropello de la autoridad, sobre todo, y desconfianza. Quien más objetó en esa reunión fue el Sr. Segundo Vice - presidente. Bandiera y yo no intentamos una defensa cerrada, él guardó silencio y yo únicamente dije que hicieran de cuenta que se les proponía un negocio, si lo querían que lo aceptaran y si no, que de ninguna manera estaban ellos comprometidos.*

*También nos alegaron que de haber sabido eso antes no habrían dado algunos pasos, donde iban en carácter de inferioridad, adhiriéndose al imaginario Movimiento del Jefe de los Dorados. (De esto supo bien el finado Villa respe y otros Jefes de Guanajuato y Querétaro.)*

*Pues con nuestro negocio, se estaría en condiciones de tener supremacía. Concluyeron diciendo que verían de remediar este último mal, y que el C. D. resolvería en el asunto Europeo. Me puse a las órdenes del C.D. para cualquier explicación.*

*Bandiera y yo nos vimos una vez más, que comió en mi casa, de despedida pues el C.D. no nos llamó. Pocos días después supimos que Don Juan Manuel había salido a entrevistar a Don Eulalio en San Antonio. A la sazón yo me encontraba en Morelia y de ahí telefonee al Sr. Navarro para suplicarle hiciese todo lo posible por conjurar la tempestad en vista. Me aseguró Navarro que Don Juan Manuel regresaba con buen ánimo. Pero no fue así, y lo comprendí al recibir una carta del Jefe del C. E. que en vista en vista de muchas dificultades me llamaba a México.*

*Cabe aquí un pequeño paréntesis. Encontrándome en malas circunstancias económicas, había resuelto durante mi estancia en Morelia, radicarme allí definitivamente. Conseguí lo necesario y establecí mi cambio para principios de octubre. Como se verá más adelante, mi proyecto fue irrealizable, y aún a la fecha me encuentro prácticamente sin resolver mis problemas personales en definitiva.*

*Al llegar a México me encontré con que el C.D. aún no resolvía nada, con que Don Juan Manuel sostenía que mi informen "había sido incompleto, luego, había gato encerrado", decía, y esto únicamente porque en mi conversación con el C.D. yo no recalqué el acuerdo Italiano de la formación de la Sociedad para la explotación de minerales, fijando la atención sobre el asunto que nos interesaba, el de la otra Nación. Habiendo quedado aquel en punto y coma y este último* resuelto. Si el C.D. me hubiese llamado nuevamente yo le habría referido no digo mínimos, sino hasta los más insignificantes detalles, pues no pretendimos esconder, ni escondimos, ni esconderemos nada. Pero Don Juan Manuel juzgó ese hecho de mala fe, y en vez de buscar un entendimiento que beneficiara los intereses de la causa, inició la era, que aún no termina, de discordia, inquina, de destrucción. Y ya se verá que no hablo por resentimiento, otras ocasiones ha habido en que pude hacerlo y no lo ahí está el mismo Don Juan Manuel de testigo, si quiere serlo-pues hoy sería un crimen imponer y dar rienda suelta los sentimientos en vez de la razón.

Mi viaje a Europa, aunque hecho en condiciones de no infundir sospechas, las provocó. El C.D. no tenía que ver nada, lo sabía perfectamente, luego había que buscar informaciones por otro lado. Inquirieron a Don Eulalio y al jefe del C.E., y como era natural no obtuvo el C.D. información que le tranquilizara. Por lo que no fueron pocos los bochornos sufridos por el C.J. del C. E. al saberse el negocio se le vino el mundo encima, sin tener en cuenta que se le habían concedido facultades amplísimas para atender a las necesidades del Movimiento Armado, que si bien es cierto fueron posteriores a la iniciación de mis gestiones, si es un hecho innegable que se imponían desde mucho antes, puesto que el C.D. no podía-como no puede hoy día cumplimentar su obligación de prestar ayuda al M.P.L., Eso no contaba, todo se olvidó, absolutamente todo, en consideración de la herida inmensa sufrida por la autoridad. Vaya, ni se tomaba en cuenta que el negocio hecho podía aceptarlo o rechazarlo el C.D., con lo que si algo quedaba a salvo era precisamente esa celosa autoridad.

Quien más herido se manifestaba era el Sr. Don Juan Manuel, Presidente de la L. N. D. L., que llegó hasta considerarse ofendido, sobre todo por la reserva. Reserva, que siguió imaginándose le guardaba; y algunas circunstancias alimentaban sus sospechas: como no buscar acercamiento con el Jefe del C.E., porque la supuesta herida no se lo permitía; como no entrar de lleno en el negocio como verme en intimas relaciones amistosas con el Jefe del C.E. Y el disgusto de Don Juan Manuel se trocó en inquina. Se había de imponer eso se tratara a fuerzas, como si de y no de resolver un negocio capital en manos del C.D. De allí que, con esa idea fija, comenzara dicho señor a obrar como si no existiera un C.D., única autoridad en la Liga. Imaginó que el Jefe del C.E. le tenía mala voluntad, que no quería acercarse a él, y atribuyó, en su interior, su actitud a neurastenia, exceso de trabajo, necesidad de descanso y de un buen consejo. Por lo que sugirió a Don Eulalio, a quien como queda dicho; acababa de visitar, llamar al Sr, Robles, con esos fines. Al efecto, él mismo recibió de Don Eulalio cincuenta dólares para financiar el viaje. No pensó Don Juan Manuel en que la familia del Sr. Robles come, eso, como lo más importante, nunca le ha preocupado.

El Sr. Robles, como era natural, no pensó en aceptar el ofrecimiento; los asuntos del E.P.L., sobre todo, se lo impedían. Y si no hubiera sido porque deseaba adquirir en los E.U. algunas maquinas, y porque se imponía modificar opiniones formadas por don Juan en Don Eulalio, e1 Jefe del C., no hubiera abandonado el país.

Yo lo acompañé en el viaje, y permanecimos fuera todo el mes de octubre de 1936. De San Antonio salieron juntos a Chicago, don Eulalio y el Sr. Robles, quince días después regresaron.

Entre la correspondencia de Don Eulalio se encontraba una carta de Don Juan Manuel. Dos puntos de la misiva vienen al caso, uno relacionado con el negocio, otro conmigo. Decía Don Juan Manuel que algunas personas andaban tratando un negocio parecido al nuestro, que él participaba, y sentía mucho no poder confiarles nuestras gestiones con lo que no dudaba se avanzaría mas en el negocio aquí iniciado que le parecía muy bueno y le agradaba. Que en breve tendrían entrevistas de las que dependía el éxito.

En el otro párrafo aseguraba que una persona de su confianza le había dicho que yo era muy amigo del Sr. Delegado Apostólico en esa época, con quien había faltado a la discreción, y que de consiguiente se me debía desconfiar. Agregaba, que si lograba documentarse se haría necesario, se impondría mi expulsión de la Liga, Quizás todavía ande Don Juan indagando, quizás no, no obstante lo que al respecto le dijo Don Eulalio de ser el garante de lo contrario. Yo ya sé de quien vino la calumnia, que no me admira por tratarse de una mujer; pero lo que me llamó la atención fue que un talento superior se ofuscara y tratase de sacar partido de algo que visto a la luz de la razón no pasaba de ser un falso testimonio.

En cuanto al primer punto, vista la importancia que D. Juan le concedía, y su deseo de reforzarlo revelando lo hecho en Europa, indiqué a D. Eulalio sería conveniente lo llamase para discutir ante él su conveniencia. Además se presentaría la oportunidad de cambiar impresiones sobre el asunto europeo que según últimas noticias caminaba, a Dios gracias, muy bien; es decir: nuestros amigos se manifestaban impacientes por el cierre de la operación.

Se situó a D. J. Manuel lo necesario para el viaje, que realizó en el acto.

Tan interesado estuvo D. Eulalio en buscar un acuerdo definitivo para bien del negocio y en acabar al mismo tiempo con los resquemores, que él mismo manifestó el deseo de que el resultado de las pláticas se consignase en un escrito firmado por todos los presentes que éramos: D. Eulalio, D. J. Manuel, el Sr. Robles, el Sr. Navarro y el que escribe.

*D. Juan Manuel quiso que nuevamente se le platicase el negocio, lo que hice en muy breves palabras. Y se concluyó que debería seguir adelante su tramitación por lo que ambos comités buscarían la manera de arbitrarse los recursos necesarios, debiendo estar en comunicación para evitar interferencias. El Sr, Robles desde luego habló de algunas gestiones que conducía al efecto. Además se convino en estudiar la forma de coordinar el asunto pendiente de la compañía para la explotación de minerales con el negocio de la Nación que concedí a el crédito, o de trabajar uno otro independientemente D. Juan dijo que él creía que algunos dueños de minas, conocidos suyos, no se negarían a entrar en el negocio.*

*Se acordó indicar a Bandiera que sus comunicaciones fueran dirigidas al C. D. y no a mí como lo estaba haciendo. Y sobre todo que ambos comités procurarían obrar en lo sucesivo de acuerdo. Este último se tomó a instancias del Presidente de la Liga sobre si se reconocía o no la jerarquía, lo que aceptó el Sr. Robles recalcando que nunca la ha desconocido; pero que quería por su parte saber si a cambio de ese reconocimiento se le reconocía a él el derecho de veto en el nombramiento de Jefe, a lo que D. Juan Manuel respondió: "Ah indiscutiblemente".*

*Aunque en el curso de las pláticas hubo serios altercados, quedó don Eulalio tan convencido de que los acuerdos se cumplirían, que retiró su deseo de levantar un acta.*

*Fue en esa ocasión cuando se mostraron a D. Juan M. los documentos relativos a mis gestiones en Europa, de los que copió unos totalmente y otros en parte. Refirió entonces D. Juan el negocio que se tramitaban en México algunos amigos suyos Se esperaba únicamente la respuesta de una persona para seguir adelante. De una vez asiento que esas gestiones no prosperaron, y era a eso lo que D. Juan Manuel quería supeditar el asunto nuestro. La reunión de San Antonio se inclinó en favor de los negocios europeos, absolutamente nuestros y de importancia indiscutible.*

*Cabe aquí decir, de paso, que una Comisión encargada de los trámites con el Jefe de la ARM., regresó afirmando que un buen entendimiento no había sido posible. Con lo que quedaba zanjada en teoría y práctica la dificultad que alegó D. Juan Manuel respecto a la oportunidad en que le fue comunicado el negocio de Europa. Quedábamos pues vosotros en condiciones de proseguir nuestra marcha sin sujeción a nadie, lo que ha caracterizado nuestro Movimiento hasta la fecha.*

*Tan claramente dejo ver D. Juan M. a D. Eulalio su falta de voluntad hacia mí, basada en sus temores de que se le podía "sacar la silla" (sic), que el buen amigo y padre convino conmigo en que abandonaría la ciudad de México, con lo que sin* retirarme mediante escrito su Representación, dejaría de tenerla. Y luego se habló de lo mismo en las reuniones insistiendo D. Juan en mi alejamiento, en forma bochornosa al grado de manifestarme D. Eulalio que él sentía más que yo lo sucedido.

El amigo a quien yo he prestado mis servicios en su defensa varias veces, me correspondía con su desconfianza. Lo que me ha demostrado que siempre hay tiempo para corregir errores, aunque no siempre se corrijan a tiempo.

El Sr. Robles y yo regresamos a México, y el Sr. D. Juan Manuel prosiguió a California.

No obstante lo convenido con D. Eulalio, no me fue posible emigrar de la Ciudad de México, pues D. Juan M. me ocupó para algunos asuntos e igualmente el J. del C. E.

D. Juan M. me mandó referir nuestro negocio al Ing. A. quien decía estar en condiciones de ayudarnos. Ya sabía del asunto, y estaba tratando de convencer a otras personas para que nos prestasen ayuda económica Platicamos largamente, y luego lo volvimos a hacer en casa de D. Juan M. buscando la manera de presentar el negocio a los amigos del Ing. y de formar una comisión para entrevistarlos. Se convino en que el referido Ing., un Licenciado y el suscrito nos presentáramos a los señores en cuestión. Fuimos recibidos por un Sr. Licenciado, constituido en representante de los suyos.

Persona sumamente inteligente comprendió perfectamente la bondad de la empresa, tanto que los comisionados salimos sumamente complacidos.

Algo se habló en esa reunión de un Jefe, y el Ing. A. afirmó se habían puesto los ojos en un señor F., sin que aún se contase con su anuencia definitiva.

La cosa marchaba bien; pero como tardó en trasmitirnos el Ing. A. la respuesta de sus amigos, que fue negativa, sin explicaciones; habiendo quedado todos nosotros perplejos, pero sobre todo D. Juan M., que buscó entonces inútilmente la causa de semejante cambio radical.

Este fracaso, no desalentó a D. Juan M. en su ya bien definido empeño de poner al frente del Movimiento Armado al Sr, F. Todavía a la fecha es un misterio la razón íntima por la cual ha sostenido su candidato contra viento y marea, no obstante haberse demostrado ser desconocido y de poca significación en la carrera. Se trata de un individuo hermano de un religioso.

Superior de su Congregación, D. Juan M. fue presentado a él por este último, pero asegura que nada tiene que ver el Reverendo. Sin embargo el Ing. A. daba al *parentesco mucha importancia, desde el momento que principió a tratarse el problema, pues opinaba que el nombramiento envolvería a los PP. en alguna forma que redundaría en beneficio. De ahí que, no obstante el convencimiento de la nulidad, militarmente hablando del candidato, el J. del*

*C. E., pusiese como condición para aceptarlo la exhibición del numerario necesario para a tender a las necesidades del Ejército. D. Juan M. no aceptaba esa condición, pero sostenía la conveniencia del nombramiento, por lo que el Sr. Robles, viendo la insistencia, propuso que fuese aceptado bajo la responsabilidad directa del C.D. Condición que no aceptó D. Juan M.*

*Debe saberse que el Jefe del C .E .no obraba a oscuras, puesto que envió a persona de su confianza a platicar con el candidato, y los informes recibidos fueron en el sentido de que no llenaba los requisitos.*

*Por otra parte las noticias que se recibían de Roma eran como lo son ahora sumamente apremiantes, Bandiera ya había tenido necesidad de ir en compañía de Agapito y otro miembro de la Sociedad Internacional, a la Capital de la Nación que nos favorecía. Habían convenido en que iría nueva comisión para ultimar las gestiones, y en satisfacer algunos deseos de dicha Nación, referentes a transacciones económicas, etc. Además, se había buscado la manera de hacer caminar los materiales a otro lugar, puesto que la Nación no quería que nos vinieran directamente de ella. Y se determinó apalabrarse con el Gobierno de X., de lo que se encargarían los señores de la Sociedad.*

*Alguien ofreció mil dólares para el viaje de dos personas, ofrecimiento que vino por conducto del Ing. A., pero, se aseguraba, había que tratar al mismo tiempo algunos asuntos con la Santa Sede, que estaban en la mente del donante. Hubo una reunión del C.D. a la que fui invitado, y en ella se acordó que la comisión la integrásemos el Sr.2/o. Vicepresidente de la Liga y yo, habiendo quedado enterado el C.D. de lo que ambos candidatos pedíamos para el sostenimiento de nuestras familias, por todo el tiempo que estuviéramos ocupados.*

*Poco después de haberse tomado este acuerdo, fui visitado varias veces por D. Juan M. Quería se hiciese antes de seguir adelante en los negocios el nombramiento de Jefe, él no estaría de acuerdo de ninguna manera en lo contrario. Yo traté de persuadirlo que no parecía de momento tan necesario dicho nombramiento, que bastaría se constituyese el C. D. en Junta de Gobierno. Además había que llevar a cabo en Roma algunas gestiones ante la*

*Santa Sede, de lo que le indiqué facultara a otra persona, porque yo no deseo volver a tener contactos con ella. En otra oportunidad me habló de un Sr. Licenciado para comisionarlo de los negocios europeos, deseaba saber mi* opinión, que ni le di por no conocer a la persona. Casi al mismo tiempo hacía viaje a Guadalajara, el Sr. 2/o. Vicepresidente de la Liga, habiéndose sabido que iba a buscar otra persona del gusto del Sr. Juan Manuel, para mandar a Europa. De donde dedujimos que la comisión aprobada por el C.D. no gozaba de la confianza de D. Juan Manuel, y que sin previa consulta con el C.D. lo que ahora ya está demostrado andaba por su cuenta cambiándola.

Una conversación entre el Jefe del C.E. y el Sr. 2 /o. Vicepresidente de la Liga dio por resultado que este último, afirmando no haber buen entendimiento entre los dos comités, pidiese una licencia, retirándose desde luego del C.D.

El Sr. Robles se había dirigido a dicha persona con el fin de ver si le explicaba como andaban las gestiones de D. Juan Manuel respecto del nombramiento de Jefe, y de los negocio de Europa.

D. Juan M., por su parte ya no pensaba en que el 2 /o. Vicepresidente tomase parte en la comisión designada para finalizar los negocios en Roma.

Es absolutamente necesario asentar aquí algunas palabras acerca de la intervención que tuvo en los negocios el Sr. Arzobispo de X.. No obstante ser sabedor al detalle de todo, de oír a todas las partes, siempre ha estado de parte de D. Juan M., sobre todo por lo que se refiere a alegar la autoridad. Yo fui varias veces visitado por el mismo; pero en los primeros días de enero del presente año, hablándome por teléfono, aprovechó la oportunidad para inculparme de las dificultades, suponiendo que mi influencia sobre el J. del C.E. era decisiva. No podía tolerar más craso error, por lo que responde su Excelencia sumamente disgustado, advirtiéndole que ya estaba cansado de la política de D. Juan M. en mi contra, y que en lo sucesivo tomaría mi defensa, recordándole que siempre que se había dado el caso, la razón me había asistido. El Ilustrísimo Señor, seguramente pensó que eso podría suceder realmente, por lo que de donde me llamaba por teléfono, se trasladó inmediatamente a mi despacho, para tratar de calmar mi disgusto. Pero fue en vano. Sostuve mi afirmación, advirtiéndole que más le valdría a él retirarse de la contienda, para no verse envuelto en los desequilibrios del cerebro de D. Juan Manuel.

Pocos días después salió para su Arquidiócesis, para atender a su grey. Debo decir que yo considero a dicha persona mi padre, porque le debo una infinidad de favores, y una amistad que no dejaría perder, pese a la inquina de J.

Después de haberme visitado su Excelencia, estuve con D. J. M., resuelto a luchar frente a frente para poner fin a las suspicacias. Hablamos largamente, no menos de tres horas, en medio de una cordialidad rara, conviniendo este señor en iniciar una nueva etapa, borrando lo pasado, "cerrar el Viejo testamento y abrir el nuevo", fueron nuestras palabras. Todo esto resultó inútil debido a la insistencia de D. J. M. de poner al frente de la Jefatura Suprema y Absoluta al tal F., sin aceptar las condiciones que presentaban el J. del C.E. y otros.

A tanto llegó la obcecación, que comenzó a ver de sustituir al Sr. Robles, primero mediante un intermediario entre el C.D. y dicho señor, luego llamando al Sr. Ciro Fael, a quien predispuso y quien se dejó seducir, no obstante que después de su aventura en el Norte, que costó $3,040.00 a la caja del C.E., éste lo premiaba concediéndole un alto grado en el Ejército y nombrándolo Vocal del Comité Especial. Fracasó el intento, como era natural, pues nuestro Ejército no puede estar al árbitro de un cerebro acalorado, y el Delegado de Guanajuato acabó también, retirándose.

La Crisis seguía adelante, moviendo D.J.M. cielo y tierra para impedir que yo participara en el viaje a Europa. Y las razones que ya he asentado, eran las siguientes: no le merecía toda confianza, toda vez que no comulgo absolutamente con todas sus ideas, y siempre piensa que le puedo "sacar la silla" en cualquier momento; deseaba que el comisionado se acercara al Abuelito para demostrarle una vez más la situación y ver si se ponía remedio, cosa esta que yo advertí que no haría por creerla perfectamente inútil, por la razón de que mientras los Señores 00., no hagan igual cosa no se nos daría crédito, y esto es por lo menos lógico; se había metido con los SS.J J. quienes le metieron en la cabeza que una recomendación de los de aquí haría que los de la Curia abrieran los brazos a la Comisión, para que por su conducto pudiera también realizar algo semejante a los negocios en cuestión (se trataba de entrevistar al P. T .Ventura), a lo que me opuse, porque la Curia ha estado siempre del lado de los obispos, y de la Santa Sede.

A propósito de esta crisis escribí a D. Eulalio algunas cartas de las que copiaré algunos párrafos, advirtiendo que una de ellas fue leída por D.J.M., por habérsela mostrado entre otros papeles mi buen amigo el Sr. Navarro y causó al mencionado Sr. impresión desagradabilísima, manifestándolo así a muchas personas en México. En una de estas cartas, hablaba yo a D. Eulalio en la misma forma que lo hice al Sr. Arzobispo de X.: "Todo en este mundo tiene su límite, le decía, hasta la paciencia, y la mía ha terminado en lo absoluto para Juana; muchas cosas pensaba decirte y muchas te he escrito en mis cartas; pero ahora me concreto a esta sola: mi paciencia ha terminado. Son tan de baja calidad los ataques y reproches de Juana, indignos de un hombre sabio y prudente, ya no digamos de uno que tiene las pretensiones de ser Jefe de algo; tan infundados y tan irracionales, tan inoportunos y tan tercos, que ya no merece consideración alguna. Es todo lo que quiero decirte. Se ha creído poseer una autoridad que compete a tres personas, se ha considerado herido, ultrajado y hasta estafado; y lo que no se ha creído es lo que realmente es: un altivo y soberbio a la más alta escuela. Pensando siempre que se le quiere hacer daño, delirio este de los hombres que se creen grandes y son pequeños, que se creen fuertes y son débiles: delirio de grandeza que trae siempre consigo el delirio de persecución. Tales aberraciones nunca traen buenas cosas, por eso te he dicho que yo veo sumamente comprometido el éxito de nuestros negocios; pero ten por seguro que Juana encontrará razones, caso de perder, para afirmar y sostener, no para demostrar porque no podría hacerlo, que él hizo todo lo posible, que él se sacrificó, que él luchó, que él,....sabe Dios cuantas cosas. ! !"

D. Juan propuso al Sr. Lic. Ir a Europa, y cuando todavía el C.D. estaba en la creencia de que la primitiva comisión iría, ya D. Juan había captado la aceptación del Lic. H., por lo que y teniendo en cuenta también la ninguna voluntad hacia mí, por parte de Juana, escribí al C.D. renunciando a mi comisión, en la forma siguiente: "Sobre la proposición que el C. D. me hizo de participar en el viaje a Roma, para ver de ultimar los negocios allí pendientes, me permito participar a Uds. que, en vista de las dificultades posteriormente surgidas a causa de suspicacias y prevenciones sobre mi persona, renuncio irrevocablemente a la proposición del H.C.D., a quien dejo, en esta forma, en la más absoluta libertad de nombrar a persona de su agrado y confianza para que en su representación participe en el viaje,"

Renuncia que reiteré más tarde porque D.J. Manuel parecía desear que yo fuera en compañía del Sr. H., en calidad de Secretario.

Y hago constar que mi renuncia no fue muy del agrado del Jefe del C, E, que se había dado a conseguir elementos para hacerme ir por su cuenta, elementos que tuvo en sus manos, pero que no aprovechamos, porque convinimos en que deberíamos dejar obrar libremente a D, J. M., ya que no era posible con él llegar a unificación de opiniones.

Voy a copiar a propósito, unos renglones de otra carta mía a D. Eulalio: "En cuanto a nuestros negocios, debo decirte que han tenido su epílogo reiterando yo mi renuncia a Juana sobre mi participación en el viaje. De tal manera llevó los asuntos, que se hizo necesaria mi renuncia, pues pensó y qué bien en lo único que me habría obligado a dar ese paso: en que yo no iría sin contar con la confianza de todos los acreedores; faltando ésta faltaría yo. Y Juana logró maravillosamente su objeto. Además, hay otra circunstancia, Juana tiene entre ceja y ceja llevar a cabo ciertas actividades ante el Abuelito y los SS.JJ., y enderezar en otro sentido, con otra mente, la política en aquellas regiones; y como sabe que yo no con divido su opinión, pues razón de más para crearme una atmósfera irrespirable y obligarme a dar el paso dado. "También te ruego que tú personalmente no permitas que se me trate mal, aunque bien no lo merezca, pues tú si debes tener siempre presente el sacrificio que me significó ir a abrir una brecha, por ti imaginada......" Verás también que si he cedido no es por agradar personalmente a Juana sino para evitar más dilaciones en el negocio, que puede ser nuestra salvación."

El C.D. acepto la intención de D. J. M, de enviar a Europa al Lic. H. y se le otorgaron las credenciales del caso, dándose al mismo tiempo otras credenciales con nombramiento de Secretario de la comisión para el Sr. O., que viajaba con él, credenciales que no fueron entregadas, por muchas razones menos una satisfactoria.

El Lic. H., encontró serias dificultades en Europa; habiendo, regresado a México, dejando el negocio, pudiéramos decir, en las mismas condiciones en que lo había encontrado; pero trayéndose una muy mala impresión de Agapito a quien juzga un caballero de industria, un coyote y nada más. No obstante, se dio perfecta cuenta de que el terreno europeo era propio a nuestros intereses, y dejando a un lado el pesimismo, aseguró a Bandiera que si algo se perfilaba realizable, él regresaría con gusto. Durante la gestión de Hoyo fui consultado varias veces, no así al salir la Comisión.

El Sr. H. llegó al convencimiento que sin dinero no se podía hacer absolutamente nada. Mientras se realizaba el viaje en Europa, aquí sucedieron muchas cosas muy serias. D.J. M. estuvo nuevamente en los EE. UU., a donde salió en la misma ocasión el Jefe del C.E. Con este motivo se verificaron nuevas pláticas, caracterizadas por agresividad de D. J. M. la defensa del Sr. Robles. Estando en San Antonio estas personas, se recibieron algunas comunicaciones del enviado, Sr. H., diciendo que eran necesarios fondos, pedía $300.00 dólares inmediatamente, luego $10,000.00, y para más adelante $90,000.00; y llegó también un cable de Bandiera urgiendo mi presencia en Roma en vista de las dificultades que presentaba Agapito. Discutiendo este punto, D. J. M. no tuvo más remedio que aceptar mi viaje, que no se realizó porque con aceptar, ni yo ni nadie, puede ponerse en marcha. Don. Eulalio mismo dio crédito a las informaciones del Jefe del C. E., habiendo salido de las pláticas muy mal parado D. J. M. Por eso, porque no progresaba su intento de poner al frente del Movimiento al tal F., porque lo de Europa parecía desgranarse, y porque las heridas aún sangraban, pidió D. J. M. licencia al C. D. para retirarse por algún tiempo, no obstante haber ofrecido a H. apoyarlo sosteniéndose.

Se formó nuevo C. E. es decir fue integrado, y todo parecía caminar sin las dificultades de D. J. M. Todavía se recibieron algunas comunicaciones de H., una decía que él no había sabido del cable de Bandiera llamándome sino hasta después de puesto, que reputaba inútil mi viaje, porque no le parecía que el negocio prosperara, en vista de la actitud de Agapito; y otra decía que si no *recibía dinero tendría que regresarse, lo que tuvo que hacer, porque el C. D. no ha podido conseguir un sólo centavo para esos fines.*

*Yo fui llamado varias veces, como ya queda dicho, y demostré al C. D. que, en vista del curso que habían tomado los negocios, se hacía necesario retroceder en ellos, hasta encontrar nuevamente el apoyo italiano, que nos valdría para avanzar. Se hablaba de enviarme a mí nuevamente, pero se tropezaba con la dificultad de los fondos necesarios para el viaje, y los fondos para hacer frente a la operación, cosa que no se había resuelto ni antes de partir H. Por lo que sostengo que culpa es de D. J. M. no haber pensado en ello, antes de enviar a su representante.*

*Al mismo tiempo que salía rumbo a México el Sr. Lic. H. embarcaba a Nueva York el Sr. Bandiera, con asuntos muy delicados, de otro orden. Tanto el C. D. como el C. E. supieron de dicho viaje, y de que Bandiera tendría que estar en San Antonio.*

*Bandiera fue portador de las últimas novedades relacionadas con el negocio europeo, noticias buenas bajo todos conceptos, pese a los pesimismos del Sr. H., tanto que D. Eulalio se entusiasmó y se dio a conseguir elementos para dar a Bandiera algo con qué siguiese los negocio, y darme a mí lo necesario para el viaje.*

*La armonía en México, entre ambos Comités, se había restablecido; un buen acuerdo había entre ambos. Se pensó en varias maneras de conseguir elementos para lo que se hacía necesario del asunto de la tía, y después de haber agotado, o rechazado algunos, se llegó al último. Se hablaría al Sr. X. y al efecto se designó a una persona de confianza. El negocio pareció bien a la persona entrevistada, y manifestó deseo de hablar conmigo.*

*Fui, y en compañía de la persona de confianza del C. D., logramos conseguir lo que necesitábamos, a cambio de que nosotros le proporcionáramos algo de la mercancía.*

*Regresé a México para preparar mi viaje; pero pocos días antes de partir, recibimos la noticia de que intempestivamente habían retirado sus licencias los Señores D. J. M. y el 2/o. Vicepresidente. Luego supimos que eso había sido en cumplimiento de una condición exigida por no sabemos quién o quienes, para hacer un desembolso de buena suma de dinero en favor de la Liga. Más tarde nos llegaron noticias de que D. J. M. había estado nuevamente en San Antonio, y D. Eulalio, apoyándolo evidentemente, escribió una carta al J. del C. E. diciéndole que aceptase de buena gana la nueva situación y se prestase a recibir de buen grado al Jefe que se designase; que ya había recursos para todo y que se recibirían más.*

*Supimos que D. J. H., que acababa de regresar emprendía otro viaje a los EE. UU., y yo precipité mi salida, habiendo llegado a San Antonio el día 28 de octubre último. Estuvo a recibirme en la estación mi buen amigo el Sr Navarro. Me informó inmediatamente que D. Eulalio se encontraba en Waco, Texas donde permanecería hasta el día de la Fiesta de Cristo Rey, y que antes de partir le comisionó decirme que, en vista de haber tardado tanto en ir, que ya no tenía el dinero ofrecido para el viaje a Europa. Así mismo me trasmitió una orden que había recibido para mí de D. J. M., obligándome a permanecer en San Antonio hasta recibir instrucciones.*

*La segunda noticia me extrañó poco, pues ya se rumoraba en México que mi misión sufriría modificaciones; la primera si me cayó muy mal, porque nunca me había sucedido algo parecido con D. Eulalio. Al siguiente día, encontrándome en pláticas con el Sr. Navarro, vimos entrar al despacho, a D. J. M., al Lic. H. y al Ing. A.; nos saludaron brevemente, se reunió a todos ellos el Sr. R. y salieron inmediatamente para tratar un asunto, del que no me ocuparé en el presente informe, porque no he tenido absolutamente ninguna participación en él, pero del que puedo decir que no guarda conexión alguna con los negocios a que me vengo refiriendo. Las mencionadas personas regresaron a San Antonio el sábado 30. Estuve a visitar al Sr. Navarro la tarde de ese mismo di a, y ya oscureciendo se presentó la Señorita Cora Davis para referir que habiendo salido rumbo a México con una comisión de D. Eulalio, se había detenido antes de llegar, en S. Luis Potosí, de donde había vuelto al punto de partida, acompañada por algunas personas que iban a entrevistar al mismo D. Eulalio. Ese hecho intranquilizó mucho a D.J.M. y sus compañeros de viaje, imaginando serias consecuencias. Y pudo haberlas tenido si no me hubiese encontrado en esa Ciudad, porque el mismo D. Eulalio había tenido culpa, en parte Esperábamos a D. Eulalio en la noche del 31, pero ya tarde de dudó de su arribo, por lo que D. J. M. y sus amigos llegaron a casa del Sr, Navarro, después de cena; y allí me encontraba yo. D. J. M. manifestó deseos de hablarme, por lo que se nos dejó en libertad en la sala. Habiendo regresado al C. D., dijo don Juan, tenemos proyectos y planes que desarrollar, y en consecuencia tuvo el C.D. que modificar para revocar algunos acuerdos. Se revoca el que concedía amplias facultades al C. E. para arbitrarse recursos en la forma y dónde le fuere posible, y se modificaba el relativo a mi comisión, reiterando mi designación para tratar los asuntos de la tía, y retirándome la comisión ante el Estado Español. De consiguiente debería yo devolver las credenciales que se me habían otorgado por la L. N. D. L., por el Ejército y las cartas del Representante del Estado Español en México.*

*Al siguiente día, en presencia de D. Eulalio me reiteró D. J. M. la orden del día anterior, estando en todo de acuerdo D. Eulalio.: Hice ver a D.J.M. que no podía entregar las credenciales sin recibir el oficio correspondiente y eso por lo que se* refería a la Liga y a los demás documentos que relacionados a ella se me habían otorgado, y que necesitaba también recibir los oficios del Ejército. Me arguyo que la Suprema Autoridad podía también retirar las credenciales del Ejército, a lo que le respondí que no me parecía que estuviese en lo justo, por lo que de ninguna manera le entregaría los referidos documentos. Me aseguró que él tramitaría la orden respectiva. Le dije entonces, que si le quitaban al Ejército las facultades para arbitrarse recursos de vida, eso significaba que el C. D. estaba en condiciones de hacer frente a sus necesidades; que yo sabía había recibido algunos dineros. Me respondió que aún no recibía nada, pero que el C. D. había resuelto lo que me estaba trasmitiendo. Ante sus temores de que yo me fuera a meter en España, le aseguré que en cuanto el me trasmitiera la orden del J. del C. E., depositaría en D. Eulalio las credenciales de aquél.

Luego me entregó D. J. M. un documento firmado por él como Presidente, y por el Lic. H. como Secretario de la L. N. D. L., donde me participaba dos acuerdos tomados por el C. D.: el relativo al retiro de las facultades al Ejército y el que reducía mi misión. Se me pedían las credenciales de la Liga, y se me decía que ésta no estaba en condiciones de exhibir desde luego cantidad alguna para los negocios de la tía. Y terminaban diciendo que para el desempeño de mi comisión recibiría mil dólares.

Los mil dólares no me fueron entregados par D. J. M., sino por D. Eulalio, que ya los tenia ofrecidos al Ejército desde hacía mucho, asegurándome el mismo señor que el recado del Sr, Navarro, era equivoco, porque él no había dicho que ya no tenía el dinero; porque lo que promete lo cumple. De suerte que él cumplía a nosotros, no a D. Juan Manuel.

Debo advertir que las credenciales otorgadas por el Representante en México del Estado Español, se consiguieron a petición del J. del C. E., porque pensó y muy cuerdamente que por ahí, es decir por la Madre Patria, podríamos encontrar facilidades en nuestros negocios en Europa, y quizás de allí mismo conseguir algo en beneficio de nuestra causa.

Quedaba yo, por consiguiente, sin lo de España, sin el apoyo del Ejército, porque se le quitaban las facultades, sin el de D, Eulalio, que me aseguró que en vista de lo determinado por D. J. M., y en vista de sus circunstancias, no me aseguraba un centavo más de los mil dólares que me entregaba; y sin el apoyo de la Liga, porque hasta por escrito se me decía que no contara con nada, y además no recibía otros dineros que se me habían ofrecido.

Me detuve casi una semana en espera de que D. J. M. trasmitiendo los acuerdos del C. D. al J. del C. E., éste me diera sus órdenes; pero no recibía nada, ni tampoco me podía lanzar al viaje con los mil dólares, que si ganas, muchas ganas, hubiera tenido de viajar, con ellos me hubiera podido pasear, pues no otra cosa hubiera sido mi viaje en esas condiciones, imposibilitado de concluir nada en los importantes negocios que se me habían encomendado.

Pero si a D. Juan Manuel nada importa el éxito de los asuntos con la tía, el Ejército tiene en ellos buenas esperanzas, por lo que yo, como miembro de este último, estoy obligado a no comprometer el resultado.

Capté, porque me pareció interesante, la afirmación categórica de D. Eulalio de que D. J. M. había recibido cien mil pesos en dos partidas; que la mitad de ese dinero lo había recogido el mismo D. Juan, y que el Ing. A. había escrito al Sr. Navarro que ya habla sido entregada la otra mitad. Todos estos detalles, y otros que me proporcionó D. Eulalio, me demostraron tratarse de algo serio a no ser que la mentira o el engaño se hubiesen puesto en juego.

Me regresé a México, para informar al J. del C. E. quien ignoraba y aún ignora, los acuerdos del C. D., y de consiguiente todo lo que D. J. M. había hecho en los EE. UU. Por lo que justamente, indignado, resolvió escribir al C. D. una carta que se copiare en este documento, la que a la fecha no ha sido contestada; y luego una segunda, que también se insertará aquí. Pero hay que decir que a los 20 días de haberse entregado la primera, el Presidente dirigió un escrito al J. del C. E. sobre la misma preguntando únicamente qué se quería decir con lo del plazo de 24 horas para devolver los documentos recogidos a mi por D. J. M. en los EE. UU.

Ninguna otra comunicación ha recibido el C. E., lo que demuestra por lo menos, que el C. D. no ha sabido apreciar las razones que se le exponían en las dos cartas susodicha, por donde se verá que los intereses del Ejército no pueden estar al arbitrio de los civiles, que si no los conocen, menos se preocupan por atenderlos.

Don J.M. me mandó preguntar con persona de su confianza cuando pensaba salir para Europa, y con la misma persona le mandé decir que me dijera si ya tenía dinero; y recibí la respuesta por el mismo conducto de que dinero no había para eso, es decir, para los negocios de la tía. En cambio me envió un oficio el C. D. ordenándome que todas las gestiones en el Viejo Mundo deben hacerse a nombre de la L. N. D. L., y la copia de un oficio dirigido al Representante de la Liga en el Estado Español, donde se le advierte que si necesito de su apoyo en ese Estado, me lo preste. Ignoro aún quién es ese señor Representante. Y Parece que, con que todas las gestiones que se verifiquen en Europa, siendo a nombre de la Liga quedarán a salvo todas las obligaciones de la misma respecto del Ejército.

Es muy poco, casi nada, nada, en una palabra para que con ello el Ejército se sienta siquiera alhajado; porque él mismo seria quien se hiciera la cortesía, si permitiera que su dinero porque no se cuenta con otro sirviera para que la Liga *figurara, pues del dinero de D. J. M. ni sus luces: ni se sabe de dónde viene, ni la mente final del donante o donantes, y lo único conocido es que se dio como base de principio a condición de que D. J. M. y el 2 /o. Vicepresidente volviesen a sus puestos, y que para el negocio de la tía no lo hay, ni tampoco para las necesidades actuales del Ejercito.*

*El 2 /o. Vicepresidente hace poco se retiró nuevamente del C. D., según sabemos a causa de esos famosos y misteriosos dineros. No me resta más que insertar las dos cartas del J. del C. E. al C. D. que anuncio arriba, documentos sumamente importantes, hijos de quien se siente responsable de los intereses que se le tienen encomendados. No parece sino que D. Juan Manuel desea ejercer la Suprema Autoridad allí donde él mismo había sostenido la inconveniencia de hacerlo; pero ya se ha visto en qué forma y con qué consecuencias. Ante el desastre inminente de su política ya anda por ahí afirmando que espera un sarmentazo; en otras palabras; que el Ejército tome su camino independiente con todo lo que de derecho le pertenece, incluso los fondos de D. J. Manuel quien está temiendo el desastre, consecuencia de su política obscura, no obstante el misterioso apoyo de los cien mil pesos que obran en su poder. Por lo que, haciendo uso de sus mismas palabras, no estaremos muy lejos de la verdad si creemos que "hay gato encerrado". Pero al mismo tiempo podemos afirmar, basados en la experiencia, a mejor maestra que siempre que don Juan Manuel ha querido imponer su voluntad, nada más porque es su voluntad, los resultados no lo han favorecido. Y en el caso presente, ya tenemos muchos datos para prever el fin. Solamente que no será el que él espera, porque ni la Liga, ni el Ejército, perfectamente informados de todo, secundaran sus caprichosos planes.*

*Ismael*

Es probable que a pesar de todos los fracasos tenidos y todos los intentos de reanudar el movimiento en Sonora, el Obispo Manríquez envíe una carta a Don Ignacio levantando el ánimo diciéndole que traen entre manos un negocio, que arreglándose satisfactoriamente y confiándose en papel será el comienzo de mejores días para México.

San Antonio, Texas
19 de Noviembre de 1937
Sr. D. Ismael Tiscareño
Nogales, Arizona

Muy estimado amigo:
Me refiero a su muy atta. de fecha 14 de los corrientes. Efectivamente, con motivo de las fiestas de Cristo Rey, mande a México un "Breve Mensaje", para levantar el ánimo de mis pobres

*compatriotas, actualmente tan decaído, a causa de tantos fracasos. Realmente, vistas las cosas desde el plano de lo meramente natural, tenemos sobrada razón de estar tristes, como Ud. Bien lo comprenderá; pero es que tenemos un Padre en los cielos que vela por nosotros, y una Madre amorosa que ha prometido no abandonarnos para siempre. Luego debemos conservar bien firme la esperanza de mejores días, bien que haciendo siempre todo lo posible por salvarnos.*

*Tengo en este ultimo sentido muy buenas noticias que darle; lo que pasa es que no todo confiarse al papel. Pero si debo participarle que traemos entre manos negocios magníficos que de arreglarse satisfactoriamente algunos de ellos, muy pronto comenzaran para México mejores días.*

*¡Que lastima que Don Fortino haya tomado esa actitud!*

*No tengo ningún ejemplar del mensaje: entiendo que Cristóbal es quien toda la edición. El puede mandar a Ud. los ejemplares que necesiten.*

*Sin otro asunto por ahora, y con afectuoso saludo para su apreciable familia quedo como siempre suyo afmo. que a sus ss. O se encomienda.*

*Firma... Eulalio López*

**Don Ignacio responde a su carta informando que recibió desde México un ejemplar de su mensaje que le han dado esperanzas de una vindicación, y que le conceda una para el estado de Sonora que sigue hundido en la inercia civil expresando su desilusión y frustración con la desintegración de LNDL**

*P. O. Box 111*
*Nogales, Arizona Noviembre 14 de 1937*

*Sr. D. Eulalio López*
*San Antonio Texas*

*Sr. de mi respeto:*
*Por acá me llego de México un ejemplar de su interesante "Breve Mensaje" que ha venido a reanimar mi espíritu y a darme esperanzas de una vindicación humanamente imposible y le suplico si tiene alguna tenga a bien regalarme unas para este pobre estado de Sonora que sigue sumido en la inercia civil, pues aun cuando en el orden religioso hay algo de animación con los desperdicios de libertad que se han dignado disimular, será esto mientras no sientan algo mas el resurgimiento espiritual.*

*En el orden civil todo muerto, digo de los católicos y triste es decirlo quien nos dio el mate es nada menos que quien debería animarnos, tal vez de una manera inconsciente o si es intencionada peor está la cosa, con prohibirles a las pocas que nos ayudaban y que dependen directamente de él en sus obras de acción católica y a las que no con decir en alguna junta opiniones contrarias a nuestra incipiente organización nos acabo de echar por tierra todo al grado que imposibilito la existencia de la Liga y quedaron casi abandonados a un aquellos a quienes debemos de seguir ayudando.*

*Se han perdido ya muchos años de organización desde los desarreglos y mas desde que el mismo representante declaro que estos de nada habrían servido y que podíamos por su parte organizarnos, no parece sino que es una inconsciencia de los hechos lo que los tiene sugestionados a nuestros directores en el orden espiritual y civil.*

Parece que el Sr. no se da cuenta que si existe algo de libertad en Sonora se debe precisamente a los esfuerzos hechos hace dos años, pues de otra manera habrían dado el gano al actual gobierno, que parece tener un tanto de sentido común.
Le suplico se sirva pedir por dos necesidades de familia que me afligen actualmente y se sirva mandarme sus bendiciones.

Ismael.

Muchos años después, ya calmada la tempestad de la persecución, María envía una carta a su hermano Carlos . Esta carta fue escrita el 3 de Enero de 1943 por María en la que da varios datos sobre los documentos que ella guardaba de Fidel mártir.

Agosto 15 del 1943
Nogales, Arizona. Enero 3 de 1943.

Mi querido hermanito Carlos:
Ahora te voy a contar una cosa para que te rías de mí; pero el caso es que me he llamado la atención. Si vieras, desde el momento en que supe que Fidel había muerto, comencé a percibir un olor tan fuerte a perfume, que no puedo ni ponerlo en duda, y al mismo tiempo un especie de sabor a sangre en la boca, pero no desagradable, sino también como impregnado de ese mismo perfume. Y esa sensación me duró mucho tiempo hasta, que poco a poco fue desapareciendo; pero siempre que cojo algo que perteneció o que traspapelo mi archivo, como ahora, vuelve ese inexistente perfume, tan patente y tan claro como que ahorita mismo lo estoy percibiendo.
Y nunca me había atrevido e decirlo, pues yo misma me quería convencer de que era una ilusión o una sugestión; pero anoche que estaba yo muy atareada escribiéndote la carta que te mando y percibiendo el mismo perfume, llega una visita, o cualquier de las Alba, y al entrar dice espontáneamente: precioso perfume en esta casa, me huele a Bunt, a incienso, a coral. Yo me quedó espantada, pero no dije nada; y mi papa y mi mama no le dieron ninguna importancia. Ellos seguramente no perciben el perfume. A qué atribuyes tu esto? ¿No será una demostración de la Providencia de que ha recogido su (de Fidel) preciosa alma? ¿No será El acaso este incidente una prueba que quiso darnos de su pureza?
No me hagas caso si crees que es una locura.
Tu hermana Mari, (firelado)

## Muerte del General Luis Ibarra
General Ibarra
A los 25 años de edad, en 1907, trasladó su residencia a Cocula, Jalisco, donde era jefe de la Unión Popular, organización de señores católicos que luchaban por elevar el nivel de vida de ese pueblo, en lo moral, en lo cívico y en lo material.

Ocupaba ese cargo y tenía 44 años cuando en 1926 sobrevino el rompimiento de la jerarquía católica y el gobierno del presidente Plutarco Elías Calles.

El licenciado Anacleto González Flores, principal dirigente de la Unión Popular en el Estado de Jalisco, llamó a los integrantes de esta agrupación a las armas y Luis Ibarra Encinas participó en diversos y sangrientos combates en Jalisco y Colima, alcanzando el nombramiento de General.

Así, arriesgando cotidianamente la vida en la defensa de su ideal, luchó durante tres años hasta que el Presidente Portes Gil y los obispos mexicanos llegaron a un acuerdo que puso fin a la contienda. Amparándose en la amnistía general que se concedió, el general Ibarra presentó sus tropas para su licenciamiento en Ayutla, Jalisco, el día 4 de agosto de 1929. Los jefes de las tropas del gobierno que lo combatieron reconocieron en él a un hombre de convicciones, de probado valor personal y de dotes naturales de estratega. De Jalisco volvió a Sonora, a su pueblo natal, donde se dedicó pacíficamente a la agricultura, hasta que en 1935 y no pudiendo pasar indiferente a la nueva persecución religiosa desatada en Sonora, se levantó nuevamente en el pueblo de Granados. Seguido por muchos pobladores de la región que lo amaban entrañablemente, libró varios combates. El más reñido de ellos contra las fuerzas que comandaba el general José F. Botello, en el pueblo de Suaqui. Por la traición de uno de sus subordinados, cuyo nombre no viene al caso, y a quien desde entonces se conoció como "El Judas ", fue sorprendido en Agua Fría municipio de Tepache el 13 de noviembre de 1935.

Allá fue muerto el joven Alfonso De la Torre y desbaratada su columna por soldados federales al mando del teniente coronel Francisco Salcedo.
Volvió la paz y en .. 1941, Don Luis Ibarra se amnistió de nuevo en Hermosillo, ante el general Antonio Ríos Zertuche, dedicándose a la agricultura mientras su salud se lo permitió.
Quebrantado su vigor físico por varios años de enfermedad, murió tranquilamente, auxiliado con los sacramentos de la Iglesia y con la Bendición Papal.
Descanse en paz.
El Imparcial[i]

# Homenaje a Alfonso por Relatos de su hermano Luis

*Reverendos Padres, compañeros:*
*Tócame hoy la honra de presentar a Uds. el recuerdo del compañero ausente, cuyo nombre ostenta nuestro grupo local como un homenaje al acejotemero integro, al héroe cristiano y al mártir de Cristo Rey, cuya figura se agiganta al transcurrir el tiempo, el compañero desaparecido Alfonso De la Torre, que hace apenas tres años ofrendara su sangre juvenil ardiente en aras del más puro y santo de los ideales, el reinado social de Cristo en nuestra patria, cayendo acribillado por las bales asesinas de odiosa tirana, en el majestuoso anfiteatro de la abrupta serranía sonorense.*
*No pretendo hacer una biografía completa, sería un trabajo muy superior a mis fuerzas y demasiado extenso para la ocasión presente. Pondré todo mi esfuerzo tan solo en presentar a Uds. una semblanza de Alfonso De la Torre, como acejotaemero, tan empapado en el ideal de la asociación, tan enamorado de su santa causa, que no dudo un instante en sacrificar familia, posición, aspiraciones justas de luz vida, y seguir tras de la huella luminosa de más de 500 acejotemeros que desde 1925 a la fecha y de uno a otro confín de la republica han derramado su sangre generosa al grito sagrado de ¡Viva Cristo Rey!*
*Desde su tierna infancia, apenas cumplidos los 10 años, Alfonso comenzó en su aprendizaje del espíritu de la A.C.J.M. en las vanguardias, crisol donde nuestra asociación forja sus futuros paladines, primero en su tierra natal, Aguascalientes, y más tarde en Sonora, distinguiéndose entre sus compañeros por su entusiasmo y dotes oratorias, que le valieren ocupar en varias ocasiones la Secretaria y la Presidencia de las Vanguardias, y ser nombrado delegado al Primer Congreso Regional de la A.C.J.M. en Sonora. Al cumplir los 15 años como indican nuestros estatutos generales, paso automáticamente a ser miembro activo del grupo local de Magdalena, Son., pasando a los pocos años puerto de Tampico, donde siguió con su entusiasmo siendo el alma del grupo porteño. El año de 1925 fue nombrado delegado a la Convención de la A.C.J.M. celebrada en la ciudad de Saltillo, y a su regreso a Tampico ocupo la presidencia de aquel grupo. Durante su periodo la fiera bolchevique empezó a dejar sentir su rabia infernal contra la Iglesia Católica, siendo la A.C.J.M. una de las primeras en salir valientemente a la defensa; entonces supo Alfonso de persecuciones, de cárceles, de vejaciones sin cuento, de vida de sacrificios y de catacumbas, que en lugar de acobardarlo despertaron mas y mas su espíritu combativo.*
*Volvió a Sonora a mediados de 1926, cuando la persecución religiosa desataba sus furias en todos los ámbitos del país, como negra tempestad que todo lo arrolla a su peso, y cuando un grupo de ciudadanos conscientes protestó ente la bestia por el injusto destierro del Ilmo. Sr. Navarrete, y dos compañeros mas, sufrieron a su vez la misma pena de destierro por la que protestaran.*
*La ola de cieno y sangre inundaba la nación, y los católicos Mexicanos, cumpliendo un deber sagrado, heroicamente se oponían a la barbarie con las armas en la mano, escribiendo con las bocas de sus rifles las gloriosas paginas de la epopeya Cristera. En país extranjero, Alfonso renovó y viese impotente al recibir noticia del campo de la lucha, alentadoras unas, de viejos compañeros que al frente de rancheros luchaban como leones contra la tiranía, tristes las otras, de acejotemeros brutalmente asesinados por los esbirros del tirano, hasta que una ilusión vino templar sus nervios, a dar rumbo a su vida: por fin el luchar, a emular a sus compañeros de Tampico y de Saltillo, en la desigual batalla entablada con las fuerzas de 1a tiranía; un grupo de patriotas se organizaba en el extranjero para entrara a Sonora a vindicar los fueros de la Justicia. Alfonso se alistó con entusiasmo en sus banderas y esperaba ansioso el momento de partir. Mas éste nunca llego, porque le traición se encargo de vender el jefe de la expedición, quien tuvo que purgar largos años de condena en las prisiones del país vecino.*

No perdió por ello Alfonso su fe en la lucha, y no pudiendo entonces empuñar el rifle vengador, esgrimió la pluma flageladora de injusticias trabajando con ahincó y abnegación en un periódico católico que en aquel entonces se fundó en El Paso, Texas.

Llego más tarde la tregua del 29, el culto religioso esplendió en nuestras iglesias, después de tres años de permanecer cerradas, los heroicos cristeros rindieron sus armas a un gobierno que prometía respetar sus creencias; la hora de la reconstrucción había llegado. De vuelta Alfonso en esta ciudad, coopero gustoso con el párroco en la organización del grupo de A.C.J.M. que llevo el nombre de nuestro libertador, Don Agustín de Iturbide, y ocupo la presidencia del grupo durante un periodo.

No tardo la fiera en der señales de vida, faltando a sus solemnes promesas, y repitiendo aquí y allá actos aislados de persecución, que se sucedían con creciente frecuencia, sembrando la alarma y el desconcierto entre el elemento católico.

Encontrábase para entonces Alfonso dedicado a sus trabajos persóneles en la cercana población de Magdalena, con dolor profundo presencio la clausura del templo, de los colegios del Sr. Obispo y el confisca miento del hospital de beneficencia establecido en aquella población.

Palpando la desorientación de los católicos en Sonora, Alfonso elevo un memorial respaldado por más de un centenar de firmas, suplicando al Ilmo. Sr. Navarrete diera normas precisas de conducta. La respuesta no se hizo esperar, en la forma de viril carta pastoral, que por falta de recursos no podía publicar el Ilmo. Sr., se echo Alfonso sobre los hombros la pesada carga de financiar la edición de la citada carta, busco la valiosa ayuda de varias personas, y de esta manera vio la luz pública la Quinta Carta Pastoral del Ilmo. Obispo de Sonora, en los albores del año de 1935.

La persecución se recrudecía, por momentos. El Ilmo. Sr. y un puñado de sacerdotes abnegadamente recorrían el estado. amenazados siempre de incontables peligros, para llevar el consuelo espiritual a sus habitantes. El Dios de nuestros mayores, proscrito una vez mas de nuestra vida púbica, volvía de nuevo a ocultarse en las catacumbas, para consuelo y apoyo del oprimido pueblo.

Alfonso, con sus ansias libertarias exasperadas por la tiranía, con su ideal acejotemero más firme que nunca, con su espíritu de lucha avivado por el acicate de la persecución, no podía permanecer inactivo, puso su inteligencia y su bruzo al servicio de Dios y de la Patria, y renunciando a todos sus amores en la vida, hermanos, novia, carrera y comodidades, se lanzo orienta que le había de costar la vida, uniéndose a la rebelión cristera que estallara el 4 de octubre de l935 en el pueblo de Granados. Y comenzó para el héroe le azarosa vida de campaña llena de sobresaltos, de sacrificios, de renunciaciones. Intensa vida, de soldado en que lo mismo esgrimía la espada en los campos de batalla que la palabra candente y convencida en los poblados, pare arengar a las multitudes a volver a los fueros de Dios y de la Justicia.

Mas, por corto tiempo las auras montañesas iban a refrescar su frente predestinada al sacrificio. Al medio día del 13 de noviembre de 1935, las tropas del tirano, guiadas por infame traidor, sorprendían a un reducido grupo de cristeros que preparaban su frugal comida. La hora del martirio había soñado y en aquella hora suprema, Alfonso supo desprenderse de lo único que aquí le quedaba: la vida y presentando el pecho al mortífero fuego enemigo cayo envuelto en su propia sangre para salvar a sus compañeros de lucha, para pagar con su sangre el precio de la salvación de un México agonizante, que se ahogaba en la ola de sangre y fango vomitada por el averno…..

Alfonso ha muerto, pero su espíritu alienta y vive con vida intensa en el pecho de todos los que lo recordamos, de todos los que como el amamos y vivimos para realizar el ideal que fue norte de su vida, el lema bendito de nuestra A.C.J.M.: Por Dios y por la Patria.

En el aniversario de su muerte, justo es que los compañeros que sobrevivimos, rindamos un homenaje de admiración y respeto al entusiasta acejotemero, que vivió intensamente el espíritu de nuestra asociación, por la piedad, el estudio, y la acción, el héroe que supo despreciar todas las atractivos de la vida para luchar por un ideal noble y santo , al mártir cristiano que por la *integridad de la fe de todo un pueblo dio generosamente su sangre al grito sublime de "VIVA CRISTO REY"*

*Firma Luis De la Torre*

Así como nuestro padre Luis se expresaba de su hermano Alfonso como un héroe y un mártir, también Carlos siempre se refirió a su hermano Alfonso con devoción y lo veneraba como mártir. En la pequeña libreta de apuntes espirituales de Carlos, le dedica una página a Alfonso. Arriba de la foto escribió a máquina: "Alfonso, no olvides a tu hermano, y ahora que estas en el cielo, sé más cariñoso conmigo que cuando estabas aquí debajo de la foto, las fechas de "nacimiento 1-21-1908 y martirio XI-13-1935".

Este movimiento cristero, sin el apoyo del Episcopado Mexicano, estuvo mal organizado y tuvo poco efecto y muchos fracasos. La única ayuda económica que se tenía era lo poco que el episcopado de Los Ángeles California y el Paso Texas podían enviar de los Obispos; Rev. Ignacio Gándara y Rev. Joseph McGucken quienes simpatizaban con el movimiento y querían ayudar. En Sonora, las actividades duraron unos cuantos meses. La falta de proyecto, armas, organización y alimentos, dieron traste con las buenas intenciones. El general Luis Matus jefe militar de las siete tribus del noroeste que en ese tiempo residía en el poblado de Guadalupe Arizona, no rindió apoyo por falta de financiamiento.

Obispo Ignacio Gándara

Obispo Joseph McGucken

# CAPITULO IV

## Después de la persecución.

Una vez estando el gobernador Calles fuera de Sonora y la persecución hasta cierto punto en calma, la familia De la Torre continuo viviendo en Sonora con acepción del Padre Francisco, Carlos quien cursaba sus estudios de teología y Edmundo quien se había mudado a la ciudad de Aguascalientes.

Monseñor Ignacio De la Torre Vicario General

Aún estando muy delicado de salud en el año de 1937, Ignacio fue nombrado Párroco de Nogales Sonora. La parroquia, en ese entonces la única en Nogales, se encontraba en condiciones anormales; su templo decomisado por el gobierno, los pocos fieles que había pasaban a Nogales Arizona a los cultos religiosos, los demás vivían al descuido, a la disipación a la inmoralidad.

Había pues como principio, que recuperar el templo donde debía ejercer sus ministerios, ¿Cómo? Prudentemente y atinadamente comenzó a preparar el ánimo de la gente por medio de volantes y cuando creyó oportuno citó al pueblo a un lugar determinado y en manifestación verdaderamente apostólica se dirigieron al templo. A la fuerza abrieron sus puertas, y penetró aglomeradamente aquella maza de valientes elevando como estandarte la Imagen de la Virgen de Guadalupe. Pocos momentos después hozo entrada triunfante Cristo Nuestro Señor en la Santísima Eucaristía que tenía en sus manos el cura de Nogales Arizona, Monseñor Luis Duval.

Se cantó un Tedeums entre las lagrimas de emoción y los gritos de jubileo y se bendijo el pasillo con el Santísimo Sacramento. Así, desde entonces tenemos templo en Nogales en contra de las autoridades civiles y de la opresión de los falsos presidentes con quienes se siguió luchando por espacio de algún tiempo durante el cual había que vigilar el templo. La noble gente de Nogales, turnándose hacia guardia día y noche con su nuevo cura a la cabeza y más de una vez se tuvo que defender contra alentados alevosos.

Materialmente el templo por su abandono estaba más bien convertido en nido de ratas que en casa de Dios. Poco a poco el pueblo se fue acumulando aseando el templo y reparándolo hasta verlo ahora decentemente presentado.

Moralmente se puede decir que Nogales era un inmenso cabaret; se comenzó también la gran obra de cristianización y de moralidad, agrupando a la juventud en clubs; siendo los primeros el de Isabela Católica para señoritas y la A.C.J.M. para jóvenes y para niños los centros catequistas que actualmente son numerosos y repartidos por todos los sectores de la ciudad.

Llegó el día en que en el recinto de la parroquia fue insuficiente contener el número de fieles que acudía a sus cultos. Había pues que construir un templo nuevo más amplio y nuestro cura se tira a esa magna obra. Una vez adquirido el terreno, iba el mismo Sr. Cura seguido de su pueblo a desgajar los cerros para acarrear piedra para la cimentación y así mismo sobre sus hombros se cargo el ladrillo con que han sido levantados sus muros, hoy tenemos un hermoso templo dedicado a Sta. M. de Guadalupe casi terminado a costa de muy grandes esfuerzos y de inauditos sacrificios.

Vino luego el problema de las escuelas quizá el más grande y el mas incomprendido, se comenzó con la escuelita Bosco. Hoy se cuenta con cinco escuelas Católicas, contando con la escuela Gante a la altura de las exigencias modernas.

## Incansable Siervo de Cristo

Incansable el espigado siervo de Cristo iba por caminos oscuros y polvorosos trabajando al amparo de las sombras de la noche sufriendo mil penalidades, corriendo graves riesgos, siguiendo el camino que se había trazado de mostrarle su gran amor a Dios llevando fe y esperanza al humilde, consuelo y alivio al enfermo y la promesa de la vida eterna a todo el que encontraba. Cual valiente misionero de vocación, imponiéndose toda suerte de sacrificios incluso el de su salud para seguir adelante.

En una ocasión, aproximadamente a fines de 1935 o principios de 1936 fue descubierto y hecho prisionero para luego ser deportado al vecino País. Pero quienes esto hicieron lo subestimaron, pues solo estuvo ahí el tiempo suficiente para comprar un nuevo disfraz y regresar a sus campos y a sus indios, sus gentes sencillas y humildes para seguir sirviéndoles por el amor a Dios, cual otro Cristo.

Esa vida de constante lucha y sacrificio, ese anteponer su vida sacerdotal a su propia salud, mina la misma, y cae enfermo gravemente. El "roble" se doblaba, pero no se quebraba. Y entonces, voluntariamente, se fue a Nogales Arizona a recuperar la salud perdida en compañía de sus familiares quienes residían en esa Ciudad, desterrados por la persecución religiosa. En el calor del hogar que hacía mucho no disfrutaba y con los cuidados de su amorosa madre y tierna hermana fue restableciendo poco a poco la salud perdida y el roble resurgió poderoso y robustecido por las muchas meditaciones que la reclusión obligada le hizo saborear. Su cuerpo agotado sufría la reclusión, pero su espíritu y su corazón seguían en el sur de Sonora bajo el sol abrasador del ardiente verano, junto a los necesitados de amor; la fragua de la vida seguía modelando su espíritu indomable, prepotente.

Nombramiento Episcopal

En 1937 el Señor Obispo Juan Navarrete pudo ya volver públicamente a la Diócesis y así, ya recuperado de su salud el Padre Ignacio De la Torre, le nombro Párroco de la Iglesia de Nogales, Sonora, llevando por titular La Purísima Concepción.

El Padre Nacho gallardo y lleno de bríos volvió a cruzar la línea divisoria y vió el templo parroquial en ruinas por haber permanecido cerrado y por estar abandonado tanto tiempo; todavía estaba incautado por el Gobierno y según disposiciones de éste no podía ser abierto al culto. Sin embargo, el Padre Nacho quien no conocía el miedo, se llenó de bríos y jugándose el todo por el todo, abrió las puertas del templo en Febrero de 1937 repicando las campanas del templo por primera vez en tantos años, fecha feliz que marca la entrada del Padre Nacho. Recuerdo que nos platicaba mi tío diciendo que el primer día ni una alma se apareció, que el segundo día una ancianita llegó y así poco a poco seguido el ejemplo de la pobre anciana, el pueblo de Nogales fue despertando su fe y satisfaciendo la sed de la palabra de Dios. Así se marco el Fausto acontecimiento que no podrá nunca desligarse de la historia de Nogales, ya que "haciéndose todo a todos para ganarlos a todos para Cristo," se hizo Sonorense con los Sonorenses y Nogalense con los Nogalenses que siempre lo supieron y sintieron muy suyo.

Lagrimas de emoción surcaban todos los rostros, acciones de gracias se elevaban de todos los corazones dando a entender el entusiasmo de la fe reavivada y presente y, para sostenerla ahí estaba el Soldado de Cristo desafiante, retando las fuerzas enemigas. Con plena conciencia del peligro, pero con su gran confianza de siempre en la Divina Providencia. Y así siguió por algún tiempo defendiendo el Templo, preservándolo de atropellos y amenazas de los enemigos y sosteniendo y elevando la fe de sus feligreses.

Pasada la tormenta de las persecuciones, vino una relativa calma y fue formalizándose la iglesia espiritual alrededor del templo parroquial y de su Señor Cura, quien seguía prodigándose cimentando amistades y ganándose en y para Cristo nuevos elementos que vendrían a robustecer el Catolicismo.

## Asociaciones Católicas

Era costumbre ver al joven Párroco recorrer las callejas y cañadas de Nogales dándose a todos, buscándolos invitándolos, atrayéndolos a todos, consciente de que por ser frontera, por ser el choque de dos culturas, representaba mayores problemas de moralidad y que había que afrontar esos problemas con un fecundo apostolado al que se entregó por entero con inmensa confianza en Dios y en la Patrona de su vida, Santa María de Guadalupe.

Y fue directamente al grano, a la juventud, materia prima sobre la que se modelan todas las virtudes y sobre la que también pueden plasmarse todos los vicios. Otro día de haber tomado el templo, invita a una piadosa señorita a que le reuniera a todas las muchachas que pudiera para hacer un círculo Católico; Así mismo invito a los jóvenes para un fin similar. Fue así como en el mismo año de 1937 resucitó en Nogales la A. C. J. M., ahora con el nombre de "Alfonso De la Torre" en honor del hermano mártir y el grupo de adolescentes y niños llamado las Vanguardias quienes eran aspirantes a la A. C. J. M quienes prestaban sus servicios como acólitos en la Santa Misa. Grupo al que ingresaron jóvenes entusiastas, ardientes y decididos que para el 12 de Diciembre del mismo año ya estaban honorando de manera especial a la Santísima Virgen de Guadalupe a quien su dirigente eclesiástico les había despertado un grande y santo amor, destella del que con fuerza ardía en su pecho.

Nació en el mismo año, el 27 de Mayo de 1937, el circulo de señoritas "Damas de Isabel la Católica[33]" comúnmente llamadas "Chávelas" y luego el " Circulo juvenil Guadalupano No 1.", así numerado porque tras de él siguieron otros más hasta llegar al No. 9, ya que en su afán de moralizar más y más a la juventud femenina, futura forjadora de almas, en los barrios claves de Nogales fue fundando nuevos círculos a los que dio reglamentos cuyo artículo 3ro. reza: " Se proclama Titular de estos Círculos al Sagrado corazón de Jesús y Patrona Primaria a la Santísima Virgen de Guadalupe y Secundaria a Santa Teresita del Niño Jesús" (Honradamente, exceptuando el "Circulo de Santa Teresita" que se fundó unos quince (15) años más tarde. La devoción a Santa Teresita fue opacada por el fervor Guadalupano.

Una vez bien organizada la A.C.J.M. acordó como una de sus primeras y principales actividades, sacar a luz pública una publicación que fuera portavoz del grupo. Se nota aquí desde luego la emoción del Párroco, Apóstol de la Palabra, que hiciera llegar a la feligresía primero a través de esa publicación que se llamó "Juventud" y que saliera a luz por vez primera el 15 de Mayo de 1938 con cuatro páginas en forma de periódico, quincenalmente. Se repartía gratuitamente entre los fieles que acudían a la Santa Misa y se distribuía profusamente en todos los barrios de la Ciudad. A fines del mismo año, salió mensualmente. En 1940 empezó a venderse a cinco centavos el ejemplar. En 1943 subió a doce 12 páginas, valiendo la suscripción anual en 1945 la cantidad de dos pesos con cincuenta centavos $2.50 (en ese entonces el dólar valía $8.50 pesos por uno). En 1946 se presento con dieciséis 16 páginas y de 1947 en adelante veinte paginas hasta su triste desaparición. En Agosto de 1948 aumentó a veinte y ocho páginas presentándose en forma de revista, siendo registrada en la administración de Correos Mexicanos como articulo de segunda clase, que en ese mismo año contó ya con su propio taller de imprenta, directorio, archivos, etc.
Los muchachos de la A.C.J.M., las señoritas de los Círculos y demás miembros de la Acción Católica Nogalense hicieron uso de las páginas de la revista "Juventud" para hacer conocer sus inquietudes, necesidades, programas de trabajo, realizaciones, avisos, etc. El Padre Ignacio De la Torre dejo en sus editoriales sabias, valientes y claras enseñanzas de

---

[33] *Comúnmente llamado "Las Chávelas"*

espíritu netamente cristiano, orientando a los fieles sobre prácticas piadosas, Dogma, Moral, Apologética, sobre Política, economía, etc. según las necesidades del tiempo y la época.

Cada año en Diciembre, se publicó un número especial en honor de la Morenita del Tepeyac, vistiéndose la revista "Juventud" con hermoso ropaje: portadas debidas a los pinceles de artistas locales y foráneos, artículos originales y especiales, etc.

Patio de la casa de los Jesuitas / Centro de Investigación Acción Social (CIAS) en Torreón, Coahuila. 14 de Abril 1961
Tres Hermanos, de izquierda a derecha
1. Pbro. Carlos De la Torre S.J.[34]    2. Pbro. Francisco De la Torre S.J.[35]    3. Pbro. Ignacio De la Torre Sacerdote Diocesano

Organizada por la A.C.J.M., desde 1939 empezó a realizarse una Velada Literario Musical en honor a la Santísima Virgen de Guadalupe el día 12 de Diciembre. Además de diversos y escogidos números artísticos de canto, baile, declamación, de obras escénicas de fondo espiritual y moral, alguna vez escrita por el mismo Padre De la Torre y presentada por elementos de la A.C.J.M. Círculos femeninos hacían también la toma de posesión de las nuevas directivas y daban su informe tanto los directivos salientes de la A.C.J.M., como las de los otros Círculos Católicos. Estas hermosas Veladas eran el corolario de los festejos Guadalupanos que empezaban con los solemnes Novenarios, y llenaban los teatros donde se presentaban, fomentando así la hermandad entre la sociedad católica Nogalense que al rededor de su amado Párroco hacían un solo corazón y que jubilosos

---

[34] Pbro. Carlos De la Torre S.J. Director del Centro de Investigación y Acción Social, Cajas Populares de Coahuila y Casa Iñigo de Torreón Coahuila México.
[35] Pbro. Francisco De la Torre S.J. Misionero Jesuita

ofrendaban a nuestra Madre Guadalupana. Bien se puede decir que la Virgen Santísima de Guadalupe fue la forjadora de la Parroquia de Nogales.

La presencia del señor Presbítero Don IGNACIO DE LA TORRE, Cura Párroco de esta Ciudad de Nogales, Sonora, honra las páginas de Cámara Social. En la foto, Don IGNACIO DE LA TORRE, sus hermanos CARLOS y FRANCISCO, Sacerdotes Misioneros Jesuitas y su sobrina, CARMELITA DE LA TORRE.

Pensar que el Padre De la Torre redujo su actividad solamente a los jóvenes, es no conocer su celo apostólico, su obsesión por extender el Reino de Cristo, su ideal de glorificar a Dios y patentizarle su amor en una entrega absoluta para la educación moral de los futuros gobernantes del mundo. Con la misma premura con que convocó a la juventud, convocó a todos los católicos jóvenes y adultos, hombres y mujeres para que le ayudaran en la gran tarea del Catecismo que siempre tuvo tan dentro de su corazón. Con su atingencia acostumbrada pronto, lo organizó llegando a tener estratégicamente colocados por toda la Ciudad, 120 Centros y unos 300 catequistas activos, extendiéndose a las rancherías como Santa Cruz, San Isidro, Cibuta, Agua zarca, Ejido La Arizona etc. estableciendo la Comunión Perpetua del Catecismo, lo que formaba en los niños la devoción Eucarística; los Concursos y Torneos de Catecismo, que hacían empeñarse tanto a los niños que luego asistían a la premiación en la Misa de Niños. Formó también la Cruzada Eucarística, llegando a haber en ella hasta Generales, y poco después un nutrido grupo de Marianitas (quienes son las novicias o aspirantes a las Damas de Isabela Católica).

Rev. Ignacio De la Torre acompañado de su hermana María y las Chávelas

Él personalmente se encargó siempre del Catecismo vigilando su marcha, necesidades, dificultades, etc.; reunía a los Catequistas un día a la semana, les daba una plática doctrinal exhortando siempre a evitar la negligencia en el desempeño de ministerio tan noble, alentaba y entusiasmaba repitiendo con frecuencia aquello que dice el Apóstol Santiago, quien salva un alma salva la propia; luego, echando mano de los recursos pedagógicos daba la clase que ellos habían de transmitir a los niños. Para el caso escribió un curso de veinte lecciones sobre el Credo; otro sobre Los Mandamientos y otro sobre los Sacramentos, presentado cada curso en tres modalidades: oral, gráfico y representativo, todo bien razonado sin faltar las aplicaciones prácticas.

Diariamente y por varios años antes de la primer Misa, hacía una Meditación a la que invitaba y gustaba que atendieran principalmente Catequistas y jóvenes de los Círculos y de la A.C.J.M. y mensualmente daba un retiro espiritual a los Catequistas. Teniendo la Parroquia poblados y ranchería que atender y no dándose abasto para hacerlo, contando con un solo Vicario Cooperador, inicio a las muchachas catequistas en el trabajo de misiones rurales. Era tanto el entusiasmo que fomentaba que delicadas señoritas pasaban con gusto dificultades de toda clase durante los días que pasaban por aquellos lugares impartiendo la Doctrina Cristiana en compañía de una de las Señoritas Auxiliares.

Para ayudarse mejor en el combate contra la ignorancia e indiferencia religiosas pronto también organiza en Nogales la Liga Diocesana: Agrupación de personas católicas de ambos sexos, condiciones y edades con el propósito de reunir sus esfuerzos para restaurar el espíritu Cristiano en la Diócesis de Sonora. Esta Liga Diocesana que merece un parangón especial en la vida del Sr. Obispo Navarrete, ya que el la fundara adelantándose cincuenta años al Concilio Vaticano II. Fue para el P. De la Torre un verdadero pilar en su Parroquia, por su triple acción: cristianizarse para cristianizar; resistencia al espíritu pagano por medio de la formación de Centros (lo ahora llamado Comunidades de Base), extendiéndose de un modo particular a la protección de la prensa católica; y, por último, la consecución de fondos, lo cual promovió admirablemente con amplísima generosidad de su acción pastoral.

Por encima de todas las urgencias tuvo la de organizar la Hermandad de la Vela Perpetua, el corazón de toda Parroquia, y en poco tiempo reunió el Coro de Celadores, (mujeres en su gran mayoría), que incitados por el espíritu y ejemplo de piedad eucarística del Párroco, se entregaron con ardor al culto del Santísimo Sacramento. Luchando cada Celador por tener el mayor numero de Veladores para lo cual dedicaron todo tiempo y esfuerzo recorriendo las calles y cañadas, subiendo y bajando cerros, hablando con llaneza, pero con convicción, del honor y beneficio que representa ofrecer y estar siquiera quince minutos a los pies de Jesús Sacramentado y entregar un pequeño óbolo para el culto del Santísimo. Se noto luego la acción de la Vela Perpetua en el arreglo, decoro y aseo del templo, nuevos vasos sagrados y ornamentos sacerdotales, bancas, retoque de imágenes e imágenes nuevas, etc.; y era e ver cuánto se lucían los Celadores en los meses de Mayo y Junio en los arreglos del altar principal y el del Santísimo, así como la profusión de flores que allegaban para el ofrecimiento de los niños, flores recogidas de los jardines de sus barrios. En el Novenario de Purísima y en el Triduo de la Santísima Virgen de Guadalupe, echaban la casa por la ventana no faltando nunca en el Triduo mañanitas, cohetes, hasta castillos, el menudo y café para quienes velaban, que siempre eran muchos y que antes de las doce se iban acercando a las grandes ollas y cafeteras, mientras que el Párroco y su Vicario oían confesiones hasta el amanecer. El grupo de la Vela Perpetua supo adentrarse y comprender el espíritu del Padre Nacho, contagiando a la juventud y a la niñez de su fervor cristiano y adhesión al virtuoso y entusiasta Párroco.

Tampoco podía faltar en la agenda de un hombre del fervor y actividad del Padre Nacho, como cariñosamente le llamo Nogales y quiso ser siempre llamado así, otro gran pilar, la Adoración Nocturna, que con piadosos jóvenes y señores estableció, velando con ellos un sábado de cada mes, ofreciendo una Misa especial al amanecer y haciéndolos participar en todas las actividades, sobre todo en los festejos públicos a la Santísima Virgen de Guadalupe.

En Febrero de 1938, fundó la agrupación de Damas Católicas, con señoras de la sociedad de Nogales, quienes ayudando a cristianizar su ambiente, fueron siempre proveedoras efectivas para las innumerables actividades que el Padre Nacho organizó. Se distinguieron de un modo particular por la comprensión de los ideales del Señor Cura por lo que siempre estaban dispuestas a cooperar en lo que fuera, no solo económicamente, sino prestando sus personas incluso en las festividades parroquiales.

Reorganizó la Tercera Orden de San Francisco, atendiendo con relación a sus miembros que también supieron copiar la piedad y diligencia de su Director que se enorgullecía de portar el escapulario y ceñir el cordón franciscano, buscando todos con ahínco la unión con Dios y prestándose sin egoísmo alguno a todas las actividades, siendo para los jóvenes un bonito ejemplo la generosa entrega de piadosas viejecitas y hombres maduros.

En el año de 1940 organizó la Cofradía Guadalupana, la que venía a dar a su actividad pastoral el toque necesario a su ferviente Guadalupanismo, y que dedicaría a sus miembros a ser paladines de la devoción a nuestra Madre Santísima de Guadalupe, que en Nogales despertó ya florecida por el ímpetu Guadalupano del Padre Nacho que sacudía hasta las piedras de los cerros de Nogales.

## Escuelas Católicas en Nogales

Por esa misma fecha se estreno en la Parroquia de la Purísima Concepción un precioso y artístico altar de madera tallada, diseño del Sr. Lic. D. Manuel Garibi Tortolero. La bendición del altar, que por muchos años estuvo en el templo parroquial a un lado del Altar Mayor, fue toda una solemnísima celebración el día 9 de Mayo por la mañana, antes de la primera Misa y teniendo como Padrinos a los Presidentes de todos los Círculos de la Acción Católica, principalmente Guadalupanas, Chabelas[36] y Acejotemeros[37]. Ahí se dijeron las Misas del Triduo y el día 11 once por la tarde lució preciosos arreglos florales con flores traídas por seguidores desde Guadalajara. La educación cristiana de la niñez aguijoneaba el corazón del Padre Nacho, quien habiendo recibido una Parroquia en ruinas y que con fuerzas llegadas del cielo estaba cimentando y elevando sin descanso, no podía disponer de fondos necesarios para lanzarse a la construcción de un edificio propio para escuela, ni de un jacalón siquiera, por lo que en la amplia bodega de una casa particular, cuya familia aceptó generosamente prestar para el caso, y con bancos mal forjados por unos piadosos hombres, empezó a funcionar en Septiembre de 1938 la Escuelita "San Juan Bosco," atendida por una señorita de las "Auxiliares Parroquiales" fundadas por el Sr. Obispo Juan Navarrete, y unas generosas muchachas Catequistas y Guadalupanas que gratuitamente se prestaron como maestras.

Las escuelas fueron para el Padre la obra más importante de Nogales y así siguieron a la "Bosco," la "Eusebio Francisco Kino" en 1942, primaría para niños de mejor recursos económicos; en 1946 la primaría para varones, "Fraile Pedro de Gante" y en 1950 la escuela Secundaria "Gante". Sostenidas todas económicamente con esfuerzos, sacrificios e incomprensiones que solo el Cielo conoce; porque, aunque eran de paga, con la excepción de la escuela "Bosco" que era absolutamente gratuita para todas las familias de bajos recursos, las cuotas eran tan módicas que nunca en los primeros años alcanzaron siquiera para cubrir los sueldos de los maestros. Mas el Padre Nacho se encantaba el pensar que ahí se estaban formando las mentes y los corazones de los niños en ideales santos y nobles conocimiento de Cristo, Moral y amor y entusiasmo por todo lo bueno, todo lo sublime y en una profunda devoción a Santa María de Guadalupe manifestada de mil maneras e inyectada por él mismo, cuyas platicas semanales en las Escuelas nunca dejaban de tener un viso Guadalupano.

---

[36] *Grupo de Señoritas "Damas de Isabela Católica"*
[37] *Jóvenes miembros de ACJM*

Jorge Armando De la Torre, Carlos De la Torre, Nuestro tío Nacho, José Luis De la Torre y Carlos Celaya
Estudiantes de la Escuela Secundaria Fray Pedro de Gante

Una vez por mes reunía a todos los maestros para darles orientaciones profundamente cristianas (El mismo Padre Nacho impartía clases de Moral[38] y Apologética[39] en todas las escuelas) también recibía informes referentes a la marcha de las escuelas, les decía con toda claridad lo que le disgustaba de algunas actitudes o actividades que le parecían estar peligrosas para el buen espíritu que debía reinar en un ambiente escolar Cristiano. También por muchos años dio a los maestros retiros mensuales y ejercicios espirituales especiales en la segunda quincena de Agosto, de cada año con el fin de preparar los espíritus para el trabajo del año escolar.

Hasta que empezó a celebrarse la Misa por las tardes y por urgencia de los horarios, deja de dar los domingos después del Rosario cantado con Exposición y Bendición, sólidas, preciosas e interesantes platicas doctrinales por medio de las cuales despertaba y afirmaba cada vez más la conciencia cristiana de sus feligreses. Y no conformándose con que lo oyeran solo quien al Rosario asistía, que con ser muchos no eran todos, pronto empezó a editar una hojita llamada "Clarinada," donde a más de la Doctrina daba avisos sociales, predicaba, aclaraba, etc. por lo que la hojita era muy buscada y leída por todos. Después apareció el periódico

---

[38] *Los Problemas Modernos y la Moral / Tercera Edición 1978*
[39] *Porque Soy Católico y ¿Es un mito, o es Demostrar la Religión Católica? Primera Edición 1977, Segunda Edición 1978, Tercera Edición 1978*

dominical "Orientación" que lleno todavía más el fin que el Padre quería: usar de la prensa como medio de comunicación con la feligresía y seguir sembrando sin egoísmo, sin mezquindad, sin lucro, sin pensar en el descanso, (siempre decía que en el Cielo nos esperan las vacaciones perpetuas), sin pararse en gastos, jamás se le oyó decir "que caro sale esto," ni se preocupó por tener una buena cuenta en el Banco, pues decía que el dinero era para conseguir la gloria de Dios que fue lo único que busco todo su vida y por ella el bien de las almas.

En los treinta y tres años de su estancia en Nogales, ni un solo medio descuidó por la causa de Dios y así también usó de la radio, dando platicas y organizando programas con ayuda de sus Vicarios y los miembros de la Acción Católica; también por corto tiempo usó la Televisión local, solo que no pudo continuar gracias a las Leyes de Comunicación que tales cosas prohíben.

## El nacimiento de un nuevo Templo

Así resultando ya el recinto parroquial más que insuficiente para dar cupo a la feligresía que aumentaba constantemente, gracias al celo infatigable del Padre Nacho, se echó a cuestas una empresa que había de costarle muchos sacrificios, sudores y trabajos y hasta lagrimas, pero que también había de reportarle satisfacciones y alegrías muy hondas: Su nueva meta fue fincar un nuevo templo, un Santuario, que fiel a su Reina, le dedicó a Ella, a nuestra Madre Santísima de Guadalupe.

En 1941 presentó la idea al Sr. Obispo Juan Navarrete, quien la aprobó y bendijo. Bendecida la idea, la Liga Diocesana se lanzó a las primeras providencias para realizarla. Ante todo hacía falta un terreno amplio, céntrico, plano. Solo había uno, propiedad de una señora Dávila de Villa Michel, a la sazón radicada en Japón, donde su esposo era Embajador de México. ¡Había que hacer una audacia! Un cable hasta Japón! Los medios de comunicación eran muy limitados pero el trabajo no fue en vano, al fin se envió obteniéndose resultados formidables, así se obtuvo la donación del terreno.

SANTUARIO DE NUESTRA SEÑORA DE GUADALUPE

CALLE LATINOS Y PADRE NACHO, ANTES SAN MARTÍN EN NOGALES, SONORA.

La Liga Diocesana siguió con mayor ahínco: compró los terrenos colindantes al donado, adquirió un camión de carga se tramitaron los permisos necesarios, guiada y sostenida en todo, desde luego, por el infatigable Padre Nacho.

El segundo paso era el plano, diseño y presupuesto. Fue hecho un estudio y presentado un diseño por el Sr. Lic. Don Manuel Garibi Tortolero, de Guadalajara, que presentaba un bonito estilo colonial, pero, por ser de difícil y muy costosa ejecución el Sr. Obispo lo rechazó.

El Sr. Ingeniero Arturo Medina Luna, residente en Hermosillo, Son. presento otro diseño en sobrio y elegante estilo colonial que fue aprobado por el Señor Navarrete. El Santuario estaba solamente dibujado en papel! había que poner manos a la obra! Y llegaron en ayuda de la Liga Diocesana, las Damas Católicas, los Círculos Guadalupanos, la A.C.J.M. y todas las demás Asociaciones de la Parroquia así como todos los fieles de Nogales.

Y en 1943 se vio lo que se llamó "Caravana de la Fé y el Entusiasmo": en tronques y carros particulares, iban todas las personas, profesionistas, banqueros y comerciantes, todo el pueblo: hombres, mujeres y niños hasta las afueras de Nogales acarreando la piedra para la cimentación. A ellos siempre se agregaba el Párroco siendo el primero en cargarse con las más pesadas piedras.

A la vez, la Liga Diocesana y las Damas Católicas colocaron e hicieron los cobros de la primera edición de mil títulos de cooperación, con cuyos fondos se preparo el material: 20 toneladas de hierro, un furgón de cemento, 120,000 ladrillos; se adquirió herramienta y luego comenzaron las excavaciones.

El 6 de abril de 1944, Domingo de Resurrección, bajo una lluvia torrencial y un cielo frigidísimo, con asistencia de miembros de la Liga Diocesana, de las Damas Católicas y algo más de 700 personas, el Sr. Pbro. Don Francisco De la Torre, S.J. con facultad de Ordinario, bendijo la primera piedra. En el ángulo principal quedo sepultada una botella conteniendo un acta firmada por los principales circunstantes y unas piedritas traídas del Tepeyac.

Bajo la dirección del Ing. Medina Luna, el Sr. Ing. Don Roberto Thompson, conocido luchador católico, se fue ejecutando la construcción del Santuario. En tres meses se hicieron los cimientos de cemento armado con varilla de hierro, hasta salir un metro sobre el nivel de tierra.

Otra vez la "Caravana de la fe y del entusiasmo" supo dar el hermoso espectáculo del sacrificio personal: carros y camiones cargados de ladrillo y descargados en el lugar de la construcción por las finas manos de señoritas y damas; pero sobre todo, era edificante ver a mujeres, a veces ancianitas caminar a pie cargando al hombro los ladrillos, entusiasmados todos por el intenso fervor Guadalupano y el ejemplo de su celoso Párroco.

En 1945 las paredes ya apuntaban los arcos y los ventanales. En esta época renegaba el P. Nacho a los fieles diciéndoles: "Se quiere, así mismo, elevar las paredes, vaciar las columnas de concreto y hacer la bóveda del presbiterio, DEJANDO UN SUBTERRANEO QUE MÁS TARDE SERVIRÁ DE CRIPTA PARA CONSERVAR LOS RESTOS DE NUESTROS FINADOS. (Estos planes resultaron proféticos, pues su cadáver y el de su hermano Alfonso fuesen sepultados precisamente en ese subterráneo, quedando a los pies de la imagen de la Virgen de sus amores.)

LAPIDA DEL SEPULCRO DEL PBRO. IGNACIO DE LA TORRE

SEPULCRO DEL PBRO. IGNACIO DE LA TORRE

En enero de 1946, informaba: Techo, cinco bóvedas, dos de ellas, la que iría sobre el altar mayor y la que cubriera el coro, serán en forma de concha para que sirvan de torna voces. Las tres centrales serán en forma de media naranja, sobre cuatro arcos de medio punto en cuadro. El material será de concreto armado y encima irá revestido de algún ladrillo o loseta. La altura en el centro de los arcos que sostienen las bóvedas alcanzara 15m. Las nervaduras quedarán salientes y después serán revestidas imitando cantera labrada. "Hagamos en esta población a la Virgen Santísima que nos vino a pedir un templo, este que estamos construyendo, como una atalaya en la frontera."

1947: Sin apoyo, sobre el viento, se fue formando el castillo cóncavo, que serviría de cimbra a las bóvedas, a 15.60m de altura y con un vuelo de 14.50m.

1948: Se vaciaron de sólido concreto las tres primeras bóvedas.

1949: Se cimbraron las Ultimas tres bóvedas y se vaciaron de concreto.

La imagen de la Virgen de Guadalupe es copia fiel del original que con su mano poderosa dejó Dios estampada en la tilma de Juan Diego; pero es de tamaño heroico: 3.45m la pintura y 0.80m el marco. Fue pintada al óleo por Don Luis Toral González, bajo la dirección arqueológica y supervisión artística del Lic. Manuel Garibi Tortolero, quien diseña el marco que esculpió en Guadalajara, Jalisco el hábil tallista don Rubén Maldonado. Cuando desde Guadalajara llega la Imagen a Nogales, al recibirla y desempacaría, el P. Nacho se arrodilló y con lagrimas de felicidad la beso devotamente levantando un especial y amoroso fervor Guadalupano entre quienes tuvieron la dicha de presenciar tal acto humilde y reverente.

Las campanas de bronce fueron bendecidas el domingo 3 de diciembre de 1950 por el Sr. Obispo Juan Navarrete las cuales fueron fundidas en el estado de Hidalgo y transportadas a Nogales por ferrocarril. Los nombres de las campanas son los siguientes; la grande Fray Juan de Zumárraga, la mediana, Juan Diego y la pequeña, Juan Bernardino.

Templo del Santuario de Nuestra Señora de GUADALUPE

## Nogales ofrece un templo a su Reina

1950; NOGALES OFRENDO UN TEMPLO A SU REINA Y MADRE: Llega el primero de diciembre y el Santuario todavía parecía un patio de contratistas, con yacimientos de madera, montones de escombros, maquinarias, varillas de fiero y demás; pero, como un hormiguero trabajaban al mismo tiempo electricistas, carpinteros, albañiles, milperos, herreros y hasta ingenieros. Una que otra dama que se asomaba meneaba la cabeza y se iba diciendo: Imposible! Imposible!

Pero se trabajó día y noche y el sábado 2 de diciembre, víspera de la Bendición del Santuario, hasta las cuatro de la mañana del domingo, aquel enjambre trabaja incansablemente. El domingo tres de diciembre se contrataron tres camiones, y con el de la Parroquia ya eran cuatro que no cesaban de sacar madera, escombros y demás materiales y fue apareciendo el Santuario en su airosa forma y en su espacioso cupo.

Todas personas que se ofrecían a prestar su ayuda a la limpieza del templo rompían en un ¡ah! de sorpresa al ver la magnitud del templo.

En la tarde, el Excmo. Sr. Juan Navarrete revestido de sus insignias episcopales salió por la puerta mayor del Santuario a la explanada del frente y procedió a la significativa ceremonia de la consagración de la campana. Una multitud presenciaba por vez primera en su vida aquella ceremonia. La campana grande Fraile Juan de Zumárraga lleva la inscripción del memorable Año Santo en que se consagró. Ya dedicada al servicio, varios sacerdotes quisieron tener el privilegio de sonarla y el bronce lanza sus voces al aire, como una plegaria que sube de los Nogalenses al trono del Señor y les trae el saludo paterno de Aquel en Cuyo honor se hacen todas las cosas.

Todavía se trabajaba en el interior del Templo y al anochecer el Excmo. Sr. Obispo, procedió a la bendición del Santuario dedicado a Nuestra Madre Santísima de Guadalupe. Dichas las primeras preces, recorrió por fuera el Templo rociándolo con agua bendita y después por dentro hasta llegar al altar mayor. Ahí bendijo la Imagen de nuestra Madrecita de Guadalupe que reinara desde su trono sobre Nogales, Dios quiera que por muchas generaciones, manteniendo la fe y estimulando la moral de la sociedad. Alguien decía que el tamaño de esta Imagen era exagerado, pero al ser colocada la obra de arte sobre su dosel fundamental, guarda debida proporción con el conjunto del Templo donde luce como figura central.

Procedió el Excmo. Señor a cantar Vísperas Pontificales que fueron respondidas desde el coro por el Orfeón del Seminario de Sonora. Gracias al entusiasmo del Sr. Vicario Cooperador Pbro. Don Luis López y la generosidad de varios fieles, tuvimos la sorpresa de oír un órgano electrónico[40] cuyas voces claras y de suficiente volumen llenan el templo con su armonía.

El día 4 fue el día máximo de la inauguración, porque en él tomó posesión Jesucristo Sacramentado, haciéndose Personalmente presente en el altar en la Misma Pontifical. El Sr. Navarrete tuvo por Diáconos de Honor al Sr. Cura de Nogales, Arizona (EE.UU.), Pbro. Don Fernando Russell y al Sr. Cura de Magdalena, Son. Pbro. Don José' Santos Sáenz. Fue Presbítero

---

[40] *Órgano que fue contribución de la familia de Don Rafael Caballero*

Asistente, el Padre Nacho. Diáconos, el Señor Cura de Guaymas, Son. Pbro. Don José Garibay y el Sr. Pbro. Don Luis López Q. Maestro de Ceremonias: Sr. Pbro. Don Ismael Esparza. Clérigos asistentes: Mons. Don Porfirio Cornides, Sr. Pbro. Don Antonio Islas y Sr. Pbro. Don Luis López Lomeli.

Desde el pulpito el Señor Obispo Juan Navarrete dirigió la palabra a los fieles diciéndoles que aquella casa, exponente de sus esfuerzos y generosidad, debería ser la Casa Paterna a donde habrían de acudir con plena confianza en sus penas y alegrías para depositarlas en los corazones paternales de Jesús Sacramentado y maternal de la Virgen Santísima de Guadalupe.

Asistieron a esta Misa de Inauguración los elementos de todas las organizaciones católicas de la Parroquia, por rigurosa invitación, así como muchas distinguidas personas que ocupan los principales puestos públicos de la Ciudad.

Después de la Misa se sirvió un ágape preparado por el Comité de Damas Católicas, en los salones de la Escuela Kino, que está a espaladas del Santuario. Las mesas estaban exquisitamente adornadas y surtidas de comida. En un sitio se hizo sentar a todos los sacerdotes, y los invitados ocuparon tres departamentos de la dicha Escuela. Resulto el ágape muy cordial y caldeado de entusiasmo. El Padre Nacho, como anfitrión, presenta al Sr. Lic. Don Manuel Garibi Tortolero como historiador Guadalupano y como autor del artístico diseño del marco de la Imagen. Un caluroso aplauso dio la bienvenida al distinguido erudito, quien toma la palabra en un brindis lleno de valor y elocuencia.

El Padre Nacho presenta enseguida al Sr. Ing. Don Arturo Medina Luna a cuyos diseños, técnica y dirección se debió la construcción del Santuario. Otro ferviente aplauso saluda al Ingeniero. Luego presentó al Sr. Ing. Don Roberto Thompson, quien por seis años ha sido el ejecutor de la obra del Santuario, distinguiéndose por su intachable honradez, su incansable laboriosidad y por un ingenio que soluciona toda las dificultades; por ser conocida y apreciada su colaboración el público le dispensó un prolongado y atronador aplauso. Siguieron los brindis y los abrazos de felicitación mutuos y espontáneos, y entre ellos tomó la palabra el Ilmo.

Mons. Cornides, quien en un pintoresco brindis, hizo referencia a diversos temas y sostuvo la atención jubilosa de los comensales.

En adelante se desarrolló un Novenario para culminar el día 12 de Diciembre. El primer día, 4 de diciembre, estuvo a cargo de empleados y empleadas. En la noche se vio el templo pletórico de muchachas rozagantes que habían previamente adornado con dos grandes banderolas, una pontificia y otra nacional, con símbolos de la autoridad del Papa y de los Círculos Guadalupanos, ya que la mayoría de ellas eran Guadalupanas.

El día 5, a cargo de chóferes, camioneros, mecánicos y cargadores, se distinguió por la afluencia de vehículos desde las 6 a.m. y por las alegres Mañanitas. Por la noche, en el rosario solemne, bastante concurrido, predicó el Ilmo. Mons. Don Porfirio Cornides, Párroco de Sahuaripa, Son. quien supo enfervorizar al auditorio.

Tócale el día 6 a los profesionistas, contadores y oficinistas. Pudimos ver en el Templo a muchos intelectuales y el sermón del Sr. Pbro. Don José Pedrosa, de Hermosillo, Son. estuvo muy oportuno, pues con argumentos científicos demostró la verdad Guadalupana. Por la noche predicó el Sr. Cura de Magdalena, Sr. Pbro. D. José' Santos Sáenz, presentando una tildada pieza oratoria en la que consideraba a la Virgen de Guadalupe como un emblema de la Fé y de la Patria.

Los expendedores del mercado municipal, carpinteros y abasteros tuvieron a su cargo el día 7, cooperando gustosamente. Cupo en suerte que se dignara celebrar de Pontifical el Reverendísimo y Excelentísimo Señor Obispo de Tucson Arizona, Joseph Gerck, acompañado de la cátedra sagrada el Señor cura de Altar, Sonora Pbro. Roberto González, quien fervorosamente toma las palabras de la Virgen a Juan Diego: " A dónde vas?" como tema. Por la noche el Señor cura de San Blás, Sinaloa el Pbro. Avelino Arroyo predicando un piadoso sermón estimulándonos a acercarnos a la Virgen Guadalupana como nuestra Madre.

El hermoso día de la Purísima Concepción les tocó a los comerciantes. Quienes contribuyeron con generosidad y el altar lució profusión de flores naturales. Los sermones estuvieron a cargo del Padre Nacho Párroco y Vicario cooperador Sr. Pbro. Luis López Lomeli.

Escogieron el domingo para que los artesanos y obreros pudieran asistir quienes respondieron entusiastamente, pues en la misa de 10 de la mañana estuvieron presentes en gran número. El Padre Nacho, en el sermón determina los deberes de patrones y obreros haciendo notar la predilección de la Santísima Virgen María para los humildes, representados en Juan Diego. Por la noche el Pbro. Ismael Esparza, presento conceptos piadosos y elocuentes.

Se distinguió el entusiasmo de todos los ferrocarrileros en que hicieron sonar a todo volumen los silbatos de las locomotoras durante la procesión hacia el Santuario y en que todos los que estaban francos acudieron a los cultos. Desde las tres de la tarde de ese día todos los Sacerdotes disponibles empezaron a oír las innumerables confesiones.

Disfrutamos el placer de oír diversos coros que, invitados por el Padre Nacho, tuvieron la generosidad de tomar parte en los diferentes días y fueron; el organizador en la parroquia, por el Señor Profesor Don Encarnación Piñón, el antiguo coro de María Luisa Torres, el Orfeón de Santa Cruz, el coro de las Religiosas de la academia Lourdes de Nogales, Arizona, y el numeroso y bien organizado coro de la Sra. Consuelo Muñoz de Corral de Santa Ana, Sonora destacando, desde luego el Orfeón del Seminario de Sonora.

Del día 11 al 12 de Diciembre, gran cantidad de fieles velaron ante la Imagen de Nuestra Madre y Reina de Guadalupe. No cesaron de elevar preces y cánticos y en las altas horas de la madrugada, los diversos grupos de guitarristas y Mariachis, así como las orquestas del lugar, estuvieron turnándose en ofrecer sus melodías a la Virgencita Morena. Los Sacerdotes confesaron hasta las tres de la mañana, hora en que se repartió la Sagrada Comunión a varios centenares de fieles. A las cuatro de la mañana Padre Nacho celebro la Santa Misa en la cárcel para que, ni los que estaban impedidos, se quedaran sin participar del día de la Madre común.

A las cinco de la mañana el repique de la nueva campanada señaló la hora de las mañanitas que estuvieron entusiastas y concurridas. Sucediéndole las Misas de las seis, hasta las diez de la mañana, en las cuales hubo tandas de comuniones de señoritas y señoras de todos los Círculos, jóvenes de la A.C.J.M. y señores. Espectáculo hermosísimo presentó los niños y niñas de Primera Comunión que en número de no menor de los ciento cincuenta 150 obsequiaron a la Madre Celestial recibiendo por primera vez la Sagrada Eucaristía. Por la tarde los mismos niños acudieron al rosario especial y pasaron luego al salón Kino a disfrutar una película de " EL Gordo y el Flaco".

A las ocho de la noche tuvo lugar un rosario solemne con sermón y bendición del Santísimo. El templo se vio tan concurrido que resultó insuficiente y había multitud de fieles en las dos calles adyacentes. La Madre parecía sonreír y aceptar los conceptos del predicador que al ofrecerle el Santuario le pedía recogiera en Sus manos juntas y pusiera en Su corazón a todos Sus hijos.

Después de la emocionante solemnidad pasaron a desahogarse los corazones llenos de alegría en el jubiloso espectáculo de fuegos pirotécnicos; una cortina de luces verdes, blancas, y rojas ilumino la fachada aún no terminada del Santuario; cohetes de luces y truenos tachonaban el espacio, unos toros de pólvora fueron la dicha de muchos bullangueros y por fin, un castillo con reguiletes de luces, y lluvia de oro y plata pusieron término a la solemnidad del día.

Imperecedero recuerdo deja el estreno, Novenario y fiestas del Santuario de Nuestra Señora de Guadalupe en todos los corazones de quienes por años se habían sacrificado esperando la dicha de ver reinar a nuestra Madre Santísima de Guadalupe desde Su Trono en que nos llama para defendernos desde su manto y llenarnos de gracia. Este monumento de la Fé de la presente generación será legado a las futuras generaciones que sentirán la necesidad de superarse. Y así la Fe Católica y el culto a María Santísima de Guadalupe irán en aumento trayendo el bienestar temporal y garantizando la salvación eterna.

Tenía razón el Padre Nacho, autor de la crónica anterior. En adelante fue el Santuario testigo del aumento de culto y devoción a Santa María de Guadalupe.

Siguieron repitiéndose año tras año los Solemnes Novenarios, haciéndose tradición a las peregrinaciones por las calles, los días dedicados a distintos elementos, el empeño de cada una de las diferentes Asociaciones Parroquiales porque su día fuera él más lucido en honor de la Virgen Morena; el hermoso espectáculo de los numerosos grupos de Primera

Comunión, los candentes y fervorosos sermones del mismo Padre Nacho o de predicadores invitados especialmente y sobre todo, el movimiento espiritual demostrado en las largas filas de penitentes a los lados de los confesionarios, las innumerables Comuniones y el unirse los fieles como hermanos ante la Santísima Virgen de Guadalupe llenando todo esto el corazón del celoso Párroco de la más íntima satisfacción, pues consiente de la enorme responsabilidad que tenía respecto a de la salvación de las almas, sabía que en la Santísima Virgen de Guadalupe tenia a la mejor Vicaria.

En adelante siguieron celebrándose en el Santuario los principales acontecimientos de la Parroquia, principalmente los ejercicios espirituales de cuaresma, arma poderosa que usó el Padre desde que llegara a Nogales para lograr la conversión del pueblo. Cuanto invitaba, cuanto exhortaba, antes de que empezara la cuaresma ya había repartido los programas de ejercicios pidiendo a las amas de casa los pusieran en parte visible para que cada miembro de la familia tuviera presente su semana y todos rogaran por el futuro general de los ejercicios.

Ya por sí mismo por varios años, "para conocer y hacerse conocer" según decía, ya por notables predicadores de diversas congregaciones religiosas: Jesuitas, Redentoras, Cordimarianos, Franciscanos, Agustinos, etc. daba tandas de ejercicios a señoras, señores, esposos, señoritas, jóvenes, adolescentes a quienes siempre el atendía por el gusto de sembrar la idea del bien en las mentes que se abren a la vida, de despejar incógnitas, de enderezar conceptos torcidos; y a niños. En la Misa de acción de gracias acostumbraba poner esfuerzos y propósitos en manos de la Virgencita de Guadalupe consagrándole a los ejercitantes emocionados y fervorosos.

Mas o menos desde 1944 quiso el Padre Nacho que la velación a la Santísima Virgen, el día 11 de Diciembre se hiciera ya entre las medias paredes de lo que había de ser el Santuario, para en la mañanita salir de ahí en peregrinación hacia el templo parroquial donde celebraba luego la Santa Misa. Solo la fé imponente de ese hombre pudo lograr que en medio de fríos glaciales, escarchas y hasta nieves congelantes que se atenuaban con fogatas, muchísimos fieles de toda edad y condición aceptaran tal invitación acompañándole en esas velaciones al aire libre en las que él era el primero en todo; oraciones, cantos, vivas y alegría cristiana y contagiosa que en él nunca fue de ruidosas carcajadas ni de goces de cosas materiales, sino profunda, serena, tranquila, nacida de la intima unión con Dios y de la felicidad de saberse hijo amado de María de Guadalupe.

Con el fin de allegar más fondos para la construcción del Santuario, además de cenas, festejos parroquiales, rifas títulos de cooperación, colectas entre gente de pueblo y comerciantes, fiestas teatrales para las cuales con la cooperación de la Señora Margarita Rendón, artista de cine y teatro que residía en Nogales, formó un grupo llamado " Cuadro México ", donde muchachos y muchachas de Acción Católica con inclinaciones artísticas actuaron recibiendo merecidos aplausos.

Organizo con la ayuda de la A.C.J.M. en Agosto de 1950 la primera peregrinación de Nogales al Tepeyac entusiasmando de tal modo a la gente que hasta del vecino país, en el estado de Arizona y otras lugares lejanos de Sonora fueron peregrinos en gran cantidad, la mayoría por vez primera a postrarse ante la Imagen Guadalupana que el Cielo regalara a México en hecho de singular predilección. Por muchos años más siguieron repitiéndose esas peregrinaciones al Tepeyac incrementando la devoción a la Santísima Virgen de Guadalupe. Gracias al amor a ésa Señora, que ardía con fuego inmenso en el corazón del Padre Nacho quién personalmente conducía las peregrinaciones celebrando en la Basílica fervorosamente triduos de Misas y Rosarios, sin permitir diversiones hasta cumplido el homenaje a la Morenita.

En el año de 1946 empezó los concursos de religión entre las muchachas de los círculos Guadalupanos, que "teniendo por fin la formación Cristiana de sus socias para que lleguen a ser madres cristianas, educadoras cristianas, irradiando así a toda la sociedad los beneficios del Cristianismo", Moral y Culto y un medio excelente para excitarlas eran esos concursos. Las triunfadoras recibían bonitos y honrosos Diplomas otorgados por la Parroquia y entregados por el mismo párroco en la Misa para los jóvenes el día 12 de Diciembre, por lo que los concursos se hacían en la última semana de Noviembre. Cuando en el año de 1945 se celebro en México el 50avo. aniversario de la coronación de María Santísima de Guadalupe, escribía el Padre Nacho en la revista " Juventud " de Agosto 1ro. : HUMILDE Campaña; aquí en este rincón de la Republica, en nuestra parroquia, debemos hacer algo en homenaje a la Reina de las Américas. Y en estos tiempos de furiosa propaganda protestante ninguna cosa mejor que dar a nuestra Madre y Reina de Guadalupe un verdadero testimonio de nuestra adhesión a Ella y a la Iglesia Católica. Se lo daremos poniendo en la puerta de cada una de nuestras casas una cartulina que ostente Su Imagen y lleve el letrero: " Este hogar es Católico. Viva la Virgen de Guadalupe ". Todas las personas que pertenecen a las organizaciones de la parroquia saldrán a colocar estas cartulinas en todas las casas de la Ciudad y reportarán nombre y dirección de cada casa en que se puso el publico testimonio de Fe'.

Será un acto de religiosidad. Será un homenaje a María Santísima y servirá finalmente de censo Católico. Los protestantes no tendrán el menor derecho de molestar a quien ostente su modo de pensar. Trabajaremos entusiastamente porque ésta campaña se lleve a cabo precisamente en los meses de Agosto y Septiembre para que en Octubre 12 este revestido Nogales de este público confesionalismo católico. También en "Clarinada", la hojita parroquial, se publicó esto. Y como se escribió se hizo. Cosa que se aprovechó para pedirles a todos los católicos, cuando llegó el novenario de Virgen de Guadalupe, que adornaran la Imagen de Ella en un lugar visible de las casas, como publico testimonio de su devoción Guadalupana. Desde unos años antes había empezado esta campaña, pero desde ésa ocasión hasta la fecha y ya sin que nadie lo recuerde, por los cerros, calles, y cañadas de Nogales luce en las ventanas de las casas la Imagen de la Santísima Virgen de Guadalupe durante todo el novenario, con luces de colores fijas hablando del amor filial a la Santísima Señora que el Padre Nacho tanto amó y que supo contagiar.

Considerando ya algo maduras en el espíritu a las muchachas de los círculos, empezó desde el año 1946 a organizar ejercicios espirituales de verano fuera de la ciudad, ya en San Ignacio Sonora, ya en Cocóspera Sonora, ya en el pueblecito de Santa Cruz Sonora, con el fin de darles más sólida formación, y nunca dejó de insistir en la devoción a María Santísima de Guadalupe como algo fundamental en la vida y eficaz en el descubrimiento de la vocación. Hasta sesenta muchachas llegaron a juntarse logrando en una ocasión que el mismo Señor Obispo Juan Navarrete dirigiera los ejercicios.

A los muchachos de la A.C.J.M. y a los jovencitos de la Vanguardia los inflamaba también en la devoción Guadalupana haciéndolos estar dispuestos a todos los esfuerzos y sacrificios con tal de honrar a su Reina. Y era de ver el entusiasta ardor que manifestaban al cantar el himno de la A.C.J.M. y la mirada de amor que dirigían a la Reina al decir: " Salve, Virgen Morena.." A ellos también les hacia retiros empezando los sábados por la noche y terminando la tarde del domingo, no frecuentes, sino tres o cuatro veces al año.

Aproximadamente en el año de 1958, los jóvenes Acejotemeros que ya habían contraído matrimonio, casi todos con catequistas o Guadalupanas, y que por lo mismo estaban fuera de las filas de la A.C.J.M. le pidieron los agrupara en alguna asociación especial y así surgió la asociación de esposos jóvenes, a quien le dio como patrona la Santísima Virgen Guadalupe.

Profundizó y subrayó con solidez la devoción Guadalupana en las señoras, por su calidad de madres y maestras del hogar; en los hombres, cabezas y jefes de familia, tan difíciles y reacios en estas tierras y que luego en el novenario cual corderos seguían las procesiones, cantaban y echaban vitorees entusiasmados y enternecidos. Y no se diga en los niños, que eran capaces de estarse quietos y en silencio oyendo arrobados la narración de las apariciones que incansable y con admirable sencillez les hacia su Señor Cura. Y todo esto sin poses, sin dificultades, sin aspavientos que resultaran ridículos e innecesarios cuando es el corazón el que habla, cuando lo que se vive se comunica. Nunca usó de recursos retóricos estereotipados, jamás hubo en su voz gritos destemplados ni murmullos que fatigan al auditorio; si su verdadera y sólida piedad apareció en ocasiones tierna, haciéndolo llegar hasta las lagrimas en medio de su predicación y entonces sus oyentes, conmovidos, caían de rodillas y en comunicación de espíritus se elevaba en el Santuario una muda y fervorosa plegaria muy acepta a Dios y honrosa para María Santísima.

## Una Nueva Parroquia
El 3 de Agosto de 1963 habiendo crecido la población de Nogales y viendo el Señor Obispo que el pueblo estaba capacitado para ello, debido a la constante acción apostólica del Padre Nacho, decretó la división de la parroquia dejando hacia el Norte la antigua parroquia de la Purísima Concepción y erigiendo hacia el Sur la nueva parroquia, la de Nuestra Señora de Guadalupe.

Dada su reconocida y filial devoción a María Santísima bajo esta advocación es lógico pensar que el Padre Nacho hubiera deseado de todo corazón ser párroco del Santuario, mas con su humildad acostumbrada, con su obediencia a toda prueba muy razonable en quien ha comprendido que el amor a Dios se patentiza en el acatamiento de Su santa voluntad, con el temple de carácter forjado a fuerza de cumplir él "*niégate a ti mismo*" esperó que el Obispo decidiera. Aquel a quien este escogió declinó el nombramiento que por lo mismo le tocó al Padre Nacho, quien feliz agradeció desde el fondo del corazón la oportunidad de velar de una manera más directa y continua el honor de Dios y de la Santísima Virgen de Guadalupe, desde las oficinas del Santuario, si oficinas pudieron llamarse a esos primeros rincones donde colocó una mala mesa de piano y la máquina de escribir. Por supuesto que ésta nueva condición en nada afectó sus costumbres y maneras y siguió siendo como siempre, como lo fue hasta la muerte el Padre de todos, el amigo presto a iluminar, guiar, consolar, sacrificarse gustoso, entregado.

Quizá le dolería no poder visitar ya como párroco, si lo hizo algunas veces como amigo, el vecino poblado de Santa Cruz Sonora y otros puntos circunvecinos que quedaron fuera de su jurisdicción y en los cuales dejó tanta devoción Guadalupana. A mí me tocó la dicha y honor de ser monaguillo de mi tío y ayudarle a celebrar misa en ese mismo templo. En el año de 1962 el pueblo no-tenía aún servicio de electricidad, el templo tenía que iluminarse con una planta portátil de gasolina la cual sé tenía que encender por la mañana o en la noche, antes de empezar a preparar las cosas para celebrar la santa misa o servicios espirituales. El templo de Santa Cruz fue dedicado a María Santísima de Guadalupe, fue una de las Misiones establecidas por el Padre Kino en el año de 1706. Cuando el Padre Nacho visitó el poblado por vez primera en el año de 1937, el templo estaba abandonado, las paredes y altares de adobe, piso de ladrillo bastante deteriorado, una oscura y pequeña sacristía y gran abandono espiritual en el pueblo. Hombre de acción y de clara inteligencia inmediatamente planea como hacer resurgir aquello; sabia descubrir quienes pudieran secundar sus planes y en un momento tenía ya un patronato que sacudiendo dormidas voluntades poco a poco fue promoviendo el culto y el ennoblecimiento del templo hasta dejarlo irreconocible por lo bonito y decoroso.

Estableció luego la hermandad de la Vela Perpetua con el fin de dejar en el pueblo a Jesús Sacramentado como Faro iluminador y Pararrayos de la Justicia Divina. Un grupo de catequistas que le ayudaran en el deber de instruir a los niños en la doctrina Cristiana; Un círculo Guadalupano que fomentara la devoción a la Santísima Virgen de Guadalupe y la moralización de la juventud; Un grupo de Marianitas y adolescentes que necesitaban al asomarse a la vida sólida formación moral para no extraviarse en la juventud. A cada una de estas asociaciones atendía en dos días de cada mes y a todos animaba, corregía, ayudaba según se ofreciera y a todos daba el ejemplo de su fervoroso servicio nacido de su grande amor a Dios. Por muchos años, con peligro de salud y hasta de vida por tener que atravesar treinta y tres 33 veces el río del mismo nombre (Río Santa Cruz), para llegar al pueblo, congelado en invierno, atascado en verano, nunca dejo de atender los primeros viernes en honor y desagravio al Sagrado corazón de Jesús, y el triduo de Nuestra Señora de Guadalupe, que después ya fue novenario. Estableciendo también procesiones diarias por las calles del pueblo y festejos especiales el día 12 de Diciembre, como primeras Comuniones de niños, legitimación de matrimonios, juegos para los niños que resultaron fiesta para los adultos, esto por la ayuda de sus Misioneras (Misioneras de Cristo Rey, orden fundada por el Padre Nacho para la ayuda de sus misiones).

No fue siempre él personalmente, pero si urgía que lo hiciera alguno de sus vicarios, sobre todo cuando el trabajo era más pesado en Nogales, que siempre tuvo esa caridad y hombría de encararse a lo difícil y echarse a cuestas lo pesado. Jamás rehuyó una responsabilidad y siempre se enfrentó a los problemas. Era un hombre cabal, cabal.

## Reconstrucción del Templo
En Nogales, la feligresía del Santuario de Nuestra Señora de Guadalupe seguía trabajando afanosamente por darle el acabado final al templo. Recuerdo perfectamente que en el año de 1960 aun existía gran cantidad de escombro frente al templo cubriendo la mayor parte del atrio. Estaba hacia el lado noreste del templo junto al campanario, un chasis de camión anclado al piso únicamente con motor, transmisión y un aditamento en un eje para utilizarse como catapulta y poder elevar las campanas a su lugar en lo alto de la torre. El jardín consistía solamente de dos pequeños y frágiles árboles y una pequeña escalinata al nivel de la calle y el costado del templo sobre la calle Latinos era solamente una banqueta angosta en

donde apenas cabía una persona y a pesar de su altura sobre el nivel de la calle no-tenia barandal.. Cuando se disponían a poner las ventanas de la parte superior, al tomar las medidas se notó un desnivel alarmante. Se avisó inmediatamente al Padre Nacho que con premura llamó ingenieros que constataran el mal. Se hicieron estudios y se concluyó tristemente que efectivamente, dado que no se había calculado, el peso hendió las bóvedas, cedieron los arcos haciendo presión contra los muros que ya tenían un desnivel de 6 pulgadas. Eso fue en Mayo o Junio de 1967.

Cuanta tristeza se observó en el rostro del querido Padre Nacho en ésos días aciagos. Pero, justo y sincero avisó inmediatamente a las autoridades eclesiásticas y civil que envió ingenieros del Departamento de Obras Publicas de Estado, quienes después de un serio examen, ordenaron la clausura del templo y la suspensión de cultos en el mismo, y se procediera inmediatamente a amarrar con tirantes de hierro las columnas de un muro al otro y que se demolieran las bóvedas del templo. Todo se hizo, quedando a salvo el altar y el coro, solo que con menos altura.

Sufrió muchísimo el Padre y según lo confeso después, pensó por un momento que los Nogalenses lo dejarían solo y no se haría la reconstrucción del templo. Pero pronto sacudió tan funestos pensamientos, se creció en el dolor y con la resignación de quien sabe que "no se mueve la hoja del árbol sin la voluntad de Dios" y con su inmensa confianza en la Providencia Divina, emprendió con mayor entusiasmo la reconstrucción.

Nuevamente el pueblo, su pueblo, sus queridos feligreses en torno a su párroco amado acudieron a reconstruir el Santuario. Mientras los cultos se efectuaban en el salón Gante (antes Escuela Kino), con las consiguientes dificultades que por muy grandes fueron Párroco y feligreses las superaron casi heroicamente sin suspender ninguna actividad de culto ni de las organizaciones parroquiales.

Gente de todas clases sociales dio su óbolo. Se celebraron dos maratones y el Padre Nacho se multiplicaba lleno de esperanza, aunque algunos colaboradores flaquearan. El grupo de las Chávelas pronto organizó bailables folclóricos en los que participamos todos los miembros de la familia con excepción de los más chicos, que aunque no bailaban se hacían voluntarios para preparar los alimentos servir mesas y finalmente limpiar después del festival. Los festivales eran presentados en los patios de la escuela Kino, en los auditorios de las escuelas, y en varias ocasiones en el extranjero. Nos presentamos en la Universidad de Tucson para los estudiantes, y Florence Arizona para los presos. Los fondos de los festivales eran para la reconstrucción del templo. Y su confianza no fue en vano y al final del último mantón que dejó ver la nobleza y el Guadalupanismo del pueblo de Nogales, corriéndole las lagrimas por las mejillas, con voz temblorosa por la emoción coreó con una multitud de cinco mil personas igualmente emocionadas el Himno Guadalupano que llegó hasta el Cielo e hizo a la Madre asomarse sonriente a bendecir su pueblo de Nogales.

En menos de tres años, digno, hermoso, elegante, el Santuario volvió a romper los cielos con su argüida torre coronada con la Cruz de Cristo. En Diciembre de 1969, el entonces Arzobispo de Hermosillo Don Carlos Quintero Arce hizo la re-inauguración del Santuario, que en el mismo templo, años después, el mismo Sr. Obispo Carlos Quintero impusiera sus manos sobre Jorge Armando De la Torre sobrino,[41] del mismo Padre Nacho, siendo el primer sacerdote ordenado en el Santuario. Así paso una página más de la vida del Padre Nacho que con quien sinsabores y alegrías, con desconsuelos y esperanzas veía culminada su ilusión. Su oración en tal ocasión fue seguramente una ferviente acción de gracias a Dios y un tierno e intimo coloquio con su Dueña y Señora Santa María de Guadalupe.

Por muchísimos años sostuvo moralmente el asilo de niños "Sagrado corazón de Jesús", próximo al cual fundo también otra escuelita llamada " Del corazón de Jesús ", para los niños pobres de aquel apartado barrio. Luego el asilo fue solo para niñas cambiándosele el nombre por el de " Madre Conchita ", en honor de la Señorita María Concepción Macías, de la sociedad de Auxiliares parroquiales fundada por el Excelentísimo Señor Juan Navarrete y Guerrero. Ahí en ese asilo, tanto niños como niñas recibieron del Padre Nacho sabios concejos, paternales avisos y el ejemplo de Fe y devoción que su persona irradiaba así como el grande amor a la Guadalupana con el cual niños y niñas crecieron fundando

---

[41] *Jorge Armando De la Torre (Congregatio Pro Doctrina Fidei – petiit dispensationem a sacerdotali coelibatu 31 iulii 1992 Rome)*

muchos de ellos hogares donde la Reina de México ocupa un lugar privilegiado.

Con la ayuda de las religiosas Misioneras Franciscanas de Guadalupe, fundó así mismo un asilo de ancianas, ahora también de ancianos; donde las personas de avanzada edad llegan a pasar los últimos días de su vida y reciben las últimas atenciones en éste mundo. Personas de edad a quienes se les ha negado todo, tuvieron en el asilo, la caridad Cristiana que les borra el rictus de amargura que las penalidades de la vida forman. Con la cooperación de sociedad cristiana de Nogales que cual lección jamás dejó al Padre Nacho extender la mano inútilmente, ya que sabían que para él nunca pedía nada, pues bien podía decir sin jactarse "es poco lo que deseo y lo que deseo lo deseo poco". Preparó a las pobres viejitas una morada de paz para sus últimos días y sobre una de las cañadas de Nogales se yergue el asilo como un monumento al amor de Dios y del prójimo, síntesis de la vida del amado Padre Nacho.

Al extenderse en alas de su incansable e insaciable celo su trabajo en la parroquia, necesitando ayuda eficaz, segura y sobre todo, soñado en el extender el Reino de Cristo más allá del tiempo y del espacio en que él pudiera estar y adonde él pudiera ir, fundó una congregación de Misioneras por excelencia a las que llama Misioneras Franciscanas Obreras de Cristo Rey. Su fin principal eran las misiones en aquellos sectores que se alejan de la influencia de la Iglesia y por tanto, de la gracia. Su trabajo consiste en ponerse en contacto directo con el pueblo, yendo de casa en casa y persona por persona, persuadiendo e instruyendo en la Fé, acercando a las almas a los Santos Sacramentos, enseñando a vivir cristianamente y, en fin, atendiendo a toda necesidad espiritual. También remedian las necesidades corporales, hasta donde es posible, pero con fin secundario.

Yo estando aún muy joven, de unos escasos diez años de edad, recuerdo que nuestra habitación daba al noroeste, directamente al patio de la casa de nuestra tía María, y directamente al norte la calle Sonora en donde el Padre Nacho estacionara su auto todas las noches. Le veía salir con su sotana, con los Santos Oleos o con la Sagrada Eucaristía a cualquier hora de la noche o de la madrugada. Frecuentemente tuve el gusto y el honor de que el Padre Ignacio De la Torre me buscara para que le acompañara a impartir los Santos Oleos a enfermos moribundos. Salíamos juntos así estuviera lloviendo, nevando o muchas veces como es común en Nogales el estar helando. También fuimos infinidad de veces a los ejidos Arizona, Agua zarca, San Lázaro, Santa Cruz y muchas rancherías. Cuando llegue a la edad de poder conducir un auto, tuve la oportunidad de ser quien condujera el auto del Padre Nacho cuando salía a las misiones. En muchas ocasiones, las religiosas Obreras de Cristo Rey acompañaban al Padre Nacho, así yo manejaba y el Padre junto con las Misioneras daban los toques finales a los programas de evangelización. En varias ocasiones me dijo "un Doctor es médico de cuerpos, pero un Sacerdote es médico de cuerpo y almas". Fue una experiencia formidable en donde me di cuenta de su entrega total al servicio de evangelización.

## Nombramiento de Vicario General

Si fuera posible espigar entre las obras apostólicas del Padre Ignacio De la Torre, éste aspecto de fundador llenaría por si solo toda una vida de servicio a Dios y se podría decir que representa la culminación de su obra. Pero es mejor verlo en medio de todas sus obras en beneficio de sus semejantes, medios por él usados para acercarlos a Dios y viendo así su apostolado que alcanza aspectos de grandeza insospechados e incomprendidos por quienes no pueden levantarse a una visión sobrenatural. Después de 33 treinta y tres años de trabajo fecundo, de entrega completa que le hacía quejarse de que el día no tuviera más que 24 veinticuatro horas, de sacrificios que solo Dios conoce en su totalidad y grandeza, fue nombrado Vicario General de la Diócesis, por lo que hubo que trasladarse a Hermosillo.

El dolor de la separación de su tan amada gente Nogalense lo escondió muy dentro y solo. Con atenta observación se pudo ver en el fondo de su limpia y serena mirada y en una leve mueca de tristeza al sonreír, la pena oculta, el sufrimiento callado. Todavía tuvo la valentía generosa de contestar a alguien que en Hermosillo le decía: "cuánto le podría ausentarse de Nogales, verdad Padre?", "EN DONDE QUIERA HAY ALMAS", respondió. Lo que demostró a las claras entregándose en Hermosillo igual que en Nogales sin herir jamás a nadie haciendo comparaciones o añoranzas: y es que no vivía para sí, sino para el Padre Infinito, inmenso.

El día 20 de abril de 1970 comió en el convento de las Misioneras de Cristo Rey de donde salió de Nogales rumbo a Hermosillo solo, en su carro. Llevaba el pobre bagaje de su ropa y algunos útiles para el apostolado que le habían regalado los miembros de La Acción Católica.

Antes había recibido innumerables muestras de sincero cariño y agradecimiento profundo de parte de sus hijos Nogalenses; muestras que recibió con pena, ya que en su humildad decía no merecerlas y con gratitud ya que su noble condición le hizo ser siempre agradecido. Dejo una preciosa carta a los fieles de Nogales en la que al final pedía humildemente perdón y se encomendaba a sus oraciones.

En Hermosillo fue hospedado amablemente por el Sr. Cura de la Parroquia de Ntra. Señora de Fátima, Pbro. Jaime Salcedo, mientras ponía habitable la casa del templo de Nuestra Señora del Carmen de donde fue también nombrado Párroco y ya para la Fiesta del Carmen había llamado a un Misionero Carmelita que predicara el Novenario, había reorganizado la Cofradía del Carmen y el Catecismo e inyectado bríos a la Hermandad de la Vela Perpetua.

En diciembre, enfervorizó a los fieles en la predicación del Novenario a Nuestra Señora de Guadalupe y logró que por lo menos hasta las doce de la noche aquella sociedad sibarita velara a la Guadalupana Cuyo altar fue hermosamente arreglado con profusión de flores.

Pero, dejemos hablar al Excmo. Sr. Carlos Quintero que, a la muerte del Padre Nacho escribiera un "In Memoria" dándole un público tributo de reconocimiento como sacerdote lleno de celo, que practicó la obediencia, amo a los jóvenes y a los niños, fue hombre de Dios Y Fundador, educador y maestro. En cuanto a la obediencia dice:

"Una de las cualidades que encuentro entre otras en la vida del Padre Nacho fue su amor, respeto y obediencia a su Obispo. Recuerdo la forma tan cariñosa conque hablaba del Excmo. Sr. Juan Navarrete, y la total entrega al trabajo que él le fue asignando, pero también confirmó el amor y obediencia plena con que colaboró conmigo desde que el año de 1968 el Santo Padre me encargó esta Arquidiócesis.

Lo llamé a tomar parte en el Gobierno Pastoral de la Arquidiócesis y a pesar del arraigo y afecto que tenía para toda la sociedad de Nogales, no titubeo un instante y vino a llevar generosamente la cruz de este nuevo Ministerio. Por diversas circunstancias le pedí su colaboración también como Párroco de la Iglesia del Carmen e inmediatamente acepto. Además, continuando como Vicario General le pedí que presidiera el Secretariado de Evangelización y Catequesis y manifestando bríos juveniles también aceptó éste cargo por un tiempo. Después lo llamé como Párroco de la Iglesia Catedral y fue maravillosa su disponibilidad para cumplir cada cargo.

Conociendo además su espíritu sacerdotal lo llamé a tomar parte más estrecha en la formación de los futuros Sacerdotes y le pedí fuera Director Espiritual del Seminario y Profesor del mismo. lo cual recibió con entusiasmo y dedicación ejemplar; finalmente al experimentar su amor a la Virgen María le pedí se pusiera al frente del Santuario Guadalupano y este último cargo lo desempeñaba asiduamente.

Pero además tenía a su cuidado Pastoral la Colonia de Los Naranjos de ésta Ciudad, donde planeaba construir el Templo dedicado a San Rafael Arcángel.

Se puede decir que sin reparar en salud y tiempo cumplía el solo lo que varios sacerdotes pueden hacer. Recuerdo una de sus frases favoritas que lo describían: "El ser sacerdote, es entregar un servicio desinteresado a los fieles las veinticuatro horas del día y todavía falta tiempo para el trabajo."

Hasta aquí el Señor Obispo Carlos Quintero, y esa obediencia que el Excmo. Sr. Arzobispo elogia es el resultado del reconocimiento practico de parte del Padre Nacho, de la supremacía de Dios; es la aceptación del alma humilde, del querer de Dios haciendo a un lado la orgullosa independencia e imitando a Cristo que por Su obediencia restauro el orden que el pecado había desequilibrado; es la demostración mayor de su amor a Dios y por Él a los hermanos. "Si ustedes llegaron aquí para santificarse, decía a las Misioneras Obreras de Cristo Rey, para alcanzar lo más perfecto, la unión con Dios y con eso tendrán."

Desde Agosto de 1970, y mandadas por el Sr. Arzobispo Carlos Quintero para colaborar con el Padre Nacho, habían llegando a la capilla del Carmen algunas de las Misioneras Obreras de Cristo Rey. Viendo el Padre que a lo largo de la Costa de Hermosillo, en los campos agrícolas, había gente abandonada espiritualmente, trató con el Sr. Quintero la erección de una Casa Misión en alguno de los Campos. En Noviembre 1ro. se inaguró la casa misión en el campo El Cairo, cuya propiedad fue prestada generosamente por los propietarios, Señores Cisneros. A diez minutos de allí está el Poblado Miguel Alemán, donde las Misioneras en cooperación con un comerciante devotísimo Guadalupano, Don Leopoldo Padilla, pudieron celebrar magramente los Novenarios a la Santísima Virgen de Guadalupe desplazándose el P. Nacho desde Hermosillo, ya a predicar después del Rosario, ya a celebrar la santa Misa cuando podía, llenándosele el corazón de gozo al ver tan honrada a su Madre querida.

En Enero de 1972 fue cambiado de la capilla del Carmen a Catedral. Estando allí hizo las gestiones necesarias para edificar un Templo a Santa Lucía en un difícil barrio de la Parroquia, sobre un terreno que ya antes alguien había conseguido. Evadiéndose las piedras que le tiraban al estar celebrando al aire libre; tomando a guasa los saludos groseros que la plebe le hacía; permitiendo a los más atrevidos tutearlo sin respeto alguno a sus canas e investidura, echarle sobre el rostro el humo de sus pestilentes cigarrillos, y palmearle con fuerza hasta hacerlo trastabillar, se los ganó por fin haciéndolos cooperar en las actividades que se realizaron para edificar el Templo que casi dejó terminado al salir de Catedral.

En ése ambiente grosero supo también inspirar devoción a la Guadalupana y era de ver como hasta los drogadictos pedían y lucían medallitas y estampitas de la Santísima Virgen de Guadalupe. Atendió con cariñosa solicitud y gran caridad barrios menesterositos como La Mosca y La Hormiga, que se extendían atrás y hacia un costado de Catedral. A aquellas pobres gentes llevó el pan material y el pan de la Palabra y del Cuerpo de Cristo; el amor a la Virgen de Guadalupe, la fomentación, devoción; y el consuelo a sus aflicciones. Lloraban a su muerte diciendo: "Se nos fue nuestro protector."

Y sabiéndose hacer todo a todos, tratando con la misma caritativa servicialidad a menesterosos como a acaudalados, atendió también las Colonias Villa Satélite, Palmar del Sol, Los Arcos y Las Quintas dejando dondequiera el testimonio de humildad, caridad y verdad cristiana, porque eso sí, como dice la Evangelii Nuntiandi, que parece retratarlo: *"ni vendió, ni disimuló jamás la verdad por el deseo de agradar a los hombres, ni de causar asombro, ni por originalidad o deseo de aparentar."* Expuso la doctrina de Cristo con todas sus exigencias, con llaneza y sencillez, con convicción profunda y urgiendo el compromiso que implica el ser cristiano aun a costa de parecer pesado o fastidioso a los mundanos. Y cuando se le avisaba que algún sermón suyo había incomodado o molestado, contestaba sonriendo: "*A los escribas y fariseos tampoco les gustaba la predicación de Cristo y yo no he hecho más que repetir Su doctrina.*"

Obedeciendo al Concilio Vaticano II puso su renuncia como Párroco de Catedral, diciendo: "*Hay que darle oportunidad a los jóvenes.*" El Sr. Arzobispo le dio el nombramiento de Padre Espiritual del Seminario en agosto de 1976. A las Misioneras las colocó en una humilde casa que fabricaron por la Colonia Los Naranjos a la que siguió atendiendo. Se fue al Seminario entregándose entusiastamente a los Seminaristas queriendo haber podido pasarles todo su ímpetu sacerdotal; muy en su corazón debe haber estado el Seminario a la hora de su agonía.

Admirado que no conocieran el *Nican Mopohua* les dio excelentes platicas sobre el hecho encontrando su corazón sabroso refrigerio al considerar la predilección de la Virgen Santísima de Guadalupe para México y deseando que los muchachos seminaristas se arraigaran en la fé y amor a la Guadalupana para que una vez ordenados Presbíteros, inflamaran en los fieles la devoción a la siempre Virgen María, Madre de Dios por Quien se vive.

Y el día de su cumpleaños cuanto agradeció que entre las canciones de Las Mañanitas le entonaran la Plegaria Guadalupana. Bien supieron los seminaristas como darle gusto. En la Colonia Los Naranjos, organizó un grupo de señoras, dos Círculos Guadalupanos, uno de jóvenes y otro de señoritas y dos Centros de Catecismo.

Después de haber hecho el Novenario a nuestra Señora de Guadalupe en uno de los jardines de La Colonia, organizó el día 12 una procesión por todas las calles de la misma colonia; participando principalmente los jóvenes de los Círculos Guadalupanos que de antemano habían preparado unos graciosos farolitos, dirigidos por el mismo Padre a quien nada le parecía mínimo en tratándose de honrar a la Virgen de Guadalupana. Terminando la procesión celebró la Santa Misa con el mayor consuelo de repartir numerosas Comuniones.

## Cincuenta Años de Sacerdocio

En Julio de 1978, año de sus Bodas de Oro, le encargó el Señor Arzobispo el Santuario de Nuestra Señora de Guadalupe en Hermosillo lo que fué gran motivo de gozó tal nombramiento. Con su diligencia y obediencia acostumbradas luego empezó en el Santuario a urgir el desenvolvimiento de las Asociaciones y hacer planes para atraer a la Iglesia a la juventud, por quienes siempre tuvo tantísimo interés.

Estableció las reuniones semanales de Catequistas con las modalidades ya experimentadas y formó un círculo Guadalupano de jóvenes y señoritas, un grupo de Marianitas (niñas), de Santa María Goretti (adolescentes), y de Cruzados (niños). A las Misioneras les encargó las Marianitas y las Goretti y el se reservó la enseñanza de los jóvenes y los Cruzados (niños).

Tanto a los Catequistas como a los demás grupos les organizó retiros, paseos y en cada grupo se notaba el aumento de miembros. Con la confianza nacida del cariño y trato filial por una parte y paternal por la otra, una de las Misioneras le dijo, " Padre, prepárese, porque ahora si se va a morir usted, ya que el Señor Arzobispo lo ha mandado a estar bajo la protección directa de la Santísima Virgen de Guadalupe ". A lo cual el Padre contestó con gran serenidad y contento, "Si, mi hijita, así lo creo yo también. Bendita sea mi Madre, porque me va a tocar estar en el Santuario. Y rueguen por mí para que me prepare bien".

Después de celebrar sus Bodas de Oro Sacerdotales el 30 de Septiembre de 1978 en Nogales Sonora, en el estadio municipal, emprendió otra peregrinación de Sonora al Tepeyac, tocándole ese año dirigirla igualmente que el anterior. Con la unción acostumbrada celebró la Santa Misa en la Basílica, que se dijeron en esa Misa de Acción de gracias el hijo y la Madre?. Solo Dios y ellos saben. No era dado el Padre De la Torre a expresar su intimidad espiritual. Quienes bien lo conocían y trataban veían en su porte, en su mirada clara y limpia, en su rostro tranquilo, en sus palabras siempre buenas y elevadas, en sus acciones caritativas y generosas, al hombre de Dios, al barón espiritual despegado de todas las cosas de la tierra, al valiente que a brazo partido luchaba por alcanzar su idéale: su Dios, su Reina, las almas. Pero de sus deliquios de amor, de sus tratos íntimos con Dios, de su intimidad divina, ahí donde el individuo se desborda, se desahoga con plena confianza siente y oye al Señor que responde a sus suplicas, quejas, gemidos, dificultades, anhelos, amores, etc. de eso nadie sabía. Pues en su humildad y en esa vergüenza discreta, en ese gozo muy personal lo escondía, lo callaba aunque lo que sus labios callaban su actuación lo traslucía y al poco tiempo de tratarlo se tenía que reconocer su grandeza espiritual que muchos admiraban y respetaban, otros envidiaban sin atreverse a hacer lo que él para lograrlo y pocos, los que tenían más cuerpo que alma, despreciaban. De todas formas, el Padre De la Torre era un hombre de Dios.

Volvió a Sonora, luego de haber ido al Cubilete a agradecer al Cristo Rey de su vida que un día lejano le viera subir a pie el monte, enarbolado enardeciendo la bandera de la A.C.J.M. del grupo de Aguascalientes y ahí también, a los pies de Cristo Rey Sacramentado celebró con gran unción una Misa de Acción de gracias nuevo coloquio entre Cristo Rey y su paladín, nuevo deliquio de amor de aquella alma de titán que ya tocaba el Cielo, que ya vivía abismado a su ideal.

Y vino a Nogales, su querido Nogales, donde le preparaban festejos especiales: lástima que no hubo quién emprendiera lo que él más le hubiera gustado, una gran Misión. Mas a falta de ello, él personalmente con ayuda de las Misioneras realizó trabajos apostólicos en algunos barrios de la Ciudad, mientras que su hermano el Reverendo Padre Francisco De la Torre, S. J. lo hacía en otros.

Casa de los Jesuitas en Hermosillo

Cansado de sus andanzas que empezaba a las 5:00 a.m., trabajo de oficina en la parroquia a las 10:00 a.m., sus predicaciones a diferentes grupos, a las 4:00 p.m. y la imposición de Sacramentos entre cerros y cañadas, después de la 9:00 p.m. estaba presto para atender invitaciones de cenas, reuniones etc., que las diferentes agrupaciones que él había fundado le brindaban: siempre jovial, siempre agradecido, siempre contento, y dirigiendo todo siempre a Dios y aclarando que todo lo aceptaba como un homenaje al Sacerdote, no al hombre, escondía su cansancio y sus desvelos con gran fineza y generosidad.

Bellas e inolvidables fueron las fiestas de las Bodas de Oro del Padre Nacho, tanto en Nogales que más se lució, como en Hermosillo. Las autoridades civiles, presididas por el Sr. Héctor Monroy (Presidente Municipal de Nogales), realizaron un acto cuyo profundo significado quizás no alcanzaron: cambiaron el nombre de la calle San Martín, que corre frente al Santuario de Guadalupe, por el de calle Padre Nacho tocándole al mismo Padre el 30 de Septiembre a media mañana, develar la primer placa puesta precisamente en la pared de la esquina del Santuario, quedando así unidos dos nombres que desde la pila bautismal se habían juntado, dos amores que en Dios se unieron, dos corazones que en uno se fundieron: Virgen de Guadalupe y Padre Nacho. Y se acabaron las fiestas, mas no el ímpetu de ardor apostólico y amor a Santa María de Guadalupe del Padre Nacho que para el día 3 de Diciembre ya estaba en el Santuario de Hermosillo iniciando con toda solemnidad el Novenario a Nuestra Señora de Guadalupe.

Para cada día del novenario invitó a distintos Sacerdotes del clero Hermosillense, organizando procesiones públicas desde el Museo del Estado hasta el Santuario, con flores, cohetes, vivas, cantos, bandas de guerra etc.

Cada mañana se rezaba el Rosario de Aurora, entonando luego los asistentes las mañanitas Guadalupanas. Por la tarde a las 6:30 p.m. Rosario con Exposición, Bendición y Predicación. Misa a las 7:30 p.m. por el Sacerdote invitado a quién correspondía la Predicación. El día 11 de Diciembre velación toda la noche, mientras el Padre Nacho confesaba. Misa de media noche 12:00 p.m. y enseguida las mañanitas. Habiendo invitado el Padre, con anterioridad a conjuntos orquestas, Mariachi, hasta el amanecer estuvo el Santuario lleno de melodías y cantos dedicados a la Virgen de Guadalupe cuya imagen parecía sonreír luciendo más bella entre el cortinaje blanco y las bellas rosas rojas.

Por la tarde del día 12 en el salón teatro del Santuario se ofrendó a María Santísima de Guadalupe un lúcido festival presentándose además de poesías y cánticos el "Coloquio Guadalupano" (historia de las apariciones) por muchachos de círculos juveniles Guadalupanos y jóvenes de la ACJM. Y al terminar el día, después de la Misa de 7:00 p.m. tembloroso de cansancio, con voz apenas audible, el Padre Nacho sonreía, lleno de satisfacción.

En el mes de Julio de 1979, con aquellos muchachos de círculos juveniles Guadalupanos, que cuando empezó a reunirlos habían hecho gala de salvajismo tratando de enfadar al Padre Nacho o tal vez de probar su aguante y caridad; con los círculos Guadalupanos de los Naranjos y otros más fundados por las Misioneras de Cristo Rey en el barrio de El Coloso[42], organizó una jornada juvenil, logrando la asistencia de 300 personas. Invitó a Médicos, Licenciados, Sicólogos y Sacerdotes como conferencistas de temas apropiados a las necesidades de la juventud moderna dándoles a los muchachos la oportunidad de preguntar, exponer sus dudas, problemas inconformidades, etc. lo que hizo de las conferencias el tema del día entre ellos, que se vieron sumamente interesados.

Hizo también como trabajo de la jornada, competencia entre los círculos; de deporte, declamación y redacción o composición. Cada círculo presentó candidato para Reina de la jornada y se avivó más el entusiasmo.

Como los conferencistas dejaban tareas y los concursantes necesitaban medios para sus trabajos, ahí estaba el Padre Nacho orientando, ayudando, proporcionando, haciendo un ambiente de mayor cordialidad, de más confianza, de verdadero amor Cristiano entre todos y particularmente entre sus jóvenes hijos que con cariño le llamaban " Tata Nacho", porque él les decía con frecuencia que se sentía entre ellos como un abuelo.

El día 28 de Julio se celebró la Misa de acción de Gracias por el buen fruto de la jornada, comulgando todos los muchachos, encantado así el corazón apostólico del Padre Nacho que precisamente para eso, para acercarlos a Dios, para entregarle ese fruto al Padre como prueba de amor se sacrificaba tanto. Las señoras de la Acción Católica generosamente brindaron a los muchachos un sabroso desayuno donde brilló la mas plena camaradería y se hizo notar mejor el cariño que al Padre Nacho le

---

[42] *Uno de los temibles barrios de Hermosillo Sonora.*

tenían solicitándolo de todas las mesas, echándole amorosos piropos y diciéndole más que con los labios con el corazón aquel "Tata Nacho" que le regocijaba. Por la tarde se hizo la fiesta de premiación y elección de Reina a la que el mismo coronó con mucha satisfacción de parte de ella.

El 30 de Septiembre, aniversario número cincuenta y uno de su Ordenación, se ocupó todo el día, además de Misas, Cruzados, Bautismos, Confirmaciones y Rosarios, en una kermés organizada por los jóvenes del Círculo Guadalupano para sacar fondos para edificar un Centro Cultural Juvenil. Tenía el Padre Nacho obsesión por ese Centro Cultural Juvenil y mucho le dolió que le vendieran el terreno y casa. Se hacían reuniones y había una cancha de basquetbol, confiado en el trato que de palabra había hecho. Pero no se desanimó y dijo a los muchachos Guadalupanos: "No hay cuidado, buscaremos en el barrio otro terreno y mientras trabajaremos."

Habiéndole facultado y pedido el Excelentísimo Señor Arzobispo Carlos Quintero que fuera a impartir el Sacramento de la Confirmación a la Ciudad de Magdalena Sonora, salió de Hermosillo él solo, manejando su carro, el día dos por la mañana. Ese mismo día 2 de Octubre de 1979, día de los Santos Ángeles Custodios, su Ángel Guardián y la Santísima Virgen de Guadalupe recogieron su hermosa alma llena de meritos para presentarla ufanos al Padre Celestial, luego que su cuerpo herido por criminales manos dejara de existir, solo humanamente, abandonado como un lastre, tirado hacia un voladero en el Kilómetro 13.8 de la carretera Imuris-Cananea a donde fue llevado para sacrificarlo.

¿Por qué, por quién o por quienes? Aún permanecía la gran incógnita. De acuerdo a las declaraciones presentadas al Gobierno Del Estado de Sonora por los mismos asesinos después de haber sido aprendidos, ellos declararon que fue motivo de robo, pero por fuentes clandestinas se sabe que alguien más dirigió los acontecimientos, ése alguien se dice ser una persona que maneja las drogas a gran escala y fue quien mandó quitar al Padre Nacho de su camino.

El día en que falleció mi tío Ignacio yo ya estaba casado viviendo en la ciudad de Tucson y mis dos primeros hijos tenían aproximadamente tres y cuatro años de edad. Esa noche tuve un sueño bastante impresionante pero a la misma vez agradable, por lo que me desperté en lagrimas y completamente desconcertado. Desde luego que yo no sabía absolutamente nada de la situación en la que se encontraba mi tío ni tenía algún conocimiento de lo sucedido. La noche en que fue acribillado yo soñé que Mariano Castañeda, un buen amigo y compañero de escuela de la ciudad de Torreón Coahuila, había tenido un accidente quedando desvalido, pero que estaba en un lugar muy bonito, formidable, era un tipo de fuente inmensa rectangular de un color azul verde cristalino claro y muy agradable a la vista y con muchísima calma y una paz espiritual muy profunda. El lugar estaba construido con columnas blancas a lo largo de la fuente y el agua muy cristalina corriendo todo el tiempo, y así mismo yo consolaba a Mariano pero luego pensaba en el mismo sueño, él está bien aquí porque le consuelo!. Creo que lo más importante entonces era la perdida de Mariano y no de su condición así pues me desperté llorando como niño chiquito sin consuelo. Por la mañana del día siguiente, yo acudí a mi trabajo como de costumbre y a eso de las 7:00 de la mañana me llamó mi hermano Jorge para avisarme de los acontecimientos y que empezara a dar parte a los familiares. Jorge Armando aún estaba activo como sacerdote y trabajando en el seminario de Hermosillo y fue a quién le llamaron de Magdalena para identificar el cuerpo de mi tío. Inmediatamente llamé a mi tío Benjamín en Guaymas y luego a mis hermanos.

Cuando se hicieron los preparativos para el funeral, el Señor Obispo Carlos Quintero pidió que se llevase el cuerpo a la ciudad de Hermosillo para poder celebrar misa de cuerpo presente en la parroquia de Guadalupe. La procesión salió temprano por la mañana desde el Santuario con rumbo a Hermosillo. Se celebró la Santa Misa y regresamos a Nogales en donde el pueblo de Nogales ya estaba esperando el cuerpo para celebrar la segunda misa de cuerpo presente, en el atrio del templo. Era tanta la gente que no se podía ni siquiera dar un solo paso. Recuerdo ver desde lo alto del atrio al horizonte de Sur a Norte a lo largo de la calle San Martín hoy llamada Padre Nacho y no podía ver el fin de la gente que había asistido a la Misa; entre ellos estaba presente el Gobernador del Estado de Sonora, el presidente Municipal de Nogales Sonora, el presidente Municipal de Nogales Arizona y muchos mandatarios más. La celebración de la Santa Misa fue concelebrada por el Señor Obispo Quintero, mi hermano Jorge y muchísimos sacerdotes locales y de los Estados Unidos.

## Acta de Defunción

Acta número 1394.[43] En nombre de la Republica Mexicana y como Oficial del Registro Civil de éste lugar, hago saber a los que él presente vieren y certifico ser cierto que en el libro numero Tomo 1 del Registro Civil que es mi cargo, a la foja 152 se encuentra asentada una acta del tenor siguiente: Oficialía Del Registro Civil en Magdalena de Kino, Sonora Acta 151 Defunción del Señor Ignacio De la Torre Uribarren. A las 9:00 horas del día 11 de Octubre de 1979 ante mí, Adalberto Villaescusa Sánchez oficial del Registro Civil que suscribe, compareció el Señor Ramón Ochoa Otero de nacionalidad Mexicana y exhibe un certificado médico en el que se hace constar el fallecimiento del Señor Ignacio De la Torre Uribarren de nacionalidad Mexicana y con edad de 78 años, ocupación Sacerdote con domicilio en Yánez y Fronteras en Hermosillo, Sonora y estado civil soltero. Causa del fallecimiento: Traumatismo epicraneal por objeto contundente y perforación craneal por proyectil de arma de fuego. Datos de fallecimiento: el día 2 de Octubre de 1979 en la carretera Imuris, Cananea, kilómetro 13.

## Declaraciones de los Malhechores.
Hermosillo, Son, Octubre 16 de 1981.[44]

El día 3 de Octubre de 1979, fue localizado desbarrancado en un desfiladero a 15 metros, al fondo el cuerpo inerte del padre Ignacio De la Torre Uribarren, en esa ocasión se dijo que había sido golpeado con un objeto sólido contundente y que presentaba una herida producida por arma de fuego.

---

[43] *Oficina del Registro Civil de Magdalena de Kino Sonora. Municipalidad de Magdalena.*
[44] *Trascripción del acta del Ministerio Publico del Estado de Sonora*

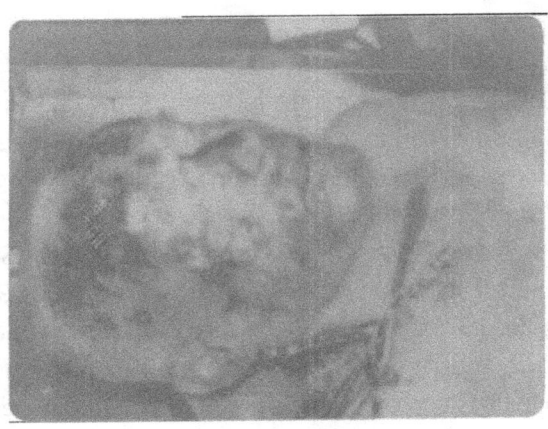

Rev. Ignacio De la Torre

Por investigaciones iniciadas desde ése momento por elementos de la Policía Judicial del Estado y de acuerdo con el dictamen médico que se practicó, así como por las pesquisas que del hecho fueron necesarias realizar se logró establecer, que el cuerpo tenía menos de 24 horas de haber sido ultimadamente; Ya que existían informes comprobados que se había visto con vida como a las 17:00 horas del día 2 de Octubre de 1979, esto es un día antes.

Por lo que se iniciaron las investigaciones para dar con el o los responsables del vil asesinato; conduciendo éstas a la localización y detención de Rafael Pérez Cruz, persona ampliamente conocida en los bajos fondos de la vida delictiva de Nogales, Son. , ya que éste sujeto anteriormente había sido procesado por robo en el extranjero y conocido también como adicto a las drogas en el penal de Nogales, Son. , y posteriormente en las Islas Marías.

Asimismo, fué necesaria la localización y detención de Marco Antonio Montijo Montes de 44 años de edad, con antecedentes en el tráfico de drogas, por lo cual estuvo encarcelado en los penales de Nogales, por 7 años y recluido posteriormente en el penal de las Islas Marías, por lo que sometido a estrecho interrogatorio Rafael Pérez Cruz confeso:

### Declaración según el acta del Ministerio Publico.

Que en efecto el día 30 de Septiembre del año de 1979 cuando se encontraba en Nogales Son. en el domicilio de Jesús Manuel Careaga Acuña (a) "El Viri' sita en Vírgenes número 148, llegó un individuo de nombre Marco Antonio Montijo Fuentes (a) "El Tony" a quién conoce de hace muchos años y lo trató en la cárcel de Nogales, Son. y también en las Islas Marías a donde fueron enviados por diferentes delitos y llamándolos al y a Careaga Acuña, los invitó a abordar un automóvil de su propiedad marca Ford Galaxie modelo 1965 y dirigiéndose a una parte sola hacia el oriente de la ciudad, forjó unos cigarros de marihuana el Tony y se los brindó al y al "Viri" invitándolos a Magdalena, Sonora para que lo acompañaran los dos a ir a "calentar a una persona", no diciendo de quien se trataba, cosa que aceptaron y quedaron de esperar a Tony en casa del "Viri" el cual llegó aproximadamente media hora después pero en un carro de alquiler (taxi) del cual no recuerda las características y se trasladaron a la terminal de Transportes Norte de Sonora donde compró los boletos, Indicándoles que lo esperaran en un bar frente a dicho transportes, dándoles diez dólares a cada uno para que se tomen una cerveza y que lo esperaran en el bar que se menciona; regresando aproximadamente a las 16.00 horas, en que salieron con destino a Magdalena, Son.

Los tres: "El Tony", "El Viri" y "Pérez Cruz", arribando a la mencionada población aproximadamente a las 19:30 hrs. , o 20:00 hrs. hospedándose en el hotel "El Cuervo" lugar en donde "Tony" rentó una habitación (cuarto número diez), y después de salir a cenar y dar una vuelta por la plaza regresaron a dormir, no tanto Pérez Cruz que "El Tony" andaba nervioso ya que hojeaba una novela y no la leía, se quedaba pensativo mirando hacia el techo y fumando demasiado y por la mañana o sea el día primero de Octubre salieron del cuarto a las 08.00 horas, dirigiéndose desayunar al restaurante "Las Cazuelas" ubicado frente a la plaza compraron algunas revistas y se regresaron al hotel, de donde no salieron hasta aproximadamente las 13.00 horas que fueron a tomar sus alimentos al mismo restaurante, quedándose en la plaza "El Viri" y Pérez Cruz, yéndose el "Tony" a un lugar desconocido para ellos perdiéndose por espacio de unas tres horas y a su regreso se dirigieron nuevamente al hotel, después de cenar en donde permanecieron toda la noche, notando nuevamente que "El Tony" se encontraba muy nervioso.

Por la mañana (2 de Octubre 1979), fueron a los tacos a una carreta que se para por la carretera internacional y una vez que comieron se fueron al puente que está a la salida norte de Magdalena pasando una gasolinera en donde se pararon apoyándose en el barandal del puente observando el "Viri" y Rafael Pérez Cruz que "El Tony" miraba mucho por el lado del monte rumbo a Terrenate como tratando de analizar el terreno, pero no les comentó nada y después de dar otra vuelta por la plaza de Magdalena, ya cuando se llegaron las 16.00 horas. , el "Tony" les dijo "ahora si se va a hacer" invitando al "Viri" y a Pérez Cruz a pararse nuevamente en el puente mencionado haciéndolo en hilera, esto es: primero "El Tony", luego "El Viri" y al último el declarante de sur a norte, observando que Tony dirigía mucho la mirada hacia la gasolinera, a la primera fila de las bombas donde llego un pick-up blanco marca Chevrolet el cual lo abordaba una persona mayor con lentes blancos, pelo canoso, medio ralo, al cual Pérez Cruz identifico como el Padre Nacho y cuando vio "El Tony que se para el pick-up se encamino rápido al lugar y saludándolo de mano al Padre Nacho, ignorando que le dijo, el caso es que se subió al volante diciéndole al "Viri" que se subiera al lado del pasajero y Pérez Cruz abordó el pick-up en la parte trasera, quedando el Padre Nacho en medio de los dos en el asiento y cuando ya cargaron gasolina, "el Tony" se enfilo con rumbo a Nogales, pero donde está la salida o entrada a San Ignacio, dio vuelta a la izquierda y caminando unos doscientos metros orilló el carro dándole reversa lo bajó a una parte como zanja que hay en el camino y allí lo paró bajando al Padre casi a la fuerza, lugar en donde discutieron sobre unas joyas que por cierto Pérez Cruz, alcanzó a oír que el Padre le decía "devuélveme las joyas que hace tres meses me robaste no son mías y no quiero problemas", contestándole el Tony que se las podía pagar, pero el Padre le dijo que no, que quería sus joyas y cuando el padre decía esto, hacía un ademán juntando las manos poniendo las palmas en forma de concha, agrega, que cuando le dijo eso el padre, "el Tony" se enojó mucho y lo golpeó dándole unas "cachetadas" y sacando una pistola revólver calibre 38 especial de la cintura le apuntó a la cabeza y fué cuando el Padre le dijo que no lo matara, que no le hiciera daño y que se quedara con las joyas, a lo cual "el Tony" no contestó, subiéndolo a empujones y golpes de nuevo al carro dándole vuelta al mismo, enfilando con rumbo a Imuris por la carretera internacional y como Pérez Cruz iba atrás en la caja del pick-up, se daba cuenta que "Tony" le iba dando de golpes en la cara al Padre y al llegar a Imuris, tomó la carretera con destino a Cananea y en un descanso que hay en la misma a la altura del kilómetro 13.200, detuvo el pick-up bajando a la fuerza al padre, golpeándolo en la cabeza con la cacha de la pistola, cayendo el Padre al suelo y cuando estaba en el suelo, le hizo un disparo, dándole en la cabeza, observando "El Viri' y Pérez Cruz el fogonazo o sea la "lumbre" del disparo, y cuando hizo esto trató de mover el cuerpo, pero no pudo y les pidió ayuda a "Viri" y a Pérez Cruz, a lo cual se negaron, insultándolos soezmente diciéndoles que eran muy cobardes y rajones y sin contestarle lo siguieron a donde caminaba por la carretera con rumbo a Imuris y como a un kilómetro de distancia en otro descanso, abordaron el vehículo Galaxie 500 Ford, color café, modelo 1965, propiedad de "Tony" el cual ya estaba parado en el lugar que indica, ignorando quien lo haya llevado, regresándose a Nogales, Son. , y cuando llegaron a la altura de la estación se metió "el Tony" a los patios de la misma y en un lugar cerca de las casas de los ferrocarrileros, bajó a Pérez Cruz a golpes y patadas, dándole además un cachazo en la boca tumbándole un diente abriéndole el labio superior de lo cual todavía tiene una cicatriz, dejándolo tirado, alcanzando a ver que se devolvieron con destino a Imuris, agregando además que en el lugar de los hechos "el Tony" esculcó el carro y sacó un portafolios negro o verdoso, quitándole también al Padre el reloj, un crucifico que traía en el pecho y un anillo, así como la cartera y los lentes claros y cuando venían por la carretera al llegar a la "Atascosa", "el Tony" tiró unos papeles que venían en el portafolios y los lentes, sacando un dinero que no sabe cuánto era, pero sí que era bastante, no volviendo a verlos más porque cuando lo golpearon lo amenazaron con matarlo, por lo que se fué a radicar a Agua Prieta, Son. , pero antes de hacerlo durmió en casa de una tía, en donde se curó con medicamentos caseros y como lo manifiesta, dos o tres días después se dirigió a Agua Prieta, cabe hacer mención que Pérez Cruz, llevó a los elementos de la Policía Judicial del Estado a los lugares que relató cuando traían al padre nacho a bordo de su vehículo, haciendo también mención que de esto tenía conocimiento además su esposa Amalia Valencia y probablemente su señora madre María Cruz.

Igualmente, Marco Antonio Montijo Fuentes Manifestó:[45]

Que efectivamente los días primeros sin poder precisar la fecha del mes de octubre del año de 1979., se trasladó a la ciudad de Magdalena Son., en compañía de Rafael Pérez Cruz "el Morro" y de Jesús Manuel Careaga

---

[45] *Declaración de Marco Antonio Montijo ante el Ministerio Publico de Sonora*

Acuna (a) "el Viri" procedentes de Nogales, Son., a bordo de un camión de Transportes Norte de Sonora, saliendo por la tarde entre cuatro y cinco de la tarde, llegando a la ciudad de Magdalena, Son. aproximadamente a las 20.00 horas, trasladándose de inmediato al hotel "El Cuervo"' en donde rentaron el cuarto número 10 en donde estuvieron por unos momentos y después se fueron a una cantina anexa al mismo hotel, donde estuvieron tomando bebidas embriagantes él y sus acompañantes, permaneciendo en dicho hotel por espacio de dos días y como sabía que el Padre Ignacio De la Torre iba a llegar a Magdalena, Son., esperaron el momento para entrevistarlo y una vez que lo localizaron en el tramo de la carretera internacional Magdalena - Imuris lo interceptaron y una vez que platicaron abordaron el vehículo tipo pick-up y tomando el volante él, se dirigieron a la carretera de Cananea, yéndose a parar en un lugar que recuerda está una curva en donde tuvieron una discusión fuerte entre él y el Padre Nacho, relacionado con unas joyas que meses atrás el se las había robado al Padre de un cuarto anexo al "santuario Guadalupano" de Nogales, Son., en donde el Padre llegaba temporalmente cuando estaba en Nogales, Son., y como le exigía que él, se las regresara, se enojo bastante y después de cachetearlo le disparó un balazo en la cabeza con una arma calibre treinta y ocho especial de su propiedad, dejando ahí en ese lugar el cuerpo del Padre y el vehículo, regresándose él y sus acompañantes a bordo de un vehículo de mi propiedad marca Ford, Galaxie 500 de color café, modelo 1971, el cual lo había llevado el señor Juan Carrillo, hasta Imuris, por orden de él; Manifestando también Marco Antonio Montijo Fuentes, que recuerda que si cometió el delito de homicidio, en contra del Padre Nacho, pero que no puede dar detalles sobre todos los movimientos que hicieron debido a que cuando sucedieron los hechos andaba bajo los efectos de pastillas toxicas de las llamadas octanox y además había fumado marihuana y bebido cervezas por lo que perdió el control mental; pero que en realidad si fue él quien cometió el homicidio; que inclusive el arma que se usó era de su propiedad y tiempo después se la vendió a un tipo llamado Javier, que le apodan "El Gordo" que trabaja de trailero en la ruta de Culiacán a Nogales trasladando verdura, en la cantidad de $4,000.00 (cuatro mil pesos, 00/1.00 m. n.) y como unos doscientos cincuenta gramos de marihuana, que por otra parte lo único que recuerda del día que sucedieron los hechos, que el mismo tomó el volante del carro del Padre Nacho y enseguida de él iba sentado el Padre y no recuerda muy bien si al lado del pasajero iba Rafael Pérez Cruz o Jesús Manuel Careaga Acuna y que también recuerda haber despojado al Padre Nacho de algunas pertenencias, así como el reloj un anillo y una medalla y diez mil pesos en efectivo, los cuales él los saco de un portafolios que cogió del carro del Padre Nacho cuando ya le dio muerte.

Marco Antonio Montijo Fuentes, acepta plenamente haber dado muerte al Padre Nacho, reconociendo ciertos detalles del día en que ocurrieron los hechos, pero que debido a que andaba bajo el flujo de la droga no los puede narrar con exactitud, manifestando además que el de la iniciativa de dar muerte al Padre Nacho fue él y que Rafael Pérez y Manuel Careaga solo lo acompañaban, también acepta haber conocido de hace bastante tiempo atrás a Pérez Cruz (a) "el Morro" y a Jesús Manuel Careaga Acuna (a) "el Viri" ya que los trató al primero de ellos en la cárcel vieja de Nogales, Son., y en las Islas Marías y al segundo también en la cárcel de Nogales, Son., y en la vecindad donde ellos viven en Nogales. Acepta también Marco Antonio Montijo haber tenido amistad de tiempo atrás con la persona Ignacio De la Torre Uribarren, diciendo también, que de las joyas que le quitaron al Padre Nacho el día de los hechos, obtuvieron un producto de $ 18.000.00 cada uno, o sea Rafael, Jesús Manuel y el mismo y que a Juan Carrillo, le habían dado nada mas $ 5,000.00. Reconociendo además Marco Antonio Montijo, haberse apoderado de las llantas del pick-up del Padre Nacho, las cuales se las llevaron a bordo del carro de su propiedad, pero que no supo que hicieron con ellas sus demás compañeros, ya que no les tomó importancia, agregó también, que de los $ 10,000.00 en efectivo que recogió del portafolio del Padre Nacho, no repartió con sus compañeros, sino que él se quedo con ellos...

Fueron consignados el día 15 del actual, al juez mixto de primera instancia de Magdalena de Kino Sonora, por homicidio calificado con sus tres agravantes que son: Alevosía, ventaja y traición así como robo con violencia y demás que resulten.

Las joyas de las que se discute en las declaraciones, supuestamente son de la corona que tenia la imagen de Nuestra Señora de Guadalupe localizadas en el altar del Santuario en la parte superior del marco dorado.

Monseñor Ignacio De la Torre 1920

La madre Celia G. Campoy, de la Congregación de la Madre Julia[46], escribió un bello y profundo trabajo rotulado *Hacia la Casa del Padre*[47], con motivo del tránsito del Señor Obispo Juan Navarrete. De ahí son estos conceptos:

Sonora y todos los sonorenses tenemos una inmensa deuda de gratitud a Dios por el don precioso que en la persona del Señor Navarrete, así lo llamábamos con cariño, nos hiciera. Cuando en el Noviciado lo felicitamos con ocasión de su onomástico una vez, y en alguna forma le manifestamos nuestra gratitud, afecto y admiración por su generosidad en el servicio de Dios, nos contesto': La entrega que ustedes y yo hemos hecho de nuestras vidas al Señor, nos hace sentirnos mutuamente atraídos en un anhelo común el que Cristo sea el centro y el dueño de nuestros corazones.

La Madre María del Socorro Martínez Ochoa, Superiora de la Congregación Misionera que fundó en Nogales, Sonora, el Padre Ignacio De la Torre cuando fue Párroco ahí (antes de pasar como Vicario General

---

[46] *Hermana del Señor Obispo Juan Navarrete fundadora de congregación religiosa.*
[47] *Juan Navarrete por Armando Chávez Camacho Editorial Porrua, SA*

de la Diócesis, a Hermosillo) me escribió una carta el 24 de octubre de 1980. El nombre oficial de su Instituto es Hermanas Misioneras Franciscanas Obreras de Cristo Rey. (Los sucesos que narra ocurrieron un año antes, pero no me los había comunicado porque le daba pena conmigo, hasta que el Padre Eduardo Durazo le dijo que lo hiciera.)

La Madre Socorro Martínez Ochoa sintió la necesidad de ir a llorar, ante el señor Navarrete, por el artero crimen de que fue víctima el Padre Nacho. Se arrodilló, derramando abundantes lagrimas, mientras don Juan entonaba un alegre canto, como un aleluya, llevando el compás con la mano derecha.

"Mataron a mi Padre" -le grito la madre superiora Socorro-. Un mínimo de atención del Señor Obispo Juan y de nuevo a su canto.

"Su hijo ha muerto y usted cantando. ¿No sabe que mi padre murió, que fue asesinado?"

Respuesta con voz fuerte y segura del Señor Obispo Juan: "Ya lo sé, ya lo sé'."

"Pues si ya lo sabe ¿Por qué no reza? Ande, vamos rezando un Réquiem por mi padre."

En el rostro del señor Navarrete se dibujo una sonrisa como expresión de alegría y de felicidad, para enseguida expresar claramente: "No necesita"

Todavía no terminaba aquel impresionante dialogo. Insistió la monjita: ¿Por qué no lo necesita? ¿Dónde está' mi padre? ¿En el Cielo?"

"Si" fue la contestación categórica del señor Navarrete, quien añadió: "Ya vio el rostro del Padre Celestial y de la Madre Celestial."

Su faz parecía irradiar una luz dorada y en el ambiente flotaba una dulce paz. Rompió el encanto Bertha Villaescusa, la fiel Auxiliar que lo atiende, Llevando un licuado para el señor Navarrete. Al acercarlo la Madre Martínez Ochoa a sus labios el señor Navarrete hizo la cabeza hacia atrás, diciendo: "Quita, quita, no es hora de comida sino de gozo."

Lo que siguió parecía un éxtasis. Al volver, la religiosa le preguntó:

"Su Señoría ¿Por qué mataron a mi padre?" Entonces el señor Navarrete empezó a hablar: entonces la Madre Superiora testifica diciendo "!Que diera por haber entendido cuanto dijo! Solo capte unas palabras: "Magdalena..entre cuatro y cinco... yo ya lo sabía."

Se deshizo el hechizo y torno' a sus cantos y a su inconsciencia, mientras la Madre Superiora Martínez Ochoa y las Hermanas que la acompañaban y que presenciaron el extraordinario suceso temblaban de emoción.

Con motivo de que el señor Navarrete cumplía 95 años, fuimos a visitarlo el miércoles 12 de agosto de 1981.

Ahí encontramos a dos monjitas de la misma Congregación que fundó el Padre Nacho De la Torre en Nogales, las cuales trabajan ahora en el Barrio de Los Naranjos, en Hermosillo. También estaban presentes tres Señoritas Auxiliares Parroquiales: Estela Valdés y Elisa Dosal, del Colegio Don Bosco, de Navojoa, y Consuelo Salazar, de la Casa de las propias Auxiliares. Y, naturalmente, Bertha Villaescusa.

¡Pero qué más da! Posiblemente nunca se sepa la verdadera razón por la que mataron al Padre Nacho. Desgraciadamente sabemos que el dinero compra el poder y manipula situaciones otras fuentes de información ya han tomado la conclusión de que fue una persona de Nogales Sonora quien haya mandado matar al Padre Nacho por razón de drogas asimismo intereses económicos bastante grandes. Según las investigaciones Canónicas de la Iglesia Diócesis de Hermosillo Sonora, se llegó a la conclusión de que un supuestamente amigo del Padre Nacho llevó al convento de las Misioneras de Cristo Rey un paquete de gran tamaño a guardar, el paquete duró mucho tiempo en la casa misión, un día por descuido, una de las hermanas novicias abrió el paquete y se encontró que estaba lleno de un polvo blanco, cuando se le informó al Padre Nacho, él mismo Padre dio la orden de que se echara todo el polvo al escusado y así se hizo. Cuando el Padre Nacho informa a esta persona de lo sucedido lo empezaron a molestar. El ya goza de la Luz indefectible, ya vio cara a cara al Padre Celestial y a la Madre Celestial. Según le dijo el Excelentísimo Señor Obispo Juan Navarrete cuando una de las Misioneras le quiso comunicar la muerte del Padre Nacho.

Cuando se hicieron los preparativos para el funeral, el Señor Obispo Carlos Quintero pidió que se llevase el cuerpo a la ciudad de Hermosillo para poder celebrar misa de cuerpo presente en la parroquia de Guadalupe. La procesión salió temprano por la mañana desde el Santuario con rumbo a Hermosillo, se celebró la Santa Misa y regresamos a Nogales en donde el pueblo de Nogales estaba esperando el cuerpo para celebrar la segunda misa de cuerpo presente en el atrio del Santuario, no se podía ni siquiera dar un solo paso de tanta gente que había asistido a la Misa que fue concelebrada por el Señor Obispo Quintero, los sacerdotes locales y mi hermano Jorge Armando.

Los últimos acontecimientos han sido relacionados con los sobrevivientes del padre, en una ocasión durante una reunión social se ofreció dar a conocer quien lo había mandado asesinar, pero a quien se lo dijeron exclamó diciendo "para que quiero saber, únicamente traerá rencor y más daños, es probable que coma junto a él y ni siquiera me dé cuenta quien fue" la otra persona ofreciendo la información respondió " no creo que comas junto con él, pero si lo tratas muy seguido" y una recomendación de amigo, ¡ No te metas!.

"Ya se le cumplió aquel anhelo que escribiera en los avisos Espirituales a sus Obreras: UN DIA CONVIVIRE CON ELLA, LA MAS BELLA." " DE SONORA AL CIELO "

## Luis De la Torre

Su juventud la pasó dentro del seminario diocesano junto con el Sr. Obispo Juan Navarrete. Desde muy chico se inclinó por el uso de las maquinas y herramientas, llegando a ser quien reparara todos los daños eléctricos y mecánicos del seminario. Aunque podríamos decir de mi padre Luis que fue un ingeniero brillante, innovador, creativo; también se puede decir que dentro de sus cualidades fue una persona honesta, honrada y caritativa. También se puede decir que nunca fue un comerciante y nunca se interesó por acumular fortuna. Una vez que salió del seminario y trabajó junto con su hermano Alfonso, él no quería que Luis fuese quien hiciera los contratos de compra de piel; decía Alfonso en una de sus cartas *"no dejen que Luis haga las compras, no sabe engañar al vendedor"*. Por su trabajo y su habilidad de poder analizar y discernir los problemas mecánicos y eléctricos en 1953 fue contratado por la fábrica de hierro de Colombia en donde permaneció por un año y medio mientras se terminaba la instalación eléctrica de la acería Paz del Rio, hoy es empresa de UMCA localizada a 235.4 kilómetros al suroeste de Bogotá. Terminado su contrato con la empresa Paz del Rio, regresó a Aguascalientes el día 31 de Agosto de 1954; bien recuerdo que fuimos a recibirle al aeropuerto, lo vi descender de un avión de fuselaje color plateado o acero, un avión chico de dos motores de propala y pronunciadamente inclinado hacia la parte trasera por tener el tren de aterrizaje más alto en el frente debajo de las alas del avión.

Continuamos viviendo en la ciudad de Aguascalientes por algunos años, pero la vida y la carga de ocho bocas que alimentar y criaturas que vestir lo obligaron a buscar nuevos métodos de subsistir; así es cuando se pone en contacto con su primo Roberto (propietario de la fábrica DELATSA) en la ciudad de Guadalajara Jalisco. Desde luego que Roberto convenció a mi padre para mudarse a Guadalajara ya que siendo ésta una ciudad mucho más grande que Aguascalientes podía tener más prosperidad. En Guadalajara residimos cuatro años en donde nacieron los dos últimos de mis hermanos; Oscar Gerardo y Juan Jaime, para entonces la familia aumento a diez. La vida se hizo más pesada para mi padre puesto que el negocio no daba lo suficiente para mantener a todo el ejercito de la familia. Luis era tan de buen corazón, que así con sus limitaciones económicas y pocos recursos para su propia familia, se ofreció a recoger y adoptar a Rafael (hijo adoptivo de María) en caso de que su hermana falleciera. Luis mantuvo su negocio de reparación de motores eléctricos en Guadalajara hasta el 13 de Noviembre de 1959. Al no dar resultado su negocio en Guadalajara entonces fueron sus hermanos Ignacio y María quienes lo convencieron a mudarse a la ciudad de Nogales Sonora sugiriéndole que Nogales fuese mejor plaza de trabajo que Guadalajara. Una vez estando el negocio establecido en Nogales, se le pidió que inventara una máquina para el tratamiento de empaquetar cebolla y zanahoria, la cual fue entregada a sus dueños en la ciudad de Los Ángeles California. Poco después inventó una máquina que transformaba la gasolina en gas para el uso domestico de la estufa y el calentón de agua; (máquina que una vez muerto mi padre, mi madre quitó por que siempre le dio miedo). También mi padre siempre soñó en transformar la luz en sonido, el decía que los tonos, colores e intensidad de la luz podrían producir diferentes sonidos y así buscando el modo de acomodarlos y organizarlos debidamente se podría reproducir la música. Cosa que hoy día vemos un hecho en los discos de música y película digita ("CD's").

Fue mi padre, Luis, quien organizara y publicara el periódico católico mensual y la hoja semanal "La Clarinada". El taller de imprenta fue establecido en un jacalón en la parte trasera de la casa que rentábamos, localizada inmediatamente en la parte trasera del Santuario de Nuestra Señora de Guadalupe y la entonces escuela de niñas Fray Eusebio Kino (en la esquina, al costado norte de la calle Sonora y al oeste de la calle Moctezuma).

Debido al sin numero de mortificaciones, días sin alimento, y la infinidad de penas que sobrellevó durante la persecución Cristera, Luis desarrolló ulceras cancerosas en el estómago; cosa que antes poco se conocía por lo que no fue tratado a tiempo. Una vez viviendo en Nogales Sonora, se vio muy mal de salud y visitó al médico. Fue allí cuando el Doctor Joaquín Rincón lo diagnostico con cáncer en el estómago. En el año de 1964 se le operó quitándole prácticamente todo el estómago. Desde ese momento, se tuvo que alimentar con todas las comidas licuadas para que el intestino pudiera transformar los alimentos. Así pasaron muchos años hasta el día 17 de Septiembre de 1968 en que falleció en el hospital del Socorro. Mi padre siempre admiro la música clásica, especialmente siempre admiro la música de Beethoven y dijo que antes de morir quería escuchar la novena sinfonía. El día que nos avisaron que se encontraba muy grave acudimos al hospital y cuál fue nuestra sorpresa, al entrar al pasillo del hospital se oía la música de Beethoven, la novena sinfonía. En ese momento se me fue el alma a los pies, me apresuré a llegar a su cuarto y aún lo encontré con vida. Recuerdo muy bien, estábamos todos sus hijos al rededor de la cama, con excepción de mis hermanos pequeños, Juan Jaime y Oscar Gerardo estaban en el jardín lateral atendidos por nuestra tía Cecilia Álvarez Tostado (prima hermana de mi madre). Mi madre y el padre Nacho se encontraba al costado derecho junto a su cabecera, mis hermanos a los costados junto con mi tía María y a mí me toco estar a sus pies sujetándolo del pie izquierdo en el momento en que le entregó su alma al Señor. Parecía muy triste, pero también fue un momento conmemorativo al ver como un Cristero, un hombre dedicado a la defensa de sus principios, a la libertad de expresión, a la educación de sus hijos nos enseñaba como morir cristianamente.

## Carlos De la Torre S.J.

Desde su niñez e incluyendo el lapso de la década de los treinta fue especialmente agitado para Carlos, tanto exterior como interiormente. Fue mensajero, ayudante del señor Navarrete; participó en la sobrevivencia del Seminario desterrado y perseguido. El fue participe en la organización del levantamiento cristero en Sonora de 1934 a 1935; junto con su hermano Alfonso realizó muchos viajes de Sasabe y Nogales a Magdalena, introduciendo parque y armas para el levantamiento dirigido por el general Luis Ibarra y enroló, junto con sus hermanos Alfonso y Luis, en la desafortunada campaña antes mencionada a finales del año 1935.

Carlos dejó el seminario Diocesano en 1930 pues para entonces ya preparaban el movimiento cristero. El Sr. Navarrete escribió una carta a Carlos el 8 de octubre de 1930, aceptando su salida del Seminario por un año para reflexionar acerca de su vocación. Más que aconsejarlo y darle orientación, lo alecciona y reprende. De su puño y letra anota Carlos al margen de la carta: "¿Reconsiderar espiritualmente mi vocación?". "No dejé el Seminario para divertirme sino por otros motivos que entonces me parecieron espirituales". En las copias de las Memorias de 1932 a 1934 que Carlos escribió, con el seudónimo de Gerardo Cabo Roucher, después de entrar a la Compañía de Jesús que mi padre guardaba con mucho cuidado. En ellas describe su estilo de vida en Sonora; cada semana acompañaba a don Fortino Guerrero y llevaba la correspondencia y provisiones al rancho (Seminario) de Buenavista, a siete leguas de distancia de Magdalena. A veces se ofrecían inesperados viajes de urgencia para prevenir de algún peligro al señor obispo, traerlo a Santa Ana, a casa de Edmundo "Sufríamos hambre extravíos, lluvia, temores con la policía y trasnochadas, con motivo de las visitas del señor obispo a las parroquias. Los desvelos eran de siempre, porque la noche, con su oscuridad era nuestro mejor cómplice para entrar y salir de los pueblos y ciudades".

"Estuve un año en la Huerta y otro en Buena Vista con el señor obispo; luego me fui a vivir a Magdalena y trabajaba en la tenería de Luis mi hermano". Después, fue el compañero inseparable de don Fortino, en sus correrías pastorales. "Para disimular las compras y llevar la correspondencia a los seminaristas y padres, la juntábamos a las ventas de pieles de la Tenería Chico de Luis". El "rocinante de tan inauditas hazañas" era una camioneta Ford de media tonelada, modelo 28, pintada de verde. Don Fortino "con sus disfraces, distaba mucho de parecer obispo, indumentarias de gañán, pantalones de mezclilla y unos zapatos mata víboras".

Después de ser liberado de prisión ya libre y seguro en Arizona, Carlos rehace su futuro, reasumiendo su proyecto anterior de ser jesuita. Solicita al padre provincial Gastón Ferrer, s.j. su entrada a la Compañía de Jesús. Realizados con rapidez los trámites y admitido como novicio diez días después de cumplir los 22 años, el 24 de abril de 1936, piso el noviciado jesuita que por la persecución religiosa en México, estaba en Isleta College, 17 kilómetros al oriente de El Paso, Texas.

Carlos encontró en el Noviciado de Isleta lo que esperaba. El respeto a la persona y la seriedad en la formación, cualidades que cuadraban bien con su carácter. La paz y tranquilidad de la casa de formación hacían correr rápido el tiempo. La experiencia del encuentro personal con Cristo en el mes de ejercicios espirituales, como los impartía san Ignacio, decidieron al fervoroso novicio a dar su nombre, de por vida, a la

Compañía de Jesús. La disciplina del noviciado, después de las aventuras en la sierra de Sonora, se tornaba fácil y más, cuando desde el Noviciado de Isleta divisaba la sierra de Ciudad Juárez o caminaba a pie, de paseo, hasta el Rio Bravo, para añorar la Patria y soñar con las futuras hazañas que realizaría en México siendo sacerdote.

## Votos religiosos

El padre David Hernández Garcia S.J. describe la vida religiosa de mi tío Carlos de la siguiente manera. Superada la etapa de estudio mutuo entre la Compañía de Jesus y el candidato, propia del noviciado, ante los informes positivos que dio el maestro de novicios, concedió a Carlos hacer los votos del bienio, es decir, superados los dos años de noviciado y cumplidos los requisitos que exige el derecho canónico y la Compañía de Jesús, se admitía al candidato como uno de sus miembros, comprometido, a perpetuidad, con su orden religiosa.

La ceremonia y misa de votos se realizó el día 27 de abril de 1938, en la capilla doméstica de la casa de formación de Isleta College, ante la comunidad de novicios, y filósofos principiantes que felicitaron fraternalmente al nuevo soldado de Cristo y de la Iglesia. Testigos de honor de sus votos religiosos, la Virgen de Guadalupe, que presidia la capilla doméstica, junto con san Ignacio y san Francisco Javier.

Al cultivo espiritual, realizado con esmero en el noviciado, había que añadir la formación académica en letras del bachillerato clásico, estudiando los cursos de humanidades y retórica. Además, la teoría debía complementarse con la práctica: había que pulir la pluma e incursionar en la poesía y los diversos géneros literarios, al igual que en la oratoria y la declamación. Carlos, a pesar de su salud que si no endeble tampoco era buena, transitó por ésta, etapa de formación con notas sobresalientes.

Con motivo de su onomástico en 1938, doña María le dice el 1 de noviembre:

"Me gusta mucho que pienses en tu Patria como siempre has pensado. Dios te conceda poner tu granito de arena en su salvación". Lo felicita por su santo. "Hace tres años lo pasaste en la cárcel, esperando por momentos ser fusilado. Sabes cuánto he querido siempre a la Compañía de Jesús y ahora la quiero más, desde que ustedes son miembros de ella".

Ante la curiosidad materna, siempre insatisfecha, de saber cómo transcurre la vida de su hijo en la primera etapa de formación, Carlos, en una carta detallada, le informa con estilo impecable de los acontecimientos de su vida en el seminario de Isleta.

Carta, fechada el 12 de junio de 1938:

*A Usted le voy a contar algo de mi vida actual para que se dé cuenta, poco más o menos, de cómo vive su hijo jesuita. Me levanto a las cinco y tengo una hora de meditación, al fin de ésta, comulgo y oigo misa; luego, al desayuno; enseguida tiendo rin cama y arreglo todas mis cosas (no vaya a pensar que tan bien como Usted o Mariquita) y cuando acabo, que viene siendo más o menos a las siete y media, me pongo a estudiar un rato, paseando por los jardines y luego en mi escritorio y… ¡tengo para divertirme! Todo el día es estudiar, interrumpido solo por las letanías de todos los santos que rezamos toda la comunidad en la capilla, el examen de conciencia inmediatamente antes de la comida, la comida y una hora de recreo después de ella. A mitad de la tarde, tenemos media hora de recreo y veinticinco minutos de lectura. Los martes y sábados tenemos hora y media de recreo. De manera que, desde las siete y media de la mañana hasta las siete cuarenta y cinco, que es la cena, es estudio, quitando las clases y lo ya referido. Los domingos y los jueves son días de descanso, no hay clases y, en cambio, tenemos largos recreos. En todos los recreos, unos se van a jugar, otros a trabajar a los jardines, etcétera. Yo casi siempre me voy a jugar a los frontones y como dice mi padre "vuelvo nuevo". Los jueves por la mañana hay lo que nosotros llámanos "academias" y en estas es donde se puede aprender otras lenguas y esos estudios que no son propiamente de la carrera, en fin, que queriendo, puede uno aprovechar bien el tiempo para preparase a lo que nos espera en México.*

*Mis clases son así: por la mañana, a las 8:30 latín y 10:30 griego; por la tarde, 3:00 latín y 4:00 ejercicios latinos. Estas dos de la tarde, son de cuarenta y cinco minutos. Los lunes y los sábados tengo castellano en vez de una de latín y el martes y jueves (en vez de academia) historia universal. Los martes y sábados tenemos por la tarde una sola clase en vez de dos, por el recreo, que es más largo; como le decía, ahorita ya no sigo las clases tal cual, porque estoy en vísperas de examen y todo es repetición de la materia vista durante el curso. Mis exámenes serán del 20 al 23 de este mes; no se puede saber precisamente qué día, porque suele variar. Después siguen vacaciones; tan deseadas ya a estas alturas del curso, cuando está uno ya más para descansar que para estudiar.*

*Me faltaba decirle algo de la tarde: después de la cena, hay otra hora de recreo, luego unos minutos de preparar algo para la meditación del día siguiente, el examen de conciencia y acostarse, que viene siendo a las nueve y media; enseguida, a roncar, cuanto mejor, ¡mejor! Y usted ya me conoce que esto no lo hago tan mal. El siguiente día, como el anterior y así, de manera que "el estudio" es la ocupación central del día y esto será durante unos once años más, aparte de los años de magisterio. Ya después, "sacerdote", ¡qué felicidad! y entonces sí, en alma y cuerpo, dedicado a la salvación de nuestro México.*

*Durante el tiempo de estudiantado, la lengua común es el latín, de manera que solamente en las recreaciones hablamos español. ¿Qué más le contaré? En esta vez he dejado de ser "yo" para platicarle tanto, en verdad que ahora merezco una felicitación, ¿no? Y por eso mismo "periodiquito", puede ver que ahora tengo más tiempo para escribir, pues con frecuencia se señalan tiempos en que puede jugar o leer, o estudiar, etcétera. Y además, cada día puedo tornar quince minutos por la mañana y quince por la tarde para hacer lo que yo quiera.*

*El estudio, en general, es pesado, a todos nos cansa. En ocasiones estamos deseando unas vacaciones, como niños, pero teniendo prudencia y orden, suspendiéndolo cuando se siente uno cansado y aprovechándose bien de las vacaciones, se hace, no solo pasadero sino hasta agradable. ¿Qué más le contaré? No se me ocurre, mejor si Usted quiere saber de algo, me lo pregunta. Me había olvidado del rosario, éste lo rezo en la tarde y paseando por el jardín. Bueno, pues yo pienso que esta vez satisfice sus ansias de "cartas—periódicos" y como ahora tengo más facilidades, se las repetiré siempre que tenga materia, porque a mí no se me ocurre qué contarles.*

*Pida mucho, pero mucho, por este su hijo que también pide mucho por Usted. Salúdeme a todos, especialmente al padre Duval en el día que lo festejen y dígale a María Boubión que yo he cumplido con su encargo.*

*Su hijo C. De la Torre, s.j.*

Como mujer de su tiempo, doña María enjuiciaba y tenía ideas propias sobre la situación de México al final de los años treinta. El 14 de agosto de 1939, en una carta a Carlos se expresa así. "*Un sacerdote de aquí de Sonora, dice que ahora estamos mejor que nunca, a otras muchas personas de quienes no lo creyera uno, les he oído decir que Cárdenas es el mejor presidente que hemos tenido tan patriota, tan indulgente, ya verás y si con este presidente nos conformamos, no sé a dónde iremos a dar*". Para noviembre de este mismo año, aparece en la correspondencia el tema del teatro La mama felicita a su hijo "*porque ya hace 'solos' en el teatro, ante tan selecta concurrencia*".

El año de 1940 fue un año de especial relevancia para la Compañía de Jesús. En todas las Provincias jesuitas del mundo se celebró el IV Centenario de la Fundación de la Compañía, aprobada por el papa Paulo III el 27 de septiembre de 1540. Tan significativo aniversario se celebró en grande en nuestra casa de formación de Isleta College Carlos en su quinto año de carrera como jesuita, tuvo una actuación relevante en esta celebración. El 1 de noviembre, después de felicitar a su mamá por su onomástico y ofrecerle sus oraciones, le hace una relación clara y concisa de los principales actos de la celebración.

*Mi querida mamacita: no sé como librarme de sus Justos cargos (que supongo me hará) por no haberle escrito desde hace ya dos meses completos. Perdón, ya sabe por qué, a* veces, me tardo tanto. Ahora, naturalmente que mi carta se endereza toda a felicitarla en su onomástico y a hacerle presente mis oraciones especiales que he hecho y haré como cuelga, la más preciada. No sé cómo les habrá ido a ustedes con tanta fiesta de registros y más registros de parte de estos nuestros primos del norte. A pesar de todo, espero que Nuestro Señor le concederá pasar su día muy contenta y feliz, quizá entre sus hijos de Navojoa, y cuando esto no sea, si ciertamente en compañía del corazón bondadosísimo de Jesús y de su santísima Madre que tanto la aman a Usted.

Le voy a platicar de las fiestas con que aquí celebramos el Cuarto Centenario de la aprobación pontificia de la Compañía de Jesús (27 de septiembre de 1540). Ya le había contado que preparábamos una exposición y jornada en honor del Sagrado Corazón de Jesús: la exposición quedó instalada en el salón de actos, que conoce mi padre, desde el día 26 y aún lo está, con la extraordinaria concesión hecha por el padre Robinson, de que también las mujeres la pueden visitar.
La jornada consistió en tres sesiones, los días 26, 27 y 28; en cada una de ellas, uno de los padres desarrolló un tema referente a la devoción y se terminaba con el himno del Cuarto Centenario que compuso el padre Quiñones especialmente para estas fiestas...
Por último, el día 28 se dio clausura a la tal jornada con la representación de "El divino impaciente", un drama escrito en verso por don José Pemán, el cual pone en escena la vida y muerte de san Francisco Javier, s.j., es primoroso, la versificación, magnífica y sumamente interesante como lo es la vida del santo apóstol del hp& y de las indias. En el programa vera que a mil me toco hacerla de protagonista y coma comprenderá, me costó bastante meterme en la cabeza esa lista interminable de versos y más versos que correspondían a mi papel...
El final de la pieza es la muerte del santo en las playas de Sanchón, cuando se dirigía al gran Imperio de China. La escena es muy bonita y conmovedora, yo no ensaye más que una vez, la víspera de la función; pero, a la hora de la hora, me emocione y emocione a los espectadores. Este trabajo, no pequeño, fue el grano de arena que yo puse para la celebración de una fecha tan importante para nosotros.

Mamacita, como quisiera hallarme a su lado para llenarle de cariños en su día, mas Nuestro Señor nos ha pedido la separación, ofrezcámosela de buen grado y aun sintámonos orgullosos de poder ofrecerle alga El es tan generoso que todo lo tiene en cuenta y a todo corresponde con real munificencia. En sus largos ratos de conversación con el Corazón Divino de Jesús, acuérdese de abogar por su hijo mucho lo necesito y yo se que a Usted siempre la escucha; pídale que me haga un perfecto jesuita, santo como lo requieren estos tiempos modernos de incredulidad y malicia, sabio como lo requiere nuestra Patria con su pueblo tan bueno, es verdad, pero tan ignorante. Salúdeme a Nacho, dígale que yo siempre me acuerdo de pedir a Nuestro Señor por él y por su parroquia; salúdeme a Conchita, he querido escribirle unas letras dándole las gracias por- el regalito que me mando con ustedes pero es imposible ya ve que ni a ustedes les escribo a tiempo. Salúdeme a las Fontes, a Petra, etcétera. A todas esas buenas personas que se acuerdan de mí.
Adiós; recibo la bendición de mis papacitos y espero en sus oraciones.

Su hijo, C. De la Torre, s.j.

En esta misma fecha, en otra carta a su hermana María, le informa de la celebración del vigésimo quinto aniversario de la consagración episcopal del obispo jesuita de El Paso, Texas, monseñor Antonio Schuler, s.j. Describe la misa en el Liberty Hall de la ciudad de El Paso, la actuación del Coro del Escolástica Jesuita, del que Carlos formaba parte - un servidor también -; de los invitados especiales: ilustrísimo señor Amleto Giovanni Cicognani, delegado apostólico en Estados Unidos: Ruiz y Flores, arzobispo de México; José Garibi, arzobispo de Guadalajara; monseñor Juan Navarrete; John J. Cantwell, arzobispo de Los Ángeles, quien -con mucha justicia y con igual claridad, entre otras muchas cosas, asentó la afirmación de que los mexicanos que venían a Estados Unidos buscaban la libertad que no hallaban en su territorio, venían a enseñar y trasmitir su profunda y heroica fé al indiferente pueblo norteamericano, el cual, en correspondencia,... solo sabia y quería corromper al sencillo pueblo mexicano con su llamada civilización moderna".

El eco de la actuación de Carlos en la obra de Pemán "El divino impaciente" lo recoge una carta de doña María a su hijo, fechada en Nogales, Arizona, el 3 de noviembre de 1940. Le felicita por sus santo y, con legítimo orgullo, le dice;

*¡Como me acorde ese día, día (Fiesta de Cristo Rey) de que se cumplieron cinco años de que te cogieron preso y de los malos tratos que te dieron! ¡Hasta haberte querido fusilar! Pero Dios Nuestro Señor te salvo la vida milagrosamente, porque te quiere para grandes cosas, puesto que te llamó a su santa Compañía para que en ella defiendas con más perfección sus santos derechos, que estando a las órdenes del general Ibarra y tal vez, esa corona del martirio que tan cerca viste., te la tenga reservada Cristo Rey para otra mejor ocasión Vive instante por instante procurando merecerla y correspondiendo en todo los toques de la gracia. . . El reverendo padre Fernández (Leobardo) le dijo a tu padre y a Nachito que para las tablas eras uno de los primeros y yo conozco tus habilidades. Con todos mis hijos ausentes, sólo vivo de recuerdos. Todos los días oigo tres misas y una de ellas es por mis hijos, en que encomiendo a cada uno, así que todos los días pido por mi muchachito que le haga un perfecto jesuita que consuele su Divino Corazón.*

Esta frase de su madre - "*lo haga un perfecto jesuita*"-, se clavó hondo en la mente y corazón de Carlos. De ahí en adelante aparece en sus notas espirituales como una meta a conseguir. Un ejemplo: en la pequeña libreta de sus apuntes espirituales y reforma de vida, que tengo en mi poder, debajo de una estampita de san Ignacio, que fijó en una hoja, escribió de su puño y letra "Hazme jesuita perfecto".

En esta misma línea y en esta misma libreta de bolsillo, vienen dos juramentos que marcan la pauta de su futura entrega: "X-27-193 5 Cristo Rey, Rey de los Reyes y Señor de los que dominan, Jesús, Rey Eterno y Señor Universal, juro que he de vivir para amarte, para servirte y para defenderte. De mi parte doy toda mi actividad, mi honra y mi sangre ¡acéptala! ¡Acéptala! ¡Acéptala! En el rancho de 'Los Petos' Suaqui, Sonora, México, Fiesta de Cristo Rey. Capitán II del Estado Mayor".

Atrás de una estampita de la Virgen de Guadalupe, escribió a máquina y firmó, ya como jesuita: "Emperatriz Soberana de los Cielos y la Tierra, siempre Virgen Santa María de Guadalupe, Madre de Dios y Madre también mía. Madrecita, he vivido en tu regazo y cuando estuve muerto, tu amor me dio la vida. Por eso: juro que he de vivir para amarte, para servirte y para defenderte. De mi parte te doy toda mi actividad mi honra y mi sangre ¡acéptala! ¡Acéptala! ¡Acéptala! Prisionero en el cuartel de Suaqui, Sonora, México, octubre 28 de 1935, día en que caí prisionero. Capitán II del Estado Mayor".

De la correspondencia recibida por Carlos en Isleta College, la última carta, en mi poder, está fechada el 1 de noviembre de 1943. En ella le dice:

*Mi queridísimo hijito Carlitos: como no me había de hacer un esfuerzo para hacerlo si se acerca el día de su santo de mi muchachito. Ya me ha prestado el Señor muchos años de vida, así es que ya está su mama muy viejita y caminando muy deprisa, pero le pido al Señor que me conceda la gracia de verte sacerdote y tener la dicha de recibir la sagrada comunión de tus manos, y me lo concederá ya verás Dentro de seis años, si Dios nos presta la vida y no dispone otra cosa, celebraremos nuestras bodas de oro y sueño con la ilusión de que mis tres hijos sacerdotes digan la misa, el celebrante, porque tal vez sea tu canta misa. ¿Podrá suceder así? ¿Cómo calculas tu? Se me ha ido en soñar despierta y el principal objeto de esta carta es repetirte mis más cariñosas felicitaciones... Me dio mucho gusto que conocieras a la madre Concha Pro, es simpatiquísima...salúdala muchísimo.*
*De tu simpática carta, nada me gusto tanto como la reseña que me haces de la fiesta de Cristo Rey, en la que tuviste el gusto de oír predicar al reverendo padre Ramírez.*

Cansado, pero feliz, terminó Carlos sus estudios de filosofía en la casa de formación, donde vivió ocho años. Salió de esta etapa de preparación con el grado académico de licenciado en Filosofía, título que acompañó toda su vida. En la etapa siguiente la de magisterio, el jesuita se enfrenta con la vida real, con el mundo concreto que hay que transformar en Cristo, con las personas a las que hay que tratar, escuchar y guiar, orientándolas con las verdades y criterios del Evangelio. Se iniciaban otras batallas, tan nobles como las de la sierra de Sonora, pero con mejor proyecto y armas, las armas del humanismo social y cristiano, con la eficacia que da el manejo de la verdad estudiada a fondo en la filosofía aristotélico.

El Instituto Bachilleratos de la ciudad de México, al que fue destinado Carlos, no constituyó la excepción. Como todo buen "maestro", daba 25 clases a la semana. El 13 de noviembre de 1947, desde Bachilleratos, Distrito Federal escribe a su madre "Yo vivo feliz el trabajo del Colegio a mí me gusta mucho" esta fue la última carta de Carlos escrita a su madre; a partir de esta fecha, su correspondencia va dirigida a María hermana a sus hermanos y a Don Ignacio, que vivió tres años más.

Doña María falleció el 16 de enero de 1948. Se truncaba, aquí en la tierra, el ensueño de ver a su tercer hijo sacerdote, presidiendo la misa de celebración de sus Bodas de Oro matrimoniales, como se lo imaginaba en noviembre de 1943. Murió cuatro años antes de éste anhelado aniversario y cuatro antes de la ordenación de su hijo.

## Teología en Oña y Bogotá

Desde el Colegio Bachilleratos, el 9 y 10 de agosto de 1948, Carlos da la noticia a María y a su padre de su destino a estudiar teología, la entrada del sacerdocio. Lleno de alegría les comunica que el padre provincial le ha dicho "Se va a teología y se va a España… ¿No crees tú que la viejita, allá en el cielo, no se ha dormido?". Al día siguiente le escribe al padre "Me imagino que allá, mi mamacita anduvo lista para conseguirme lo mejor… Saldremos para Madrid el 1 de septiembre a las 8 a.m." pero en realidad, el avión se demoró y no salió rumbo a España hasta el día 7.

En cuanto Carlos llegó a España, se vio mal de salud. Para tranquilizarse afirmaría que "no estoy enfermo, sino únicamente que aún no me he aclimatado y necesito unos días más para sentirme bien del todo". Nunca lo estuvo. A poco más de un mes, el 28 de octubre, desde San Sebastián, informa a María su hermana que el médico le diagnostica "agotamiento nervioso". Se apresura a añadir: "Pronto estaré bien. El doctor insinuó que, de persistir el mal, un cambio". Suplica con insistencia: "dile a las madres, especialmente a la madre Ruth y Jobina, que por favor pidan mucho por mi... de nuestra viejita madre, alcánzame de Dios por conducto de ella, la completa salud y el éxito en mis estudios aquí en la Madre Patria".

El 15 de noviembre, en carta a Don Ignacio, al mostrarse más optimista:
*La vida aquí naturalmente es monótona vida de estudio, pero estoy muy contento. La facultad de Teología es realmente una cosa buen. Hay unos profesorados que lo dejan a uno con la boca abierta, unos pozos de ciencia. Se ve en todas partes mucha pobreza. Nosotros nos quejamos en México, pero comparando con todo esto, le aseguro que estamos en la gloria. Es efecto de la guerra y de las circunstancias políticas y realmente este es un pueblo que vale mucho.*

El mismo día, en carta a María, le da detalles sobre el tratamiento esperanzador que el doctor de San Sebastián le está dando:

*Parece que el médico de San Sebastián le dio al clavo, pues me ha levantado mucho con sus medicinas. El diagnóstico es algo curioso; sucede que el páncreas no me funciona y esto, por lo visto, desde hace muchos años.*
*La consecuencia es que no digiero nada las grasas y por tanto, las vitaminas A y D, que sólo son solubles en grasa, no me llegan al organismo. . . Mi mal, puede decirse, que no era más que una avitaminosis aguda que aquí se me acentuó por ser clima frío... Ya quiero reponerme completamente para poder darme de lleno a mis estudios, pues hasta ahora casi no he podido estudiar.*

A Carlos no le faltaron los ánimos, pero sí la salud. Su estado, al terminar el primer año de teología, era tal, que el padre rector de Oña pide el traslado de Carlos a su Patria, para atender su salud. Con dolor dejaba Burgos y la ilusión de graduarse en aquel teologado de tan alto nivel académico. Su salud era primero. Ya en México, se le destinó provisionalmente a Puebla. Después de una breve estancia en el Distrito Federal, pasó a la casa de Molino de San Cayetano, en el Valle de Toluca, con la consigna de cuidar su salud y ayudar un poco en la biblioteca. En cierta ocasión, al ver que Carlos mejoraba y pensaba ya en continuar su teología, le preguntó:

"¿Por qué no te especializas en cuestiones sociales? Porque los superiores nada me han dicho respecto a esos estudios. Pero cuando te hagan provincial a ti y me mandes a estudiar sociología, lo hare con mucho gusto"

Ya restablecido, a comienzos de 1951, salió Carlos rumbo a Colombia, a cursar el segundo año de teología en Bogotá.

Su estado de ánimo se refleja en la carta que desde Bogotá, Colombia escribe el 21 de marzo de 1951 a María:

*Felicita de mi parte a Nacho por la grande obra que ha llevado a término con la construcción del santuario... Mi suerte, en cambio, ha sido otra muy distinta. Voy ya para los 40 años de edad y todavía no he logrado ordenarme. Dios tiene sus caminos sobre cada uno y lo importante es cumplir exactamente su voluntad, sea la que sea. Aquí he estado muy bien, mejor todavía que en México. Me ha sentado el clima templado que fluctúa entre los 15 y 19 grados centígrados. Siempre uniforme, porque aquí no hay estaciones, sino que al día que amanece lloviendo se le llama invierno y al día en que brilla el sol, se le llama verano. En una misma semana, pues, puede haber tres inviernos y cuatro veranos la casa es bastante buena... La alimentación no es muy buena, pero es suficiente para estar bien. Las clases, cuatro al día (algunas veces tres) las tenemos en la mañana. De la cabeza, he andado bastante bien, tanto, que he pedido estudiar mucho más de lo que estudiaba, verbi gratia en Isleta. De lo único que no estoy muy bien es de los nervios y eso como consecuencia de lo pasado, pero no es cosa para preocupar. Colombia se parece bastante a México. Bogotá como Guadalajara, tiene 600 o 700 mil habitantes. Somos estimados y nos tratan magníficamente.*

A fines del otoño en otra carta a María, fechada el 28 de Noviembre 1951, le describe un panorama completamente distinto al de la primavera anterior:

*Ya pasaron los tragos amargos de los exámenes y a Dios gracias, me fue bastante bien, mucho mejor de lo que podía esperar. Ahora ya puedo decir que he pasado lo más difícil de toda la carrera... al terminar, sentí que me desmoronaba... me tire en la cama y me quedé dormido como piedra durante dos días consecutivos con sus noches y sin probar un bocado. Al "tercer día resucité" y comencé a comer... ahora me faltan, exactamente, 12 meses y cuatro días para ordenarme. Acaba de estar aquí el padre Ricardo Lombardi, s.j. para predicar la unidad social a base del amor cristiano... extraordinariamente sencillo. Es orador, pero en el verdadero sentido de la oratoria, expone pocas ideas, muy claras, diciendo cuanto tiene que decir para probarlas, con una crudeza que a muchos podría parecer exagerada... persigue la idea con una seguridad y un interés abrumador... Su salud es precaria... y en cuanto el hombre sube a la tribuna, se transfigura y saca una voz potente... habla francés, alemán, ingles, portugués, español... Debe haber en el algún carisma... cuando hace poco no sabía más que italiano, su lengua natal.*

## Sacerdote para siempre

A poco más de dos meses de su anhelada ordenación, el 27 de septiembre de 1952, le anuncia a María y por medio de ella a Don Ignacio y sus hermanos:

*"Me ordenaré, Dios mediante, el 3 de diciembre, en el templo de San Ignacio. Somos 30: 16 colombianos, cinco brasileiros y nueve mexicanos. La primera misa es el 4 de diciembre... Me falta solo un examen 'morrocotudo' para terminar el curso. Como tú sabes, es cosa muy dura para mi, por la salud y por la edad y porque ya estoy cansado de esta vida de eterno estudio".*

Confirió las órdenes sagradas el nuncio de su santidad Pio XII en Colombia, excelentísimo señor Antonio Samoré.

Al día siguiente, jueves 4 de diciembre, la primera misa:
Escogió la capilla de un asilo atendido por madres de la caridad en la orilla de la ciudad y más bien pobre. No hay nada qué decir de esta primera misa, sino que se sintió abrumado por la grandeza del sacerdocio. Decía que se acordó, naturalmente, de toda su familia y se ofreció muy de todo corazón a Nuestro Señor para hacer algo difícil, atrevido, por El.

## Culminación

A lo largo de 1953, su preocupación no era el futuro proyecto de su apostolado a partir de su regreso a México. ¿En que invertir el capital de su larga formación académica y sacerdotal? Cada vez con más claridad se precisaba su futuro campo de acción y se perfilaban las líneas sociales, derivadas de la doctrina social de la Iglesia y de la situación económica y social de México en los años cincuenta.

En el panorama de trabajo era nacional, Carlos empezaba a ubicar distintas acciones y proyectos para definir la estrategia de acción e iniciar las batallas los proyectos exitosos a favor del hombre, del pobre, del marginado y desorganizado. Así, a lo largo del año de 1953 y de 1954 en que hizo la tercera probación en Colombia, sus lecturas, visitas y consultas, fueron cada vez más polarizadas en el campo social, en la organización de los trabajadores, en la ayuda a los pobres y marginados. Había mucho que aprender para luego, con mucha imaginación, adaptarlo a nuestras posibilidades y realidad nacional.

Carlos era muy consciente del panorama que le esperaba a su regreso a México. La situación política y religiosa, no solo le era conocida, sino que la había experimentado y sufrido. Su sentido social siempre había estado al lado de las buenas causas religiosas, familiares y sociales. La dignificación de su México exigía educar y concientizar al pueblo para iniciar proyectos sociales que humanizaran la situación de los pobres y empezaran a tejer la red de organizaciones patronales y profesionales, que sirvieran de soporte al desarrollo de la base popular que es la pirámide social. Ahí encajaban los cuerpos intermedios y los partidos políticos, tan importantes en la estructuración de una nación.

Otra situación que también fue definitiva para orientar el futuro trabajo de Carlos y que responde a la coyuntura específica que se vivía a mediados del siglo XX: la problemática internacional, posterior a la Segunda Guerra Mundial y el creciente auge de muchas Provincias jesuitas en el mundo, movieron al padre general de la Compañía de Jesús Juan Bautista Janssens, a enviar a todas las Provincias de la Compañía una "Instrucción sobre el apostolado social", firmada en Roma el 10 de septiembre de 1949. En ella se sugerían proyectos de acción concretos. Para darle eficacia a tan oportuna instrucción, el reverendo padre Janssens nombró al padre Manuel Foyaca, s.j. como visitador, para impulsar en las Provincias Hispano-americanas, el cumplimiento de las directrices dadas. Un modo concreto de llevar adelante el apostolado social, sugerido en el punto 13 de la "Instrucción", era mediante la fundación de un Centro de Información y Acción Social (CIAS) en cada Provincia. El padre Manuel Foyaca puso manos a la obra de inmediato para cumplir su cometido.

Carlos permaneció medio año en Colombia, completando sus lecturas y consultas. Al regresar a México, el 14 de enero de 1955, traía un buen conjunto de contactos, experiencias e ideas, además de su formación filosófica y teológica probada en las trincheras, como solida. El campo de batalla era la región Norte de México, a la que pertenecía como jesuita.

En el catálogo de 1955 aparece como "esperando destino" con sede en el Instituto de Ciencias de Guadalajara. Así fue como empezó sus largas conversaciones y frecuentes viajes por toda la región norte de México, la cual llego a conocer muy bien.

## Ubicando su trabajo

Multiplicado su carácter de su juventud por el impulso recibido con su sacerdocio, Carlos regresó a México deseoso de hacer algo valioso por sus semejantes. Los recuerdos de su juventud lo atrajeron hacia el noroeste. Recorrió Aguascalientes, Zacatecas y la costa del Pacifico, hasta Hermosillo y Nogales, con la intención precisa de contactar las personas y fuerzas vivas de la región y observar las posibilidades de éxito que sirvieran de base para designar la ciudad concreta donde realizaría la futura obra social que le encomendaban los superiores de la Compañía de Jesus y que bullía en su cabeza.

Al cuidadoso recorrido y observación de las potencialidades del norte, juntaba una intensa serie de entrevistas, conferencias y ejercicios espirituales con enfoque social. Impartió, en toda la frontera y la región norte, éstas actividades. En buena parte, financiaba sus gastos con éste trabajo. Fue así como se fue especializando, conociendo a México y dejando una red de valiosos contactos.

El resultado de la actividad de éstos meses fue el ir despejando la incógnita sobre la ciudad más adecuada para ubicar el CIAS, es decir, la sede del proyecto social que se iba definiendo. En aquellos años, en materia social, se podía hacer muy poco. En parte, por ignorancia, supuestamente inculpable, de todos; y en parte también, porque las estructuras vigentes en la Iglesia y en la Compañía de Jesús mataban muchas iniciativas aún antes de nacer. Eran los tiempos anteriores al Concilio Vaticano II donde los apóstoles sociales intentaban abrir brecha con obras sociales valiosas pero, frecuentemente, demasiado locales y de tipo asistencial. Se imponía cambiar las mentes, introducir nuevas ideas.

La división de Provincias Jesuitas en México, dejó a la región norte un tanto desamparada, en este renglón social y en algunos otros. Además de la labor misionera en la Tarahumara, que entonces no se consideraba social, los exponentes de este apostolado quedaban reducidos a la Ciudad de los Niños a las obras asistenciales de algunas congregaciones Marianas, como la de Señoras de San Felipe, en Guadalajara; la labor social "María Estuardo", en Torreón; la capellanía del penal de las Islas Marías y alguna más.

Lo que si había mucho en el norte de México eran kilómetros cuadrados y malas carreteras qué recorrer. Carlos decidió, en 1955 y parte del 56, conocer miles de ésos kilómetros y estudiar y precisar alguna de esas posibilidades.

El reto a que se enfrentaba era enorme: orientar y encauzar el indudable dinamismo y celo apostólico, evangelizador, educativo y misionero de los jesuitas de México, comprometerlos con el nuevo horizonte que se intuía como apreciable y valioso, pero que pocos captaban como posible y todavía más pocos, como debido y urgente, a pesar de la coyuntura propicia por la que pasaba México y el mundo. Tanto el enfoque de la formación religiosa, como la práctica de los ministerios tradicionales encomendados a los jesuitas, dificultaban el cambio de rumbo y empaliaban la visión de las ventajas de los nuevos horizontes que abrían las ideas sociales que ya flotaban en algunos ambientes. Únicamente ideas valiosas y convincentes podían provocar los cambios y adoptar los imperativos sociales que pedían la justicia, la fe y la doctrina de la Iglesia. Ante la magnitud de esta empresa, la estrategia de Carlos para sacar adelante sus planes, consistía en unir los medios humanos a los divinos. Así recorría, al estilo del padre Eusebio Francisco Kino y Juan Agustín de Espinoza, miles de kilómetros, visitando las principales ciudades del norte de México, dando conferencias, platicas, retiros y ejercicios a diversos grupos, para definir, con conocimiento de causa, el futuro social de la región norte. Además, con el mismo empeño, movía sus palancas sobrenaturales, muy al estilo jicotesco de De la Torre Uribarren.

## CIAS el norte de México

Dadas las perspectivas de paz ofrecidas al mundo por la ONU, el México de los años cincuenta presentaba un futuro esperanzador en varios aspectos. Los sexenios de Ruiz Cortines y López Mateos abrían posibilidades de desarrollo en importantes renglones. Se iniciaba la etapa del "milagro mexicano", con inflación controlada y crecimiento económico que doblaba la tasa de incremento de la población.

Al México del inicio de esta etapa, llego Carlos, a medir sus fuerzas con la problemática social de mediados de siglo. Llegaba el momento de aplicar la teoría de las aulas a la complicada realidad del país. Como dijera el padre Jaime Castiello, s.j., "construir el Reino de Dios con adobes mexicanos". ¿Por dónde empezar?

Torreón, con 50 años como ciudad, celebra sus Bodas de Oro con los balbuceos de esta obra social recién nacida. Oportuno con su noble tradición, personas, familias y grupos, le abren sus brazos y la apoyan en seno. Tan amable acogida augura buen futuro.

La importancia de este inicio, queda marcada por Carlos en su diario, cuando consigna en 1956: "21de junio. Llegué a Torreón a las 5:20 p.m. Me callo muy bien la ciudad..."

Apenas puso el pie en La Laguna, la primera batalla que libró, ganada gracias a su decisión y al apoyo del padre Manuel Aceves, consistió en diferenciar su trabajo del de los compañeros jesuitas de la parroquia de Nuestra Señora del Carmen. El párroco de una parroquia tan grande, siempre daba la bienvenida a todo el que iba a compartir el trabajo pastoral. Pero Carlos llevaba otro cometido y los roces no se hicieron esperar.

Para entender esto hay que trasladarse a 1956. Lo que ahora parece natural y obvio. hace 43 años no se entendía así, e incluso, se interpretaba mal. El trabajo propiamente social no tenía cabida en el programa pastoral de las parroquias. La evangelización y administración de sacramentos, predominaban.

Lo social se confundía con lo socialista e inclusive, se identificaba con un tipo de comunismo. La tarea, difícil, pero necesaria, era aclarar ideas, rectificar criterios, abrir horizontes y hacer conciencia sobre los mutuos derechos y obligaciones de las personas como integrantes de la sociedad; en una palabra: iluminar el mundo de la familia, de la empresa y de los negocios, con los principios de la doctrina social de la iglesia , compartir y hacer vida de doctrina.

Con una silla y una pequeña mesa que sustrajo de la parroquia, independizó su trabajo, al poner su oficina en la avenida Juárez 123 Oriente. Esta fue la primera sede del CIAS para la región norte de México. Para sostener la oficina, mientras motivaba a la gente para el trabajo social, se lanzó con un grupo de secretarias, a revisar los anuncios trasmitidos a lo largo del día, por la radiodifusoras de Torreón, Gómez Palacio y Lerdo. La retribución de las casas comerciales por este servicio, daba para pagar la renta. Fui testigo de esta labor y entusiasmo de Carlos, cuando estuve en Torreón para los ministerios cuaresmales de tercera probación, que realicé en la parroquia del Carmen.

Al constatar la gente el dinamismo de Carlos y las nuevas perspectivas de trabajo que presentaba, prendió el entusiasmo y la disponibilidad para colaborar con él. Se iniciaba la gran cátedra de altruismo cristiano. El avance de la cultura de dar, de compartir lo que Dios ha otorgado y está grabado con hipoteca social para distribuirlo a los más necesitados o a las obras de beneficio común que valen la pena.

El 28 de junio, anota Carlos en su diario: *"Me fui a hacer el pelo. Por la tarde, vino Jorge Fernández Orozco. Ya rentado el local, ! me entrego la llave! Llevé al padre Franco y al padre Rizo a ver el local. Por la noche, lo fui a limpiar. Junta con la Sección de Apostolado Social de la Congregación. A las 20:00 horas, vino Jorge Fernández Orozco trayendo al señor Zertuche, les enseñe el esquema".* El famoso esquema que era obligado explicar en todas las entrevistas de esos años.

Presentó un organigrama circular en cuyo centro se leía en grandes letras: CIAS. Habló de bolsas de trabajo, de cooperativismo, de formación social, de cajas de ahorro y otras cosas más. La verdad, no comprendían la figura redonda que Carlos presentaba... luego se dio cuenta que no entendían y les pidió una plática más. Su alta figura, su recia personalidad y su inteligente simplicidad para expresar las cosas más complicadas le fue abriendo un camino nuevo. Se fundó, un mes de marzo. en Juárez 17 poniente, una caja de ahorros, la primera Caja Popular Lagunera... Se formó con $26.55 pesos que se reunieron, más que por entender lo que el "Carlos" explicaba, por ayudarle al "padrecito", pues ya para entonces nos habíamos enterado de que era un sacerdote Jesuita que desempeñaba su ministerio en el difícil campo de lo social. Al mismo tiempo Carlos se reunía con obreros, con señoras, señoritas y jóvenes y cada reunión era una obra por emprender, por orientar o por planear.

Colaborador incansable que de inmediato comprendió la idea de Carlos, el ingeniero Jorge Fernández Orozco fue su mano derecha en esos difíciles comienzos. El trabajo no le atemorizaba Carlos multiplicaba su actividad de forma asombrosa. Con mentalidad social por estudio y sentido social por vocación, tras orientar a los grupos más necesitados y emprender obras de profunda estabilidad social, se lanzó a la difícil tarea de concientizar a los hombres de empresa, a los empleados y profesionistas, a grupos de señoras de la alta sociedad lagunera y a obreros y sirvientas. En medio de su firmeza de carácter y precisión de ideas, su trato se adaptaba a todos los niveles y circunstancias.

Las acciones que engrandecen los primeros años de funcionamiento del CIAS son:

- Movimiento Cooperativista de Cajas de Ahorro y Crédito
- Dirección de la Asociación Civil Casa Iñigo
- Asesoría de la Asociación Nacional Guadalupana de Trabajadores Mexicanos
- Fundación de la Escuela Técnica Industrial de Torreón
- Asesoría de la Corporación de Estudiantes Mexicanos y de la Unión Femenina de Estudiantes Católicas
- Capellanía, por un tiempo, de los Caballeros de Colón

Además, tandas de ejercicios en Torreón y otras ciudades norteñas, seminarios y conferencias a grupos de empresarios, clubes de servicio, asambleas regionales y nacionales de cooperativismo, de movimientos estudiantiles o de grupos particulares que lo requerían.

Los primeros cimientos de la labor social "convertida en apostolado, por la motivación sobrenatural" lo echó Carlos en el terreno fértil de La Laguna. Además, el intento de ayudar al pobre con hechos concretos animaba su actividad y sus palabras. Anhelo lleno de sencillez y de espíritu de servicio, de difundir la doctrina social de la Iglesia y de transformar cristianamente las estructuras sociales. La motivación y la acción debían complementarse. Además, el terreno fértil de Comarca Lagunera, con su valiosa cantera humana, se dejó moldear y los frutos no se hicieron esperar.

Se trasladó la sede del CIAS a la avenida Juárez 17 poniente y poco después, al domicilio de Juárez 52 poniente, en donde se consolidó definitivamente. El 19 de marzo de 1961, a las 11:00 a.m., Carlos enterró en el patio de esta casa, una medalla de san José, para que los dueños se sintieran inclinados a donarla para el CIAS. Cambiada la sede a la calle Donato Guerra. La medalla de san José no fue estéril, pues mejoró los resultados, como se verá, después.

El 17 de septiembre de 1958 se unió al trabajo del CIAS el padre Ramón Gómez Arias, a quien el padre Carlos encomendó la Congregación Mariana de Señores y lo nombró director de Casa Iñigo que se encontraba en construcción, descargándose de este trabajo para atender mejor la planeación y objetivos del CIAS a nivel de Provincia Jesuita.

## Atención pastoral a colaboradores

Muchas personas en La Laguna y en otras ciudades de la Republica, pueden atestiguar el minucioso cuidado que Carlos prodigaba para corresponder a las atenciones de amigos que amablemente colaboraron con el CIAS para sostenerlo y llevar adelante el conjunto de obras emprendidas.

Carlos empezó el CIAS "desde cero" en 1956. El solía decir que desde "menos cero por la oposición o desinterés que encontró en algunos, dentro y fuera de la Compañía. Ya era un equipo de jesuitas el que colaboraba con Carlos en la promoción social de la Provincia y en la marcha de las obras, exitosamente iniciadas: en poco tiempo, el Centro contaba con instalaciones propias en las oficinas centrales de Donato Guerra 74 norte, en Casa Iñigo y en la Escuela Técnica Industrial; se había formado una biblioteca especializada en ciencias sociales que se consideraba la más completa en el norte de México; todas las oficinas se habían dotado con el equipo necesario para su funcionamiento.

Formar la biblioteca y amueblar el CIAS supuso muchas privaciones. En ocasiones, los compromisos asumidos por Carlos superaban el flujo de limosnas erogadas por nuestros amigos y colaboradores.

Esta situación de pobreza tuvo sus momentos de tensión. Del 18 al 23 de diciembre de 1961 se suspendió el trabajo ordinario de todos los Jesuitas del CIAS por orden del padre De la Torre, todos, empezando por el debíamos pedir ayuda y conseguir limosna para el sostenimiento y desarrollo del Centro. Obedecimos y Dios movió las voluntades de nuestros amigos y colaboradores.

Haber hecho realidad este conjunto de obras con base en donativos, supone contar con un grupo de amigos sinceramente convencidos de la bondad del trabajo social que cuajó no sólo por el espíritu emprendedor de Carlos, sino también por las iniciativas del equipo Jesuita y la colaboración de los apóstoles seglares los que respaldaban económicamente, con desinteresado trabajo. Tanto en los eventos institucionales organizados por el CIAS, como en las actividades ordinarias de la oficina, era frecuente constatar la colaboración de voluntarios como; María Dolores Miranda, Ruca de la Parra, Bety Casino, Velia Margarita y Dora Luz Guerrero, Juana Ma. Woo, Gualda Elisa Alvarado, Raquel Aranda, Carolina Posada, Vera Casillas, Mercedes Martínez y Victoria Alvarado, entre otras.

Esta disponibilidad y apoyo debía corresponderse con todo lo que un amigo seglar espera de un sacerdote. Este fue el origen de innumerables consultas hechas a Carlos o a los otros padres del CIAS sobre asuntos personales, familiares, religiosos laborales. Así se inició la cadena de bautizos, matrimonios, primeras comuniones o unción de enfermos, que formaban parte de las actividades de los padres integrantes CIAS.
Las bendiciones a casas, autos, talleres, oficinas, fabricas y comercios, merecen especial mención. Todas estas actividades recargaban considerablemente el trabajo del Centro. Por lo demás, para solicitar estos favores que dábamos con gusto, no había horario.
Desde los primeros años, se estableció la costumbre de la misa diaria para los amigos en la capilla del CIAS, que ordinariamente celebraba Carlos. Las conferencias semanales a señoras, iniciadas por el padre David Hernández S.J. en Casa Iñigo, primero sobre la Biblia y luego sobre educación, derivaron después en el Circulo de Estudios San José, atendido por Carlos desde 1963 hasta su muerte y en el que transmitió a un grupo selecto de damas laguneras, muchos de sus conocimientos sabré doctrina social, cooperativismo, experiencias personales sobre los problemas de México, inquietudes sociales e iniciativas de apostolado.

Muchas de las asesorías, tandas de ejercicios y retiros, dados por turno en Casa Iñigo, pretendían ser un detalle de correspondencia de parte del CIAS para sus amigos y contribuidores. Esto era, también, el sentido de multitud de pequeños servicios o actos de cortesía que hacían los padres con gusto, como dar la comunión en nuestra capilla, escuchar confesiones, aceptar invitaciones a comer o a cenar en la casa de los amigos, enviarles tarjetas de Navidad o felicitarlos por su onomástico. Dar ése pequeño tiempo era parte de su apostolado y sobre todo, darlo como lo hacía mi tío Carlos: con gusto, constancia y alegre disponibilidad. Como director del Centro, le correspondía la mayor parte de la responsabilidad y ejecución de estos detalles tan importantes y significativos en la vida social.

Al trasladar el CIAS de la avenida Juárez 52 poniente, donde se consolidó, a su sede definitiva en Donato Guerra 74 norte, inmueble donado por los ingenieros Carlos y Antonio Santa cruz, se abrieron más posibilidades de atención a las amistades, al contar con instalaciones adecuadas para atender las finalidades del CIAS; salón de juntas, capilla grande, biblioteca, despacho, jardines, etcétera. Ahí se realizaron muchas actividades de cooperativismo, se iniciaron los clubes de ahorro, se fundó el circulo de estudios San José, se celebraron misas de aniversario y primeras comuniones, se tuvieron posadas y oficios de Semana Santa y se organizaron eventos amistosos. Todas estas actividades granjearon al CIAS un "equipo de amigos" verdaderamente envidiable y un grupo de colaboradores seglares integrados al apostolado del Centro, que provocó la admiración de muchos no sólo en México, sino en América Latina, donde era considerado como un fenómeno digno de estudiarse e imitarse. Jesuitas de Estados Unidos, España, Colombia y Centro América los visitaron, constataron el fenómeno y se enriquecieron con sus experiencias.

## Innovador dinámico y excelente compañero

La personalidad del padre Carlos fue un elemento definitivo para la realización de su obra en el CIAS. Únicamente un Jesuita con su capacidad y cualidades pudo hacer frente a los obstáculos de toda índole, lo cual supuso romper estructuras tradicionales y promover socialmente a la Provincia Jesuita, hace cuatro décadas.

Innovador nato, vio claro, desde su regreso de Colombia, por dónde debía iniciar la línea de promoción humana en la Provincia Jesuita Mexicana en la sociedad del norte del país y era crucial acertar el camino. Respecto a los Jesuitas, ofrecer una línea de apostolado a tono con las exigencias actuales institucionalizarla y demostrar su bondad y validez con hechos era el único modo de cambiar mentalidades y abrir paso a las nuevas estructuras. Los "signos de los tiempos" avizorados por el Concilio Vaticano II estaban a su favor y Carlos supo verlos e interpretarlos.

El tenía la idea clara marcada por el padre general Juan Bautista Jansens que con su instrucción sobre el apóstol social, impulsaba a la Compañía de Jesús para que proyectara y actuara en la línea social que de manera pujante, se abría paso en el mundo de la postguerra de los años cincuenta. Urgía estudiar y equilibrar este impulso renovador. En la región norte de México, Carlos contaba con el apoyo decidido de su viceprovincial, quien no dudó en lanzarlo a realizar la aventura innovadora de la promoción social.

También era motivo de confianza el aporte de la doctrina social de la Iglesia. En esos años, dicha doctrina formaba más un bloque de teorías pastorales y académicas, que un código de normas morales que moldearan las realidades concretas del mundo del trabajo.

Respecto a la sociedad, su acierto innovador fue triple: Detectó la urgencia de promocionar socialmente al trabajador, al pueblo, al joven de escasos recursos y se lanzó, junto con su equipo, a realizar obras que concretaran esos objetivos: cajas, cooperativas, círculos de estudio y carreras técnicas.

Se dio cuenta de que el cambio de estructuras que pedían las circunstancias concretas de México no debía ser violento, sino lo más humano posible y aunque lento, cimentado en el convencimiento personal y la motivación ideológica que urge el cambio por la vía educativa y de modo evangélico.

Vio la importancia que en la implantación de los valores de esta nueva sociedad, tienen los líderes de la comunidad y los dirigentes sociales y se dio a la tarea de formarlos en todos los niveles. Muchos de estos dirigentes han estado al frente de movimientos ciudadanos, de profesionales, de organismos diocesanos, parroquiales, sindicales o de promoción social, con mucho éxito, aun en esferas oficiales; subproducto que hay que abonar también al CIAS.

Del convencimiento de la validez y acierto de estas líneas de promoción, saca Carlos los arrestos para entusiasmar a sus compañeros de trabajo, explicar o defender sus proyectos ante los superiores, superar las incomprensiones y escaseces económicas que mediatizaban la realización de los objetivos, innovar las líneas de apostolado, construir las instalaciones indispensables, sostener a los colaboradores en las dificultades inevitables y coordinar las iniciativas de todos para sumar esfuerzos, aunque a veces, lo traicionaba su carácter cuando se trataba de proponer o revisar los resultados, pues fácilmente proyectaba en los demás su propia eficiencia y pedía el método, organización y ritmo de trabajo que se exigía a sí mismo.

Logró que los superiores le aprobaran formar una comunidad distinta a la parroquia del Carmen, tener una distribución que hiciera posible atender a los grupos por la noche, cuando podían dedicar tiempo para juntas, asambleas o platicas.

Carlos sabía comunicar sus inquietudes, contagiar su entusiasmo y convencer a los que le escuchaban sobre la urgencia de la promoción y la bondad de obras emprendidas. Convenciendo del poder de la mística, sabía trasmitir, tocar la tecla del autentico patriotismo y ganarse compañeros para el apostolado social.

Como buen orador, sabia adaptarse a todos los auditorios. Había temas que calaban hondo en sensibilidad social. En sus conferencias y platicas, contagiaba sus repulsa a las estructuras injustas, su denuncia a los abusos del sistema político económico dominante. A la critica incisiva, se unía siempre la propuesta esperanzadora de la doctrina social de la Iglesia, del cooperativismo, de la oferta de obras de promoción social para educar, unir y organizar al pueblo débil e ignorante. Sabía explicar muy bien lo que sentía. Aumentaba su entusiasmo cuando hablaba acerca de las obras concretas del CIAS, de los éxitos obtenidos 'o de las dificultades vencidas. Se sentía en su elemento cuando dirigía juntas, mesas redondas o asambleas.

Carlos hablaba a los obreros ajustando su lenguaje a su auditorio. Esta adaptabilidad a los diversos grupos hacía que fuera muy solicitado para dar ejercicios, conferencias, cursos y pláticas. Su agenda de consultas de toda índole estaba siempre llena.

Metódico para el trabajo, era un apasionado del estudio, la organización y las juntas que dirigía con habilidad. Apenas se consolidó el equipo del CIAS, y se empezó a tener tres juntas semanales, a primera hora del día, los lunes, miércoles y viernes: de estudio en común, planeación de proyectos y revisión de actividades.

Con esto se aseguraba, además, la comunicación interna del equipo. Las juntas de estudio, como consigna semana a semana en su diario, superaron el centenar.

Mensualmente pedía a los directores, un resumen de actividades por escrito de sus actividades, con lo que elaboraba el informe mensual que enviaba al padre provincial para darle cuenta de la marcha del CIAS. Después de cada evento importante, se hacía en equipo la evaluación respectiva con lo que las reuniones, jornadas o encuentros en Torreón, llegaron a ser modelo de organización.

De gran resistencia y capacidad para el trabajo, su descanso ordinario consistía en las charlas con los amigos después de las juntas, círculos o reuniones; en los ratos de sobremesa; en algún programa de televisión, cuando no había juntas, en una de las "sucursales" del CIAS, es decir, en la casa de alguna familia amiga, a la que podía uno llegar sin previo aviso. Más que por el descanso propio, se preocupaba por el de los compañeros de equipo a quienes prescribía semanalmente un día de reposo, con posibilidad de pasarlo donde realmente se interrumpiera el trabajo.

Era magnifico compañero para viajes, siempre dispuesto a secundar propuestas o seguir planes. En los largos y continuos recorridos para realizar las visitas anuales a las casas y colegios, aprovecha las horas de carretera para hacer planes, repartir el trabajo y repasar el esquema de exposición de la vista que estaba en puerta. Los regresos se caracterizaban por los comentarios de toda índole, sobre la marcha del CIAS o sobre los problemas detectados en los viajes.

## Promoviendo la provincia jesuita

El hecho de ser el CIAS un "equipo auxiliar del padre provincial", implicaba una serie de consultas que de ordinario, se hacían a Carlos como director del Centro como consejero de los CIAS de la región norte de América Latina, como consultor de provincia y como promotor de lo social en el norte de México. Era tarea del equipo colaborar en este reto orientar y ayudar a los padres de la Provincia Jesuita para enriquecer, con el matiz social, todas sus actividades y contribuir, como levadura, a transformar la sociedad En otras palabras, se pedía al Centro promover un cambio de mentalidad con respecto a lo social, en los jesuitas de la Provincia y en la sociedad a la que pertenecen.

A partir de 1961, a la labor anterior, se sumaron una serie de actividades del equipo tendientes a iniciar e intensificar este cambio. Para comprender el reto y responsabilidad de esta tarea, el lector debe captar las actitudes, ideas, valores rutinas que predominaban en el mundo y en México en los años sesenta La Guerra Fría, solapada entre los Estados Unidos y la Unión Soviética, canalizaba muchos recursos a las personas e instituciones que enarbolaban la bandera anticomunista. Tampoco debe olvidarse que en las décadas de los cincuenta y sesenta, preocuparse por los salarios de los obreros, los horarios de trabajo y las organizaciones obreras o sindicales, se interpretaba como sospechosa proclividad al comunismo. Se veía con desconfianza en nuestras casas, parroquias o colegios que pidiéramos información sobre la justa retribución de nuestros colaboradores y sobre sus horarios de trabajo.

El ritmo de vida de la Iglesia en esos años, era tímido y cansado, por lo menos, en aspectos sociales y religiosos. Por eso fue tan providencial la fundación del CIAS. Mucho ayudó la bocanada de oxigeno que supuso para la Iglesia la convocatoria del Concilio Vaticano II, realizada por el papa Juan XXIII.

Los procesos de cambio pacífico por definición, son lentos, esa lentitud no aminora la urgencia de iniciarlos. A esta tarea se allegó Carlos y sus compañeros del CIAS, al programar, preparar y realizar las visitas a todas las comunidades jesuitas de la Provincia Norte de la Compañía de Jesús en México. La vitalidad y dinamismo de Carlos reprimido durante los 18 años de su formación, encontró, ahora su campo abierto para el desarrollo de la sociedad y dignificación de la Patria, con la que siempre se sintió tan comprometido. El yacimiento social encomendado a su cuidado por los superiores, unido al compromiso de hacer algo por México, recordado por Doña María a su hijo jesuita, era una oportunidad de oro para proyectar acciones que contribuyeran a humanizar los niveles de vida de sus compatriotas. Así lo comprendieron quienes colaboraron con él.

Esta era la tarea de cada día de las visitas a las comunidades de la Provincia Norte: Ciudad de los Niños, residencia de San Felipe, Puente Grande, Instituto de Ciencias, ITESO, Parroquia del Carmen, Colegio Pereyra, parroquia de Parras, residencia de Saltillo, parroquia de Chihuahua, Instituto Regional, Misión de la Tarahumara, Seminario de Montezuma (Nuevo México) e Islas Marías. Se empezó a visitar, también, algunas casas "comunes" de la Provincia Sur, como la Universidad Iberoamericana y el Colegio Máximo de Cristo Rey en San Ángel, Distrito Federal. Además de la visita anual a las casas de Jesuitas, le dedicaban tiempo y esmerada preparación a las nueve Semanas Sociales para Superiores y Directores de Obra, realizadas en Casa Iñigo, en la Semana de Pascua - de 1960 a 1968 -, las cuales, pronto se abrieron a todos los interesados en el apostolado social.

Es justo recalcar el empeño que Carlos y todo el equipo del CIAS, dedicaban al preparar a detalle cada una de las nueve Semanas Sociales. Convencer y motivar a superiores y directores de obra era el único camino para hacer posible la obtención de sus objetivos y metas sociales. Conjuntamente, organizamos las siete Jornadas de Orientación Social para Neo-Maestros, que tanto contribuyeron a extender, en las generaciones jóvenes de los colegios, las ideas sociales y el compromiso por los demás. A esto hay que sumar, en cada curso, la visita a los cuatro colegios de la Provincia Norte y la promoción y asesoría a los secretariados sociales ahí formados. También se realizaron tres reuniones para jesuitas destinados al CIAS en casa Iñigo, lo que dio lugar al contacto personal con los futuros sacerdotes de la Provincia. Conscientemente, se cuidaba la amable acogida a los visitantes del Centro o a los que venían a pasar cortas temporadas en Torreón, para ver las realizaciones logradas y los problemas resueltos, o para orientarse en lecturas y trabajos. La delegación de algunas tareas del CIAS y la descentralización de varias de sus obras, dejaron a Carlos más tiempo para pensar y estar al día en el contacto epistolar con muchos jesuitas, responder consultas por correspondencia y echar el anzuelo a futuros integrantes del equipo, entre otras importantes actividades. Intenso trabajo compensado con la alegría de los resultados y la cohesión del equipo Jesuita. Merecen destacarse los apoyos siempre oportunos de sus amigos colaboradores, con quienes compartieron el éxito del progresivo aprecio por lo social.

Carlos "planeaba, dirigía, y revisaba" con mucho detalle y cuidado cada uno de estos sectores de actividades. El ilimitado tiempo dado a las juntas en las que se organizaban o evaluaban estos eventos, que no solo en teoría, sino en la práctica, consideraba muy relevantes. Y me constan, también, las malpasadas y desveladas que en Torreón o en las visitas a casas o colegios, suponía la actividad ahí programada para lograr los objetivos del CIAS. Siempre viajaba de noche, para aprovechar completos los días.

Las Semanas Sociales tenían su propia estructura. A lo largo de tres días, se trabajaba a fondo mañana y tarde, con un significativo grupo de superiores y directores de obra. Los temas eran desarrollados por especialistas de alto nivel, en las cómodas instalaciones de Casa Iñigo. Se enviaba con anticipación el programa invitación con los temas, expositores, horarios, mesas redondas, visitas programadas y comidas de festejo. El equipo de secretarias atendía hasta los más mínimos detalles organizativos y servía de enlace con papelerías, agencias de viaje farmacias y familias amigas de los visitantes. Un grupo de damas laguneras, señoritas y jóvenes de la mejor sociedad se sumaba desinteresadamente en apoyo a la organización de estas actividades.

Yo aun siendo estudiante del ETIT, junto con algunos de mis compañeros nos tocó trasladar las javas de leche de la lechería LALA a casa Iñigo para los desayunos y luego servir de mesero para gran concurrencia de sacerdotes.

Las nueve Semanas Sociales precisamente en la Semana de Pascua, demostraron ser estratégicas para cambiar mentalidades y propiciar la asistencia a los Cursos Sociales de Superiores y Directores de Obra El número de participantes, como lo demuestran las fotografías de las nueve reuniones, fluctuó alrededor de 50 personas. El influjo de los expositores fue definitivo para humanizar el enfoque de nuestros colegios, universidades, casas de formación, parroquias y residencias. El peso y trascendencia de lo social empezó a abrirse paso y a ubicar, en su justo medio, los derechos de los trabajadores y los abusos de que eran victimas los más débiles, a nivel local y nacional.

Los resultados, más que las palabras de los integrantes del CIAS, fueron cambiando mentalidades y conquistando adeptos para la nueva visión social y para el enfoque altruista de todos los ministerios de los jesuitas que trabajaban en México. Es más, en este sentido, sobre todo a partir de la unificación de las dos Provincias Jesuitas en 1969, sectores significativos de padres, formadores y estudiantes, se inclinaron por las ideas y análisis de una de las tendencias de la Teología de la liberación.

## Promoviendo a la sociedad

Admira constatar, por las anotaciones en su diario, la movilidad que Carlos se exigía para cumplir los compromisos asumidos. La endeble salud que tanto lo hizo sufrir durante los años de su formación, se consolidó con el tónico valioso del trabajo realizado con entusiasmo y con resultados alentadores a lo largo de 15 años. La última etapa de su vida, de los 55 a los 58 años, Dios lo probó en el yunque del dolor. Teniendo muy bien definido su proyecto social, se lanzó a realizarlo apenas puso pie en México, el 14 de enero de 1955. Cada gira por el centro y norte del país, era un paso adelante en la obtención de este objetivo. Primero, solo, y después, acompañado con miembros del CIAS, dio cursos, ejercicios espirituales y conferencias en las ciudades de Nogales, Aguascalientes, Hermosillo, San Luis Potosí, Culiacán, Durango, Matehuala, Monterrey, Ciudad Obregón, Parras de la Fuente, Zacatecas, Fresnillo, etcétera.

Al fijar su sede en Torreón, se redujo cuantitativamente el área geográfica de influjo para ahondar en calidad en la obtención de los objetivos del CIAS. Su programa incluía todas las capas sociales: patrones, obreros, industriales, banqueros, campesinos, profesionistas, estudiantes, sacerdotes y laicos, colaboradoras del hogar y señoras... Su desempeño y esfuerzo, multiplicado con el equipo del Centro, dio los frutos esperados. Su iniciativa se amplió a través de los compañeros jesuitas y colaboradores laicos que impulsaron el conjunto de obras dinamizadas por el CIAS a lo largo de la década de los sesentas. A continuación presento breve apunte de las principales obras que se atendieron.

### Cajas Populares

Sin descansar la atención debida a otras líneas sociales de trabajo, Carlos tenía predilección por el reto de formar dirigentes en todos los niveles. Con este enfoque, planeaba muchas de sus actividades. La primera obra realizada a conciencia para promover y concientizar al "pueblo" fue el cooperativismo, en su modalidad de Cajas Populares de Ahorro y Crédito. El padre Carlos fue el iniciador de esta actividad en la región norte de México. Coahuila, Durango Chihuahua, Nuevo León., Tamaulipas y San Luis Potosí un proverbio que le sirvió de bandera en estos inicios fue el de "Cuida el centavo El peso se cuida solo".

Inicialmente, agrupó socios cooperativistas de tres niveles empresarios y personas de elevado ingreso económico, empleados y profesionistas de nivel medio, obreros y familias de bajos ingresos. La práctica posterior demostró que el campo mas urgido para el movimiento cooperativista de Cajas Populares era el del sector popular. Así es como ha perdurado. La modalidad de los Clubes de Ahorro y Préstamo, data de 1963 y ha probado su eficacia en la clase media, sobre todo con amas de casa. Recientemente ha tenido éxito en algunos sectores de bajos ingresos, cuando los clubes son encabezados por dirigentes de clase media, firmes y hábiles, como se verá después.

La Caja iniciadora fue la Popular Lagunera, que tuvo su origen el 7 de noviembre de 1956. Este día Carlos anoto en su diario "Con el licenciado Llamas se acordó iniciar la primera Cooperativa de Ahorro y Crédito, que se llamará Caja Popular Lagunera. Se mandó imprimir la papelería necesaria a menos de cinco meses de su llegada a Torreón se iniciaba en el norte de México el movimiento cooperativista tan necesario para educar al pueblo liberarlo de los agiotistas y enseñarle el habito del ahorro, ésta funcionó en avenida Juárez 17 poniente. Al multiplicarse las Cajas el consejo central de Cajas Populares a través de su presidente licenciado Florencio Eguia nombró un representante de zona en La Laguna.

Al inicio del año 2000 según datos proporcionados por María Dolores Miranda, agrupan cuatro cajas y nueve clubes a 472 socios y en 1999, ahorró más de medio millón de pesos con un saldo de ahorro cercano a dos millones, realizó 358 préstamos durante el año, por un monto de 2.4 millones y los acumulados suman nueve mil 9,286, mientras que el monto general acumulado de préstamos es de más de 12 millones de pesos. Las cajas son Fátima, San Pedro, Lagunera y Xavier. Los clubes 6 de Enero, 18 de Agosto, Decimo, Dos Mil, Carlos De la Torre, Espíritu Santo, Gama Génesis Año 57

### Obreros Guadalupanos

Para formar dirigentes obreros y ayudar a los trabajadores en sus necesidades familiares y religiosas, Carlos aprovechó la Asociación Nacional Guadalupana de Trabajadores Mexicanos, de la que fueron capellanes y asistentes: Carlos, Edgardo Viramontes, Leopoldo Vivanco y Ramón Torres, Iniciada la Asociación en 1938. funcionaba en la diócesis de Saltillo, de la que dependía Torreón a través del Comité Regional integrado por los comités locales y de fábrica. En Torreón se fundó la Asociación Guadalupana en 1952, con sede en el santuario de Nuestra Señora de Guadalupe Al empezar a trabajar Carlos y Edgardo Viramontes en el movimiento cooperativista, se conectaron con los Obreros Guadalupanos que terminaron por pedir su asesoría y trasladar sus oficinas a avenida Juárez 17 poniente, donde ya funcionaban las cajas y el CIAS. La Asociación se consolidó en 1958 a la diócesis de Torreón y constituirse en 1959, el Comité Regional de Obreros Guadalupanos, en el magnífico local del Auditorio Jorge Fernández

Orozco que por una renta simbólica, había conseguido Carlos para los obreros.

Por los actos religiosos típicos de la Asociación, entre los que destacaban las confesiones y misas en las oficinas, mercados y fábricas, la magna peregrinación Guadalupana el domingo anterior al 12 de diciembre, que ofrecía el espectáculo de diez mil obreros desfilando por las canes de Torreón rumbo al Santuario de Guadalupe; los retiros y ejercicios espirituales en el Auditorio, Casa Iñigo y La Continental, el arreglo de matrimonios, bautismo de adultos, confirmaciones, etcétera.

Esta actividad social religiosa y familiar con los obreros fue muy positiva y se asesoró con gran dedicación por parte del CIAS, hasta que en 1968, monseñor Fernando Romo Gutiérrez decidió nombrar asistentes de su clero diocesano para la atención pastoral de los Obreros Guadalupanos. Con éste cambio se interrumpieron las actividades religiosas y educativas que en el Auditorio, mercados, fábricas y demás sitios llevaba a cabo el Centro, involucrando a todos los jesuitas del equipo social o a través del Instituto de Promoción Obrera Miguel A. Pro que favorecía a centenares de personas que aprovechaban sus servicios. Fue una labor de años, de mucha paciencia y acompañamiento personal.

## Casa Iñigo

La idea de Casa Iñigo nació como fruto de las pláticas cuaresmales que en Semana Santa de 1956 dio el padre José de Jesús Hernández Chávez, s.j. en el Instituto Francés de la Laguna a un valioso grupo de empresarios laguneros. La estratégica pregunta de san Ignacio, en la Meditación de las Dos Banderas: "¿Qué debo hacer por Cristo?", cayó en buena tierra y encontró pronta respuesta. Se imponía construir unas instalaciones adecuadas para éste tipo de eventos religiosos y formativos. Se buscó lugar y nombre para identificar su objetivo, sin chocar con las leyes antirreligiosas de México, se optó por darle a la Casa el nombre seglar de San Ignacio: "Iñigo". Desde entonces, muchas personas conocen, por experiencia propia, esta Casa a nivel regional y nacional.

Se solicitó un terreno de poco más de dos hectáreas a don Hilario Esparza, de origen zacatecano, pero comprometido con los retos y valores de La Laguna. El donativo del terreno se hizo el mismo año 1956, en la persona del padre León Franco Cisneros, s.j., superior y párroco del Carmen. Bardeado el terreno, se elaboró el proyecto arquitectónico y se legalizó la Asociación Civil Casa Iñigo. Estas gestiones coincidieron con la llegada a Torreón de Carlos, fue el 21 junio 1956, quien no solo se identificó con los objetivos del proyecto, sino que bien pronto lo encabezó, al aceptar ponerse al frente de este grupo de dirigentes laguneros.

El 31 de enero de 1957, consigna en su diario: "Ernesto González Domene pretende que nosotros dirijamos el grupo Iñigo. Se tratará esto con Hernández Chávez y el padre Franco. Se preguntará al provincial". El 20 de mayo anota: "Junta Casa Iñigo. Comenzó el licenciado De la Torre a encargarse del designio. Así, el 30 de mayo consigna: "Se comenzaron los trabajos de la casa de ejercicios" Al mes siguiente, el 23 de junio, "por la noche, comenzaron los ejercicios para señoritas de la Unión Femenina de Estudiantes Católicas (UFEC). El 29 de junio escribe: "Por la noche comenzaron ejercicios organizados por la Corporación de Estudiantes Mexicanos (CEM), para 40 estudiantes que a nivel nacional, dirige el padre David Mayagoitia, s.j. "Así se dieron muchas tandas de ejercicios, retiros y misas en La Continental, a lo largo de 1957. A este tiempo se remonta la primera anécdota del robo de la naciente casa de ejercicios. El 3 de febrero de 1957 consignó el padre Carlos en su diario: "Recorrió el barrio de la Metalúrgica". El 1 de septiembre del mismo año "Bendición de la casa La Continental, celebró la misa el padre Hernández Chávez. Después se realizó una junta y una comida. Dormí allí la siesta". El martes 3 de septiembre: "Anoche robaron en La Continental". Pero el miércoles 4 anota: "Por la noche, al llevar a Salvador (velador, ex presidiario de las Islas Marías) a La Continental, encontré en la puerta las cosas robadas". Esta escena se repitió el 3 de noviembre de 1957, en que robaron 60 cubiertos, la plancha eléctrica y las llaves del fregadero. Al día siguiente consigna: "Por la noche, regresaron todo lo robado. Lo dejaron a la entrada"
En esta misma línea debe situarse otra actividad que ayudó a Carlos a ubicarse en el medio religioso y social de Torreón. El 26 de mayo de 1957, escribe en su diario: "El licenciado De la Torre se inició como Caballero de Colón para tener más contacto con los señores, previa autorización del padre provincial el día 24". El proyecto de Casa Iñigo,

que se iba concretando, redundaría en mayor comodidad y eficacia para el logro de los objetivos que tuvieron su origen en el Instituto Francés de la Laguna. Con algo de dinero y la mira puesta en Dios, se aprobó el proyecto y se fijó la fecha del 1 de mayo de 1958 para poner la primera piedra.

La noticia de la nueva diócesis de Torreón se remonta al 31 de octubre de 1957 y la consigna así: "Habló el señor obispo para decir que Torreón será diócesis". El 24 de enero de 1958: "Llegó la noticia de que el obispo de Torreón será el padre Fernando Romo G., rector del Seminario de Saltillo". Según le escuchó contar varias veces a Ernesto González Domene, testigo de esta ceremonia, al colocar la primera piedra se produjo un sacudimiento de la tierra que impresionó a los presentes y no tenía humana explicación. El "enemigo de naturaleza humana", reaccionaba ante las futuras conversiones que sedarían en Casa Iñigo.

Para ésa fecha, Carlos era director de Casa Iñigo y Manuel Díaz Rivera, presidente de la Asociación Civil. Al morir este último, le sucedió como presidente el contador público Edelmiro Morales Leal.

Se iniciaba la construcción de un centro de formación de dirigentes, largamente soñado por el grupo de laguneros, que lo concibió Carlos lo inició y Ramón Gómez Arias habilitó los dos pisos de cuartos para ejercicios a base de crédito, que pronto se agotó. Con mucho esfuerzo y la generosa colaboración de los laguneros, no solo se pagó el más de medio millón de pesos que se debía, sino que se construyó, en cinco años, el tercer piso del edificio de cuartos, la capilla, el auditorio, el comedor, las oficinas y los cuartos de la comunidad jesuita. También fue significativa la inversión en corredores, patio, jardines y estacionamiento. Por desgracia, años después, el padre Salvador Álvarez Domenzain, vendió a los hermanos Lasallistas aproximadamente nueve mil metros cuadrados, disminuyendo el área donada por don Hilario Esparza para ésta obra religiosa y social, condicionada a casa de ejercicios y formación de dirigentes, como lo atestigua el padre León Franco, s.j., quien recibió el terreno de manos del donador.

Los objetivos de Casa Iñigo quedaran claramente especificados por el padre De la Torre en el Acta Constitutiva de la, Asociación Civil: "La finalidad primaría de Casa Iñigo, A.C., en su misión específica de dignificar al hombre y formar auténticos dirigentes, es la elevación moral de sus socios y la promoción de toda labor social tendiente a la estructuración equilibrada de los cuadros institucionales en que vive y se mueve nuestra sociedad"

Sin dejar de ver lo que en toda actividad humana queda siempre por hacer, es igualmente justo reconocer la sedimentación cristiana y social que han dejado en los individuos, en las familias y en la comunidad lagunera, los centenares de juntas de mesa directiva, retiros para hombres y mujeres, ejercicios espirituales para ambos sexos, conferencias, reuniones y semanas de estudio a nivel local, regional y aún nacional, cursos, círculos de estudio, reuniones, consultas, festejos y misas diarias y dominicales realizadas en el CIAS y en Casa Iñigo a lo largo de las décadas. El triple proyecto del Centro transformado en realidad, no eran visiones del padre De la Torre, sino intuiciones.

Y, si a esta labor solida se suman los saldos de las otras actividades sociales o amistosas que se integraron en el CIAS de Torreón, la resultante es aún más positiva. Torreón salió perdiendo con el traslado del Centro al Distrito Federal, en 1970. Así lo siente la sociedad lagunera, si bien es verdad que varias obras del CIAS siguen activos en la ciudad de Torreón, generosa ciudad que hace más de 59 años vio llegar al padre Carlos quien hizo nacer Casa Iñigo, la Escuela Técnica Industrial, Las Cajas Populares, los Clubes de Ahorro, etcétera.

Era tema favorito de Carlos evaluar las actividades realizadas. No solo calibraba las fallas detectadas en la marcha del CIAS, sino que apreciaba también los logros obtenidos en la mentalización de las personas y la promoción de grupos sociales. Le complacía hondamente palpar estos logros y alentaba al equipo a organizar la siguiente actividad.

## Escuela Técnica Industrial

Como las otras obras sociales del CIAS, la Escuela Técnica Industrial de Torreón (ETIT) nació de una idea que tenía su lugar en el famoso "Organigrama" que Carlos empezó a dibujar el 30 de diciembre de 1955, en su estancia de ocho meses en el Distrito Federal, como consta en su diario. Continuo este trabajo el 3 de enero de 1956, al mismo tiempo que daba ejercicios espirituales, conferencias, clases de religión y oratoria a diversos grupos y congregantes Marianos en la calle de

Argentina, del centro histórico del Distrito Federal. En el Secretariado Social Mexicano, se conectó con el doctor Pedro Velázquez.

El 12 de febrero, anota en su diario: "Hablé con el padre Oslé y le enseñé el esquema del Secretariado, me pidió una copia para el padre Foyaca. En ese esquema ocupaba lugar prioritario la capacitación de jóvenes y obreros. Encontrar el modo concreto de realizar este objetivo se llevó tiempo, consultas, juntas, visitas a obras y hubo que vencer mil dificultades..." Apenas llegó a Torreón el padre De la Torre el 21 de junio de 1956, empezó a hacer contacto con distinguidos laguneros que muy pronto, convirtió en colaboradores. Así, a partir del día 23 de junio, aparecen en su diario los nombres de Pablo López, Manuel Muñiz, Jorge Fernández, Gustavo Llamas, Manuel Díaz Rivera, Fernando Zertuche, Salvador Sánchez y Sánchez y Carmelo Montes.

La primera idea de capacitación técnica para obreros aparece en su diario el 5 de octubre de 1957: "El licenciado Sánchez y Sánchez empieza las gestiones para que los jesuitas se encarguen de la futura Escuela de Artes y Oficios. Un grupo se opone, lo encabeza Florentino González Díaz, masón y dueño de la Agencia Funeraria González".

El siguiente día 8, una Comisión Oficial del Consejo Nacional de la Industria de Transformación pide a Carlos acepte la dirección de la Escuela de Artes y Oficios, bajo las siguientes condiciones:

1. Patronato controlable.
2. Tener como director al padre De la Torre
3. Que el padre no aparezca oficialmente como director.
4. Nombrar un director "pantalla"
5. Se ofrecen 30 mil pesos para la instalación.
6. Empezar con pocas carreras.
7. Capacitación a alumnos aun sin ninguna preparación; no grados académicos y
8. Lanzarse ya, a realizar la idea.

Don Alfonso Gómez apoya este plan, levanta el ofrecimiento a 90 mil pesos, pero pide se integren dos masones al patronato. Hay dudas y no se ve claro lo del director "pantalla". Largas discusiones sobre las carreras hasta que "por fin, le invitaron a tomar un café en el Hotel Rio Nazas, donde siguieron conversando. Deslumbró y apantalló al masón (Alfonso Gómez) con una conferencia sobre el comunismo y la labor social".

El 17 de octubre va a Saltillo a visitar la Escuela de Artes y Oficios de los padres Salesianos con Jorge Fernández Orozco y Alejandro Lazalde. El 5 de noviembre Carlos, Edelmiro Morales y Alejandro Lazalde van a Parras a visitar la Escuela Técnico Industrial. De ahí pasan a Saltillo a saludar al padre Campos y luego a Monterrey para visitar la Escuela de Soldadores, la Industrial Femenil y la Escuela Álvaro Obregón.

El 15 de noviembre de 1957 se invitó al "profesor Eleuterio Ovalle, director de la Escuela de Artes y Oficios de Parras", a venir a Torreón y poder consultarlo, lo que hizo al día siguiente y habló con los señores Fernando Zertuche, Pepín Ruenes y Ernesto González Domene.

Eleuterio Ovalle, originario de Saltillo, se graduó en la Normal del Estado como Profesor de Primaria Con dotes pedagógicas sobresalientes ha dedicado su vida a la formación de la juventud, formación recia fincada en valores morales cívicos y patrióticos. En el movimiento Scout tuvo la Distinción y cargo de Comisionado de provincia Fundada en Septiembre de 1949 la Escuela Técnica Industrial de Parras por don Ramiro Alatorre Escobedo, José Treviño, Carlos Madero y Carlos Fernández este último fué quien invitó al profesor Eleuterio Ovalle a dirigir la Escuela. Al constatar el padre De la Torre la marcha de este centro de capacitación, le surgió la idea de invitar a Eleuterio para dirigir la Escuela Técnica Industrial que nacía en Torreón

El inicio de ésta Escuela quedó consignado en el diario del padre De la Torre de la siguiente manera; 9 de marzo de 1958 Inauguración de la Escuela Técnica Industrial de Torreón (ETIT), por la noche a las 8:30. Fue muchísima gente Todo un éxito Asistió el presidente municipal, el procurador de justicia del Estado y el ingeniero Carlos J Aguilar, ambos representando al gobernador"

Entusiasmado y motivado por el padre De la Torre, el profesor Ovalle aceptó venir tres días cada semana a dirigir la Escuela recién inaugurada, en la esquina sureste de la avenida Zacatecas y Calle 11. Para el 22 de marzo, anota Carlos, "El profesor Ovalle comienza a dirigir la organización de la Escuela" Pronto, el profesor Eleuterio Ovalle ya no regresó a Parras, comprometido con la ETIT.

Domingo 27 de marzo: Sesión tormentosa de don Alfonso Gómez, masón prominente, presidente de CANACINTRA y del Patronato de la ETIT. Don Alfonso se negaba a ratificar el convenio y a firmarlo. Los presentes, Carlos De la Torre, licenciado Sánchez y Sánchez, Alejandro Lazalde, Jorge Pérez Valdez y profesor Ovalle, presionaron con energía.

En un momento dado, sacaron el documento, lo firmó Sánchez y Sánchez y lo pasó a don Alfonso para que lo firmara. No le quedó otra más que hacerlo. Enseguida entró el notario público que aguardaba en el cuarto adjunto y dio fe. Batalla ganada.

La prueba de que no hubo resentimientos la da Carlos al mencionar el 13 de abril a medio día: "bendigo la casa nueva de don Alfonso Gómez y entronizo al Sagrado Corazón".

El mismo día 27, Carlos recibió copia de 31 páginas de acusaciones que los "integristas" hacían ante el padre provincial, sobre ideas, criterios y acciones del padre De la Torre; también se añadían algunas amenazas. En 1960 aparece el expediente de estas acusaciones y otros anónimos. Así se entiende la reacción que hace cuatro décadas, producía en mucha gente el interés por ayudar al trabajador y propagar la doctrina social de la Iglesia. Para algunos, los objetivos sociales del CIAS eran una verdadera amenaza, sobre todo por su conexión con un sacerdote como Carlos De la Torre. Un año antes, esta actitud radical, por lo menos en una ocasión, provocó el intento de envenenar a Carlos en Fresnillo el 5 de junio de 1956. Después de una conferencia a dirigentes de ésa ciudad minera, en la comida que le ofrecieron, notó que la mesera, cruzando los brazos, dejaba al padre De la Torre uno de los platos ya, servidos. Carlos no le dio importancia a ese detalle. Cuando empezó a sentirse muy mal, cayó en la cuenta de la maniobra y fue al baño a devolver la comida poco antes ingerida.

Días después, al describir al doctor González Aréchiga el cuadro clínico de lo que le había sucedido, decía: "Me dijo que se trató de envenenamiento con arsénico". La lentitud de la digestión de Carlos lo salvó de éste posible atentado.

Parte medular del programa del CIAS era formar técnicos capaces, patriotas, futuros líderes que México necesitaba. Asegurada la calidad del director y de los profesores, el éxito de la ETIT dependía también de la actitud y entrega de los alumnos. El objetivo final no era solamente preparar buenos técnicos medios, tan requeridos por el desarrollo creciente de México, sino dignificar al sector laboral, devolverle y hacerle sentir a cada uno de los trabajadores, su dignidad, el ser sujeto de derechos y obligaciones sociales como agente activo del desarrollo del país. A estas metas debían responder los requisitos de ingreso, programas de estudio y disciplina de la escuela. Dado que el mayor atraso se concentraba en el ramo del trabajo, había que promocionar al sector popular, dar oportunidad a jóvenes de escasos recursos, pero con madera de líderes, para que pudieran hacer una carrera corta sub-profesional, que no solo los capacitara técnicamente, sino que complementara su formación con otras disciplinas ético-sociales necesarias para su actuación en el medio laboral que debían sanear y promover. Con el apoyo de la Cámara Nacional de la Industria de transformación, que luego se complementó con la ayuda del Club Activo 20-30 y la Cámara de Comercio, se abrió la Escuela Técnica Industrial de Torreón en un galerón de la avenida Zacatecas y Calle 11, al noreste de la ciudad, el 1 de marzo de 1958. Hubo una ceremonia sencilla, pero significativa.

La importancia que Carlos daba a esta obra social y el cariño que le merecía, queda demostrada en el hecho de haber sido asesorada personalmente por el desde que la fundó en 1958, hasta su muerte en 1972. Solo de la Escuela Técnica y de las Cajas Populares se puede decir esto. Lo que es más encomiable en estas actividades, es que a partir de 1969 y hasta su muerte, las realizó desde el Distrito Federal y León, lo cual suponía muchos viajes molestos que contribuyeron a minar su salud.

El éxito que la Escuela tuvo desde su fundación, hizo que para 1960 las instalaciones del galeón de la avenida Zacatecas fuera, además de inadecuada, insuficientes. Carlos , el profesor Ovalle y el Patronato de la Escuela, hicieron lo indecible para conseguir parte del terreno y edificio de la antigua fábrica de guayule La Continental, lo cual lograron del gobernador del Estado, general Raúl Medrano González. La escuela fue trasladada en 1960. Ya en sus nuevas instalaciones, era necesario dotar a la ETIT de talleres y maquinaria. Para el primer objetivo, fue definitivo el apoyo del Club 20-30.

El 23 de febrero de 1960, el Patronato solicitó a este Club le cediera las ganancias que había obtenido a través del sorteo de una bomba de cobalto, lo que se aceptó y fue invertido en la construcción de los talleres iniciales. Para completar su financiamiento, el dinamismo de los integrantes del Club 20-30 lo lanzo a realizar la idea del "Kilometro de plata también con excelentes resultados. Una placa de bronce colocada en el taller central de la ETIT, da testimonio del altruismo de éste añorado Club.

Para la dotación de la maquinaria, además del padre De la Torre y sus colaboradores laguneros, intervino el señor Fernando Zertuche, interesando a la Embajada Americana con sede en el Distrito Federal. El 26 de agosto de 1959 visitaron la Escuela Técnica el doctor Milton Eisenhower, el embajador de Estados Unidos y el secretario para Asuntos Agrarios, en México. El 1 de diciembre, anota "Estuve todo el día en la Escuela Técnica con el ingeniero Spearman y Se firma contrato entre ICA y la Escuela Técnica". El Viernes 3 de febrero de 1961, llego la primera remesa de maquinaria de la ICA más de 600 mil pesos en herramienta. El 13 de marzo de ese año se inició la construcción de los talleres; posteriormente llegaron dos remesas más con tráiler cargados de maquinaria para la Escuela; tornos, taladros, fresadoras, etcétera.

El 9 de octubre de 1961, 6 p.m. se inauguraron los talleres con la asistencia de representantes del gobernador, presidente municipal, autoridad militar, Embajada de Estados Unidos, Clubes de Servicio y numerosa concurrencia.

Así comenzó a escribir su historia la ETIT. Su imagen y buen crédito ameritan que se renueve y actualice. Un acuerdo en esta línea, acorde al siglo XXI y ya aprobado, es abrir sus puertas a muchachas que opten por carreras técnicas y gestionar ante la SEP Saltillo, el bachillerato técnico para la ETIT, a partir del próximo septiembre.

Reconocimientos, distinciones y trofeos honran el nivel humano y técnico de la ETIT. Deben mencionarse los cinco primeros lugares Teórico Nacionales y los cinco primeros lugares Practico Nacionales, ganados por alumnos de la Escuela, en los concursos organizados por Chrysler de México, S.A. de C.V., de 1973 a 1994. Trofeos deportivos y de desfiles, adornan las vitrinas de la ETIT.

La bondad de la obra, la dedicación de la directiva, la recia disciplina y la respuesta de los muchachos que ahí estudian, despertaron pronto la simpatía de la sociedad lagunera que no ha dejado de apoyar esta obra con campañas periódicas que hacen posible su sostenimiento. Cada año, a partir de 1963, se realiza una campaña financiera en apoyo a la operación de la Escuela.

## Movimiento Estudiantil

En su estancia de ocho meses en el Distrito Federal, Carlos tuvo contacto frecuente con el Movimiento Católico Estudiantil, dirigido por el padre David Mayagoitia, SJ.. a nivel nacional, heredero de la legendaria Unión Nacional de Estudiantes Católicos (UNEC). En diversos foros y lugares dio pláticas, clases de oratoria, retiros y ejercicios espirituales a estudiantes. Las siglas CEM le eran familiar. El 10 de agosto de 1955 fue parte del presídium del Congreso Interamericano de la Juventud Femenina de Acción Católica, en el Distrito Federal (UFEC).

Ya radicado Carlos en Torreón, es el padre David Mayagoitia quien lo visita en el CIAS, el 21 de noviembre de 1956, para dos asuntos relacionados con estudiantes: la Universidad de La Laguna y la Corporación de Estudiantes Mexicanos.

En el panorama avizorado por Carlos al escoger a La Laguna como sede del Centro, se incluía la posible realización de una universidad. A cuatro meses de radicar en Torreón, el día 12 de octubre de 1956 consigna en su diario: "El padre De la Torre concertó una junta del Comité Pro Universidad de La Laguna con el padre provincial". Al día siguiente, 13 de octubre, anota: "Nuevamente concertó el padre De la Torre otra junta del Comité Pro Universidad de la Laguna con el padre provincial". Una vez más, el 21 de Noviembre, escribe: " Llega al CIAS el padre David Mayagoitia y tuvo junta con el Comité Pro Universidad y otra junta con la CEM".

El interés por la juventud estudiosa, queda claro. Era parte de su famoso Organigrama. La semilla de la universidad, quedo latente, pero viva, en la buena tierra lagunera. Germinó y broto 25 años después, con la UIA Laguna. No en vano el padre Mayagoitia había sido testigo de la fundación del Centro Cultural Universitario, el 7 de Marzo de 1943, del que fue profesor y secretario, al igual que el padre José de Jesús Hernández Chávez, s.j. El mutuo interés de los padres De la Torre y Mayagoitia por los estudiantes, derivó en el nombramiento de Carlos como asesor de la Corporación de Estudiantes Mexicanos y de la Unión Femenina de Estudiantes Católicas. Para formalizar las juntas y actividades con los estudiantes, se alquiló una casa que sirvió de centro de operaciones Así el 21 de diciembre de 1956, anota: "Bendición del local adquirido por los estudiantes de la CEM y de la UFEC".

El ambiente estudiantil que privaba en Torreón en las siguientes décadas, de los años cincuentas y sesenta era de orden, paz y dedicación de los muchachos a sus deberes escolares. La estima de la academia y esfuerzo de estas generaciones estudiantes por superarse, abonó el terreno para el florecimiento universitario de las siguientes décadas, hasta hacer de La Laguna una región universitaria.

## Actividades marginales al CIAS

El padre De la Torre, como consultor de la Provincia Norte Jesuita y promotor de lo social, estuvo íntimamente conectado y desempeño un papel importante en la decisión trascendental de la unión jurídica de las dos Provincias Jesuitas de México. A partir de 1966 se empezaron a estudiar en el equipo del CIAS, algunos aspectos de esta proyectada unión que finalmente fue realizada el 15 de febrero de 1969.

Muchas de las opiniones auscultadas inicialmente se canalizaron a través de mi tío Carlos, quien tuvo que hacer frecuentes viajes de Torreón a Guadalajara, sede de la Provincia Norte, para participar en las consultas y formar parte de la comisión nombrada por el padre provincial, Ignacio Rentaría, para estudiar este delicado asunto. A su vez, Carlos confería con el equipo del CIAS algunos aspectos de este proyecto sometido a estudio.

Especialista en organización, además de su oración y reflexión personales, pepenó muchos organigramas sobre la estructura de la futura provincia unida, escuchó a jesuitas y técnicos seglares y consideró muchos pros y contras de esa unificación. Predominaron las ventaja, y Carlos no solo dio su opinión favorable a la unión, sino que le dedicó mucha de su actividad, entusiasmo y parte de su salud, por los frecuentes viajes que tuvo que hacer a Guadalajara y al Distrito Federal, sede de la Provincia Sur.

Al compaginar los puntos de vista de cada provincia respecto a la unión que se planeaba, se vio que coincidían en lo fundamental, por lo cual se formo una comisión conjunta para elaborar la propuesta concreta de organización de la provincia unida que debía presentarse al reverendo padre, Pedro Arrupe, general de la Compañía de Jesus, para su aprobación. Carlos, con otros padres de las Provincias Norte y Sur, trabajó en ésta comisión. El nuevo proyecto de Provincia fue aprobado en Roma y el 15 de febrero de 1969 se promulgó el decreto firmado por el reverendo padre Pedro Arrupe, por el que se constituía la Provincia

Unida de la Compañía de Jesús en dejando la sede estaría en el Distrito Federal.

Un proyecto que Carlos nunca vio claro, era el referente al establecimiento de un solo CIAS enclavado en la capital. Muchas de las razones que allá por 1961 habían elaborado y presentado en equipo al padre provincial y a Roma, para impugnar el proyecto de un solo CIAS en el Distrito Federal para las dos Provincias, seguían teniendo validez. De hecho, entonces se vieron más ventajas para que cada Provincia tuviera su propio Centro, con lo que nada se modificó respecto al trabajo social iniciado y realizado con éxito en Torreón. Ya unidas las dos Provincias, se optó por un solo CIAS, en el Distrito Federal. Con respecto a Torreón, gracias a las gestiones del padre De la Torre, se optó por una solución intermedia formar una residencia social en la antigua sede del CIAS.

Al unirse las dos Provincias Jesuitas, se imponía reestructurar la Curia provincial en el Distrito Federal y organizar los servicios generales de la provincia, labor que se encomendó al padre De la Torre, quien pasó a vivir en Seneca 310, colonia Polanco, desde Febrero de 1969.

Trabajó ahí hasta Septiembre de ese mismo año. *"Me talle como Dios manda, pero les organicé la Curia"*, cumplida esta misión, marginal al trabajo social, quedaba Carlos "disponible". Sus siguientes trabajos fueron cortos y como los anteriores, asignados por obediencia. Cumplió dignamente la encomienda que se le confió, de habilitar la Curia provincial, sede de las autoridades de la Provincia.

## Un pie en León y otro en Torreón

Al quedar Carlos libre de las responsabilidades del trabajo obrero en León, le encomendaron los superiores un estudio local para explorar la posibilidad de promover otro proyecto social ahí mismo, o en la región del Bajío de Guanajuato.

Con la ayuda de un equipo de colaboradores seglares, organizados bajo el nombre de Promoción Popular, realizó el estudio que resultó más representativo que de investigación. Sus conclusiones fueron predominantemente negativas por eso, prefirió impulsar trabajos sociales ya probados en La comarca Lagunera o iniciados por el grupo de Promoción Popular, asesorado por él en León Guanajuato.

Apóstol de cooperativismo, desde que llegó a León empezó a promover los Clubes de Ahorro. En este renglón, los resultados fueron muy positivos, ya que logró organizar siete Clubes de Ahorro y Préstamo, al mismo tiempo que asesoraba las 14 Cajas de Movimiento Cooperativo de Aguascalientes. En Fresnillo y Torreón obtuvo magníficos resultados.

Sin contentarse con esto, pronto empezó a promover el cooperativismo en ciudades como Zacatecas y Fresnillo, que visitaba de paso en sus frecuentes viajes a Torreón, sede del otro polo de su actividad, sin importarle la distancia de 650 kilómetros que varias veces al mes tenía que recorrer para trasladarse de un lugar a otro, vía Durango.
Nunca dejó de interesarse por las obras sociales del antiguo CIAS de Torreón Primero en viajes rápidos y después, con un poco de más calma, asesoró continuamente la Escuela Técnica Industrial de Torreón, el Movimiento Cooperativo de Coahuila y el Circulo de Estudios San José, que se reunía siempre que Carlos estaba en La Laguna.

Además de su comunidad jesuita en el Instituto Lux de León, Carlos tenía cuarto fijo en Casa Iñigo, donde llegaba con confianza. Siempre dijo que ahí se sentía muy a gusto. Este tema económico del sostenimiento del CIAS, no era secundario. Sentía la atracción que le producía la región norte de México, a la que consideraba un terreno más fértil para el trabajo social que el centro de la Republica. No solo intensificó su actividad para impulsar el cooperativismo en La Laguna en los últimos años de su vida, sino que ya planeaba extenderlo a Saltillo y Monclova. Le hubiera gustado que lo destinaran a cualquiera de esas ciudades, pues su dinamismo se acoplaba más con el carácter norteño de los habitantes de la región, que con el modo tradicional del sur o el centro de México.

A esta labor suya, deben añadirse las asesorías en Torreón, además de los cursos de organización, administración, cooperativismo, oratoria, etcétera, que daba a obreros y socios de las Cajas. En León dirigía los Clubes de Ahorro y orientaba a grupos de estudiantes o trabajadoras sociales, en la realización de investigaciones o actividades de tinte social. Nunca le sobró tiempo y si le faltó salud... y más años de vida para moldear y efectuar sus inquietudes sociales.

Salta a la vista el contraste entre la actividad constante de Carlos en los últimos tres años de su vida y el deterioro creciente de su endeble salud. Le ganaba la pasión por el trabajo, que transformaba en apostolado por la motivación sobrenatural con que lo realizaba. Consta que así lo hacía, porque lo comentaba muchas veces.
Inteligente para tantas cosas, no aprendió bien, ni a descansar, ni a cuidarse. Cuando algo caía en sus manos: un libro, una carta, un problema, una revista o hasta una historieta de Walt Disney .. perdía la noción del tiempo, se absorbía en aquel tema, se desvelaba hasta altas horas de la noche y, claro, su salud lo resentía. Comía bien, dormía mal y trabajaba mucho. Así, todos los días. Lo que de ordinario no admitía, eran asuntos ajenos al área social. A mediados de 1971 empezaron a intensificarse los dolores producidos por arteriosclerosis en las piernas debido al exceso de colesterol. Llegaron a agudizarse de tal modo estas olencias, que Carlos solo podía estar sentado y apenas podía caminar unos cuantos pasos. En definitiva, casi un inválido a los 57 años.

Su reacción fue pronta y decidida cuando el padre provincial Enrique Gutiérrez, le sugirió internarse en el Instituto de Cardiología en el Distrito Federal, para ponerse en manos de los médicos.
A fines de octubre de 1971 se internó en Cardiología, le hicieron un estudio completo y los médicos decidieron hacerle la simpatectomía, es decir, cortarle el gran simpático para relajarle las arterias y dejarlas sin el control de ese centro nervioso. Es una operación peligrosa, por la amenaza de gangrena en las piernas, si no se restablece pronto la circulación. Según Carlos, lo primero que hacia el médico en sus visitas después de la operación, era tocarle los pies, para ver si los tenia calientes, para cerciorarse de la circulación de la sangre y de la ausencia de peligro.

En su convalecencia no perdió la oportunidad de promover un Club de Ahorro entre los médicos, enfermeras y amigos que lo visitaron. Agradecido por el éxito de su operación, dio un regalo a los doctores que lo intervinieron: Gustavo Sánchez y García Cornejo y celebró una misa en cardiología el 27 de enero a las cuatro de la tarde.
Operado el 12 de noviembre de 1971, salió airoso de todos los peligros.

Según Carlos, su operación lo dejó bien: opinión que no compartían las personas que le conocían la actividad de sus buenos tiempos. Humanamente no podía dar un paso pero sin embargo siendo un hombre de detalles, de gran habilidad para el trato humano, tenía muchas visitas que recibía. Así enfermo continuaba con su labor de apostolado; la incorporación de la ETIT el 27 de enero 1972, bendición de la noria de la ETIT el 4 de marzo 1972, inauguración de la Campaña ETIT en el Casino de la Laguna el 8 de mayo de 1972.

Escuela Técnica Industrial de Torreón

Busto del Padre Carlos De la Torre

## "Hoy me encuentro con el Señor"

Los siguientes datos los tomo el padre David Hernández Garcia S.J. de la relación que tuvo del padre Agustín Rozada, S.J., rector del Instituto Lux, y el hermano Luis Escalera, s.j., testigos de los últimos momentos de Carlos. Luis escribió la relación y habla en primera persona pero está revisada por Agustín. Solo corrijo el estilo:

Carlos llegó a León el 23 de Diciembre de 1972. Cuando lo saludé por la tarde, lo ví un poco decaído y él me comentó que se sentía algo cansado. Yo lo atribuí a la fatiga natural del viaje. No era así, porque el domingo 24 entre ocho y nueve de la mañana me llamó y me dijo:
Luis, ¿tienes algún médico conocido? Siento una especie de opresión en el pecho que me parece es consecuencia de unas inyecciones que me recetaron hace unos días, para una como bronquitis que me dio.
Si padre, está el doctor Solís, que es el que atiende a la comunidad.
El doctor Solís preguntó si el padre estaba en condiciones de ir al consultorio. Así se hizo, y el padre Agustín Rozada lo acompaño. El doctor le recetó una inyección y unas cucharadas con las que Carlos se sintió mucho mejor, tanto, que el día 25 me pidió que me comunicara con el doctor para preguntarle si le podían aplicar otra inyección de las mismas. El doctor Solís le envió además un tanque de oxigeno para que lo usara en caso de necesidad.
Después de la consulta del día 24, el doctor Solís pensaba internar al padre en el Sanatorio Moderno, pero Carlos le manifestó sus deseos de celebrar en casa la misa de Navidad, con la comunidad. Al doctor le pareció bien. El 24, concelebró la misa de media noche y fue al comedor para cenar con la comunidad. Se le veía muy contento y mejorado.
El lunes 25 le hablé al doctor para preguntarle lo de la inyección. No lo localicé y le dejé recado. Al recibirlo, decidió venir a casa para ver al padre.
El mismo día 25, entre 10 y 11 de la mañana, le habló la señorita Dolores Miranda desde Torreón para felicitarlo. La comunicación fue breve, el padre ya estaba utilizando el oxígeno y Carlos aprovechó para hacerle algunos encargos a la China Miranda, secretaria ejecutiva de la Federación de Cajas.
Para la comida de ese día se invitó al doctor Solís y a su familia, como es costumbre en nuestras casas. El padre De la Torre era uno de los comensales, dentro de su estado de salud, se le veía normal. En la sobremesa le ofrecí un cigarro. Me respondió que prefería uno de los suyos, por ser más suaves. Sacó su cajetilla y se quedó con ella en la mano, sin sacar el cigarro, por lo que le pregunté:
Padre, ¿se siente mal?, ¿le aviso al padre rector?
Por delicadeza, para no molestar, me dijo que me esperara, que ya pasaría, como otras veces. Al poco rato apoyó su frente en la mano derecha, como para descansar, por lo que me di cuenta de que su mal

aumentaba y le dije: ¿lo llevo a su cuarto para que esté más cómodo? Aceptó: me levante y de paso le dije al padre rector que don Carlos se sentía mal.

En el corredor nos alcanzaron Agustín Rozada y el doctor Solís, quien le tomo la presión y le dio cuenta de la gravedad del padre, por lo que pidió que de inmediato fuera llevado al Sanatorio Moderno.

Don Carlos pidió que lo dejaran descansar en su cuarto por unos momentos, pues seguía creyendo que pronto se le pasaría el malestar. Le pusieron el oxígeno y empezó a sentir mejoría. Al poco rato, se recrudeció la dificultad para respirar y me pidió le ayudara a ponerse en pie. Al mismo tiempo me pidió que le dijera al padre rector que quería recibir la absolución. En esos momentos entró el padre Valeriano Ruiz, quien se ofreció para darle la absolución y unción de los enfermos, a lo que el padre accedió gustoso. Recibió los sacramentos de pie, contestando el mismo las preces.

En ese instante llegó Chucho (padre Jesús Hernández Godínez) y entró al cuarto. El padre De la Torre lo abrazó y le dijo: ¡qué bueno que viniste!. Luego le pidió que le arreglara la maleta que iba a llevar al Sanatorio.

Sentado en la cama y respirando con mucha dificultad, don Carlos pregunto:

¿Qué día es hoy?

Es 25 de diciembre, le respondimos.

Hoy será mi encuentro con el Señor. Luego agregó: Señor, te ofrezco mi vida y estos sufrimientos por el cooperativismo, por la Iglesia.

Su voz estaba muy apagada y apenas podía respirar. Luego nos encomendó no descuidáramos el apostolado del cooperativismo. Entro el padre rector y nos pidió a Chucho y a mí, ayudáramos al padre a bajar, lo que hicimos llevándolo en silla de manos. Al llegar al corredor de abajo lo pusimos de pie. Se quedó contemplando el jardín y nos dijo:

¡Qué a gusto se vive en esta casa! por favor, díganle a los de la comunidad que estoy muy agradecido por la caridad con que me han tratado.

Yo creo que ya no regreso a este Colegio. Chucho trató de animarlo diciéndole:

Ya verá como pronto estaremos en su cuarto oyendo la música que le gusta.

Yo la voy a oír desde el cielo, respondió Carlos.

Se dirigió a la entrada. Antes de llegar a la camioneta nos dio el encargo de devolver algunas cosas que le habían prestado.

Llegamos al Sanatorio Moderno como a las 5:30. Ya en el cuarto, el doctor Solís ordenó que se le aplicara una inyección, suero, oxigeno y unas inhalaciones para descongestionar las vías respiratorias. Allí repitió Carlos:

Hoy, día 25, es mi encuentro con el Señor Ofrezco mi vida, mis sufrimientos, por el cooperativismo, por la Iglesia.

Luego le dijo al padre Rozada:

Como siento haberlos molestado. Dispénsenme por haberlos hecho levantar de la mesa.

Estos rasgos de delicadeza fueron siempre una característica de su personalidad...

Al estar ya atendido, salieron del cuarto el padre Rozada, el doctor y Chucho. Yo me quedé solo con el padre, que estuvo como tres cuartos de hora en el pabellón de inhalaciones. Luego, no pudiendo soportar la posición en que estaba, me pidió le ayudara a sentarse en el borde de la cama.

Me senté junto a él. Así permanecimos un buen rato. Luego me dijo:

Luis, no me dejes solo. No porque tenga miedo a la muerte, sino porque no quiero estar solo en estos momentos. Nos hemos entendido muy bien ¿verdad?

Me estrecho la mano y así permanecimos unos momentos, hasta que sentí que su cuerpo se aflojo. Inmediatamente lo recosté y llame a la religiosa encargada. Ella aviso al doctor Solís y al padre Rozada.

Parece que hasta ese instante perdió el conocimiento. La víspera (domingo), se había buscado un cardiólogo para que lo atendiera. No fue posible localizarlo, pero providencialmente, llegó el cardiólogo al Sanatorio en esos momentos. Al mismo tiempo, entraron Agustín y el doctor Solís.

Agustín aprovechó el momento para rezar la Recomendación del Alma en el ritual. El cardiólogo nos pidió salir del cuarto, pues pensaba hacer la traqueotomía y sacar un electrocardiograma. Sólo acompañaron al cardiólogo la religiosa y una enfermera. Escuchábamos, hasta afuera, la respiración angustiosa del padre; hasta que poco a poco, dejó de oírse. El padre rector y yo nos dimos cuenta de que don Carlos había muerto y nos acercamos a la puerta. Por la hendidura vimos que el cardiólogo estaba dándole respiración artificial. El doctor pidió a la religiosa que me llamara para ayudarle, lo que hice de inmediato. Durante unos diez minutos estuvimos pendientes del electro, hasta que llegó el momento en que el manómetro no marcaba nada. Dios había salido al encuentro del padre De la Torre... Eran las siete de la noche del día de Navidad. Su cuerpo tenía 58 años. Su alma estaba con el Señor. No se le practicó la traqueotomía. Ya amortajado, se le trasladó a la capilla del Instituto Lux, donde fue velado.

Avisamos a sus familiares y colaboradores y a nuestras casas. A lo largo de la noche y del día siguiente, llegó el padre Francisco De la Torre, su hermana María y otros parientes; compañeros jesuitas de Guadalajara, México y León; representaciones cooperativistas de Aguascalientes, Torreón, Zacatecas y León, el padre Paco Órnelas, delegado del Área Social; el padre Enrique Núñez, director del CIAS; el profesor Eleuterio Ovalle, director de la ETIT; representaciones de la Federación de Cajas Populares de Coahuila, de Promoción Popular de León, de los Obreros Guadalupanos de Torreón, de los Estudiantes de León, grupo s de amigos de México, Aguascalientes, La Laguna, León...

Placa de bronce que se en la ETIT en la base del busto.

A las cuatro de la tarde del martes 26, se llevó a cabo la misa de cuerpo presente en la misma capilla de la casa del Instituto Lux, presidida por su hermano el padre Francisco y 14 concelebrantes, entre ellos, sus hermanos Rev. Ignacio, Francisco S.J. y el entonces director de la Juventud Obrera Leonense de Nuestra Señora de Guadalupe y San Juan Berchmans (JOL—GUA—VER). La homilía estuvo a cargo de los padres Paco Órnelas y David Hernández. La capilla de la casa fue insuficiente para dar cabida a todos los participantes.

Dicho el responso, al fin de la misa, partió el cortejo al Panteón San Sebastián. Bendecida la tumba y recitados los responsos finales, bajaron los restos de Carlos, a la gaveta del lote 42, de la calle San Isidro. En ese lugar, esperaron el tiempo reglamentario para poder exhumarlos y con la autorización del padre provincial, trasladarlos a la cripta de San José, en Torreón, donde esperan al día de la resurrección.

## Benjamin

El último miembro de la familia a quien quisimos mucho y que siempre fue una ejemplo moral y espiritual para su familia y quienes lo rodeaban.

El siguiente es un relato de su vida, escrito por su hija Ana Guadalupe, quien reside en Ciudad Obregón Sonora.

Su vida empezó en Aguascalientes donde nació un 17 de Abril de 1918 y vivió ahí hasta los 4 años de edad. Se mudó después con su familia a San Luis Potosí y luego a Tampico, lugares en los que radicaron poco tiempo, hasta que mis abuelos tuvieron que dejar el país y se trasladaron a Nogales Arizona. Mi papá llegó a Nogales a los 7 años de edad y siempre se consideró nativo de ese lugar donde nos decía que fue muy feliz. A los 11 años mi abuela se empeñó en internarlo en Magdalena de Kino en un colegio del Sr. Obispo Navarrete. Pasaron como 2 o 3 años cuando lo cerraron por la persecución cristera y El Sr. Navarrete se llevó a los estudiantes a la sierra donde nos relataba que también disfrutó mucho este tiempo, aunque sufrió y vivió mil peripecias y carencias. A los 17 años habiendo cursado en la sierra el equivalente al Bachillerato en la actualidad, partió a Aguascalientes al Instituto de Ciencias de los Jesuitas donde cursó su carrera de Químico Industrial. Al mismo tiempo estudió Taxidermia, oficio que aprendió muy bien y se ayudaba económicamente haciendo trabajos a los toreros y cualquier persona que necesitara de sus servicios.

A los 21 años ya había terminado su carrera y volvió a Sonora, específicamente a Navojoa junto con su hermano Luis, a buscar trabajo y de ser posible una novia, ya que nos decía que su propósito era casarse con una muchacha de Navojoa ya que eran muy buenas y bonitas, y por supuesto que lo logró. Encontró al amor de su vida con quien fue feliz hasta el último instante de su vida.

Se casó con mi mamá Luz María Tena, un 21 de Octubre de 1942 a los 24 años. (Hoy estarían cumpliendo 72 años de matrimonio).

Después de irse y venirse y de haber vivido los primeros años de casado en Guaymas, regresado a Navojoa y de ahí a Cananea, por último nos establecimos permanentemente en Guaymas en 1957 lugar en el que murió 40 años después.

Lo caracterizaron a lo largo de su vida varios aspectos de su personalidad siendo los más notorios su alegría por vivir, su bondad, amor a la naturaleza, plantas y animales. Nos enseñó conmiseración a cualquier ser vivo, humano o animal. Gustaba mucho de los felinos, decía que Dios creó al gato para que los humanos pudieran acariciar al tigre. Siempre tuvimos gatos en casa y él tenía los suyos propios en la Tenería, mismos que estuvieron muy tristes cuando él no volvió y algunos se fueron. Admiraba y disfrutaba mucho de la naturaleza, el campo, el mar, la montaña; amaba los atardeceres y todo era compartido con la familia. Recuerdo que desde muy pequeña me decía que Dios tenía una caja inmensa de Crayolas con las que pintó el cielo, el mar, el pasto y siempre me lo dijo frente a una vista hermosa de la naturaleza.

Muy importante también fue su gran amor por su "Jani" (Honey) y nosotros. Fue un esposo fiel, atento, cuidadoso y pendiente de cualquier necesidad de mi mamá, nos iba muy mal si la hacíamos enojar. Siempre le decía "Eres la esposa más linda y buena de la comarca". Fue un padre excelente, firme o juguetón según se requiriera. Nos enseñó muchísimas cosas, a nadar, andar en bicicleta, pescar y hasta cocinar. Yo lo que primero que aprendí fue a hacer pancakes, ya que los domingos me levantaba con él y le ayudaba a hacerlos y a los 8 años ya pude hacerlos sola y un día le di la sorpresa cuando se levantó. Siempre cocinó el Domingo ya que decía que era el día de descanso de mi mamá en la cocina y en todo. En ocasiones lo pasábamos en el mar y allá desayunábamos y comíamos. Cuando el presupuesto alcanzaba nos llevaba a algún restaurante o simplemente nos quedábamos en casa y entre todos (menos la Jani) hacíamos sándwiches y botanas. Disfruté en grande mi vida familiar. Eso sí el amor a Dios era lo que matizaba su gran bondad, siempre y en **todo** lo tenía presente y juntos íbamos a Misa hasta muy grandes sin que esto representara problema para nosotros. Fue también un excelente abuelo, juguetón y muy consentidor y disfrutó mucho de sus nietas y nietos y les enseñó cosas con la misma paciencia que lo hizo con sus hijos.

Fue muy bromista, alegre y juguetón pero con círculos pequeños o familiares, ya que era poco sociable. El ser trabajador siempre lo distinguió en su vida y desde muy joven lo hizo de diferentes maneras y hasta el último día de su vida. Quedó una cartera inconclusa y otra terminada en la prensa (donde se planchaban), que fue en lo último que estuvo trabajando, siempre con entusiasmo a pesar de sus dolencias físicas.

Muy comprometido con la divulgación del mensaje de Cristo a través de los grupos religiosos a los que pertenecía (junto con su esposa), Movimiento Familiar Cristiano, Cursillos de Cristiandad, Escuela de Educación en la Fe y Pláticas pre-matrimoniales en los que siempre trabajó. Los últimos años de su vida nos estuvo repitiendo que él se moriría un amanecer y le pedía a Dios que fuera dormido y sólo le desconectara el cable de corriente eléctrica. De ser posible antes de los 80 para no hacerse viejito. No cabe duda que a los **Grandes** Dios los oye. Murió un amanecer el 29 de Agosto de 1997 a los 79 años, dormido y sólo tuvo un paro sin más.

Era una persona muy especial, siempre presente y muy bondadosa. Recuerdo que en su velorio o al tiempo de éste, muchas personas se nos fueron acercando y nos decían de qué forma les ayudó. Dándoles becas de estudio, pagándoles carreras completas, gastos médicos, etc. etc. Muchas obras que desconocíamos y nos fuimos enterando.

## CAPÍTULO V

### Origen y fruto

El número y calidad de efectos que forman la trama de la vida de la familia De la Torre, no se explican sin una causa proporcional. Esa causa debe existir y llevarnos a la fuente de energía de sus actividades, a explorar sus conciencias, su mundo interior y su psicología. Debe haber un soporte proporcional que explique la firmeza de sus ideas, un cimiento de los valores y criterios que orientaron sus conductas y dinamismo apostólico y social.

El conjunto de estas causas moldean sus caracteres y define su personalidad. Y si según José Ortega y Gasset,[ii] "el hombre es él y sus circunstancias", muchas de esas circunstancias marcaron sus estampas y definieron los perfiles de los miembros de la familia. Estas circunstancias comunes a sus contemporáneos, dejaron huella indeleble y particular en cada uno de ellos jesuitas, sacerdote diocesano, cristeros, mártires y apóstoles sociales que se reseña este texto.

## El secreto de la familia

Parte del secreto de ellos es la herencia de su familia, una familia excepcional.

Un secreto a voces, tanto por parte de los De la Torre Berumen, como por la familia Uribarren Velasco. Al unirse con el sacramento del matrimonio en Guadalupe, Zacatecas se comprometieron a vivir e imbuir en sus hijos los valores religiosos y las tradiciones de la típica familia provinciana y tuvieron éxito.

No se puede dudar de la firmeza de fé y práctica religiosa de esta familia. La congruencia y el testimonio orientaron la educación de los hijos, tres de los cuales fueron cristeros y tres, se ordenaron de sacerdotes. Las cartas y escritos de padres e hijos, que han servido de base para este texto, dan fe de las convicciones que norman criterios y se demuestran con la vida.

No es casual la jerarquía de valores que con su palabra y ejemplo, don Ignacio y doña María enseñaron a sus hijos. El acierto en la apreciación de las cosas y jerarquía de las ideas, marcan y categorizan las prioridades y revelan el secreto de ésta familia según sus valores: Primero Dios, la familia, La iglesia, la Patria, la persona y finalmente el trabajo. Los bienes espirituales y trascendentes, sobre los materiales y temporales. El testimonio, antes que la palabra. El deber cumplido, antes que la comodidad. La constancia y el compromiso, sobre los vaivenes y caprichos humanos.

Las difíciles circunstancias de la revolución y persecución en que se desarrolló la familia De la Torre Uribarren, no impidieron la unión familiar, la defensa —hasta la muerte— de los valores religiosos, el compromiso del trabajo, el patriotismo y vinculación con México, al que toda la familia regresó después del destierro voluntario, apenas las circunstancias político – religiosas lo permitieron.

La correspondencia entre Don Ignacio, Doña María y sus hijos y el acierto de guardar estos "papeles de familia" para beneficio de futuras generaciones, hacen posible conocer, por lo menos en parte, las angustias y dolores, las alegrías y tristezas, los secretos y acciones de una familia concreta que a lo largo de nueve décadas del siglo XXI, escribió episodios de historia conectados con el acontecer de México.

## Padres de familia y Sacerdotes

¿Cómo precisaban sus vocación? He aquí su respuesta:

Por una gracia de Dios unos hermanos fueron elegidos para Su servicio y otros hemos correspondido al llamado de la formación de familias Cristianas... Decían, ya no vivimos para nosotros, vivimos únicamente para Cristo y para nuestras familias. Cristo, según su plan perfecto de redención, ha de salvar a las almas por medio de sacerdotes y primeros educadores en la fé como padres de familia y responsables de la educación de una nueva generación. Para eso nos ha llamado Dios, para hacernos su corredentor, es decir, sus ministros, sus embajadores ante los hombres y embajadores de los hombres ante Dios, participándoles de su sacerdocio y sacramento matrimonial eterno. De tres maneras se coopera con Cristo a la redención. "Nuestra voluntad es conquistar todo el mundo y todos los enemigos":

1 Por la petición (oración)
2 Por la equidad (el sacrificio y la luz)
3 Por el trato con las almas (ministerios, ejemplo y conversación)

Es patente la importancia de la santidad en la persona: sus oraciones serán más atendidas, sus merecimientos mayores, su tratos más espirituales. De la santidad de la persona depende la gloria de Dios y la salvación de las almas.

Debo hacerme santo, porque las almas tienen derecho a salvarse, a tener padres de familia y sacerdotes santos. Por Cristo y por las almas debemos hacernos santos.

## Fórmula de acción

Analizar las situaciones valientemente y con honradez e imaginar lo peor que pudiera suceder como consecuencia de tal situación.

Después de imaginar lo peor que pudiera suceder, hacerse a ello y aceptarlo sin restricciones.

Después, dedicar con calma el tiempo y la energía a tratar de mejorar lo "peor" que ya se tiene aceptado. "Aceptar que haya sido así. . .porque la aceptación de lo que ha sucedido, es el primer paso para superar las consecuencias de cualquier calamidad" (W. James).

# APENDICE I

Eximo, Sr. Jose J. Manriquez y Zarate[48]

## - Eulalio López

Nace en León de los Aldama, Guanajuato el 9 de noviembre de 1884, hijo del Maestro Joaquín Manríquez y María de Jesús Zarate. En 1896 ingresó al Seminario Conciliar de León donde cursó Humanidades, Filosofía y los dos primeros años de Teología, trasladándose a la ciudad de Roma el 15 de agosto de 1903 para ingresar en el Pontificio Colegio Pío Latinoamericano.

Recibió la ordenación sacerdotal de manos del Cardenal Gasparri, Vicario General de Roma, el 28 de octubre de 1907, celebrando su primer misa en la Basílica de San Pedro el 1 de noviembre de ese mismo año, usando una casullos del Papa Pío IX. En 1909, alcanzó el grado de Doctor en Derecho Canónico.

En el libro de sus recuerdos, escrito en 1927, señala:

Lleno de Bríos y de santas ilusiones para trabajar por la causa de Jesucristo, llegué a México procedente de la Ciudad Eterna en julio de 1909. Fuí recibido muy fríamente por las autoridades Eclesiásticas de aquel entonces. La sede episcopal de León estaba vacante y al frente del gobierno estaba el Sr. Canónigo don Pablo Torres. Este señor me sujetó a examen sinodal y los Canónigos que me examinaron me pusieron a traducir latín, no obstante haber conquistado en Roma las tres borlas de Filosofía, Teología y Derecho Canónico. Estas humillaciones no dejaron de abatir un tanto mi sensibilidad, máxime cuando en lugar de darme un cargo honorífico en el orden humano, se me nombró simplemente coadjutor de la Parroquia del Sagrario. Sin embargo, habiendo aprendido en Roma a obedecer, pronto me rehíce y me entregué completamente en las manos de Dios, sin violentar en nada las trazas de su amadísima Providencia

---

[48] Informacion adquirida de la pagina webb. http//eccechritianus.wordpress.com

Monseñor Jose de Jesus Manriquez y Zarate
Seudónimo "Eulalio López"

De la parroquia del Sagrario, pasa en Noviembre de 1909 al Seminario Conciliar como Prefecto del Clerical. Posteriormente en enero de 1911 es nombrado cura de la parroquia de Guanajuato, cargo que ocupó durante 10 años, ya que en enero de 1921 fue nombrado Canónigo Doctoral en la Catedral de León.

El 11 de Diciembre de 1922 es preconizado primer Obispo de Huejutla, Hidalgo y el 4 de Febrero de 1923 se consagra Obispo en la Catedral de León. Toma posesión de su Diócesis el 8 de Julio de 1923.

Huejutla se erigió Diócesis por la Bula "Inter Negotia" del 24 de Noviembre de 1922, ejecutada el 1 de Julio de 1923. Abarcando parte de Hidalgo, Veracruz y San Luis Potosí, en la Huasteca. Lo que más abundaba en ese territorio era la pobreza. Desde luego se propuso la evangelización de esos pueblos abandonados y alejados de la civilización.

Le tocó organizar el gobierno eclesiástico de Huejutla excepcionalmente, pues fue Prelado, párroco, vicario, sacristán, campanero y hasta barrendero.

Mons. Manríquez y Zarate fue el primer Obispo en denunciar públicamente la política de Calles desde 1925. En su sexta Carta Pastoral publicada el 10 de marzo de 1926 declaró que los artículos de la Constitución violaban los derechos humanos. Y añadía:

«Reprobamos, condenamos y anatemizamos todos y cada uno de los crímenes cometidos por el Gobierno mexicano en contra de la Iglesia Católica en los últimos días, sobre todo su no bien disimulada intención de acabar de una vez para siempre con la religión Católica en México... Ha declarado (también) últimamente el señor Presidente de la República que considera que de la aplicación de los artículos atentatorios de la Constitución en materia religiosa, no ha surgido ningún problema de importancia en el país, y que todo se ha reducido a protestas más o menos escandalosas en que actúan solamente mujeres, sin tener los individuos del sexo masculino el valor suficiente para presidirlas y capitanearlas en sus heroicas empresas. Miente el Sr. Presidente de la República al asentar tal afirmación... Debe saber que acá, en estas lejanas tierras sumidas perpetuamente en la barbarie, y bañadas por un sol africano, existe un hombre, un cristiano, que tendrá el valor, con la gracia divina, de sufrir el martirio, si es necesario, por la causa sacrosanta de Jesucristo y de su Iglesia. Solo pide una gracia al jacobinismo, si es que el jacobinismo puede conceder favores: de que no se le asesine por la espalda. Si el gobierno jacobino exige de los católicos mexicanos el verdadero valor cristiano, nosotros tenemos derecho de pedir, de exigir de nuestros verdugos siquiera el valor y la osadía de los Cesares de la Roma pagana...».

La reacción del gobierno no se hizo esperar, en seguida fue consignado por el Secretario de Gobernación al Procurador General de la Nación, quien turnó el asunto al Juez de Distrito del Estado de Hidalgo, que giró una orden para que se presentara ante el a declarar pero no le obedeció. El 13 de Mayo de 1926 llega a Huejutla el coronel Enrique López Leal al frente de 500 soldados con la consigna de tomar preso a Mons. Manríquez, quien es conducido a Pachuca al juzgado donde declaró "Que comparecía por la fuerza, ya que no reconocía competencia a los tribunales civiles para juzgar a las autoridades eclesiásticas". Se le fijó como prisión los anexos del templo de La

Asunción en Pachuca, donde estuvo preso por 11 meses hasta abril de 1927, cuando fue conducido a la Ciudad de México, concretamente a la Inspección de Policía. Durante su traslado le conminó un oficial militar a que se despojara de sus ropas episcopales a lo que Mons. Manriquez se negó y le pregunta al militar:

- ¿Por qué no se quita usted su uniforme?
- Respondió el militar "Porque este es mi uniforme militar"
- Luego el obispo exclamo "Pues este es mi vestido de Obispo".
- Repuso el prisionero.

El 22 de Abril de 1927 fue subido en un tren con rumbo a la frontera de los Estados Unidos donde fue desterrado. Trabajó recaudando fondos para la operación de los Cristeros en Sonora bajo el seudónimo de "Eulalio López" en conjunto con Don Ignacio De la Torre aleas "Ismael Tiscareño". Monseñor Manriquez Zarate no regresó a la Patria sino hasta 1944. Se estableció primero en Laredo, después en Los Ángeles, California y finalmente en San Antonio, su lugar definitivo.

Uno de los puntos para que los arreglos se llevaran a cabo el 21 de Junio de 1929 fue que se le pidió a los obispos mediadores, Leopoldo Ruíz y Pascual Díaz que los obispos Manríquez y Zarate y González y Valencia no regresaran al País y que el Arzobispo Orozco y Jiménez saliera del mismo.

Nunca estuvo de acuerdo con los Arreglos con el Gobierno. Dirigiéndose al comité Directivo de la Liga Nacional Defensora de la Libertad Religiosa, en la persona de Miguel Palomar y Vizcarra, el 25 de Junio de 1929, desde Los Ángeles, al tener noticia de los Arreglos del 29 les dice: "Esto es terrible, señores; y yo ahora me encuentro embargado de un tedio profundo y de una tristeza mortal... Quisiera que esta carta fuera una elegía, algo así como una lamentación inmensa que resonase en los ámbitos del mundo, semejante a la de Jeremías, llorando y gimiendo amargamente sobre las ruinas y escombros de la antes dichosa Jerusalén... Yo deseo que todos ustedes que aman a Jesucristo y a la Patria, desahoguen su inmenso dolor llorando también y con gemidos inenarrables, deplorando las desdichas de la Religión y de la Patria".

El 24 de Octubre de 1929 el Papa Pío XI lo recibe en audiencia especial. Durante la prolongada entrevista el Papa escucha con especial atención a Mons. Manríquez y Zarate quien da detalles pormenorizados de la situación de la Iglesia en México, oprimida y atribulada.

El 6 de Julio de 1939 renuncia al gobierno Diocesano de Huejutla y recibe el nombramiento como obispo titular de Verbe. Regresa por fin al País el 8 de marzo de 1944. Estuvo en el Arzobispado de México como Obispo Auxiliar y el 7 de Septiembre fue nombrado Vicario General del Mismo Arzobispado. Murió el 28 de Junio de 1951.

Monseñor Manríquez y Zarate fue el primer promotor de la causa de Beatificación de Juan Diego.

Información adquirida de la pagina web. http//eccechritianus.wordpress.com

# APENDICE II

## FOTOGRAFIAS Y DOCUMENTOS
### MIEMBROS DE LA IGLESIA

Obispo Juan Navarrete 1919

Obispo Juan Navarrete como civil

**Obispo Juan Navarrete Guerrero**

**Obispo Juan Navarrete Jubilado**

Obispo Ignacio Granada

Obispo Joseph T. McGucken

Obispo Miguel de la Mora

Rev. Donald Hughes

Obispo Jose de Jesus Manríquez

Tres Hermanos: Carlos De la Torre S.J. - Francisco De la Torre S.J. Ignacio De la Torre S.D.

# GOBIERNO Y DIPLOMATICOS

Luis Ferrell Jefe de la fuerza aérea Mexicana

Mr. Dwight Morrow Cónsul de USA en México

Avión fuerza aérea Mexicana

Miembros de la fuerza aérea Mexicana

Plutarco E. Calles

# LA FAMILIA DE LA TORRE URIBARREN

Derecha a Izquierda: Ignacio, María, Francisco, Alfonso, Luis, Edmundo, y Carlos

Sentados de Derecha a Izquierda: María hija, Doña María, Obispo Juan Navarrete, Don Ignacio, Andrea   Atrás de izquierda a derecha: Carlos, Luis, Francisco, Ignacio, Alfonso, Edmundo y Benjamín.

María y Luis De la Torre

Fidel Muro (Martir) - Novio de María

**Benjamin De la Torre**

**Carlos De la Torre S.J.**

**Edmundo De la Torre**

Luis De la Torre

Rev. Ignacio De la Torre

Rev. Francisco De la Torre

Alfonso De la Torre (mártir)

María De la Torre

# COLEGIO APOSTOLICO

Asociación Católica de Jóvenes Mexicanos Sonora

Obispo Navarrete con los estudiantes de música

Alumnos del Colegio Apostólico, Magdalena 1922

Alumnos del Colegio Apostólico, Nogales 1924

Alumnos del Colegio Apostólico, en el templo Purísima Concepción Nogales 1924

Derecha a izquierda; Alfonso, Luis De la Torre y dos seminaristas

## FUSILAMIENTO DEL REV. MIGUEL PRO S.J.
Fusilamiento de los hermanos Agustín y Miguel Pro S.J.

23 de Noviembre 1927

# LOS CIRIALES

Seminario en la Sierra Madre

Sr. Obispo Navarrete en los Ciriales

Seminaristas en los Ciriales

Palacio Episcopal en la sierra

Sr. Navarrete con el Padre Ignacio a la derecha

Ordenación Sacerdotal 22 de Septiembre 1935

Rev. Salvador Sandoval y Rev. Juan Barceló
Ordenación en los Ciriales

Ordenación en la Sierra (Los Ciriales)

Participantes de la ordenación 22 de Septiembre 1935

## LA TROPA CRISTERA

Soldados Cristeros

Izquierda: Gral. Luis Ibarra, centro Ávila Camacho

Cristeros saliendo del pueblo de Granados

General Luis Ibarra y Rev. Luis Barceló

Alfonso De la Torre y Gral. Luis Ibarra

Indios Mayos

General Luis Ibarra

Julio 14, 1929 - 1. Jose Ma. Gutiérrez, 2. General Ávila Camacho, 3. Mateo Miramontes 4. Francisco Luna 5. General Magallanes, 6. Jose Archegarin

Cristeros de Sonora listos para salir - Suaqui de Batuc

# MUERTE DE ALFONSO DE LA TORRE

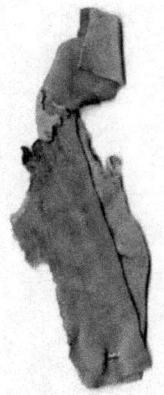

Parte de la chamarra ensangrentada

Dueño del rancho Agua Fría
Sr. Joaquín Blanco

Lugar de la muerte y sepulcro temporal

## Exhumación de los restos

Desenterrando el sepulcro temporal de Alfonso

Escarbando y recobrando los restos

Orando por su descanso eterno

Restos de Alfonso

Transporte de los restos a Nogales Sonora

# RINCON DE GUADALUPE

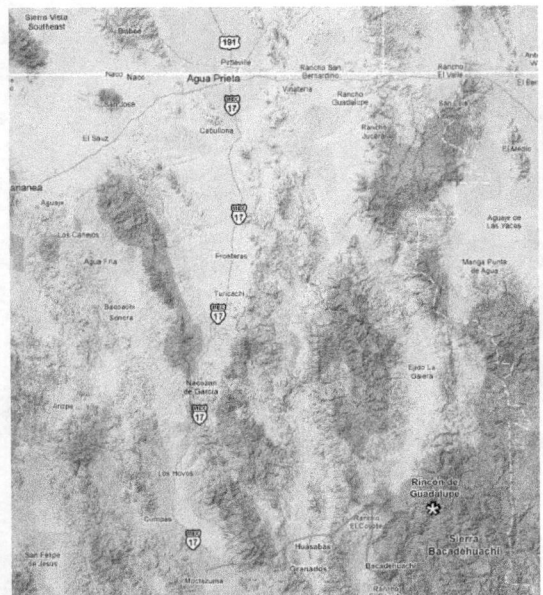

Camino al Rincón de Guadalupe

Instalaciones Rincon de Guadalupe

Capilla

Aulas

Dormitorios

Cocina

# EPILOGO

Los miembros de la familia De la Torre Uribarren se fueron, pero sus obras perduraran entre nosotros. Su testimonios no se olvidarán. Después de tantos años, Los colegios Católicos de Nogales; Fray Pedro de Gante, Fray Eusebio Kino, San Juan Bosco, sus templos, hospitales, casa de ancianos, etc. el CIAS, el colegio Técnico Industrial de Torreón, las Cajas Populares, Casa Iñigo, todo iniciado por unos "Cristeros", unos convertidos en jesuitas y pioneros sociales y evangelizadores, otros en el sostén y apoyo social y técnico para que siga fructificando para México y para la Iglesia y exige continuadores de la talla que ellos soñaron y sus empeños en formar a la juventud. Los retos del principio de éste nuevo siglo son tan apremiantes como los que troquelaron su carácter y definieron su vocación de apóstoles sociales y siervos de Dios.

La invitación a todos nosotros que sintetizan sus obras y su anhelo, se reflejan en las escrituras : " San Marcos 8:34 "El que quiera venir en pos de mi, niéguese a si mismo, tome su cruz y sígame" y San Mateo 20:20-28 "El Hijo del hombre no vino a ser servido, sino a servir en rescate por muchos..." Este es el reto y la herencia que llega a todos nosotros, a sus colaboradores y amigos "una familia de sacerdotes Jesuitas y Diocesanos de hombres cabales, padres de familia ejemplares y Cristianos quienes supieron traducir la caridad cristiana en términos de servicio al prójimo y justicia social" y de aquellos hombres de rasgos humanos tan ricos y aun contrastantes, como lo describimos anteriormente: "fuertes y comprensivos, tenaces y condescendientes, algunos secos pero cariñosos, soñadores y ejecutivos, enérgicos, oradores y algunos de amena conversación, unos débiles de salud, pero de espíritu recio, varonil e indomable.

Así fueron los miembros de la familia De la Torre Uribarren, quienes descansan en paz, con una misión plenamente cumplida en su Patria tanto los llamados al sacerdocio como los que tomaron el sacramento del matrimonio para crear y educar nuevas generación de buenos Cristianos y ciudadanos honestos. Es un reto para los que aún tenemos la responsabilidad y compromiso de transformar nuestros esfuerzos para dar continuidad a la labor social y cristiana que le da sentido a la vida.

Cumplida su misión en la tierra, los hermanos De la Torre Uribarren y sus padres nos dejan la rica herencia de su testimonio, enfocado siempre a las tareas de apostolado sociales y a la dignificación de las personas; a la noble tarea del servicio a Dios.

Jose Luis De la Torre, CPM

i El Imparcial Periódico, Lunes Febrero 26, 1968 Hermosillo Sonora.

ii Nacido en una familia madrileña acomodada perteneciente al círculo de la alta burguesía de la capital, entre 1891 y1897 estudiaría primero en el Instituto Gaona y, más tarde, en el Colegio San Estanislao de Kostka de la Compañía de Jesús, ambos en Málaga. Su abuelo materno gallego, Eduardo Gasset y Artime, había fundado el periódico *El Imparcial*, que después su padre, José Ortega Munilla, pasaría a dirigir. Así, cabe destacar que Ortega y Gasset se crió en un ambiente culto, muy vinculado al mundo del periodismo y la política.

Su etapa universitaria comienza con su incorporación a los estudios de la Universidad de Deusto, Bilbao (1897–1898) y prosigue en la Facultad de Filosofía y Letras de la Universidad Central de Madrid (1898–1904).

Doctor en Filosofía de la Universidad de Madrid (1904) con su obra *Los terrores del año mil. Crítica de una leyenda*. Entre 1905 y 1907 realizó estudios en Alemania:

Leipzig, Núremberg, Colonia, Berlín y, sobre todo, Marburgo. En esta última, se vio influido por el neokantismo de Hermann Cohen y Paul Natorp, entre otros.

Información adquirida de la pagina webb. http//eccechritianus.wordpress.com

## Documentación y Bibliografía

El Roble que nunca se doblo
Medio Siglo de Historia Sonorense
Odisea de un Perseguido
Un Hombre enviado por Dios
De Sonora al Cielo
No God next Door
Rutas del Desierto
Juan Navarrete
Gladiadores del Desierto

## Periódicos

Diario El Sonorense
Diario El Imparcial Hermosillo Sonora
Diario La Voz del Norte
Diario The Arizona Daily Star

## Otros Documentos
Relatos puño y letra General Luis Ibarra
Cartas del Sr. Obispo Juan Navarrete
Cartas del Sr. Obispo Carlos Quintero Arce

## Notas Familiares
Relatos Puño y letra María De la Torre Uribarren
Relatos Puño y letra Rev. Ignacio De la Torre Uribarren
Relatos Puño y letra Rev. Francisco De la Torre Uribarren S.J.
Relatos puño y letra Rev. Carlos De la Torre Uribarren S.J.
Relatos puño y letra Luis De la Torre Uribarren
Relatos Puño y letra Benjamin De la Torre Uribarren
Relato de Sor Guadalupe Muro
Carta de Guadalupe Félix
Cartas, correspondencia y Documentos de la familia.
Relatos Ana Guadalupe De la Torre Tena

www.ingramcontent.com/pod-product-compliance
Lightning Source LLC
LaVergne TN
LVHW051108080426
835510LV00018B/1958